中国语言资源保护研究中心主办

YUYAN ZIYUAN

# 语言资源

(第三辑)

张世方 主编

语文出版社
·北京·

### 图书在版编目（CIP）数据

语言资源. 第三辑 / 张世方主编. -- 北京 : 语文出版社，2021.6
ISBN 978-7-5187-1247-2

Ⅰ．①语… Ⅱ．①张… Ⅲ．①汉语－资源保护－中国－文集②少数民族－民族语－资源保护－中国－文集 Ⅳ．①H1-53②H2-53

中国版本图书馆CIP数据核字(2021)第073501号

| | |
|---|---|
| 责任编辑 | 程艳梅 |
| 装帧设计 | 徐晓森 |
| 出　　版 | 语文出版社 |
| 地　　址 | 北京市东城区朝阳门内南小街51号　100010 |
| 电子信箱 | ywcbsywp@163.com |
| 排　　版 | 河北新华第一印刷有限责任公司 |
| 印刷装订 | 北京建宏印刷有限公司 |
| 发　　行 | 语文出版社　新华书店经销 |
| 规　　格 | 787mm×1092mm |
| 开　　本 | 1/16 |
| 印　　张 | 24.75 |
| 字　　数 | 355千字 |
| 版　　次 | 2021年6月第1版 |
| 印　　次 | 2021年6月第1次印刷 |
| 定　　价 | 85.00元 |

☎ 010-65253954(咨询)　010-65251033(购书)　010-65250075(印装质量)

# 《语言资源》编委会名单

**主任**：曹志耘

**委员**：曹志耘　浙江师范大学
　　　　丁石庆　中央民族大学
　　　　黄　行　中国社会科学院民族学与人类学研究所
　　　　李大勤　中国传媒大学
　　　　李锦芳　中央民族大学
　　　　沈　明　中国社会科学院语言研究所
　　　　王莉宁　北京语言大学
　　　　邢向东　陕西师范大学
　　　　张世方　北京语言大学

# 目 录

记录和保护海外汉语方言资源是我们的责任 …………… 张振兴　1
语言生态的多样性及语保措施制定的针对性
　　——以我国藏东南语言或方言为例
　　………………………… 李大勤　林　鑫　王韵佳　10
方言文化保护的现状与对策之思考 ……………………… 罗昕如　24
语保的重要环节在基础教育
　　——基于《潮汕文化读本》的编写理念与实践 ……… 林伦伦　30
汉语国际教育中的文化语言学与语言文化学
　　——以《中国语言文化典藏》为例 …………………… 王文胜　41
普及方言民俗教育是保护方言的根本途径 ……………… 朱富林　50
非遗视角下濒危语言资源的保护与传承 ………………… 瞿建慧　60

简论历史文献和现代方言研究的关系 …………………… 石汝杰　70
蒲松龄《日用俗字》选用方言正字的方法及其启示 …… 张树铮　82
说"什么"和"东西" ……………………… 赵日新　刘梦芸　98
《西儒耳目资》与今南京话阴声韵、阳声韵比较 ……… 石绍浪　115
琉球语研究综述 …………………………………………… 石　晨　137

语言比较，获益多多
　　——从黎语动量词"个"说起 ………………………… 张惠英　149
浙江兰溪方言表"在"的介词 …………………………… 吴　众　154
略谈方言词汇的调查和方言语典的编写 ………………… 胡松柏　159
方言文化传承与方言词汇研究 …………………………… 桑宇红　170
荆楚方言中的兼类词"死" ……………………………… 芜　崧　178

"二"的"傻"类义由来浅析 ………………………… 王图保 194
咸宁方言亲属称谓中的"公""爹""爷" …………… 张少云 204
晋南地区夫妻面称称谓现象研究 …………………… 孙樱元 219

略说非濒危方言中的濒危成分
　　——以河北方言为例 ……………………………… 吴继章 229
乡村地理语言学的理论思考与实践 ………………… 严修鸿 246
客赣交界地带方言古非组声母的今读 ……… 汪高文　许斐斐 259
建瓯吉阳方言齐韵的语音层次 ……………………… 李　琪 267
浅析汉语官话方言中的文白异读现象
　　——基于《汉语方音字汇》的统计分析 ………… 袁胤婷 279
海南儋州话中的训读字 ……………………………… 陈有济 290
汉语方言儿化的共时面貌 …………………………… 闵庆万 297

关于"汉语北方话基本词汇研究" ………………… 胡士云 325
语保工程：语言方言调查史上的里程碑
　　——以浙江方言为例 …………… 徐　越　刘娇娇　林　玲 335
语保工程视野下的亳州方言口头文化资源及其保护
　　………………………………………… 郭　辉　郭迪迪 342
语保歌谣戏曲类口头文化传承传播
　　——以客家山歌为例 ………………… 邓永红　聂晓君 356
浅谈中国水族语言文化及其传承
　　——以三洞水语调查与翻译为例 ………………… 潘兴文 370
方言文化教育背景下的语言博物馆建设的研究和实践
　　………………………………………… 曾　霖　杨璧菀 379

# 记录和保护海外汉语方言资源是我们的责任

张振兴

中国社会科学院语言研究所

## 一　关于华人

《现代汉语词典》（第7版）"华人"的第一义项就是"中国人"。更准确地说应该是"居住在中国境外的中国人"。海外到底有多少华人？我们看不到确切的统计数字，不过还是可以看到一些参考数字。

《方言》杂志1989年第3期168—170页刊登《海外华人人口资料三份》：

1.《参考消息》1986年12月6、7日转载香港地区《华人》月刊11月号所登，该刊特约记者文星所作《五洲华人分布简况》。

2.《人民日报》海外版1989年3月11日所登忠民所作小资料《海外华人多，足迹遍世界》。

3.《人民政协报》1989年3月7日所登本报消息《海外华人二千七百万左右》。

其中《参考消息》说华侨、华人分布于世界100多个国家和地区，总人数为2218多万人。《人民日报》海外版说分布于110个国家和地区，总人数是2900多万人。《参考消息》的报道还给出了各洲华侨、华人分布最集中的国家和地区，可以参考：

亚洲　其中前7位是：印尼600万，马来西亚453万，泰国450万，新加坡192万，菲律宾100万，缅甸和越南各70万。

美洲　其中前8位是：美国100万，加拿大45万，中美洲12国

5.34万，巴西10万，秘鲁4.8万，厄瓜多尔1.6万，委内瑞拉1.2万，阿根廷0.7万。

欧洲　其中英国15万，法国11万。人数1—5万的有比利时、德国（西德）、荷兰。

大洋洲　其中澳大利亚12万，新西兰1.6万，大溪地1.5万。

非洲　其中毛里求斯3万人，留尼旺2万人，马达加斯加和南非都是1万人。而定居埃及的华人只有77人，这是一般人所料想不到的。

《人民政协报》根据美国康奈尔大学人口学家鲍斯顿的研究，在分析了132个国家和地区华人人口数量之后，认为到20世纪80年代初，华人的人口数在2680万到2750万之间。鲍斯顿还指出，90%以上的华人居住在亚洲，特别是东南亚国家。华人人口在六位数以上的国家依次为：印度尼西亚、泰国、马来西亚、新加坡、菲律宾、美国、越南、缅甸、加拿大、英国、法国、苏联、澳大利亚、印度。

2012年11月26日新华网的报道可以进一步提供一个海外华人分布的最新参考数字。这个网络消息根据世界各国人口统计数字资料，提供了最新华侨华人分布最多的15个国家及其人口数：

01 印度尼西亚 767万　06 加拿大 136.4万　11 俄罗斯 100万
02 泰国 706万　07 秘鲁 130万　12 韩国 70万
03 马来西亚 639万　08 越南 126万　13 澳大利亚 69万
04 美国 346万　09 菲律宾 115万　14 日本 52万
05 新加坡 279万　10 缅甸 110万　15 柬埔寨 34万

最近20多年来，大量新移民、留学生促使海外华人的人数迅速增长。其中大量集中在欧美等发达国家。根据2008年4月新闻网上的《海外华人新移民现状分析》一文估计：

美国现有华侨华人300多万，其中大陆新移民有30多万。1978年至1998年以来，中国向外派遣留学生达30万人，主要分布在美国、加拿大、澳大利亚、日本以及西欧各国等经济发达国家。美国是接受中国留学生最多的国家，占了中国大陆留学生人员总数的40%。

根据以上资料中海外华侨华人的数据，主要根据20世纪80年代后期的统计，估计应该不会少于2500万左右。最近20多年，海外华侨华人虽然增加很快，但回归人数也比以往任何一个时期都多。所以，我们可以大致估计目前海外华侨、华人的人数应该在3000万左右。

中国人口总数是13亿多，接近14亿。相比之下，海外华人3000万的人口数并不多。可是，拿来跟国内省区市的人口数相比较，这个数字超过了好几个省区市的人口总数！要是拿到世界各国去比较，这个数字几乎相当或接近于一个中等国家的总人口数！无论如何我们都不能小看。

## 二 关于华语

《现代汉语词典》（第7版）注释"华语"就是"指汉语"。更准确地说，"华语"是指"华人所说的汉语"。从最近几年的发展趋势来说，"华语"有狭义和广义之分。狭义的"华语"指"华人所说的，与普通话相同或相近的汉语"；广义的"华语"指"华人所说的所有汉语方言，包括普通话"。有人说过，旅行者行囊里最重要的行李是随身携带的"母语"。华人漂洋过海所携带的最大财富便是老家"所说的话"，它可以终生不忘，还可以流传后世。凡是有华人的地方就有"华语"，就有汉语方言。

很多关于汉语的语言学著作，都提及汉语方言在海外的分布。例如王力早年在《现代汉语》教材里把汉语方言分为五类，其中特别提到后三类方言在海外的分布：

三闽音系，……其在国外最占势力的地方是马来半岛，新加坡，苏门答腊，暹罗，菲力滨（即"菲律宾"）等处。

四粤音系，……其在国外最占势力的地方是美洲（尤其是旧金山）。

五客家话，……其在国外最占势力的地方是南洋印度尼西亚（尤其是邦加）。

1937年《中国语言地图集》认为，海外（不包括港澳台地区）以汉语为母语者总数在865万到1320万之间，平均数是1100万。但海外能够使用汉语的人数比这个多，将达到2000万之多，例如：使用粤语的人数为1100万；使用闽语的人数为850万；使用客家话的人数为75万。

2001年江苏教育出版社出版了钱乃荣主编的《现代汉语》，还有更具体的一些数字：

世界上现有汉语社团的地方超过100个，他们分布在6个洲，而大半社团成立于过去的100年内，只有少数超过200年的，如在印度与南非。（第43页）

粤语社团遍及世界90多个地方，有60多个的粤语社团势力较大，占首位。估计目前在中国境外能说粤语的华人约1100万，比较结果显示，约20%操粤语的粤籍人士住在中国境外。这些海外华人社团里，平均每两个能用粤方言的人大概就有一个是经由后来学得的。（第45页）

闽语系的海外华人总数约为600万到1000万。能说闽语的（不一定限于闽语系人）约500万到600万人。其中每三个人就可能有一个人是后来学的。海外说闽语的华人大约占所有闽语系人士的1/8到1/10。（第46页）

客家社团总人数大约是50万到100万之间，一般来说外人学会客家话的为数很少。（第46页）

海外华人社团里以普通话（包括其他官话方言）为母语的总人数估计在15万到20万之间。但能使用普通话的海外华人约为300万到400万。这等于说每20个会说普通话的海外华人中大概只有1个是以普通话为母语的。（第47页）

以上这些资料都可能有点儿过时了。2008年4月新闻网报道：亚、美、欧、澳、非各大洲均有分布，有150个以上海外方言社区，总人口达2400万。海外使用汉语方言的人口超过100万的国家有7个：印度尼西亚、马来西亚、泰国、新加坡、菲律宾、越南和美国。

2013年出版的《中国语言地图集》（第2版）也涉及海外的汉语方

言。例如：

粤语图："全国使用粤语的人数大约为5958万人。中国境外的东南亚各地、美洲、大洋洲、欧洲、非洲，很多华侨也使用粤语。国内外使用粤语的人数估计高达6800多万。"就是说，海外使用粤语的人数大约将近900多万。

福建省的汉语方言图："福建又是很多华侨、华人的祖籍地，估计祖籍福建的华侨华人约1000万人左右。"那么，除了一部分讲客家话的以外，海外能够说闽语的华人、华侨至少也有好几百万人。

客家话图：（境内）说客家话总人口大约4400万，"在海外，马来西亚、新加坡、印度尼西亚、菲律宾、泰国、婆罗洲、南太平洋诸岛国，以及欧洲、美洲、非洲等地的华侨、华裔，也有不少是说客家话的。"

非常遗憾，以上所有材料都没有说到吴语。不过，关于吴语的上海话，在美国备受尊崇却是事实，因此有人说了一句名言："上海话是赚钱的方言。"以上的材料也没有提到官话，不过，我们下面将会说到，西北地区的官话方言随着大批回民走向中亚地区，不但有了赫赫有名的"东干族"，还有了让我们梦回魂牵的"东干语"！

说到这里，我们应该向几千万华侨华人致敬，因为有了他们，我们的汉语方言走向了全世界！

### 三 华语方言之调查与研究

在历史上，闽语、粤语流行的东南沿海地区曾通过海洋出现过盛极一时的"走西洋"和"过番"的居民迁移活动。有的过海迁往南洋菲律宾、印度尼西亚、新加坡、越南各国；有的漂洋远赴美洲、非洲、欧洲各地。随之，闽语与粤语也跟着漂洋过海，在世界各国的"唐城""华人街"扎下根来，并与所在国的其他语言方言进行了接触和交流。吴语和客家话有大致相似的历程。除了西北地区与中亚各国的陆上通道以外，海洋成为汉语和汉语方言走向世界的最主要通道。这就是语言方言交流的"一带一路",跟经济文化交流的"一带一路"完全重合。试举几个例子。

粤语的传播和交流,在粤语里留下了所谓"广州外语"或"外来广州话"的印记。这就是早期广州话的英语借词:

| 恤（衫） | shirt | 呔（领带） | tie |
| 巴士（公共汽车） | bus | 菲林（胶片） | film |

闽语的传播和交流,在厦门话、潮汕话或印尼语、马来语中都留下了深刻的印记。厦门话、潮汕话留下了印尼语的借词:

雪文（肥皂）　saboen　　加布棉（木棉）　kapok

印尼语中留下了厦门话、潮汕话的借词:

Tauke　头家（老板）　　hokhie　福气
Sinshe　先生（指医生）　tauhu　豆腐

厦门话、潮汕话留下马来语的借词:

吗淡（警察）　mata　　舒甲（合意、合适）　suka
巴萨（市场）　pasak　　罗的（饼干）　roti

马来语中留下了厦门话、潮汕话的借词:

Chakiak　柴屐（木屐）　　botan　牡丹
Sampan　舢板（小木船）　yonghue　烟火（烟花）

汉语方言工作者很早就关注海外华人的汉语方言。1987年的《中国语言地图集》专门绘制了"海外汉语方言图"。在此前后《方言》杂志曾专门发文刊登新加坡的华语方言词汇。其他一些华语方言论著也相继发表。

但成规模的华语汉语方言调查研究,始于21世纪初年以来的"海外汉语方言研究"。2008—2018年的十年来,已经召开了6届"海外汉语方言国际学术研讨会",第五届的研讨会还是在美国举行的。与此同时,汉语方言工作者几十人次相继走出国门,田野调查研究足迹几乎走遍世界各大洲。据不完全统计,最近十来年的时间里,海外汉语方言研究领域出版专著18部,发表调查报告、研究论文134篇,涉及18个国家27个各类华语汉语方言点,为汉语方言研究提供大量新鲜语料。同时承接1个国家重大课题,2个国家重点课题。一个具有独立风格的"海外汉语方言学科"初步形成。

这里尤其应该提到"北林南陈"。"北林"指的是北方民族大学的林涛教授,他为了调查现存于中亚地区的东干语,曾在中亚生活了一年,足迹遍及哈萨克斯坦、吉尔吉斯斯坦、乌兹别克斯坦等中亚五国,并从零开始自学俄语,于2012年出版洋洋大著《东干语调查研究》。《东干语调查研究》成为东干语研究的标志性著作。本书以大量的语言事实、人文历史论证:单纯从语言源流和语言比较的观点来看,东干语只是汉语的一种方言,它来源于我国西北地区的回族方言。但是这种方言今天分布于中国境外,为中亚地区东干族所使用,成为一种独立的民族语言。"南陈"指的是暨南大学的陈晓锦教授,她这十多年的时间里,为了海外汉语方言的调查研究,足迹遍布五大洲,工作极其艰苦,成果非常丰硕,只要看看她的三部重要著作就知道了:《马来西亚的三个汉语方言》(2003)、《泰国的三个方言》(2010)、《东南亚华人社区汉语方言概要》(2014)。

只要把洋洋洒洒三卷本,一百多万字的《东南亚华人社区汉语方言概要》读完了,我们就一定会尊敬陈晓锦教授。调查了东南亚十个国家20多个华人社区的粤语、闽语、客家话方言点,比较了它们之间的共性和个性,比较了它们与当地其他民族语言的关系。都是新鲜的材料,让人耳目一新。

在海外华人汉语方言的调查研究中,新鲜的材料,新鲜的发现,新鲜的论点。跟国内的汉语方言互相比照,相得益彰,当然非常重要。但更重要的是,这个调查研究让中国语言学、中国汉语方言学走出了国门,走向了世界,终于实现了中国汉语方言学工作者多少年来梦寐以求的理想!

## 四　呼吁

华人汉语方言调查研究领域，听到的不全是好消息。在第六届海外汉语方言国际学术研讨会上（2017年9月，兰州），也听到这样一些信息：

东干语处于急剧变化之中，大量的俄语词语和所在国其他民族语言的词语进入东干语。能完全使用东干语的东干人也越来越少，东干语受到边缘化的严重威胁。在一个研究东干语的学术会议上，一位东干语语言学家，竟然不能用东干语说完发言，中途不得不改用俄语。

马来西亚砂拉越州泗里街是华人聚居的县城，那里的华人分别使用福州话、闽南话、四邑话、客家话。老一代华人可以通用这几种方言，现在第三代只能在家里勉强说说自己的方言，在公用场合基本说"华语"（普通话）。绝对多数的华人最喜欢的语言也是"华语"（普通话）。原来的方言出现了明显衰弱的趋势。

在新加坡，华语（普通话）挤占了原来属于汉语方言的空间。在新加坡，"使用汉语方言的公共空间大概只限于菜市场等场合"。在马来西亚，当地汉语方言的传承都不太乐观，50岁以下的华人都不会说祖籍地的家乡话。

在新加坡或马来西亚，有雷州会馆同乡会。第一代华人经常到会馆聚会说的是雷州话。第二代华人也会去会馆，参加同乡会，说雷州话，也说华语（普通话）。第三代华人偶然会去会馆，但很多人已经不参加同乡会。第四代华人既不去会馆，也不参加同乡会，当然也不会再说雷州话。雷州话的消失是必然的。

在意大利普拉托，20世纪80年代开始出现温州人小镇，有温州人的学校。调查这里温州人的语言态度，依顺序是：华语（普通话）——意大利语——温州话。第三代人除了在家里说点温州话外，其他场合都说华语（普通话），或意大利语。温州话的衰微是明显的。

类似的不安信息并非个案或少数。处于复杂语言环境下的华语方言，发生剧烈的演变本在意料之中，但如此快速的衰变多少有点让人措手不及。海外汉语方言演变的速度，濒危的程度和速度都超出了我们的想象。

世界各地华语地区的汉语方言跟国内的汉语方言一样，也是我们的财富和资源。它反映了"一带一路"的历史过程，见证了华人与各所在国家人民友好往来、共同奋斗的历史事实。因此，记录和保护海外汉语方言资源同样具有重要的价值和意义。

我们呼吁国家有关部门，有关研究机构，扩大视野，延伸手段，采取更多措施，进一步扶持海外华人社区汉语方言的调查研究。

记录和保护海外汉语方言资源是我们共同的责任！

## 参考文献

陈晓锦，2014.《东南亚华人社区汉语方言概要》. 世界图书出版公司广东有限公司。

《方言》杂志，1989. 海外华人人口资料三份.《方言》第 3 期。

林涛，2012.《东干语调查研究》 中国社会科学出版社。

钱乃荣（主编），2001.《现代汉语》（修订本）. 南京：江苏教育出版社。

王力（主编），1993.《现代汉语》（重排本）. 商务印书馆。

中国社会科学院与澳大利亚人文社会科学院合编，1987.《中国语言地图集》. 朗文出版（远东）有限公司。

中国社会科学院语言研究所，民族学与人类学研究所，香港城市大学语言资讯科学研究中心合编，2012.《中国语言地图集》（第 2 版）. 商务印书馆。

# 语言生态的多样性及语保措施制定的针对性[*]
## ——以我国藏东南语言或方言为例

李大勤　林　鑫　王韵佳

中国传媒大学人文学院

## 一　引论

"语言生态"一词最早由 Voegelin（1967）等人使用，其初步含义被确定为"体现语言与外界错综复杂关系的语言环境"。在上述界定的基础上，美国学者 Haugen（1972）正式提出了"语言生态"这个概念，并对其含义做了调整：语言生态其实就是"任何特定语言与环境之间的相互关系"，是"特定语言与所在族群、社会、文化以及地理环境之间相互依存、相互作用的生存发展状态"。我们认为，"语言生态"指的就是一种语言与说该语言的言语社团赖以生存的环境之间的关系之总和，其本质在于肯定语言多样性并强调不同语言文化的合理共存。

本文拟分析藏东南语言生态多样性，并在此基础上讨论语言保护措施的针对性。文章所使用的语料及相关数据材料大多来自作者及其所在团队的实地调查，少部分引用了国内外学者的研究成果并注明了文献

---

[*] 本研究为国家哲学社会科学基金重大招标项目"中国民族语言语法标注文本及软件平台"（10zd&124）、国家哲学社会科学基金重大招标项目"中国民族语言语法标注文本及软件平台"（10zd&124）、国家哲学社会科学基金一般课题"格曼语的深度描写及其与藏语、羌语的语法对比研究"（13BYY138）、中国语言资源保护工程"民族语言调查·西藏察隅格曼语"（YB15SB10A006）、中国语言资源保护工程"民族语言调查·西藏察隅扎话"（YB1734A102）等的成果。

来源。

当然，在展开正文之前，我们有必要对"藏东南"这个说法作出特别的说明和限定：（1）本文所说的"藏东南"涉及我国西藏自治区米林县、工布江达县、隆子县、墨脱县、察隅县五县区，其中隆子县、墨脱县、察隅县三县辖域内有相当一部分领土被印度非法占领。（2）尽管这些被印方非法占领区域内也存在数量较多的语言，但因情况复杂，本文暂不讨论。

## 二 藏东南语言生态的多样性及归因分析

### 2.1 藏东南语言生态的多样性

#### 2.1.1 藏东南的语言

藏东南地区的语言非常丰富，包括普通话、汉语四川方言、藏语拉萨话（标准语）、藏语康巴方言在内的语言或方言共20多种。这些语言或方言主要分布于察隅县、墨脱县、米林县、隆子县、工布江达县五个县区。除了汉语、藏语及其方言外，各相关语言在藏东南分布情况如表1所示。

表1 藏东南部分少数民族语言分布情况

| 语言 | 主要分布区域 | 主要使用族群 | 民族归属 |
| --- | --- | --- | --- |
| 博嘎尔语 | 米林县南伊珞巴族民族乡 | 博嘎尔珞巴人 | 珞巴族 |
| 巴米语 | 墨脱县背崩乡① | 巴米门巴人 | 门巴族 |
| 仓洛语 | 墨脱县德兴乡、背崩乡、墨脱镇、帮兴乡；林芝县东九乡等 | 仓洛门巴人 | 门巴族 |
| 达让语 | 察隅县下察隅镇撒新村、穷村等 | 达让僜人 | 僜人使用 |
| 松林话 | 察隅县上察隅镇松林、西巴等村 | 当地居民 | 藏族 |
| 崩尼语 | 隆子县斗玉乡斗玉村 | 崩尼人 | 珞巴族 |

---

① 该语言更多地分布在错那县勒布乡、麻玛乡、贡日乡、吉巴乡，但因不在藏东南的地域范围内，本文暂不讨论。

（续表）

| 语言 | 主要分布区域 | 主要使用族群 | 民族归属 |
|---|---|---|---|
| 格曼语 | 察隅县下察隅镇京东村、沙琼村 | 格曼僜人 | 僜人使用 |
| 义都语 | 察隅县上察隅镇西巴村 | 义都人 | 珞巴族 |
| 苏龙语 | 隆子县斗玉乡斗玉村 | 苏龙人 | 珞巴族 |
| 崩如语 | 隆子县斗玉乡斗玉村 | 崩如人 | 珞巴族 |
| 素苦话 | 察隅县上察隅镇翠西村、亚中村等 | 当地居民 | 藏族 |
| 扎话 | 察隅县下察隅镇松古、拉丁等六村 | 当地自称扎人的群体 | 藏族 |
| 巴松话 | 工布江达县措高乡、雪卡乡（部分） | 当地居民 | 藏族 |
| 米兴巴话 | 墨脱县达木乡 | 达木珞巴人 | 珞巴族 |

从语言影响方向及深度等角度看，该地区的语言可分为五组。

第一组：强势语言或方言。这包括汉语（普通话、川方言）、藏语（康巴方言察隅话）。从共时的角度看，在藏东南地区，汉语和藏语相对于其他语言来说是强势语言。从历时角度来看，20世纪80年代之前，藏语对藏东南地区语言的影响大于汉语，之后汉语的影响逐步接近比肩并在近几年超过了藏语。这其中广播、电视、网络等新媒体发挥了极为重要的作用。但就具体的情况来看，藏东南地区不同的语言受到汉语或藏语的影响程度并不完全相同。

第二组：受藏语影响明显的语言。这包括博嘎尔珞巴语、巴米（门巴）语、仓洛（门巴）语等。其中博嘎尔珞巴语主要分布在米林县南伊乡，但该乡处在说藏语群体的包围之中，大多数珞巴族的日常交际用语都开始使用藏语，博嘎尔语仅仅用于老人之间和家庭内部等交际场合。两种门巴语目前处在以门巴为主、藏语为辅的双语状态向藏语为主、门巴语为辅的双语状态过渡阶段。

第三组：受强势语言影响不大的语言。包括达让语、崩尼语、松林语等。其中，达让语是僜人达让族群和格曼族群的共同语，崩尼语则是隆子县崩尼族群、崩如族群和苏龙部落的共同语，松林语是上察隅镇藏语方言之外的另一种"通用语"。这些语言尽管处在汉语、藏语等强势语言的包围之中，但至今保持着自己的独立性及较大的使用活力。

第四组：受强势语言及周边次强势语言影响较大的语言。本组语言有格曼语、义都语、苏龙语、崩如语、素苦话等。其中，格曼语是僜人中自称为格曼的群体所使用的语言，除了受到汉语、藏语等强势语言的影响外，还受到达让语的影响。义都语是察隅县上察隅镇西巴村义都珞巴人所说的一种语言，受到汉语、藏语以及松林话的三重影响，目前已经接近濒危。崩如语、苏龙语都分布在西藏山南地区隆子县的斗玉乡等地。这两种语言，一方面受到汉语、藏语的整体影响，另一方面也受到了崩尼语的严重渗透，目前都处于极度濒危状态。素苦话是我们新近发现的一种语言，可能与察雅县的马吉话①有一定的联系。说这种话的人受到邻近的松林话及藏语的深度影响，近些年来开始接受汉语的借词，出现了音系和语法简化的倾向。

第五组：混合倾向明显的语言或方言。上述第二、第四组语言尽管受到其他语言影响较大，但仍然相对保持了自身的独立性。除了这些语言之外，藏东南地区还有一类因深度接触而形成的混合倾向明显的语言特别值得关注，如扎话、巴松话和米兴巴话等。这其中，扎话已经被确认为是藏语康方言察隅话和格曼语的混合语，具体情况参阅李大勤、江荻（2001）。巴松话为工布江达县措高乡、雪卡乡等地藏族所使用，与周边的藏语卫藏方言和康方言均不通话；根据瞿霭堂等（1989），其底层与门巴语关系密切。米兴巴话则是我们新近在墨脱县达木乡发现的一种混合倾向明显的语言，其语言系统内混杂有博嘎尔语、仓洛语和藏语等多种因素。②

---

① 这也是近些年来刚发现的一种新的语言或某种语言新的方言，其使用者为藏族，主要居住在察雅县、昌都县、左贡县的交界处，在语音、词汇乃至语法方面均与周边语言或藏语方言有明显的差异。

② 米兴巴话是在2017年我们在墨脱对仓洛语、巴米语调研的过程中发现的，对该语言的调查工作获得2019年语保工程的一般课题立项资助，课题负责人是刘宾博士。相关成果已经整理完备，即将公布。

**2.2 藏东南语言生态多样性的归因分析**

影响语言生态多样性的环境因素有很多，可以概括为三个方面：一是语言环境，主要指标是：该语言周围有无强势语言覆盖或包围？该语言处于单语还是多语环境？该地区的主流媒体使用的是哪种语言？二是社会人文环境，例如社会发展程度、语言社团成员的受教育程度、宗教信仰、民族认同、人口密度及居住状况（聚居还是杂居）等；三是地理环境因素，如自然生态的完整性、地理位置分布、人口迁徙形式等。

2.2.1 语言环境

2.2.1.1 藏东南语言与藏语的关系

据统计，除混合倾向较为明显的语言或方言外，目前受到藏语影响最大的是博嘎尔珞巴语。这体现在两个方面：一是年轻一代的博嘎尔珞巴人，其博嘎尔口语中有30%以上的藏语借词；二是绝大多数博嘎尔珞巴人都会说藏语，但只有博嘎尔珞巴族的中老年人能说流利的博嘎尔语。

受藏语影响较少的是僜人的达让语和格曼语（李大勤，2003），以及珞巴族的崩尼语、崩如语和苏龙语。这主要是因为，这些部族整体上与藏族的直接接触较少。以达让语为例，下察隅镇说达让语的人共1600人左右，主要聚居在新村、沙琼、嘎腰和京都四个村子（参阅江荻等，2013）。在这些村子中，纯粹的藏族很少，会说藏语的人不足30%。

2.2.1.2 藏东南语言与汉语的关系

早期藏东南地区会说汉语的主要是军人和干部（汉族干部及部分藏族干部）。后来，中小学教育是汉语得以在民族地区传播的主要途径。但在民间，社会发展尤其是改革开放在客观上推动了汉语在民族地区的传播。首先，改革开放后大批四川人进入藏东南地区，在推动藏东南经济发展的同时，也使得以四川方言为代表的西南官话在二十多年的时间内迅速传播到该地区的各县乡镇。其次，21世纪初电视开始进入当地百姓家庭，为普通话的推广作出了重要的贡献。

不过，总起来看，除了一些现代技术方面、政治领域的借词外，汉语对各少数民族语言本身的影响主要表现在这样两个方面：

一、越来越多的年轻人尤其是少年儿童开始转化为双语使用者，并开始在公共交际场合转用汉语四川方言或普通话，这就在很大程度上挤压了他们使用自己母语的时间和空间；

二、在使用母语交流的过程中，因表达的需要，开始频繁出现涉及汉语词语的语码转换现象，这使得汉语中的某些语音要素、词语，甚至语法规则在无形中开始渗透到其母语的话语层面，长此以往，很难保证这种渗透不会导致其母语类型的变化。

2.2.1.3 与周边语言的关系

事实上，在藏东南地区，包括苏龙语、格曼语、义都语在内的极度濒危语言都与汉语和藏语没有直接的深度关系，但却与其周边的其他"次强势语言"密切相关。比如，格曼语在达让语的包围之中，义都语在松林语的包围之中。而苏龙语的情况比较特殊，长期以来只有少数几个人会说该语言，目前只剩下一位长居山南的阿岗先生，他每年夏天都会到斗玉珞巴民族乡与从印占区过来的亲戚见个面，说说苏龙话或崩尼话（参阅李大勤，2004"后记"）。

2.2.2 社会人文因素

上文说过社会人文因素涉及面很多，如社会发展程度、语言社团成员的受教育程度、宗教信仰、民族认同、人口密度及居住状况等。在调查过程中我们发现，对藏传佛教接受程度越高的语言受藏语（康方言）的影响就越大。这里可以排出一个序列（箭头表示受藏语影响的程度从低到高）：

僜人<崩尼/崩如/苏龙/达木珞巴<仓洛门巴<博嘎尔珞巴<巴米门巴<松林/亚中藏族<巴松藏族……

此外，民族认同也很重要。比如说松林语的人，自被确认为藏族后，越来越多的松林语母语者开始学说藏语康方言察隅话，目前已有百分之八十的村民是松林语和藏语双语使用者。

### 2.2.3 地理环境因素

有关地理因素与语言或方言形成之间的关系，已有很多研究成果，这里不再赘述（主要参看曹志耘，2004；桥本万太郎，2008；贺登崧，2012；游汝杰等，2015等）。就藏东南语言来看，除了素苦话和松林语以外，本地区被确认为濒危语言的各语种其实都属于"跨线"语言：中印边境实际控制线的中方一侧和印方一侧。更严格一点说，中印边境实际控制线中方一侧的僜人、珞巴人和门巴人，其实都是在近百年中从我国藏南的印方非法控制区迁徙而来的。不过，是整体迁徙还是个体迁徙，这对语言保持影响较大。例如，达让语之所以保持得这么好，这与达让人大多是整体迁徙且集中定居有极为密切的关系。相反，义都语之所以难以传承下去，其主要原因在于早期迁徙而来的义都人多是为逃难或逃避仇杀，逆水而上来到上察隅地区，且都分别投奔不同的藏族领主。直到西巴村成立之后，义都珞巴人才聚住在一起（参阅江荻，2005）。可惜的是，就义都语的保持来说，此一举措已为时过晚。同样，在山南隆子县，崩尼人的迁徙有个体性的，也有整体性的，而崩如人和苏龙人的迁徙主要是个体性的。

在藏东南地区，地理环境因素与政治军事结合带来的另一个后果就是：母语者对自己语言的濒危状态心知肚明，但并不担忧。这是因为，这些族群中的大多数人，尤其是占据较高地位的人，他们总觉得自己不会说母语了并不意味着母语已经消失了，因为"那边还是有亲戚说嘛"，这里的"那边"指的就是中印边境实际控制线印方一侧。然而他们不了解的是，在实际控制线印方一侧，这些语言同样处于程度不等的衰减过程之中。[①]

## 三 语言保护措施的针对性

语言保护要针对不同的语言生态来加以决策，这在学界早就有学者

---

① 发音人在与印占区亲戚交流沟通时了解到的情况。

提出（范俊军，2006）。但没有引起学界足够的关注。近几年来，随着中国语言资源保护工程的顺利展开，越来越多的学者认识到，中国的语言资源保护必须在进一步区别语言保护和语言保存的大前提下，并基于对实际语言生态的具体考查，才能有针对性地制定出濒危语言的保护措施。

### 3.1 语言保护和语言保存

2005年，孙宏开先生在"首届濒危语言国际学术研讨会"上明确提出要区分"保存"和"保护"两个层次的工作。范俊军（2006）重申："语言研究应区分两种不同层次的工作：一是濒危语言的抢录[①]和保存；二是濒危语言的抢救与保护。"他进一步指出两类工作是有针对性的：第一种思路面对的是濒危程度也已经十分严重即短期内必定消亡的语言，我们只能尽最大努力加紧进行记录描写，赶在其消亡之前进行"抢录"，以语料档案形式将其保存下来。而"抢救"和"保护"所面对的是处于濒危状态但不必定走向消亡的语言，有学者建议将"保护"的对象应扩大到所有处于衰变之中以及明显存在生存危机的语言。

曹志耘（2009）也指出："语言保存"和"语言保护"是两种不同的观念，也是两种不同的措施；其中，"语言保存"是通过全面、细致、科学的调查，把语言、方言的实际面貌记录下来，并进行长期、有效的保存和展示，而"语言保护"是通过各种有效的政策、措施、手段，保持语言、方言的活力，使其得以持续生存和发展，尤其是要避免弱势和濒危的语言、方言衰亡。

我们赞同三位先生的观点。不过，我们也尝试在此提出一个新的看法，那就是把"语言保存"也看作"语言保护"的一个有机组成部分。也就是说，每一种需要保护的语言，都属于需要最低限度加以保存的语言。比如，赫哲语需要保存是因为它已经濒临灭绝，而表现出濒危趋向

---

[①] "抢录"一词由郑张尚芳先生在2005年"首届濒危语言国际学术研讨会"提出。

的松林语也需要保存。这是因为语言一旦趋于濒危状态，其语言面貌会慢慢发生变化，从而发展为另一种多少有所不同的状态。我们提倡在语言还未濒危之前就及时采取相应的保存措施，而非等到其濒临灭绝的最后时刻。

一言以蔽之，对一种语言进行保护的最基本措施就是将其看成一种资源而尽可能地记录其当前的实际面貌。此外，需要特别强调的是，对某种濒危语言来说，只有系统、全面、深入、细致记录（包括纸笔记录和音视频记录）该语言的语料，才能为将来复活该语言提供最低限的语料基础。

### 3.2 语言维持和语言保持

丁石庆（2008）把"语言保持"视作语言功能演变链上的重要一环，指出："如果我们说语言功能演化的过程中应该有语言保持——语言衰变——语言濒危——语言消失这样几个过程的话，那么，对语言保持状态时期的语言现象进行分析研究对我们记录使用该语言的民族的许多具有重大文化价值的材料可能更为重要。"

按我们的理解，丁先生这里所说的"语言功能"应该是交际功能，而"语言保持"就其实质而言，也就是"语言交际功能的维持"，或者说是"对语言交际功能衰变的延缓"。为此，我们可以提出这样一个建议：把丁先生在这里提及的"语言保持"换成"语言维持"，而将"语言保持"理解为通过某些措施来达成"语言维持"的目的。比如说，我们可以这样考虑一下：仓洛门巴语一旦出现了交际功能衰变的迹象，我们得做点什么来维持目前仓洛门巴语言的交际功能态势。换言之，语言保持是一种主动的行为，语言维持是一种状态的持续；前者针对后者，后者是前者的目的或目标。

在明确了"语言保持"和"语言维持"之间的区别和联系之后，我们就可以继续探讨"语言保护"、"语言保存"和"语言保持"之间的关系，并进而讨论语言保护的相关措施。

### 3.3 语言资源保护措施的针对性问题

语言,作为人类社会最重要的交际工具,是"一种有价值、可利用,出效益,多变化、能发展的特殊的社会资源"(陈章太,2018)。我国现存有记录语言140种(Shearer & Sun, 2017)尽管这些语言的活力指数不同、现状等级不同,但都有一定的社会价值和文化价值,都服务于社会交际,都可看作特殊的社会资源。

当然,语言资源在其应用过程中还会伴生出值得关注的语言问题。陈章太(2009)明确指出:"语言资源和语言问题总是相伴存在,并且随着社会发展和语言使用者的变化,语言资源和语言问题也会不断发生转化。"在全球化和现代化不断发展的今天,许多语言因受国家官方语言和周边强势语言的冲击,已处于弱势甚至濒危的状态,由语言资源转变为语言问题。语言问题通常表现为无文字形式、语言活力不强、语言结构不完善等。而母语使用和保护的意识不强、地理位置闭塞偏僻、社会经济发展落后等外在原因,也会导致语言资源向语言问题转化。若不妥善处理语言问题,势必会导致我国语言资源的缺失。因此,我们可以依据现有的语言活力评估,对处于不同生存状态的语言采取有针对性的保护措施,使之从语言问题向语言资源作逆向转化,从而发挥其应有的语言资源价值。

目前,语言保护措施主要有三类:一是语言保存,二是语言保持,三是语言推广。此外,保护语言尤其是弱势语言和濒危语言,还应当保持其使用者所在聚居地区的稳定,从而保持其语言生态环境的完整性,以延缓其走向濒危的速度。

语言活力是语言生态的重要体现(Landeer, 1998)。2000年2月在德国科隆召开的濒危语言学会议,会员们一致通过将世界语言按现状分为七个等级,分别是:1. 安全的语言;2. 稳定但受到威胁的语言;3. 受到侵蚀的语言;4. 濒临危险的语言;5. 严重危险的语言;6. 濒临灭绝的语言;7. 灭绝的语言。其中,位于等级2到等级6的语言都应该在语言保护的范围之内,至少需要采取必要的措施加以保存。而语言保护的针对性主要表现在对现状不同的语言其保存与保持的侧重点不同。这方面就藏东南语言或方言而言，具体情况如表2所示。

表2　针对不同现状等级的语言所采取的语言保护措施

| 现状等级 | 现状描述 | 保护措施 | 藏东南语言或方言 |
|---|---|---|---|
| 2. 稳定但受到威胁的语言 | 群体内所有成员包括儿童都在学习使用的、但是总人数很少的语言 | 需要保存和保持，重点在保持 | 察隅县下察隅的达让语，隆子县斗玉乡的崩尼语，察隅县下察隅的扎话 |
| 3. 受到侵蚀的语言 | 群体内部的一部分成员已经转用了其他语言，而另一部分成员包括儿童仍在学习使用的语言 | 需要保存和保持 | 察隅县上察隅松林语，墨脱县的仓洛门巴语，墨脱县的巴米门巴语 |
| 4. 濒临危险的语言 | 所有使用者都在20岁以上、而群体内部的儿童都已不再学习使用的语言 | 需要保存和保持，重点在保存 | 察隅县上察隅的素苦话，米林县的博嘎尔珞巴、工布江达县的巴松话 |
| 5. 严重危险的语言 | 所有的使用者都在40岁以上、而群体内部的儿童和年轻人都已不再学习使用的语言 | 需要保存，但难以保持 | 察隅县上察隅的义都珞巴语、察隅县下察隅的格曼语、墨脱县达木乡的米兴巴话 |
| 6. 濒临灭绝的语言 | 只有少数70岁以上的老人还在使用、而群体内几乎所有其他的成员都已放弃使用的语言 | 需要抢救性保存 | 隆子县斗玉乡的苏龙语，隆子县斗玉乡的崩如语 |

首先，等级2到等级4三类语言都需要保存和保持，只是侧重点不同。其中，相对稳定的语言其重点在保持。例如，可通过深入考察并传播本族群语言所负载的文化、历史，激发本族群人民尤其是年青一代对语言文化传承的积极性与主动性，提升他们对本族群的认同感与归属感。而濒临危险的语言应该重点采取保存措施。例如，完整、科学、系

统地调查和描写该族群的实际语言面貌，重点记录活态语料，包括但不限于依附本族群语言所传播的民族歌曲、神话传说、长篇叙事诗、风俗习惯、宗教活动等；同时，可充分利用多媒体介质、数字化手段对这些语料加以整理、归档。而等级5和等级6两类语言已处于危险甚至要灭绝的状态，主要应采取保存措施。尤其是濒临灭绝的语言，更应强调其保存在时间上的紧迫性，一定要及时采取抢救性保存，穷尽搜集该族群的现有语料，持续性监察这些语言的使用状况，与发音人保持联系，及时补充新的材料。通过这种抢录措施，可减缓其濒危速度，为将来的语言恢复打下尽可能坚实的基础。

此外，需要注意的是，以上七个等级主要是根据语言的交际功能划分出来的，但对语言的文化功能和思维功能考虑不够。一方面，语言是文化的载体，许多族群内部特有的故事、传说、诗歌、戏剧等都以语言为载体来传承和表达；尤其是那些无文字语言，其承载的传统民族文化尤其珍贵，一旦失去就可能造成无法挽回的损失。另一方面，语言可以直接体现出语言使用者的思维方式以及语言使用者对客观世界的认知，而语言走向濒危化的道路，其所反映的思维方式必然受到程度不等的负面影响。所以，语言现状等级的评估还应考虑到语言的文化功能和思维功能。从而更加全面地反映语言的现实状况，以便于有针对性地采取相应的保护措施，尽可能最大限度地保持人类语言多样性，促进自然生态多样性与人文生态多样性的健康和谐发展。

## 四　余论

丁石庆（2008）认为，"一旦一种语言到了濒危的发展状态时再提对这种语言进行保护的口号或采取某种所谓的保护措施实际上已经晚矣。……我们认为有必要在一种语言还未出现濒危时就完整记录和进行全面研究"。以博嘎尔珞巴语为例，在20世纪90年代的珞巴族语言大调查中，其主要成果之一是《珞巴族文学史》，该书记载了丰富的珞巴族口传文化，包括歌谣、神话、民间故事等。2017年我们对该语言进行再调查时发现，发音人已无法完整讲述书中所记录的故事、歌谣等。因此，我们需要有针对性地对这种语言及其所承载的口传文化进行抢救性记录、转写，从而更有效地维持语言生态和语言文化的多样性。这是其一。其二，传统的以学术研究和学术评价驱动濒危语言调查研究已经不能适应濒危语言文化的记录、留存工作，必须将既往的调查记录模式转向"面向知识—交际的语料模式"（Knowledge-communication-oriented material mode），以便构建出一个以母语人为主体、以母语者自我体验为核心的开放型包括词汇、会话及语篇在内的大规模的语言资源平台（范俊军，2018）。

**参考文献**

曹志耘，2004．地理语言学及其在中国的发展．《北京语言大学汉语语言学文萃·方言卷》，北京语言大学出版社。

曹志耘，2009．论语言保存．《语言教学与研究》第 1 期。

陈章太，2009．论语言资源．《语言文字应用》第 1 期。

陈章太，2009．语言资源与语言问题．《云南师范大学学报》第 4 期。

丁石庆，2008．论语言保持——以北方人口较少民族语言调查材料为例．《中南民族大学学报》（人文社会科学版）第 4 期。

范俊军，2006．关于濒危语言研究的几点思考．《南京社会科学》第 4 期。

范俊军，2018．中国濒危语言保存和保护．《暨南学报》（哲学社会科学版）总第 237 期。

贺登崧，2012．《汉语方言地理学》．石如杰、岩田礼译，上海教育出版社。

江荻，2005．《义都语研究》．民族出版社。

江荻、李大勤、孙宏开，2013．《达让语研究》．民族出版社。

李大勤，2003．《格曼语研究》．民族出版社。

李大勤，2004．《苏龙语研究》．民族出版社。

李大勤、江荻，2001．扎话概况，《民族语文》第 6 期。

联合国教科文组织濒危语言问题特别专家组，2006．语言活力与语言濒危．范俊军等译，《民族语文》第 3 期。

桥本万太郎，2008.《语言地理类型学》. 余志鸿译，世界图书出版公司。

瞿霭堂、共确、益西、结昂，1989. 卫藏方言的新土语——记最近发现的巴松话.《民族语文》第3期。

孙宏开等，1980.《门巴、珞巴、僜人的语言》. 中国社会科学出版社。

游汝杰、周振鹤，2015.《方言与中国文化》. 上海人民出版社。

于乃昌，2001.《珞巴族文学史》. 江苏教育出版社。

张济川，1986.《仓洛门巴语简志》. 民族出版社。

Haugen E. 1972. *The Ecology of Language: Essays by Einar Haugen*. Stanford: Stanford University Press.

Landeer, M. L. 1998. *Indicators of Ethnolinguistic Vitality*. Sociolinguistics, 5 (1).

Shearer, W. & Sun, Hongkai, 2017. *An Encyclopedia of the 140 Languages of China*. The Edwin Mellen Press.

Voegelin C. F. 1967. *The language situation in arizona as part of the southwest culture area* [C] //Hymes, D. H., Bittle, W. E. *Studies in Southwestern Ethnolinguistics*. The Hague: Mouton.

# 方言文化保护的现状与对策之思考

罗昕如

湖南师范大学文学院

## 一 方言文化保护的现状

### 1.1 方言文化快速走向衰亡

母语亦称第一语言,是一个人最早接触、学习并掌握的一种或几种语言。母语一般是自幼即开始接触并持续运用到青少年或之后。

普通话推广之前,中国的汉族民众长期以方言为母语。据第六次全国人口普查(2010)结果,全国以汉语方言为母语者有11亿人(俞菀,2017)。第六次全国人口普查总人口13.3亿多,汉族人口为12.2亿多人,占91.51%;各少数民族人口为1.1亿多人,占8.49%。如果少数民族人口不计算在内,那么12.2亿多人减去11亿人,还有1.2亿多人的母语不是汉语方言,而应该是普通话了。也就是说,汉族人口中,十分之一的人口是以普通话为母语的。

第六次全国人口普查显示,城镇人口比重大幅上升。居住在城镇的人口为66557万人,占总人口的49.68%,居住在乡村的人口为67415万人,占50.32%。同2000年相比,城镇人口比重上升13.46个百分点。预计到2030年,我国城市和城镇化比例将达到70%(俞菀,2017)。随着城镇人口比重大幅上升,到现在(2018年),以普通话为母语的人数远超十分之一,而且这些人绝大多数是幼儿和少儿。杭州省府路小学一年级一个班级40个孩子,会说地道杭州话的只有一两个(《钱江晚报》2018年8月2日)。黄晓东(2018)在浙江金华农村的一项调查显示，多达14%的中小学生不会说方言。而在绝大多数城市中，"无方言族"的比例显然更高。

以汉语方言为母语的人，学会普通话是毫无问题的，而且事实上这11亿以汉语方言为母语者大多是既会说方言也会说普通话的双语人。但是要让以普通话为母语的人学会方言，困难就大多了。

我们可以看到方言文化正快速走向衰亡的趋势。城镇人口比重大幅上升，而城镇孩子已经普通话化了，成了"无方言族"，其发展趋势势必是方言文化快速走向衰亡。

**1.2 地方政府和社会大众均不够重视方言保护与方言传承**

许多地方政府没有专门的语委机构和语委专职人员。如湖南省语委办公室附设在教师工作处，地县市语委办公室也是附设在教师工作科室或股室，没有专职人员负责语委工作。地方政府部门到了县市一级不理解也不重视方言的保护与方言的传承。社会大众也不理解不重视方言的保护与方言的传承，认为方言土，孩子们只需学好普通话就行了，在城镇尤其如此，没有方言保护与传承的意识。地方政府与社会大众大多认为语保工作只是专家们的事，与自己没有多大关系。承担语保课题的专家想方设法向社会宣传语保，扩大语保的影响，通过当地媒体报道语保工程，虽然发挥了一定作用但不少地方政府和社会大众对方言保护与方言传承仍不够重视。

**1.3 现有措施还存在局限性**

面对语言、方言文化快速走向衰亡的局面，从政府到民间，正在采取多种途径、手段保护语言资源，其中影响最大的是2015年由教育部、国家语委领导实施的"中国语言资源保护工程"，另外部分省市实施的方言文化教育也产生了一些积极影响。

中国语言资源保护工程正作为一项重要而迫切的工作在全国展开，其范围之广、力度之大、方法手段之先进，前所未有。此前，学术界对我国语言资源也做了大量调查和研究，形成了丰硕的成果。利用人工智能技术实现"语言复制"等工作也取得了很多突破性成果（祖漪清，

2018）。这些对我国语言资源的保护无疑意义重大。但无论是传统意义上的语言调查与研究还是运用现代技术手段所进行的语言资源数据库的建设或"语言复制"，其功能主要是保存语言，难以让语言作为交际工具、文化载体活跃在人们的口头，一代一代传承下去。

方言文化教育所学内容、形式也很有限。目前运用于方言教学的一个重要内容就是各地的童谣、俗语、谚语、曲艺等口头文化，所开课时有限，难以让学生系统地掌握一种方言的整个系统及其文化内涵，而且一所学校学生所学的可能只是一种方言，各地方言文化教育的结果充其量只能挽救数量有限的少数方言。

方言文化包含一个方言的全部字音、词汇、语法和该方言所承载的文化内涵，其中口头文化包括谚语、歌谣、歇后语、故事、地方曲艺戏剧等；而且方言文化具有多样性，种类丰富复杂。要传承如此丰富多样的方言文化，一个重要途径就是倡导从小学习方言并使用下去，让丰富的方言文化充满活力。

## 二　方言文化保护的一个途径

从小学习方言并使用下去是方言文化保护的一个重要途径，实现这一点，需要采取以下措施。

### 2.1　提高认识，树立方言意识

如前所述，现在城市儿童所接受的母语已经不是方言而是普通话，方言的衰亡是讲该方言的群体主动抛弃的结果。地方政府和社会大众认识不到也无法认识到方言的价值。因此有必要在专家的指导下提高地方政府和社会大众对方言价值的认识。方言的价值是多方面的，下面略述一二。

方言具有交际价值。方言可在一定范围内交际，如家庭内部、同乡之间，方言是交流情感，维系乡情的最好载体。尤其在乡村，同村同乡的邻里乡亲之间，方言是他们的主要交际工具。普通话的全面推广，让人们能与外地人交流而无障碍，但事实上不得不承认，只有用自己最熟悉的方言，才能精确表达人们丰富的话语内容和心灵深处最细腻、最复杂的感情。与后天习得的普通话比较，方言具有这一表达优势。

方言具有文化价值。方言本身是一种重要的文化现象或文化资源，是非物质文化资源的重要组成部分，我国复杂丰富的方言文化充分体现了语言文化的多样性。方言同时是地域文化的载体，承载了丰富、厚重、珍贵的地域文化。方言的文化价值怎样强调都不为过。

方言具有学术价值。方言具有存古性，古代包括上古的很多汉语特征保存在方言的语音、词汇和语法之中，因此方言于汉语史、普通语言学的研究具有重要的学术价值。

方言具有应用价值。方言除了上面提到的用于日常交际之外，它还应用于地方文艺包括乡土文学、地方戏曲、地方相声小品、电视娱乐节目等中，具有重要的应用价值。

在专家的指导下，让大众充分认识到方言的各种价值，从而重视方言的使用，树立方言保护与传承意识，传承方言。0—3岁是孩子学语言的最佳时期，错过了这个阶段，学语言就会变得困难一些，学习一个方言就像学一门外语一样难。因此从孩子一出生就要让孩子习得方言。

还要让人们认识到保护传承方言与推广普通话并不对立，双语双言、多语多言应该是社会常态。孩子说方言并不影响普通话的学习，孩子学会一种方言，多拥有一种语言能力，只会让孩子变得更加聪明。

## 2.2 营造方言环境

现在我们家庭的语言环境怎么样呢？城镇中绝大多数家庭在家中讲普通话，目的是为孩子学好普通话营造一个学习普通话的语言环境。年轻的父母亲当然是讲普通话的，年迈的爷爷奶奶、外公外婆为了适应这一环境，还得逼着自己学习普通话，操着一口生硬的普通舌与孙子交流，给孙子读故事，这种现象非常普遍。方言就是在这样的环境中被疏远了。

因此，为了不让方言这一文化财富失传，我们需要在树立方言意识的基础上，营造良好的方言环境，在家庭中讲方言，与亲戚、同乡讲方言，创造机会让孩子们去乡村体验生活，在更大的方言环境中讲方言，感受浓浓的乡情，感受多彩的方言文化，在使用中保护传承方言文化。

**2.3 各界通力合作，保护方言文化**

方言文化的保护与传承需要政府、专家、学校、家长、媒体通力合作。

各级语委作为政府职能部门，应该在方言文化保护与传承方面起主导作用，在政府层面有明确的政策或法规来支持和落实这一工作。

方言研究的专家们应积极主动向全社会宣传方言文化的重要价值与方言传承的重要意义，让人们认识到传承方言与推广普通话并不对立，做方言文化保护与传承的引导者。

学生是方言传承的主力军，从幼儿园到大学的教育阶段，如果每个人都树立了方言意识，从小热爱并传承方言，方言的传承就有了可能。既讲方言，又习得普通话，这其实是很容易的事情。

家长在方言文化保护与传承中起着关键性作用。母亲应具备方言意识，从孩子一出生就教给孩子方言，孩子从小到大与家人说方言，与同乡说方言，方言就有了存在的家园，方言的传承就有了可能。

新闻媒体应进行方言文化保护与传承的宣传，当好方言文化保护宣传的喉舌，允许方言影视、广播、电视节目适度存在，构建和谐的多样性语言社会。

## 三 结语

我们应该清醒地认识到方言文化正快速走向衰亡的现状，方言文化走向衰亡与全社会缺失方言意识有关。政府、专家、学校、家长、媒体应通力合作，加强社会大众的方言意识，趁着现在老一辈还会说方言，中青年大部分还会说方言，营造良好的方言环境，把方言的血脉传承下去，让方言存活下来，把中华优秀传统文化——方言文化一代一代传承下去。

**参考文献**

曹志耘,2015. 中国语言资源保护工程的定位、目标与任务. 《语言文字应用》第 4 期。

黄晓东,2018. 浙江省方言文化教育:现状、问题及展望. 《文化遗产》第 3 期。

李佳,2017. 也论"方言文化进课堂". 《语言文字应用》第 2 期。

田立新,2015. 中国语言资源保护工程的缘起及意义. 《语言文字应用》第 4 期。

俞菀,2017. 保护方言首先要剥离"身份歧视". 该文为"方言要不要保护,如何保护?"一组文章之一,《新华每日电讯》5 月 19 日。

袺漪清,2018. 人工智能如何拯救方言. 《中国科学报》7 月 12 日。

# 语保的重要环节在基础教育*
## ——基于《潮汕文化读本》的编写理念与实践

林伦伦

广东技术师范大学

## 一 《潮汕文化读本》的文化背景：
## 潮汕方言及乡土文化教材的编写历史

潮汕文化是一种带有强烈的地域性色彩的族群文化。它主要流行于广东省东部与闽西南、赣东南、粤东梅州客家地区交界的潮汕方言地区，包括汕头市、潮州市、揭阳市和汕尾市的海丰县等一部分地区，人口约1500多万。国内各地（深圳、广州等）、港澳台地区和海外各国潮汕人也有很多，媒体常说："海内一个潮汕，海外一个潮汕。"据不完全估计，海内外讲潮汕方言的人口有3000多万。潮汕文化是中华文化中的一个分支，这个分支带有强烈的地域性色彩，但它又不同于以地域为绝对特征的地方文化，如齐鲁文化、荆楚文化等。杜松年（1994）认为：潮汕文化，是居住在本地的潮汕人、居住在国内其他地方及海外的潮汕人和关心潮汕人士所创造的有鲜明地方特色的潮汕文化，属广义文化亦即大众文化范畴，"包括物质文化和精神文化的总和，其外延包括潮人文化，是一种地域性群体文化"。窃以为，说"地域性群体文化"

---

\* 本文的一些内容，是经过广东省教育出版社课程资源研发中心、读本编写组成员集体讨论过的，是集体智慧的结晶，本人只是这篇文章的执笔者而已。特此向广东省教育出版社课程资源研发中心、读本编写组全体成员致谢！

还不是十分准确,应该是"带有强烈地域性的群体(族群)文化"。潮汕文化中含有重要的海洋文化成分,是由于有大量的潮汕人移居海外,潮汕文化在海外与外国文化产生了融合,有了不同于本地文化的发展。饶宗颐(1994)认为:"潮州学之内涵,除潮人在经济活动之成就与侨团在海外多年拓展的过程,为当然主要研究对象。""中国文化史上,内地移民史和海外拓殖史,潮人在这两方面的活动的记录一向占极重要的篇幅,……久已引起专家们的重视而且成为近代史家崭新的研究对象。"由此可知,潮汕文化的重要一部分是在海外。

潮汕方言,也称"潮汕话""潮州话"等,属于闽南方言的一个分支,专业术语应该叫"粤东闽南话"。流行于汕尾市海丰县等地的"鹤佬话"也同属于闽南话,应该归属于粤东闽南话之中。潮汕方言之重要性,一是在于它保留了不少古代汉语的成分,对于汉语语音史、词汇史的研究极有价值(参阅林伦伦,1997)。正如高本汉(1940:143)所说:"汕头话是现今中国方言中最古远,最特殊的。"高本汉所说的"汕头话"是对潮汕方言的泛指。另一个方面,潮汕方言还是潮汕文化很多内容的载体。

首先,潮人最明显的标志就是讲一口别的地方人听不懂的潮汕话。在《潮汕方言:潮人的精神家园》一书中,我写道:"语言(方言)还是一个国家、地区、族群的文化标记,就像LOGO之于品牌。"(林伦伦,2012:2)其次,语言既是人类进行思维和表达交流思想的工具,同时也是文化内容的载体,像潮剧、潮州歌册、潮州歌谣、潮语相声、小品等文化内容则更是以潮汕方言为表现形式,没有潮汕方言,就没有这些颇具特色的民间文艺形式。正因为如此,潮汕区域史专家黄挺(1997:1)指出:"潮汕文化包含着许多文化特质……在这些文化特质中,语言是最具区别性特征的一种。因而,我们把潮汕文化理解为,由讲潮汕话的民系所创造的一个文化共同体。"

关于潮汕乡土教材的编写,可以追溯到晚清。1904年1月13日,清廷颁布《奏定初等小学堂章程》,规定小学一、二年级应注重乡土教育，并对历史、地理、格致各科做了具体的要求，如历史科："尤当先讲乡土历史，采本境内乡贤、名宦、流寓诸名人之事迹，令人敬仰叹慕、增长志气者为之解说，以动其希贤慕善之心。"晚清编写乡土教科书，广东一省最为积极。若以府为单位，则潮州府不仅在广东，而且在全国，都很可能独占鳌头，陈平原（2017）在学生和其他朋友们的帮助下，列出晚清潮州乡土教科书 7 种：

1. 蔡鹏云编：《（最新）澄海乡土历史教科书》，澄海：景韩学校，1919 年 10 月第十版（初版 1909 年？）；

2. 蔡鹏云编：《澄海乡土格致教科书》，澄海：景韩学堂，1909 年；

3. 蔡鹏云编：《（最新）澄海乡土地理教科书》，澄海：景韩学堂（上海萃英书局印刷），1910 年 2 月第四版（初版 1909 年？）；

4. 郑邕亮编：《（最新）潮州乡土地理教科书》，揭阳：邢万顺书局，1909 年（？）；

5. 翁辉东、黄人雄编：《潮州乡土地理教科书》，海阳：创光编书社，1909 年初版；

6. 翁辉东、黄人雄编：《潮州乡土历史教科书》，海阳：创光编书社，1909 年初版，次年二月第三版；

7. 林宴琼编：《潮州乡土格致教科书》，汕头：中华新报馆，1910 年。

## 二 《潮汕文化读本》的编著缘起及宗旨

《潮汕文化读本》（以下称"《读本》"）的编著，基于下面的三个原因。

（一）培养学生对中华优秀传统文化的兴趣和爱好，增强文化自信。

中华优秀传统文化是习近平总书记十八大以来治国理念的重要来源之一。习近平总书记多次强调中华传统文化的历史影响和重要意义，并赋予其新的时代内涵。教育部《完善中华优秀传统文化教育指导纲要》指出，"加强中华优秀传统文化教育，是深化中国特色社会主义教育和中国梦宣传教育的重要组成部分""是培育和践行社会主义核心价值观，落实立德树人根本任务的重要基础"，并指出要"把中华优秀传统文化教育系统融入课程和教材体系"。

潮汕文化历史悠久、内容丰富，既与中华优秀传统文化一脉相承，又具有独特的地方特色，是一种优秀的地域性色彩浓厚的族群文化。弘扬潮汕优秀传统文化，对振奋海内外潮汕人艰苦奋斗、勇于开拓、诚信经营、乐于奉献的精神，增强海内外潮人的凝聚力，共同为促进原乡和海外潮人居住地经济社会发展，促进中外文化合作和交流，都具有重大的意义和作用。

然而，我们不得不看到，现在的少年儿童受到现代科技和时尚文化的广泛而深刻的影响，对传统文化反而了解和认识不足，缺乏文化自信，有的甚至把说方言看成是很"老土"的事情，羞于说它，更不要说其他的文化内容了。所以需要"从娃娃抓起"，运用少年儿童喜闻乐见的多种方式方法，对他们进行优秀传统文化教育，培养其对自己家乡乡土文化的热爱，从而建立文化自信。

（二）培养学生的家国情怀，为家乡和祖国的建设培育英才。

基于上述的宗旨，几位潮汕籍的著名学者和三市的中小学教师联合起来，编写地方文化教材，推进潮汕优秀传统文化进学校、进课堂，大力弘扬和发展地方优秀文化、践行社会主义核心价值观，培养具有家乡情怀、乐于为家乡建设做奉献的未来人才。

利用乡土优秀文化对学生进行家国情怀教育的做法，同样可以运用到境外和海外潮裔少年儿童中去。现在的境外和海外潮裔少年儿童，对原乡文化已经很陌生了，仅有的一点点了解是通过爷爷奶奶的介绍得到的，绝大部分潮汕话也不会讲了。所以，通过把《读本》做成繁体字版或者双语版，并配以声频和视频，发行到海外的华文中小学去，或者通过世界潮团联谊会发行到世界各国的每一个潮州社团组织，再发行到海外的每一个潮籍家庭，将大大地有助于境外和海外潮裔少年儿童对原乡文化的学习和了解，从而进一步学习和了解中华优秀传统文化，培养其对祖籍国的感情。

（三）对学生进行优秀乡土文化教育，提升学生的综合素质。

优秀的乡土文化是每个人的精神根基。了解优秀乡土文化，传承优秀乡土文化，在优秀乡土文化的滋养下成长，是孩子健康成长的必由之路。优秀乡土文化教育对学生的成长具备以下功能：一是人格教育功能，即帮助学生了解自己、认识乡土，发展健全的乡土观念并获得积极的乡土文化认同；二是生活教育功能，乡土教育可以增进学生的生活经验，充实学生的生活技能；三是民族精神教育功能，学生通过乡土教育培养服务乡土、贡献社会的家国情怀，由爱乡而爱国；四是世界观教育功能，乡土教育以了解自身所属的乡土环境、民族文化为出发点，以培养学生对各民族及文化的尊重与包容的态度。

总之，潮汕文化蕴藏着巨大的教育财富。学习与了解潮汕文化，让潮汕文化的精华在学生心中播种、生根、发芽。文化是一个民族、一个地方的根基和灵魂，学生对文化的情感态度价值观，最终决定了本地文化的生存与发展，也决定了整个民族是否具有此种文化的精神气质和人文底蕴。学习优秀本地文化，了解优秀本地文化，让学生以家乡文化为荣，热爱潮汕乡土文化，从而增进对家乡的热爱，产生对家乡的归属感，并进一步形成中华优秀传统文化的自觉和自信，形成热爱祖国，甘愿为祖国而奉献一切的价值观。

### 三 《读本》的定位和编写思路

《读本》的定位是"读本+课程"。全套5册，既可以用作教材，又是课外文化读物的配有音像视频的出版物。

为了达到这种定位目标，《读本》组建了学术力量强大的编写组：由北京大学陈平原教授、广东技术师范大学林伦伦教授、韩山师范学院黄挺教授组织策划并主编；由韩山师范学院潮州师范分院林朝虹教授、揭阳职业技术学院欧俊勇副教授和汕头市澄海中学许泽敏高级教师分别担任小学编写组（三册）、初中编写组（一册）和高中编写组（一册）

的分册主编；每一个分册都由4—8位中小学教学骨干和大学教师组成编写组。《读本》由广东省教育出版社课程研发中心负责策划出版，并报送广东省教育厅教材出版专家组评审通过，列入广东省中小学课外文化教材目录，并将作为国家侨联"中华优秀文化走出去"项目，通过世界潮团联谊会向全世界发行。

编写组的编写思路是：

（一）文学性和可读性是《读本》的基调。

《读本》文学性的基调决定了编写组在选择课文时更注重可读性和趣味性。小学一、二年级是潮汕方言歌谣，三、四年级是潮汕民间故事，五、六年级是诗词；初中是散文，高中是散化的小论文。可读性和趣味性是《读本》所追求的目标，首先要使学生对《读本》有兴趣、能引起学生的阅读和学习意愿。

（二）知识性和学术性是《读本》的质量保证。

《读本》以文学性的歌谣、故事、诗词和散文作为体裁，但这些歌谣、故事、诗词和散文必须有反映潮汕文化的内容，从地理自然到民俗风情，从名人名胜到历史古今。编写组强调保证《读本》所反映出来的潮汕文化知识是正确无误的，尽量避开有争议的话题。

《读本》的三位主编，陈平原教授是现代文学、文化史、教育史的专家；林伦伦教授是潮汕方言与文化的专家；黄挺教授是区域历史文化的专家。这个三人主编小组强有力地保证了编写意图的实现。

（三）渐进性和互动性是《读本》的编写路径。

为了体现不同年龄学生对文化知识学习的循序渐进，《读本》强调从小学、初中、高中的课文体裁和内容的从易到难：小学一、二年级是潮汕方言歌谣，三、四年级是潮汕民间故事，五、六年级是简单的诗词；初中是散文，高中是散化的小论文。小学三册都配有潮汕方言的音像视频辅助教学资料。并在课文之外的学习设计中逐步体现知识点的扩充、简单的田野调查、课外延伸阅读资料的导读和问题的讨论，充分体现了互动性与参与性。

（四）生动性和形象性是《读本》吸引人的手段和方法。

《读本》的受众基本上是少年儿童，对乡土文化本来缺乏了解，必须有一些吸引人的方法和手段来让孩子们感兴趣，有了兴趣才谈得上喜欢学习和了解。所以本书基本上采用了多模态的方法来吸引学生的兴趣，尤其是小学的三册读本。一是配上学生们喜欢的动漫插图；二是附带音像视频光盘：第一册配有方言朗读歌谣的录音资料和配上音乐的演唱视频资料，第二册配有方言讲故事的音像视频，第三册配有方言朗诵诗词的音像视频。总之，就是努力采用现代化的手段来刺激学生的兴奋点，增强学生们对传统文化的兴趣，使他们有兴趣学、学得有兴趣。

## 四　《读本》的内容及教学设计

《读本》根据不同年龄阶段学生的学习需求和理解程度，每册设计20课，每课体现一到两个知识点。如小学一、二年级20课的歌谣名称及其体现的知识点如下：

第1课：畲歌①畲嘻嘻（潮汕方言歌谣的序歌，用夸张的表现方法唱出歌谣之多）；

第2课：老鼠拖猫上竹篙[tek²ko³³]竹竿（颠倒歌，故意违背事理的歌谣，表现潮汕劳动人民的幽默）；

第3课：一脚雨伞（以"脚"为点，教学各种有脚的动物的方言名称）；

第4课：潮州姑娘好针工（表现潮汕姑娘善于抽纱刺绣的特点，同时介绍潮州刺绣的知识）；

第5课：门脚一丛柑（介绍潮剧代表作《陈三五娘》，同时介绍潮剧的知识）；

第6课：年年冬节边（介绍潮汕人过冬至节日的习俗，同时介绍潮

---

① 畲歌 [sia⁵⁵ kua³³]，潮汕本地对方言歌谣的叫法。

汕节日民俗）；

第7课：红屐桃①（以小孩儿过家家的歌谣形式，介绍潮汕生活民俗）；

第8课：天顶一条虹（介绍辛亥革命民俗改良故事）；

第9课：一溪目汁[mak⁵tsap²]眼泪一船人（这是一首"过番歌"，介绍潮汕人含泪告别亲人、漂洋过海谋生的故事）；

第10课：洋船到（介绍潮汕人到海外谋生、一去经年，家乡亲人苦苦等待其归来的思念之情）；

第11课：农事歌（介绍一年十二个月里农作物的生长及其耕作知识）；

第12课：大家来唱作田歌（介绍水稻耕种知识，强调勤劳"田地出金宝"、懒惰"田地长猫毛"的勤劳致富观念）；

第13课：南风去了东风来（介绍按不同季节和风向潮流出海捕鱼的知识。潮汕是滨海地区，沿海多渔民，海鲜是潮州菜的主要食材）；

第14课：小小生理[seng³³li⁵³]生意好安家（介绍经商致富的观念。潮汕人善于经商，举世闻名）；

第15课：打呀打铰刀[ka³³to³³]剪刀（以儿童《拍手歌》的形式，介绍潮汕家庭和睦的生活习俗）；

第16课：保贺阿公食百岁（介绍潮汕家庭四代同堂、尊老爱幼的生活观念）；②

第17课：雨落落（介绍潮汕河流及淡水捕捞知识。潮汕平原江河密布，水产资源丰富）；

第18课：粿名歌（介绍潮汕著名小吃点心）；③

---

① 红屐桃，女孩子穿的小木屐，形似桃子，叫"屐桃"；前面的橡胶皮多为红色，故称"红屐桃"。
② 保贺[po⁵³ho¹¹]，保佑；阿公[a³³kong³³]祖父，儿媳妇称公公也叫"阿公"，是随自己的儿子叫的，表示对公公的尊重。
③ 粿[kue⁵³]，各种以米、面做成的小吃点心的统称，也写作"粿"。

第19课：潮汕特产歌（介绍潮汕各地特产）；

第20课：潮州八景好风流（介绍潮州八景以及潮汕各地风景名胜）。

为了达到教学目的，我们在小学的一至三册中每一课都设计了"主课文、文化百科、活动天地"三个部分。"文化百科"主要是对课文内容所涉及的文化点知识进行延伸。"活动天地"中包括一至两个活动，让学生参与到一些跟文化知识有关的活动中去，让学生亲身感受和体验潮汕文化。

在初中版中，课文的主要体裁是散文，文学性和可读性很强。除了"文化百科"和"活动探究"栏目之外，我们设计了"旁批""交流""阅读导引"，培养学生学习的主动性、互动性和创新性，扩大学生的阅读面和知识面。

在高中版，我们设计了"题解"和"研究性学习"栏目，主要是培养学生思考和讨论、写作小论文的能力。

## 五 《读本》的教学实践

《读本》的试验教学是在省政府和潮州市教育局的支持和指导下，由韩山师范学院潮州师范分院方言文化教研中心组织实施的。广东省省长马兴瑞在2018年的《政府工作报告》中要求全省各地"加强广府、潮汕、客家等岭南优秀传统文化和非物质文化遗产传承发展，推动优秀传统文化进校园、进课堂"。潮州市教育局为贯彻落实省政府工作报告精神，2018年4月专门下达了《关于推进潮汕文化进校园、进课堂实践的通知》，"建议……有条件的学校将《潮汕文化读本》列入校本课程，以《潮汕文化读本》为载体开展系列活动，并作为潮汕文化进校园、进课堂的实践学校"。韩山师范学院潮州师范分院方言文化教研中心组织这些实践学校以方言文化教育教学为研究内容，在基础教育学校开展以《读本》教学为主的活动，即高等教育、基础教育、教育行政部门三位一体。每所实践学校集中学校团队力量上1至2节《读本》公开研讨课,所有参与实践的学校派老师参加观摩与研讨。往往观摩1节课、研讨2至3节,上课很精彩,研讨更精彩,不同观点的交锋往往能碰撞出智慧的火花。《读本》的课程定位与幸福学习原则和方言使用原则都是在研讨中、在讨论交流中达成共识。过去一年多来,他们组织了20多场这种"教科研训一体化"的研讨活动。这个过程培训了师资,锻炼了一支方言文化教育的优秀队伍。这些优秀教授能发挥骨干辐射作用,很有话语权,当然他们的话语权是来自他们对各个学校研讨课的精准评价之后老师们的一种认同。

除一线教师外,我们诚挚邀请有兴趣的学校校长、县区语文教研员、名师工作室、名班主任工作室主持人参加"教科研训一体化"活动、参加名家讲座和专家座谈,使大家对方言文化教育有更进一步的认识。有的校长主动把方言文化教育纳入该校办学特色之中去进一步凝练提升;有的教研员或校长牵头开展以方言文化教育为主要内容的课题研究;有的工作室主持人要求成员学校开展《读本》教学与研究。乡土文化容易引起共鸣与关注,方言文化教育在潮州本地进行,开局良好。没有参加教学实验的学校看到了《读本》教学的良好效果,纷纷要求参加,师生们的积极性都很高,有点出乎我们的意料。教师们通过实验教学,也有所收获,他们撰写了教学经验总结和研究论文,并准备出版《潮汕文化进课堂的教学实践与研究》(暂名)和《潮汕方言童谣音乐与表演》两本著作。

通过教学实验实践,我们也发现了《读本》的一些不足,例如高中版的小论文难度较大、不适合教学,一些地方的注释不太准确,小学三册和初中一册的难度和内容的联系性未臻完善等。我们正在做进一步的修订与完善工作,还包括为第一册的歌谣配上演唱音频,为第二册的民间故事配上口语版的故事音频,为第三册的诗词配上朗诵音频。

现在,《潮汕文化读本》已经由广东省教育厅审定,被列入"2018年秋季教学用书目录"。向港澳地区和海外华文学校发行的繁体字版,也已经正式出版,并在澳门地区发行。

**参考文献**

陈平原，2017. 乡土教材的编写与教学.《韩山师范学院学报》第 4 期。

杜松年，1994.《潮汕大文化》. 中国科技出版社。

高本汉，1940.《中国音韵学研究》. 赵元任、李方桂、罗常培译，商务印书馆。

黄挺，1997.《潮汕文化源流》. 广东高等教育出版社。

林伦伦，1997. 潮汕方言的特点及其价值.《文史知识》第 9 期。

林伦伦，2012.《潮汕方言：潮人的精神家园》. 暨南大学出版社。

饶宗颐，1994. 何以要建立"潮州学"——潮州学在中国文化史上的重要性.《潮学研究》（创刊号）. 汕头大学出版社。

# 汉语国际教育中的文化语言学与语言文化学
## ——以《中国语言文化典藏》为例

王文胜

浙江师范大学人文学院

## 一 关于文化语言学与语言文化学

物质决定意识,意识是物质的反应。文化是相对于政治、经济而言的人类全部精神活动及其活动产品。文化既有物质的,也有意识的。所谓的非物质文化本质上并不专指意识文化,它还包括物质文化。物质是运动的,而运动是物质的运动,所以,物质包括事和物两部分内容,事即物的运动,物即运动的主体。

意识是物质的反应,是人类大脑作用于客观的"物"和"事"而形成的产物,是肉眼无法识别的精神现象。语言是高级意识的载体,没有语言参与的意识只是一种本能的意识,而不能形成文化的意识。对文化意识的认识和理解,必须借助语言的参与才能实现。所以,文化包括物文化、事文化和言文化三个组成部分。

尽管没有语言就不可能形成文化意识,但文化本身却可以分为语言的文化和非语言的文化两类。语言的文化是指语言表述中所蕴含的文化因素,非语言的文化是指物或事所蕴含的文化因素。非语言的文化尽管不是由语言表述所承载的,但仍然需要通过语言来解码。所以,所谓非语言的文化是狭义上的,广义上的非语言的文化仍然是语言的文化,即不存在没有语言参与的文化。

所谓的非物质文化多半是指"意识文化"或"事文化"。物质文化则是"物文化"。物文化可以通过物的自身存在承载其文化内涵,也可以称作"静态文化"或"实体文化"。物文化还可以通过某种特殊的行为方式来表现。物文化通过某种特殊的行为方式表现出来后便成了"事文化",也可以叫作"动态文化"或"行为文化"。物文化是静态的文化,事文化是动态的文化。比如石磨是物文化,而用石磨去磨豆腐则是事文化。物文化和事文化本质上都是物质文化。

根据"物、事、言"等各类文化与人们当下日常生活关系的紧密程度,文化还可以分为活态文化、半活态文化、化石文化三种类型。

研究语言与文化的关系的学科可以分为文化语言学和语言文化学两种。

语言文化学是研究语言中所蕴含的民族文化特征的学科,即研究"言文化"的学科。语言既是文化的重要载体,也是文化的重要组成部分,是文化的活"化石"。语言文化学的理论基础是语言具有人文性。语言是人类社会特有的具有交际功能的音义符号,文字则是记录语言的音形义符号。通过文字反映出来的文化也是语言的文化,所以,研究文字与文化关系的学科也属于语言文化学的范畴。

文化语言学是研究民族文化中所蕴含的语言学因子的学科。与"言文化"相对的是"非言文化",包括"物文化"和"事文化"。"物文化"和"事文化"的文化内涵仍然需要通过语言进行解读。所以,文化语言学其实就是研究"非言文化"的学科,是运用语言对"物文化"和"事文化"进行解释的一门学科。

## 二 《中国语言文化典藏》与中国文化

文化既是民族的,又是世界的。文化多样性是人类社会的基本特征,也是人类文明进步的重要动力。鲁迅曾说过"有地方色彩的,倒容易成为世界的",后人由此引发出了"越是民族的,越是世界的"这一句名言。中国地域辽阔,文化多样,那么,"越是地域的,则越是民族的"。

文化是一个抽象概念,但文化的存在却是具体的。文化总是以一种具体的物质形式或意识形态存在,并通过一定的媒介(物、事或言)表现出来。也就是说,世界上并不存在抽象的文化,文化总是具体可感的。地域文化正是民族文化中的最具体的代表。

2015年5月,教育部、国家语委启动"中国语言资源保护工程"。2017年12月15日,"中国语言资源保护工程"的标志性成果《中国语言文化典藏》(商务印书馆出版)新书发布会在北京举行。首批成果《中国语言文化典藏》丛书包括杭州、金华、遂昌、江山、澳门、潮州、衡山、怀集、怀集(标话)、井陉、连城、泸溪、清徐、寿县、苏州、滩溪、藤县、屯溪、宜春、永丰共计20卷,涵盖官话、吴语、闽语、湘语、赣语、客家话、粤语、徽语、晋语等汉语方言,以及怀集标话等少数民族语言。该成果实现了纸质和电子同步出版,用手机扫二维码即可收听收看方言音频视频,满足了学术与科普的共同需要。

可以这么认为,"中国语言资源保护工程"所形成的《中国语言文化典藏》系列,是国家层面引导的对中国各地"物、事、言"文化进行保护的重大工程,其成果代表了我国各地"物、事、言"文化的精华,是新时期中国地域文化的先进代表。

## 三 汉语国际教育与中国文化传播

改革开放以来,前来中国学习的外国留学生一年比一年多。2018年3月31日,教育部官方公众号"微言教育"发布了2017年出国留学及来华留学大数据。数据显示,2017年共有48.92万名外国留学生在我国高等院校学习,规模增速连续两年保持在10%以上。数据还显示,2017年共有来自204个国家和地区的各类留学人员在中国31个省、自治区、直辖市(未包括台湾省)的935所高等院校学习。来华留学规模持续扩大,中国已是亚洲最大的留学目的国,其中,北京、上海、江苏、浙江等东部11省市来华留学生共计34.19万人,占总数的69.88%。

来华留学生大都需要学习汉语,目的虽各不相同,但大都会有对中国文化的了解和学习的需求。来华留学生所接触的中国文化，所涉及的既有语言文化学层面的内容，又有文化语言学层面的东西。在汉语国际教育的中国文化传播过程中，汉语教师应兼顾这两个层面。

目前，针对来华留学生的中国文化教程中涉及的中国传统文化的内容，大都是代表中国国家层面的具有共性的传统文化，包括物文化、事文化和言文化。事实上，针对留学生的中国文化教学仅仅停留在这个层面是不够的，还应该包括代表中国地域方言文化的鲜活素材。《中国语言文化典藏》系列成果就是很好的中国地域文化传播的内容。

另外，针对留学生的中国文化教学仅仅依靠书本也是不够的，还应该深入文化赖以生存的实地中去，深入中国广袤的地方中去。中国文化的习得可以在课堂中进行，更需要在社会考察中进行。从实地考察中获得的文化知识和技能更有意义，效果会更好。

以下从物文化、事文化和言文化，以及活态文化、半活态文化和化石文化等不同角度，援引《中国语言文化典藏·遂昌》及其语料库中的例子加以说明，"[ ]"中标注的是国际音标，其中的数字表示遂昌话的声调调值，文字右上角加"="表示同音替代、本字不详。受篇幅所限，原书所配图片从略。

（一）物文化和事文化

1. 物文化

**磨**［mu$^{213}$］"磨"即石磨，是用于把米、麦、豆等粮食加工成粉、浆的一种机械。由下扇（不动盘）和上扇（转动盘）两个圆石盘做成。两扇磨之间有木制或铁制的磨心，以防止上扇在转动时从下扇上掉下来。

2. 事文化

**磨磨**［mu$^{22}$mu$^{213}$］"磨磨"即推磨，是指用磨把麦子、大豆、玉米等粮食作物磨成面的过程。石磨两扇磨的接触面上都有排列整齐的磨齿，粮食从上方的磨眼进入两层中间，沿着纹理向外运移，在滚动经过两层面时被磨碎，形成粉末。

教学说明：留学生通过对"磨"这一物文化以及"磨磨"这一事文化进行实地考察，可以了解中国传统的磨坊文化。"磨磨"这一过程很费力，有牲口的用牲口拉，没有牲口的就得用人推。磨面的过程普通话叫作"推磨"。

文化教学还可以通过系联方式进行扩展。比如，我们可以根据"推磨"文化系联到中国的"豆腐"文化，告诉留学生，大家喜欢吃的豆腐也通常是通过这种方式获得的。

（二）活态文化、半活态文化和化石文化

如前所述，根据"物、事、言"等各类文化与人们当下日常生活关系的紧密程度，可以分为活态文化、半活态文化和化石文化三种类型。

1. 活态文化

活态文化是指当下普遍存在于大众日常生活的文化，如农村广泛存在的器具文化（物文化）、耕作文化（事文化）、气象谚语（言文化）等。例如：

**耖田** [tsʰɐɔ³³ diẽ²²¹] "耖田"是指用"耖"[tsʰɐɔ³³⁴] 弄细水田中的土块以平整田地的过程。在浙江遂昌农村，"耖田"这一任务也是通过耕牛来完成的，即将"耖"系连着牛轭在水田里行进。

**压杆** [aʔ⁵kuẽ³³⁴] "耖田"时还需在"耖"的两端一、二齿间插上一根木条，用以大面积地疏通田泥，并将先前留下的人和牛的足印覆盖，这一过程叫作"压杆"。"压杆"是"耖田"全部过程中的最后一个重要环节，之后，稻田就可以用来插秧了。

**耖** [tsʰɐɔ³³⁴] ｜ **压杆** [aʔ⁵kuẽ³³⁴] "耖"是一种在耕、耙地以后用的把土弄得更细的农具，木制，圆柱脊，平排九个直列的铁制尖齿。遂昌话中，"压杆"既可表示动词行为，又可表示事物。

教学说明：耖（物文化）、压杆（物文化或事文化）、耖田（事文化）等农具及耕作方式目前仍普遍存在于遂昌农村，是典型的活态农耕文化的代表。对这一系列活态文化的考察，可以让留学生更深刻地领略到中国江南传统农耕文化的纯朴韵味。

2. 半活态文化

半活态文化是指曾经普遍存在于大众日常生活，但使用范围日渐缩小并呈现逐渐消失势态的文化。例如：

**踏碓** [daʔ²³tei³³⁴] "踏碓"是一种以杠杆原理利用脚踩的"舂臼"。操作时人的双臂撑在一个固定的木制框架两侧的横杠上，脚踏锤柄尾端，松脚后锤子落下砸在石臼中去掉稻壳。随着机械动力的普及，很多地方的"踏碓"已废弃不用。

教学说明：在实际教学中，我们也可以通过系联的方式让留学生获得相关的文化知识。例如，"踏碓"的系联文化是中国最古老而传统的"臼"文化（物文化）和"舂臼"文化（事文化），以及后来衍生出来的各种形式的"碓"文化。

**舂臼** [ioŋ³³dʑiɯ¹³] ｜ 舂扦 [ioŋ⁵⁵tɕʰiẽ⁵³³] 完整的"舂臼"农具由"舂臼"和"舂扦"₍舂手₎两部分构成。过去，"舂臼"是农民舂米的主要工具。如今，虽然碾米机已经取代了"舂臼"舂米的这一功能，但是，"舂臼"并未退出历史舞台，而是被广泛地用于制作年糕、麻糍等。民间把做麻糍一事叫作"舂麻糍" [ioŋ⁴⁵mu²²zɤ²¹³]。传统制作方法是：将糯米用清水浸泡一个晚上，然后将泡过的糯米放到饭甑或蒸笼里蒸烂，最后把蒸烂了的糯米饭放入石臼中，一人用木杵舂捣饭团，另一人负责饭团始终置于石臼，便于舂捣，待糯米饭捣成黏稠的团状时即可。

教学说明：在遂昌，由"舂臼"文化还可系联出源自"臼"的"点心"系列文化，例如"麻糍"文化、"黄米粿"文化等。

**麻糍** [mu²²zɤ²¹³] 麻糍是民间常见的小吃。吃的时候，把刚刚舂制的糯米团滚上已炒熟且加了糖的芝麻粉，味道香糯诱人。

教学说明：可系联出水碓文化。遂昌话把水碓及其作坊叫作"腹⁼碓"。

**腹⁼碓** [pəɯʔ⁵tei³³⁴] "腹⁼碓"即水碓或水碓坊，是利用水碓进行舂米的场所，是过去农村最主要的稻米加工地。随着电力、柴油碾米机的普及，水碓坊以及成套的水碓装置已经很难看到了。新路湾镇三井村经过修葺的一处水碓坊,如今成了供人们观赏的文物。

**腹⁼碓桶** [pəɯʔ⁵tei³³ dəŋ¹³] ｜ **碓管** [tei³³ kuɛ̃⁵³³] 一个完整的水碓坊是由"腹⁼碓桶""碓管""碓头""碓臼"等部分组成的。"腹⁼碓桶"是一个大水轮,"碓管"是带动"碓头"的轴,它们是"碓头"上下起落的动力来源,而真正的动力是流水。

教学说明:在电力、柴油等能源没有出现或普及的年代,水碓坊是遂昌农村非常重要的非人力作坊,是千百年来中国民间智慧的结晶,水碓的发明大大解放了生产力。留学生通过对水碓文化的考察,可以充分领略中国传统文化的精妙所在。

3. 化石文化

化石文化是指古代存在的现在不用（事文化）、不说（言文化）的物文化,即传统意义上的文物。比如上述的遂昌水碓文化就是典型的化石文化。又如:

**㫘车** [y⁵³tɕʰiŋ⁴⁵] "㫘车"即水车。水车是一种提水工具,它是用人或畜作为动力,通过管、筒、水槽等机件将水往高处提。水车是我国最古老的农业灌溉工具之一,《宋史·河渠志五》有载:"地高则用水车汲引,灌溉甚便。"陈列于遂昌大柘镇的大田博物馆中的一架"㫘车"是一种手摇式水车,上面写有"一九八六立"字样,说明在那个年代,遂昌农村还把水车作为灌溉用的提水农具。如今,这种水车早已退出历史舞台,被各类抽水机所取代。

教学说明:所谓化石文化是一个相对概念,此地可能不再使用,但在其他地方仍然可能还在使用。在遂昌,"㫘车"是一个不久前才变成化石文化的,它曾经在遂昌农耕史上作出了不可磨灭的贡献,为农业灌溉提供了极大的便利。

让留学生参观这一化石文化的同时,可以通过视频介绍该农具的使用方式,还可以介绍各种不同形状的水车。

（三）言文化

言文化大致包括熟语文化和谐音文化两类。

1. 熟语文化

各地都有生动活泼的熟语，以下是遂昌农村的民谚：

芒种倚一倚，[mɔŋ²² tɕiɔŋ³³ gei¹³ i?⁰ gei¹³]倚:站立

冬间少碗饭；[təŋ⁴⁵ kaŋ³³ tɕiɐ³³ uẽ⁵⁵ vaŋ²¹³]冬间:冬天

芒种赶一赶，[mɔŋ²² tɕiɔŋ³³ kẽ⁵³ i?⁰ kẽ⁵³³]

冬间添个碗。[təŋ⁴⁵ kaŋ³³ tʰiẽ⁴⁵ kei³³ uẽ⁵³³]

教学说明：这是一则遂昌农谚，意思是芒种季节应"忙"种，方能有望迎来丰收。在给留学生介绍中国传统的节气文化时，可以进行进一步讲解。又如：

咥农饭，[tiɛʔ⁵ nəŋ⁴⁵ vaŋ²¹³]

由农掼；[iɯ²² nəŋ²¹ guaŋ²¹³]掼:揮打

搕农碗，[kʰɒ³³ nəŋ⁴⁵ uẽ⁵³³]搕:拿、抓

由农管。[iɯ²² nəŋ²¹ kuẽ⁵³³]

教学说明：这是一则遂昌生活谚语，意思是一个人若沾了人家的便宜，即使人家有缺点或错误也就不敢说、不敢管了。在给留学生介绍时，可以联系普通话谚语"吃人的嘴短，拿人的手软"进行讲解。在讲解"咥"一词时，可以联系中国陕西一带说的"咥"，进而说明"咥"是表示"吃"义的古老的词。

2. 谐音文化

谐音文化是指需要运用修辞中的谐音手段进行言语解释的物文化和事文化。

（1）谐音物文化

**搞五碗** [kɐ⁵³ eŋ¹³ uẽ⁵³³] 遂昌民间的新房中一般都有摆着龙凤对烛的案台。案台上摆放着饰有柏树枝的红鸡蛋、橘子、柿饼、红枣和莲子，分别用五只大碗盛着，意为"五福临门"。五只碗所盛之物寓"百事吉祥、早生贵子"之意。

（2）谐音事文化

**传袋** [dʑyẽ²² dei²¹³] 在中国民间的传统婚礼上，有的地方流行着一种叫作"传袋"的仪式。"传袋"是指新娘踏着交替移动的麻布袋步入新房。"传袋"谐音"传代"，代表了中国传统的娶妻生子、传宗接代的婚姻观念。

教学说明：以上两则是典型的谐音文化的例子。通过对谐音文化的考察和讲解，可以让留学生体会到汉语语音特征与文化之间的趣味关系，并可系联出汉语歇后语文化。

总之，文化语言学和语言文化学作为两门研究语言与文化相互关系的不同学科，可以在对留学生进行中国文化输出时进行综合运用。由教育部、国家语委推出的《中国语言文化典藏》系列成果可以作为中国地域文化对外传播的优秀教材，同时带领留学生对中国地域文化的存储地进行实地考察，则能够从理性和感性两个角度加强留学生对中国传统文化的认识和理解，从而使中国地域文化走向世界。

**参考文献**

王文胜，2017.《中国语言文化典藏·遂昌》. 商务印书馆。

# 普及方言民俗教育是保护方言的根本途径[*]

朱富林

西安外国语大学人文社会科学研究中心/陕西方言研究所

## 一 方言的价值和国家以往对方言的保护

### 1.1 方言的价值

现代汉语包括普通话和方言,普通话是国家通用语言,方言为现代汉语的地域变体,普通话和方言都属于国家的语言资源。从语言地位、规范程度、使用人口、使用范围、文献信息记录等指标来看,普通话具有超强价值(陈章太,2008)。从普通话发展的根基和中华民族文化传承创新的根基来看,方言有着不可替代的价值。

普通话以方言为基础而存在。普通话的语音基础是北京话,北京话也是一种方言。普通话的词汇基础主要是北方方言,但也吸纳了一些南方方言词语。普通话的语法基础是典范的现代白话文著作,这些"著作"因受作者所在地域文化的影响,也或多或少带有方言的烙印。离开了方言,普通话可能就只剩下一些语法规则。

方言也有自己独特的语言学魅力。方言把"街"读如"该","却"读如"可","鞋"读如"孩",今天方言的许多成分都保留了古代汉语的原始面貌,全部汉语方言结合起来,就是一部鲜活完整的汉语史。同

---

[*] 本研究得到陕西省哲学社会科学项目"秦腔舞台语音比较研究"(2019M030)的支持;包妍女士提出在基础教育阶段开设方言课、彻底解决方言保护问题的观点,对本文有重要启发,在此对以上支持和帮助表示感谢。

时在交际方面，用方言述说当地的生活更为有力。

方言又是地域文化的载体。李如龙（2005）指出，透过方言，可以看到地方历史、地理环境、地方习俗与文化心态。曹志耘（2009）说，语言（包括方言）是最典型、最重要的非物质文化遗产之一，语言与人类共生，在人类漫长的历史发展过程中，积淀了丰富的文化信息，语言中含有人们的价值观念、思维方式、文化心理以及对自然、社会的认知和表达。范俊军（2018）认为，语言资源（含方言）的价值在于利用，越是使用就越能体现其价值——政治价值、社会价值、文化价值、生态价值、经济价值、教育价值。雷红波（2012）也说，作为认同的载体，方言是联系地方情感的纽带，例如在"大中华圈"的建设中，闽语、粤语、客家话、吴语等方言在聚集海内外华人力量方面都起到了非常重要的作用。"少小离家老大回，乡音无改鬓毛衰"，正是这种对"乡音"的认同、忠实与眷恋，将中华民族同胞紧紧地凝聚在一起。正如李宇明（2008）所说，文化是民族的精神家园，继承传统文化，借鉴外国文化，发展现代文化，是当代文化繁荣的必由之路，每种语言（文字）及其方言都有其作用。

## 1.2 国家对方言的保护

国家对汉语方言一直给予尊重的态度和宽松的条件。《中华人民共和国宪法》（2018修正）第四条："各民族都有使用和发展自己的语言文字的自由，都有保持或者改革自己的风俗习惯的自由。"第十九条："国家推广全国通用的普通话。"《中华人民共和国国家通用语言文字法》（2001）第三条："国家推广普通话，推行规范汉字。"第五条："国家通用语言文字的使用应当有利于维护国家主权和民族尊严，有利于国家统一和民族团结，有利于社会主义物质文明建设和精神文明建设。"第八条："各民族都有使用和发展自己的语言文字的自由。"

近年来国家开始积极保护汉语方言。《中共中央关于深化文化体制改革推动社会主义文化大发展大繁荣若干重大问题的决定》（2011）在"建设优秀传统文化传承体系"一节中指出："大力推广和规范使用国家通用语言文字，科学保护各民族语言文字。"《国家中长期语言文字事业改革和发展规划纲要（2010—2020）》（2012）的总目标中提出："各民族语言文字的科学保护得到加强。语言文字传承和弘扬中华优秀文化的作用进一步发挥。"在七大任务之一的"科学保护各民族语言文字"中指出："增强全社会的语言资源观念和语言保护意识。积极开展树立语言资源观念和科学保护意识的各项公益性活动。"2015年5月，教育部、国家语委宣布启动"中国语言资源保护工程"。

## 二 现有方言保护措施的不足和普及方言民俗教育的意义

### 2.1 现有方言保护措施的不足

国家为保护方言已经迈出了重要步伐。现阶段的问题是，还没有认识到方言不光可以保存，而且还可以保护；还没有找到大力推广普通话跟科学保护方言文化协调推进的根本办法。实际情况是，随着城镇化进程的加快和社会的高速发展，普通话已深入人心，汉语方言正在走向边缘化、加快衰变甚至消亡。从根本上保护汉语方言的问题已经提上重要议事日程。

### 2.2 普及方言民俗教育的意义

方言与民俗共生，是地域文化的重要组成部分。保护方言，并不是推广方言，甚至取消普通话作为国家通用语言的地位，而是把方言作为重要的语言文化资源，原汁原味地传承下来。正因为方言保护重在方言的文化属性，因此在方言保护过程中不是单纯地只保护方言，还要保护它赖以生存的全部地域文化，需要将方言与民俗作为一个整体进行保护。

方言是人说出来的话，如果不说，方言就消失了。现在的问题不在于国家层面，而在老百姓层面：老百姓觉得用普通话交际起来更有效，而且还"洋气"，说方言很"土气"，所以就只讲普通话，逐渐地放弃方言。至于保护方言文化的问题，大部分老百姓把方言只当作一种交际工具，工具旧了，就逐渐搁置起来不用了，至于方言当中的文化因素，并没有太在意,也就是老百姓的文化传承意识还不强。

人们常说,不上学、不读书就没文化。的确,文化在于教育,方言民俗文化的传承也在于教育。从民俗文化产业开发的案例中,可以看到文化教育的重要性。比如1995年建立的贵州省梭戛生态博物馆为我国第一座"非遗"生态博物馆,建成后管理和运行均不佳,本来作为"非遗"传承人的村民,因为缺乏"非遗"知识的教育,简单地将"非遗"当作挣钱、养家糊口的工具,向访客低价兜售自己的文化产品,甚至兜售全国各地都能买到的旅游纪念品,却把原汁原味传承、挖掘地方文化放在了一边(于富业,2014)。方言保护也一样,如果老百姓认识不到方言文化的存在、方言保护的重要性及其与自己切实利益的关系,老百姓就不会去保护方言,方言保护也就落不到实处。

普及方言民俗教育能从根本上解决方言文化的保护问题。如果要真正保护方言,就要在基础教育阶段足量开设方言民俗课。内容以当地方言民俗为主,教材由国家统一规划、分地域编写,教学与考核跟语文、数学、英语等基础教育主干课程同等对待。这样,才能让老百姓真正明白保护方言民俗的意义,认识到方言民俗跟自己切身利益的关系,在学好、用好普通话的同时,也会去身体力行地说好方言,保护好方言与民俗文化。只要老百姓把方言民俗的传承与创新变成了自觉行动,方言民俗的活力就会经久不衰,国家的各项文化保护措施就有了坚实的基础,建设文化强国的目标就能提前实现,也必将实现中华文化千秋万代永续发展。

## 三 普及方言民俗教育的内容框架

### 3.1 什么是普及方言民俗教育

普及方言民俗教育就是在基础教育阶段开设方言与民俗课程。课程由国家统一规划、地方组织实施,是全国各地学生学习探索当地方言与民俗、普及方言民俗基础知识、培养学生传承方言民俗文化兴趣和能力的有效途径。

### 3.2 如何普及方言民俗教育

（1）关于普及方言民俗教育的立法。立法的内容包括：普及方言民俗教育的意义，对受保护方言民俗的界定，各级教育行政主管部门与教育教学单位的责任，教师、学生与全体公民的义务，有关保障措施等。立法的步骤为：先行在《国家教育事业发展五年规划》《国家中长期教育改革和发展规划纲要》《国家中长期语言文字事业改革和发展规划纲要》等规划中，增加普及方言民俗教育的内容；经过一段时间的实践，在国家有关法律法规修订的适当的时机，增加普及方言民俗教育的内容。

（2）关于方言民俗课教学大纲的制定。可按如下框架制定教学大纲。

课程名称：方言与民俗。

教育对象：基础教育阶段的学生。

课程性质：基础教育阶段中华文化传承主干课程。

教学目的：学好当地的方言，熟悉当地的民俗，掌握方言学与民俗学的一些基础知识，认识到方言民俗保护的重要意义，培养学生对当地的方言民俗传承创新的兴趣和能力。

课程内容：主体是对当地的方言体系与民俗体系的学习与探讨。

课程形式：跟基础教育阶段的"语文"课类似，还要体现用普通话讲解方言民俗的"双方言"的情况，突出课外实践与创新活动的情况。

所用教材：为国家统一规划的地方性教材。

（3）关于《方言与民俗》教材的编写。思路如下。

领导组织：由国家统一规划，教育部等牵头，各级地方政府参与，各级教育行政主管部门具体组织实施，各大、中、小学教师、地方各界文化人士参与编写。

编写原则：以县级和以下行政区域为单位，根据县市区内方言民俗的实际，确定编写教材的种类；不编写地州市级、省级统一使用的《方言与民俗》教材。

知识体系：方言涵盖语音、词汇、语法、修辞等方面；民俗涵盖物质生产民俗、物质生活民俗、社会组织民俗、岁时节日民俗、人生礼仪、民间信仰、民间科学技术、民间口头文学、民间谚语、民间艺术等方面。

教材框架：每个县市区一套教材（部分方言民俗独特的乡镇、村和社区也可独立编写教材）；每套教材包括小学阶段6个年级上下册，初中高中一、二年级上下册，三年级全1册；教材框架与"语文"教材大致相当，但要考虑到方言与普通话"双方言"的特点；可以按照文选、字词、基础知识的体例展开，文选是用当地方言编写的当地民俗故事，字词是对方言字词读音、意义的讲解，基础知识是对方言学与民俗学知识的讲解；在注音方面，要用准确的国际音标，并用方括号"[ ]"括起来，以表示跟汉语拼音不同，国际音标基本知识需要讲解；注重方言与普通话的对照讲解。

（4）关于方言民俗课教师队伍的培养。在中小学遴选当地的方言口音纯正、有一定民俗文化素养的教师，作为中小学"方言与民俗"课的代课教师。组织由方言学与民俗学专家学者、地方文化人士参与的培训团队，开展对中小学代课教师的培训，中小学教师获得授课资格后，持证上岗。

（5）关于方言民俗课教学活动的开展。课堂的通用语言是普通话；方言与民俗的内容讲解用原汁原味的当地方言；注重将方言与普通话对照起来讲解。教师讲解与师生互动相结合，课堂教学与课外实践相结合，知识学习与成果创新相结合。注重对学生平时创新成果的积累，作为形成性考核的依据。加强正式性考核，引起学生和家长的重视。

（6）关于"中国语言民俗文化传承工程"的实施。由教育部、文化和旅游部、财政部牵头，在充分调研论证的基础上，启动并实施"中国语言民俗文化传承工程"。该工程又包括四大工程：中国语言调查研究工程，中国民俗调查研究工程，中国方言民俗课教材编写工程，中国方言民俗课教师培育工程。通过重大工程的实施，让方言民俗教育普及落地。

### 3.3 普及方言民俗教育的目标

总体目标：通过在基础教育阶段开设方言民俗课，让年轻一代能够很好地说当地的方言，熟悉当地的民俗，自觉承担起传承创新地方语言文化的重任。具体目标是"四个一流"：产出一流的全国方言与民俗调查研究成果，编写一流的全国方言民俗教材，培育一流的全国方言民俗教育队伍，培养一流的方言民俗传承创新的学生。

### 3.4 普及方言民俗教育的重点难点

重点是实施包括中国语言调查研究、中国民俗调查研究、中国方言民俗课教材编写、中国方言民俗课教师培育等四大工程的"中国语言民俗文化传承工程"。

难点之一，对中国语言民俗全面深入的调查研究。这项工作量大面宽，需要有大量的人财物的支持。难点之二，分地域教材的编写。每一套教材是为每一种方言及其所在民俗的量身定做，需要在全面深入调查研究的基础上，精细地编写出知识体系性强又简单易学的教材。难点之三，方言民俗课的教学与考核。如何处理好作为课堂通用语言的普通话跟课程内容中方言的关系，区分民俗文化中的精华与糟粕，探索出适合不同地区学生的形成性考核与终结性考核方式，都需要深入研究，做大量的工作。

## 四 普及方言民俗教育的思路计划与可行性分析

### 4.1 普及方言民俗教育的思路计划

方言不仅可以保存，而且可以保护。保护方言不是推广方言，而是保护方言的文化积淀。方言与民俗共存共生，保护方言就是要在整体观之下保护方言与民俗，传承创新积极健康的方言民俗文化。最有效的方言保护途径是普及方言民俗教育。在基础教育阶段开设方言民俗课，注重形成性考核与终结性考核，确保学有所成。大家都开始很好地讲方言了，方言保护的目标就实现了。普及方言民俗教育是一项国家重大工程，稳步有序地实施工程项目，最终让方言民俗普及教育落地生根，让中华文化生生不息、永续发展。

方言民俗教育的工程实施期可定为10年、4个阶段。

（1）起步阶段，用1年左右时间，实现国家规划、工程启动。

（2）试点阶段，用2至3年时间，实现方言民俗调查研究、教材编写、队伍培养、教学开展的试点工作。

（3）普及阶段，用5年左右时间，全面完成民俗调查研究、教材编写、队伍培养工作，实现方言民俗课在中小学的全覆盖。

（4）提升阶段，用1年时间，全面总结经验，上升到国家法律立法层面，全面普及。

**4.2 普及方言民俗教育的可行性分析**

2016年，习近平总书记在庆祝中国共产党成立95周年大会上，提出道路自信、理论自信、制度自信、文化自信（"四个自信"）的重要论述，强调了"文化自信"，凸显了中国特色社会主义的文化根基、文化本质和文化理想，标志着党对中国特色社会主义有了更加明确而开阔的文化建构，为建设文化强国进一步指明了方向。

改革开放以来，随着中国语言学会、全国汉语方言学会、中国民族语言学会、中国民俗学会的建立，培养了一大批语言学、民俗学专家学者。近年来随着中国语言资源保护工程、中国民族民间文化保护工程、地方志编纂工程的开展，又造就了数千人的语言学、民俗学研究队伍。目前已经有较为充足的人员投入到中国语言与民俗的调查研究工作之中。同时，大量的汉语方言、民族语言、民俗文化的调查研究成果及地方志成果，为新时期开展对全国方言民俗的全面深入调查打下了坚实基础。

在高校，方言学课程与民俗学课程已全面开设，方言学教程、民俗学教程已日臻完善。在一些地方的中小学，已在定期开展民俗文化进校园活动。这些教学活动的开展，为方言民俗普及教育活动提供了可资借鉴的经验。

总之，实施以中国语言民俗文化传承为核心的"四大工程"，普及方言民俗教育，符合国家建设文化强国的需要，有开展的坚实基础，切实可行。

## 五 余论

普及方言民俗教育是一项国策，需要国家统一领导、组织实施。国家要在战略规划、工程实施、人财物支持、工作体制机制建立、社会动员等方面提供保障，有力推动方言民俗教育普及的伟大工程。

建设文化强国，普及方言民俗教育是重要基础。经过10年的工程实施，全面摸清中国方言民俗的国情，建设好适合地方实际的方言民俗课教材，培育出一支强大的方言民俗课教师队伍，在基础教育阶段全面普及方言民俗教育。社会层面，人们在说好普通话的同时，还能有意识地说好方言，了解自己的方言民俗，文化生态得以恢复，方言民俗传统文化的保护从根本上得以实现，建设文化强国的新画卷全面展开。

**参考文献**

曹志耘，2009. 论语言保存.《语言教学与研究》第1期。

陈章太，2008. 论语言资源.《语言文字应用》第1期。

陈章太，2009. 语言资源与语言问题.《云南师范大学学报》第4期。

范俊军，2018. 中国的濒危语言保存和保护.《暨南学报》（哲学社会科学版）第6期。

雷红波，2012. 方言保护与语言规划.《中国社会语言学》第1期。

李如龙，2005. 关于方言与地域文化的研究.《泉州师范学院学报》（社会科学版）第1期。

李宇明，2008. 语言功能规划刍议.《语言文字应用》第1期。

帕默尔，1936.《语言学概论》. 商务印书馆，2013。

单霁翔，2013. 民俗文化遗产保护、传承与民俗博物馆建设.《民俗研究》第4期。

王德刚，2018．民俗学的当下意义——中国当代民俗学者民俗价值观研究．山东大学博士学位论文。

于富业，2014．关于中国生态博物馆的初步研究——以贵州生态博物馆群和浙江安吉博物馆群为例．南京艺术学院博士学位论文。

张俊，2015．论方言的法律保护．南京大学硕士学位论文。

钟敬文（主编），2010．《民俗学概论》（第2版）．高等教育出版社。

第十三届全国人民代表大会第一次会议通过，2018．《中华人民共和国宪法》（2018修正）．中国法制出版社。

第九届全国人民代表大会常务委员会第十八次会议通过，2001．《中华人民共和国国家通用语言文字法》．法制出版社。

中国共产党第十七届中央委员会第六次全体会议通过，2011．《中共中央关于深化文化体制改革推动社会主义文化大发展大繁荣若干重大问题的决定》．人民出版社。

教育部语言文字应用管理司编，2012．《国家中长期语言文字事业改革和发展规划纲要（2010—2020）》．语文出版社。

# 非遗视角下濒危语言资源的保护与传承

瞿建慧

吉首大学文学与新闻传播学院

## 一 濒危语言资源与非物质文化遗产

语言是文化的载体,语言多样性是文化多样性的基础。语言是非物质文化遗产传承的基础,语言与非物质文化遗产密不可分。各种语言的状况,直接影响着非物质文化遗产的存活与传承。

语言濒危现象全世界普遍存在。根据美国世界少数民族语文研究院以 2001 年 4 月的统计数字整理成的数据库,全世界高度濒危的语言共 1742 种。我国境内 129 种语言中处于濒危或者走向濒危状态的语言有 117 种,已经濒危的 21 种,迈入濒危的 64 种,临近濒危的 24 种,丧失交际功能的 8 种(孙宏开等,2007)。

语言的濒危使该语言承载的非物质文化遗产面临消失或绝迹。随着语言的日益濒危,许多需要依靠语言口传心授加以传承的非物质文化遗产出现了危机。如湖南湘西土家族梯玛神歌、摆手歌、毛古斯舞中的对白都是用土家语说唱的。随着土家语的日渐濒危,许多老"梯玛"(从事祭神驱鬼巫术的人)的后代已不懂土家语而无法传承土家族这份珍贵的非物质文化遗产。

2003 年 10 月 17 日,第 32 届联合国教科文组织大会通过《保护非物质文化遗产公约》,里面的"非物质文化遗产"涵盖了五个方面内容,其中第一个方面是:口头传统和表现形式,包括作为非物质文化遗产媒介的语言。《中华人民共和国非物质文化遗产法》明确了非物质文化遗产包括六个方面,其中第一个方面是"传统口头文学以及作为其载体的语言"。

《保护非物质文化遗产公约》和《中华人民共和国非物质文化遗产法》都将语言列为非物质文化遗产的第一个方面,足见对语言资源的重视。但是,联合国教科文组织"人类口头和非物质遗产代表作"评选除了第一批名单出现"加利弗那语言"以外,再也没有直接以"语言"作为名目的代表作。中国"国家级非物质文化遗产代表性项目名录"已经公布了四批,语言没有列入代表性项目名录中。

非物质文化遗产代表性项目名录是当前我国,乃至世界各国保护和传承非物质文化遗产的重要方式。语言应该同时列入非物质文化遗产代表性项目名录,大多数非物质文化遗产项目是依靠语言传承的,失去了语言这个载体,非物质文化遗产的保护与传承也将无从谈起。如果观众不熟悉某种语言的话,就无法真正感受到口头传统和以这种语言为载体的表演艺术蕴含的艺术价值和文化内涵,那么这些非物质文化遗产只能是舞台上的演艺活动或者博物馆里的收藏品,无法得到真正的传承。

因此,从非遗保护的视角来看,应当加强作为非物质文化遗产载体的语言的保护和传承。庄初升(2017)指出:语言的非遗属性非常特殊,它既是口头传统和不少表演艺术的载体,其本体也是一种非物质文化遗产。语言需要保护与传承,不仅仅因为它是非物质文化遗产的载体,更在于它本身的非遗属性,特别是濒危语言。联合国教科文组织总干事松浦晃一郎在2003年保护濒危语言国际专家会议上就已提出将语言,尤其是濒危语言当作非物质文化遗产定义的内容:"我们对非物质文化遗产的定义进行了酝酿,该定义将语言,尤其是处在消亡危险中的传统语言,作为其中的重要组成部分。"

《保护非物质文化遗产公约》和《中华人民共和国非物质文化遗产法》保护的只是作为非物质文化遗产载体的语言而不是语言本身,语言也甚少出现在世界级和国家级的非物质文化遗产代表性项目名录中。不过,我们欣喜地发现地方级非物质文化遗产代表作名录已经把语言单列出来，除了庄初升（2017）提到的福州、海州、湘乡等汉语方言被列入市级非物质文化遗产代表作名录之外，民族语言也出现在名录中，比如：土家语被列为湘西自治州第一批非物质文化遗产代表作名录，苗族语言也在湘西自治州非物质文化遗产代表作名录中。

濒危语言应该是优先保护的，因为濒危语言承载的非物质文化遗产必定也是濒危的，是急需保护的。保护这些濒危的非物质文化遗产必先保护濒危语言。把濒危语言列入非物质文化遗产代表性名录，才能增强地方政府和公众濒危语言的保护意识，有效地保护传承濒危语言资源，濒危的非物质文化遗产的保护传承也不至于失去了生存和发展的土壤。

一种语言的消亡往往意味着依附于该语言的非物质文化遗产也随之消亡，也意味着人类多样性文化遭到破坏，文化的多样性被削弱。濒危语言资源与非物质文化遗产的保护和传承共同保障了语言文化的多样性。保护濒危语言资源和非物质文化遗产对于维护人类文化多样性、坚定民族文化自信、增强民族自豪感、增进民族和文化认同，增进民族团结、维护社会稳定和国家统一，都具有重要的意义。中国是保护非物质文化遗产、促进人类文化多样性国际公约的签约国，应该走在濒危语言资源保护工作的前列，在传承和发展人类语言文化多样性方面作出特有的贡献。

## 二 中国非物质文化遗产保护传承的经验

2015年教育部、国家语委启动中国语言资源保护工程。中国语言资源保护工程不仅仅保存语言资源，把它们的实际面貌记录下来，进行长期、有效地保存和展示，还要通过各种有效的政策、措施、手段，保持语言的活力，使语言得以持续生存和发展，尤其要避免弱势和濒危的语言衰亡，实现对濒危语言资源的保护和传承。

中国的非物质文化遗产保护工作已经开展了13年，文化和旅游部部长雒树刚在《全国非物质文化遗产保护工作先进集体先进个人和第五批国家级非遗代表性项目代表性传承人座谈活动上的讲话》（2018）中指出：目前中国初步建立了符合中国国情、具有中国特色的非物质文化遗产保护制度，非物质文化遗产保护已经成为全民参与、惠益全民的文化民生工程。濒危语言资源的保护政策与措施可以借鉴非物质文化遗产已有的成功经验：健全了政策法规体系，制定了完善的保护传承制度；提升了非遗保护传承能力；提高了民众保护传承意识；实现了整体活态保护；提供了充分的保障条件。

当然，中国非物质文化遗产保护工作也存在一些不足之处。比如：非遗课程开发缺乏统一的理论指导，非遗课程开设各自为政，缺乏层次化、体系化，没有建立非遗教育长效机制。国家级非物质文化遗产代表性名录分类方法不全面，类目的划分也有待完善。部分部门把入选名录作为"形象工程""政绩工程"工作来抓，把获得名录的非物质文化遗产作为招商引资的招牌，当成"摇钱树"进行商业化运作，使得许多原生态民间歌舞和民俗风情变味。文化政绩化和文化商业化是非遗的两个最致命的问题。这些问题也是濒危语言资源保护传承应该关注的。

## 三 濒危语言资源保护传承的政策与措施

濒危语言资源保护传承可以借鉴非物质文化遗产保护传承的成功经验，但由于语言不仅是文化的载体，还是交际和思维的工具，濒危语言资源保护传承的政策与措施也应该具有它的特殊性。

### 3.1 制定法规政策

2011年《中华人民共和国非物质文化遗产法》的颁布，标志着我国的非遗保护工作开始进入到依法保护的新时期。从世界来看，各国对语言的保护通常是通过语言立法的形式来进行。比如，英国的《2011年威尔士语措施》《2005年苏格兰盖尔语法》等。

罗时英（2013）提出：应当制订相关的"濒危语言保护条例"，把濒危语言保护工作纳入法制轨道。只有类似《中华人民共和国非物质文化遗产法》的濒危语言资源保护法规出台后，各省（区、市）积极贯彻法律规定，结合本行政区域实际情况，借鉴其他地区立法经验，纷纷制定本地区的濒危语言资源保护的地方性法规。

据了解，湘西永顺县委宣传部出台了有关"保护土家语"的文件，县里基层干部进党校学习时有一堂必修课是学习土家语歌，为学习土家语营造了良好的社会环境。地区性濒危语言资源保护法规可以规定在公务员招录、事业人员招聘时优先考虑熟悉濒危语言的考生，根据岗位的需要任用精通濒危语言的领导干部。

### 3.2 健全工作机制

在非遗保护的工作机制方面，我国明确了"保护为主、抢救第一，合理利用、传承发展"的工作方针以及"政府主导、社会参与，明确职责、形成合力；长远规划、分步实施，点面结合、讲求实效"的工作原则，并建立起了以政府为主导、多方参与的工作机制。文化部下设非遗司，对接地方非遗保护机构，专职进行非遗保护工作。濒危语言资源保护应该制定科学合理的工作方针、工作原则和工作机制，成立濒危语言保护机构，才能保证濒危语言资源保护工作的正常运转。

### 3.3 实现分级保护

徐世璇（2003）指出：语言功能退化乃至濒临消失是一个复杂的渐变过程。在这个过程中，语言的生存状况和濒危程度是不同的。对此进行层级划分，以确定语言的前景，对于语言的发展预测和语言规划、选择优先调查记录的语种、根据紧急程度对濒危语言的抢救性保存资料进行先后排序，是十分重要和必要的。和非物质文化遗产一样，濒危语言也需要分级保护。

首先，成立濒危语言普查专项组，建立普查档案管理制度。进行全方位的语言活力普查，对各种语言作出正确的语言活力评估，才能认定语言是否濒危，才能确定语言的濒危等级。2003年联合国教科文组织确立了评估濒危语言活力的九项指标，这九项指标是围绕着使用人数和语言功能来设计的，但没有规定达到何等具体数值才能算是濒危语言。

什么是濒危语言，学术界至今没有一致的意见。我国的土族语言使用人口约10万，但仍然被列入伦敦大学亚非学院管理的"濒危语言记录研究工程"立项调查记录。我国目前列入该项重要濒危语言工程的还有倒话（2700人）、五屯话（2000人）、土家语南部方言（1000人）、仡佬语（阿欧方言镇宁土语和大方土语，300人）、独龙语（10000人）、撒都语（700人）、纳木依语（6000人）、畲语（1500人）、尔苏语（12000人）、波拉语（500人），使用人数的差异也比较大。使用土家语人数约5万（张军，2006），少于土语使用人数，但立项名单上列出的是土家语南部方言。这样的话，是不是内部分歧大、使用人口少、代际传承断裂、使用范围有限的各个语言的方言都可以考虑成为濒危语言的对象？

　　濒危语言包不包括濒危汉语方言，中国学者的看法也不统一。曹志耘（2001）认为：汉语方言中无疑存在着并非个别的濒危现象。李锦芳（2015）列出25种濒危语言记录保护的优先等级后指出：个别语言，如贵州蔡家话，人口不足1000，代际断裂，但可能是一种古代汉语方言遗存，因此也不列入考虑对象。目前濒危汉语方言多数是系属未定的汉语方言，使用人数差异也大。湘西乡话使用人口约有26万（陈晖，2017），因归属未明、与周边不能通话被认定为濒危汉语方言。除此之外，濒危语言划分的层级也是众说纷纭，国际上有4级分层、5级分层、7级分层等分法，层级的术语五花八门。所以统一濒危语言的标准、确认语言活力评估指标、区分濒危语言的等级是实现濒危语言分级保护的基础。

　　对濒危程度进行切合实际地划分，区分出不同等级之后，建立起国家、省、市（县）三级濒危语言名录体系，开展针对性和实效性调研和保护。严重濒危语言当务之急是"语言保存"，应该由国家各有关部门狠抓落实，尽快进行语言本体调查，建立永久保存的数据库。确立"濒危语言传承人"目录，开展语言培训。一般濒危语言由省级政府实施抢救保护工程，通过祖孙隔代传承、建立语言保护区、建设语言文字博物馆等措施，进行"语言抢救"；衰变语言由地区级或县级政府实施保护工程，主要是通过教育传承、鼓励应用等措施，增加其语言活力（李宇明,2012)。

由于语言活力的增强会受到各种因素的影响,各个濒危语言的语言活力增速也不会一样,所以濒危语言名录也不是一成不变的,需要定期调整。普查专项人员定期逐户调查,做好相关记录,归入普查档案,从而形成对濒危语言传承的动态把握,及时了解濒危语言的语言活力和使用变化现状,及时调整濒危层级,采取相应的保护措施。

### 3.4 加强保护传承意识

濒危语言资源的最有效保护是自觉使用。通过各级文化主管部门、广播电视、报纸、网络等新闻媒体加大濒危语言保护的宣传力度,介绍濒危语言生存状况,邀请专家、学者进行濒危语言文化知识的通俗讲座,播放地方故事曲艺,使濒危语言资源保护观念深入城镇乡村,树立全民保护意识,培育民众的文化自觉。还可以通过公交车上使用濒危语言报站,用普通话与濒危语言同时标注路牌,恢复濒危语言的传统节日和习俗,举办濒危语言故事歌谣比赛等措施,不断增强人民群众保护濒危语言的参与感、认同感和获得感。

我们曾经做过不同文化程度瓦乡人群语言态度的调查,我们发现文化程度与支持乡话的语言态度基本成正比,文化程度越高,对乡话支持态度的比例越高,对乡话的情感态度、忠诚度越好,保护传承意识越强。文化程度的高低是乡话语言情感的"温度计",直接反映了乡话的保护传承意识,影响到对乡话的认识,因此提高濒危语言社区人群的文化程度对保护濒危语言资源有着不可忽视的作用。

### 3.5 濒危语言和非遗保护统筹规划管理

目前,濒危语言和非遗保护工作有重复、有交叉。中国语言资源保护工程使用的《中国语言资源调查手册》调查内容第六项是口头文化,包括歌谣、故事和自选条目(顺口溜、谚语、歇后语、谜语、曲艺、戏剧、吟诵、祭祀词等),还特别强调:请注意调查搜集各级各类非物质文化遗产名录中与语言相关的条目。我国非物质文化遗产名录十大类与语言相关的就有:民间文学、传统音乐、传统戏剧、曲艺。

文化和旅游部与教育部语信司联合起来，将濒危语言和非遗保护统筹规划管理，可以避免工作的重复，节省大量的人力、物力，还可以发挥各自专业的优势。语言学专家可以更加科学、专业地记录濒危语言的民间文学、传统音乐、传统戏剧、曲艺，非物质文化遗产专家能够挖掘民间文学、民谣、戏剧、曲艺等方面更丰富的语料，携手并进，共同推动濒危语言资源和非物质文化遗产的保护工作。

中国政府对非物质文化遗产文化生态保护经历了从活态博物馆，到生态博物馆，到建立民族文化生态村，再到建立国家级文化生态区的过程。濒危语言同样需要生态保护，可以建立濒危语言文化生态保护区，保护濒危语言和非物质文化遗产。

文化部原副部长王文章（2010）表示：“社会公众特别是年轻一代参与保护的程度从根本上决定着非物质文化遗产的未来命运。”代际传承是影响濒危语言活力的最大因素，我们认为年轻一代的参与从根本上也决定着濒危语言的未来命运。中小学除了编制非遗教育教材，实施循序渐进的非遗知识教育之外，我们还要在濒危语言社区同时实行双语教育，编制与非遗教育教材配套的母语学习教材，学习母语，学习歌谣、民间故事、俗语、谚语和歇后语等，提高儿童母语能力，也为他们学习非遗打下基础。高校除了开设非遗课程，还可以开设濒危语言文化选修课，培养濒危语言志愿者，增强大学生保护意识，让学校教育成为濒危语言文化保护和传承的重要阵地。

现代科学技术的运用可以提高濒危语言社区人群学习母语的兴趣，扩大了濒危语言的使用领域，对濒危语言活力的增强和非遗的振兴起到了积极的作用。比如，开发濒危语言文化教学软件和产品、制作母语故事视频和动漫、创建濒危语言文化社区视频，并为濒危语言文化社区人员培训多媒体技术和计算机技术，利用母语材料来创建他们自己的故事、音乐、戏剧、曲艺等。

### 3.6 创建保障条件

语言文化生态保护区的建设、双语教育培训、教学软件开发等均需要资金的投入，这就需要建立濒危语言专项资金。当然专项资金有限，可以考虑扩大社会保护资金的参与渠道，设立濒危语言保护基金会，鼓励各个公益性基金会参与资助。比如，德国大众公司资助濒危语言档案工程、美国濒危语言基金资助已超过55个国家的各种项目等。还可以设立专门的彩票基金，吸纳社会闲散资金，扩大民众参与渠道，支持濒危语言的保护。

贫困也是濒危语言活力降低的重要因素。濒危语言社区多是位置偏远、交通不便、经济落后地区。为争取更多的经济收入、改善贫困的生活，许多中青年背井离乡、出门打工，而母语因为没有使用机会也就自然放弃了。留守人群连基本的生活条件都不能保证，肯定无法关心语言存活问题。Gernoihe和Whaley对语言濒危原因的研究作出了总结性的结论，认为无论使用什么样的模式来预测一种语言的发展趋势，三个因素总是最为重要的：经济因素、使用机会、语言群体的态度和动机。并指出：其中经济因素是影响濒危语言命运最重要的因素。政府如果能够为濒危语言社区出台一系列优惠政策措施，增加扶贫投入，发展特色产业，那么他们不用出门打工也能在家脱贫致富、安居乐业。只有这样，濒危语言文化生态保护区建设才有可能，濒危语言的活力才能增强。改变濒危语言社区的生存状况，恢复濒危语言的生态环境，才能有效地保护濒危语言资源。

**参考文献**

曹志耘，2001. 关于濒危汉语方言问题.《语言教学与研究》第1期。

陈晖，2017.《湖南泸溪梁家潭乡话研究》. 湖南师范大学出版社。

冯骥才，2013. 非遗后时代：传承仍然让人充满忧虑.《中国艺术报》6月14日。

李锦芳，2015. 中国濒危语言认定及保护研究工作规范.《广西大学学报》第2期。

李宇明，2012. 科学保护各民族语言文字.《语言文字应用》第2期。

孙宏开、胡增益、黄行（主编），2007．《中国的语言》．商务印书馆。

王文章，2010．增强非遗保护的文化自觉．《中国社会科学报》9月14日。

徐世璇，2001．《濒危语言研究》．中央民族大学出版社。

徐世璇、廖乔婧，2003．濒危语言问题研究综述．《当代语言学》第2期。

张军，2006．从母语使用人口锐减看土家语的濒危状态．《暨南大学学报》第5期。

庄初升，2017．濒危汉语方言与中国非物质文化遗产保护．《方言》第2期。

# 简论历史文献和现代方言研究的关系

石汝杰

日本熊本学园大学

研究方言，首要的任务是进行深入的田野调查，把活的语言尽可能详细地记录下来。这是所有方言研究的根本，有这样一个坚实的基础，我们才能进一步展开相关的各项研究。现代方言的研究和方言的历史研究中如何利用方言的文献资料，就是这一阶段中可能碰到的问题，本文将就此进行一些探讨。

方言文献大致可以分为两大类：（1）使用方言的文献；（2）研究方言的文献。我们在研究方言现状和历史的时候，必须重视这两方面的文献。

## 一　文献中的方言记录

我们以吴语文献为例，来观察文献中的方言记录是怎么样的状况，并简单评论其利用价值。所谓吴语文献，是指大部分或部分用吴语写作的作品。从体裁来看，主要有：

1. 歌谣，如冯梦龙编的《山歌》和民国初年顾颉刚编的《吴歌甲集》等。

2. 戏剧，尤其是明清传奇，如《缀白裘》所收的有关剧本。

3. 弹词脚本，如《描金凤》《三笑》等。

4. 小说，如《海上花列传》《九尾龟》《九尾狐》等；另外，还包括基本用官话写作的小说，如"三言二拍"、《型世言》和《官场现形记》等。

5. 地方志和有关风俗等的著作，如《苏州府志》等（参见波多野太郎编《中国方志所录方言汇编》），顾禄《清嘉录》《桐桥倚棹录》和袁景澜《吴郡岁华纪丽》等。

6. 字书，如朱骏声《说文通训定声》以及胡文英《吴下方言考》《吴音奇字》等。

7. 农、医、烹调等科技类书，如娄元礼《田家五行》、徐光启《农政全书》等。

8. 笔记，如田艺蘅《留青日札》、陆容《菽园杂记》、李诩《戒庵老人漫笔》等。

9. 其他杂书，如冯梦龙编的《笑府》、毛奇龄《越语肯綮录》、王有光《吴下谚联》、范寅《越谚》、胡祖德的《沪谚》《沪谚外编》等。

10. 外国文学作品的方言译本和相关的小册子等。

11. 外国人编写的有关吴语方言研究著作、词典和教科书等，如艾约瑟（J. Edkins）的英文《上海方言口语语法》（1868）、蒲君南（AlbertBourgeois）的法文《上海话语法》（1941）等。

以上各类都是我们要考察的主要文献。但是，其中的方言成分多少、可靠程度如何，都各不相同。大概来说，1、10、11等几类文献中方言比较多，比较纯。其他的，如2、3、6、9类，如果是特意强调方言成分的，就多一些；尤其是民间俗语和戏剧等作品中底层人们的对白，用方言的很多。又如4小说类，所谓吴语小说，对白用方言的很多；但是"三言"之类的小说，只有混杂在长篇官话里的少量方言词语和语法现象。同样，其他各类文献也都是以官话或者文言为主的文体，其中夹杂着多少不一的方言成分（如方言词语、方言的语法结构等）。所以，作为方言的资料，这些文献的价值也很不相同。

为了理出历史发展的线索，我们一方面要注意更早历史时期的《广韵》《集韵》等韵书和字书（其中关于早期吴语的资料是极重要的），另一方面还要搜集和调查研究现代吴语和邻近方言词汇的论文和资料。因为《广韵》《集韵》等韵书是追溯词语发展历史源头的重要文献，而丰富的现代方言的研究成果则是验证明清时期以至更古时代的词汇历史必不可少的资料。

## 二 如何利用文献考察方言的历史

一是要结合现代方言的实际来考察文献里的记录；二是需要运用语言学（音韵、词汇、语法及历史语言学）的知识来考察，这时，尤其要重视语音和语法的特征；三是要比较分析不同材料里的相关项目，看其间的联系和差异。这里以方言词语和方言的语法现象为例来做说明。不同时代有各自的特殊词语。如明末的《山歌》常用"听"（和、跟）、"捉"（把）、"吃"（被）等虚词，到清代中期的《缀白裘》差不多消亡了，更晚近的作品里就完全消失了。同样，人称代词各种形式的历史演变也很令人注目。相反，有些现象，如"AA叫"，却是到清末才大量出现，代替了更早期的形式"AA里""XX能"。

在考察方言文献时，语法特征起着非常重要的作用。我们提出以下几项语法项目，以考察某个作品是否有吴语特征。

1. V+快（哉）："快"作补语，放在动词短语后。意思同官话的"快要"，但词序不同。多数后头跟助词"哉"（了$_2$），有的还在前面加上"将"。例如：

（1）三万银子到手快了，怎么恁样没福，倒熟睡了去！（《醒世恒言》三七卷）

（2）介山走近瞧时，见漆的是生漆，已将吹干快。（《十尾龟》一六回）

"快"用在"杀/煞"后，表示程度极高，例如：

（3）倪活勒世浪也吃拨俉格好处，拨别人家逼杀快。（《九尾龟》一一回）

（4）一人上楼，匆匆进房，……嚷道："阿唷！我奔煞快！"（《海天鸿雪记》三回）

有时可以作为构成名词的语素，表示时间，如"天亮快"（黎明）：

(5) 昨夜吃药过后,起初不过如此,到天亮快听他腹中响动。(《九尾狐》六十回)

2. AA里/AA能/AA叫:A是单音节形容词,"里/能/叫"是后缀,一般用在单音形容词的重叠形式后,功能和形容词的重叠式相仿,主要作状语,有时也可作定语。例如:

(6) 董秀才一钱不费,白白里就定了一房亲事。(《石点头》一二卷)

(7) 且到明朝,罗里去画策点赌本,必要大大能赌俚一场。(《十五贯弹词》五回)

(8) 看俚台头望上格辰光,倷暗暗教对俚做格手势。(《九尾狐》四七回)

3. 后缀"头":一般作普通名词的后缀,如"边头""棒头""赚头"等,又由这一用法产生了一些比较特殊的现象:

其一,加在数量短语后头,表示这个数量是一个单位,一个整体。例如:

(9) 尹雄把头盔掷地。只恨当初瞎眼,认得这半段头豪杰!(《野叟曝言》一一六回)

(10) 岂料贼舡止有七只,做两处停开。汤参将领兵竟攻三只头舡,追赶南去。崇明兵舡只得攻打四只头舡,亦追赶逼近。(《历年记》下)

(11) 翠琳自六岁买上船,故又名六岁头。(《花柳深情传》四回)

其二,用在量词后,表示每次的单位和量,但更注重的是单位的形式和动作的方式,前面是单音节形容词。最常见的组合是"大+量+头""小+量+头"。例如:

(12) 被道人和尚们大碗头劝着,一发不顾性命,吃得眼定口开。(《醒世恒言》二二卷)

(13) 吃酒的还嫌吾的杯儿小,拣肉的要拣大块头。(《缀白裘》一一集一卷)

(14) 银大道:"阿是要吃鸦片烟?我搭耐装。"小云道:"只要一

73

点点,小筒头好哉。"(《海上花列传》一一回)

其三,"(整+)量词+头",表示整个容器的量。例如:

(15) 整盘子大肉,整坛头好酒,又打一撞大饼,叫长工挑往庙中。(《飞龙全传》一五回)

(16) 我费子松矻把能个样锭头银子,到罢子弗成!(《缀白裘》五集四卷)

例(15)中,"整盘子"和"整坛头"成对使用。

其四,"名词+头"表示方位,即表示在这个名词所指的部位或其附近的位置。例如:

(17) 问道:"在那里拾的?"施复指道:"在这阶沿头拾的。"(《醒世恒言》一八回)

(18) 胸口头与两个衣袖管里好像狠沉重的。(《海上繁华梦二集》一五回)

其五,头上/头浪:用在形容词或动词(有时是短语,也可用否定式)后,表示正处于某种状态(的高峰)。"浪"即"上"的口语说法。例如:

(19) 转弯头浪吓,人末勿见,声气熟得势活。(《三笑》一三回)

(20) 到了洞桥,正勒朵吃得高兴头浪,想勿到换骨偏偏勿脱胎。(《三笑》八回)

(21) 凡为一个人到了开心头上,有人说两句开心话,愈加开心;若一个人到了气闷头上,有人说两句气闷话,愈加气闷。(《双玉杯》一七回)

(22) 太尊正在不高兴头上,只好委屈诸君暂留两天,少不得总要考的。(《文明小史》二回)

其六,头里:用在名词后,指在这个名词所指的范围里。例如:

(23) 外感风寒还是表症,不打紧。却只是大殿风头里睡不得。(《隋史遗文》九回)

(24) 方穷鬼当真做子官哉!个也梦头里想勿到个。(《珍珠塔》一

九回)

另一个用法同"头上/头浪",表示正处于某种状态下。例如:

(25)说时迟,那时快,懒龙就这包滚下来头里,一同滚将出来。(《二刻拍案惊奇》三)

(26)江生挤到正殿,只见吴小姐刚下得轿,正在转身不得没法的头里。(《吴江雪》五回)

4. 后缀"相":用在形容词后,表示较轻的程度,或带有形容词所表示的特征,是北部吴语很有特色的后缀,最常见的是"(不)好看相"。例如:

(27)自古明人不做暗事,何不带顶髻儿?还好看相。(《古今小说》二八卷)

(28)妇人道:"大爷请尊重些,恐我家伲来撞见,不好看相。"(《五美缘》八回)

还有"雅相""干净相"等:

(29)假如到宫里去看王后娘娘,把脉也拿个只手刾上去个,就弗雅相哉。(《缀白裘》一二集四卷)

(30)你也不怕罪过相,小小年纪,倒要我老人家做徒弟。(《韩湘子全传》二四回)

(31)这种人便替孟尝君厨下烧锅,代平原君席上斟酒,还要嫌他龌龊相。(《照世杯》二回)

以上的构形成分"头"和"相"跟词或短语组合,功能相当于句子成分。我们还是按照一般习惯称之为后缀。

5."杀"作补语:吴语的"死"和"杀"分工比较明确,"死"是不及物动词,"杀"是及物动词。但作补语时必须用"杀"(又写作"煞")。有时用的是本义。例如:

(32)走出去,水淹死;在家中,屋压杀;那个逃躲得过?(《型世言》二五回)

(33)谋了我的十亩地,气死我夫妇,又磨灭杀我女儿!(《娱目醒

心编》十卷二回）

以上各例中，作为补语，"死"和"杀"并用，这显然是书面语（官话）的影响。

第一，"杀"更多的是用来表示很高的程度。例如：

（34）故个末就是华安画来里个人物,像杀子我里个大爷、二爷。（《合欢图》二三回）

（35）格落故歇自家总归当心煞，勿拨俚出花样格哉。（《海天鸿雪记》一五回）

（36）倪搭仔贺老一淘去，真真勿诚心煞哉，活菩萨勿知阿要怪倪格勒？（《九尾狐》五四回）

第二，"V杀V不…"：强调否定的句式，相当于"怎么V也不…"。例如：

（37）房饭钿搭仔菜钿，才欠得一塌糊涂，外势格帐收煞收勿下。（《九尾龟》九三回）

（38）记得俫登拉娘家窝里摸煞摸弗出，到子夫家窝里能个手脚快？（《吴歌》甲集）

第三，"A杀（也）不…"：A是形容词或动词，表示"不管怎么A，也不…"。例如：

（39）元来他兄妹都与酒瓮同年,吃杀不醉的。（《醒世恒言》二七卷）

（40）吓旧年借俚虮一条夹被当子，至今讨杀弗还。（《缀白裘》十集三卷）

（41）他富杀，我不再向他；我穷杀，也不再向他。（《醉醒石》一四回）

（42）你前日好杀只是个秀才；今日就不做官，也是个举人了。（《画图缘》一一回）

（44）那两个老尼，还在房中摸摸索索，妙香催杀也不出来。（《锦香亭》一二回）

6. "处"的用法:"处"本来是表示处所的名词,但有意义较虚的用法,处所义相当弱。如"有/无+VP+处"的格式表示有没有地方做事;引申为能或不能做(某事)。肯定形式是"有……处";否定形式是"无/没/没有……处",更古老的形式是"没……一头处";疑问形式是"那里……处?"宾语可在"处"的前面或后面,句中还可用表示具体处所的名词。还形成了固定的结构"有处,无处/冇处,没处"等。例如:

(45)如今赶出寺来,<u>没讨饭吃处</u>。(《古今小说》三五回)

(46)他又没有俗家,原是个倘来僧,老师太<u>有处寻他来</u>,还<u>有处寻他去</u>。(《新平妖传》八回)

(47)目下无柴少米,做生意唻介<u>无赚处</u>个孔方。(《山歌》九卷)

(48)只是南京又打破了,怕<u>没找你亲戚处</u>哩!(《型世言》一卷)

(49)有子物事<u>无押处银子</u>,一双空手要我个物事,阿觉得无廉耻个。(《描金凤》二回)

因为这时"处"的意义相当虚,所以还能与表实际地点的宾语同用。例如:

(50)孩儿赶到鼓楼巷,<u>没寻自家房子处</u>,惊得目睁口呆。(《韩湘子全传》二六回)

(51)并非是不来报信,因<u>没有找处地方</u>。(《续海上繁华梦》三集二八回)

在"三言"等早期作品里还有"没+动词+一头处",晚近的文献中已经消失。例如:

(52)如今陈公将次离任,把这小孩子<u>没送一头处</u>。(《古今小说》二二卷)

(53)回到房中,又坐不过……好似马蚁上了热锅盖,<u>没跑一头处</u>。(《新平妖传》六回)

7. 动词重叠式+补语:动词的重叠式后面可以再跟结果补语。所谓重叠,也包括"V一V"的格式。例如:

77

（54）取过一盘猪蹄来，略擘一擘开，狼飡虎咽，吃个罄尽。（《二刻拍案惊奇》二七卷）

（55）叔叔吓，借你个廊檐底下坐坐。（唱）要将鞋带拿来缚缚牢。（《珍珠塔》一三回）

（56）耐倒说倪问耐讨帐，勿肯放耐，格两声闲话倒要搭耐弄弄明白笃！（《九尾龟》一二九回）

我们在搜集资料时，常把作者的籍贯（严格地说，应当是出生地或长期生活的地点）或其母语形成的地点当作一项重要的参考条件。如果作者佚名，籍贯不详（在明清时代的通俗文学作品中，这样的情况很普遍），也许能根据以上提出的各项特征，从作品内部找到证据，来帮助辨别作者的身份，判断其母方言是不是吴语。吴语的那些特殊的语法形式，是非本方言区人难以接受的，当然不可能运用自如。因此，我们能反过来说，如果作品里能找到这几项特征的话，作者当是吴语地区的人。

所以，很重要的一点是，还要根据作品的内部要素来看，主要的依据是：

第一，作者的出身和经历（能了解这一点最好），所述故事涉及的地点和背景。

第二，和同时同类的作品比较，以求得到较正确的印象，判断其方言成分的归属。

第三，作品本身的内部成分，基本的根据是同音现象和语法特征。

当然，这样的工作相当复杂，其难度还是相当大的。

## 三　记录现代方言时，要善于利用文献

这里有如何使用汉字的问题，更多的是所谓考本字的问题。这时，文献的记录能起很大的作用。文献里的有些词语可能还保存在现代方言里。如《山歌》有：

（57）姐儿做势打呼屠，凭郎君伸手满身揾。（《山歌》二卷）

"搎",意思是"揉;抚摸"。过去苏州也用:

(58)今苏俗以手抚摩曰𢬿,音如蒲。(《说文通训定声》九卷)

其他用例有:

(59)他便伸出那熊掌来,把韩清从头到脑㨖了又㨖,捏了又捏。(《韩湘子全传》二九回)

(60)见员外肚皮歇歇的动,三元把手在上边蒲蒲㩜摸。(《欢喜冤家》二回)

"搎、㨖、蒲",写法各异,但是意义相同。读音当即"蒲"(並母平声)。现代苏州、上海不说,今无锡等地还说。我们记录时,可以参考文献选用适当的汉字。又如:

**睃** ①看;瞟。丢我来踏板上理也弗理,睃也弗睃。(《山歌》八卷)瑞生嘴里连说:"晓得哉,晓得哉。"两只眼只斜睃着秀宝。(《海上花列传》二五回)如目部字,北人用"瞧""看"二字,吾邑不用"瞧"字,而于寻人觅物别曰"睃"(音"梭")。(《光绪常昭合志稿》六卷) ②探望。知道他死在眼前,不免看同胞姊妹面上,到来睃睃他。(《何典》五回)

**梭** 沈七先将一杯递与张秀,便丢了一个眼色。张秀接在手,也把眼儿梭了一梭。(《鼓掌绝尘》三三回)纯粹上海话。呼儿子曰"后生",寻人曰"梭人"。(《清稗类钞·方言类》)

这一动词比较单纯,基本意义就是"看",看望、探望是其引申义。《广韵》下平声歌韵素何切,有"睄"(偷视也),意义有些差异;《集韵》平声戈韵桑何切也有同一字,释义为"视之略也",意义更接近。以上两处的反切发音相合。另外,《集韵》去声稦韵粗峻切有"睃"字,释义为"视也"。意义同,可是音完全不合。我的建议是,利用《山歌》的资料,采用"睃"的写法,不必拘泥于韵书的记录。

有些词语使用地域很广,并非只限于吴语地区,例如:

(61)弗番道,我另有个救急之法,权且脥过一宵,再作道理。(《缀白裘》五集四卷)

（62）耐住来哚客栈里，开消也省勿来，一日日哝下去，终究勿是道理。（《海上花列传》一二回）

其中的"脓、哝"，有"将就、凑合着过"的意思，也见于《金瓶梅》第四一回，例如：

（63）姐姐，你知我见的，将就脓着些儿罢了！

"脓、哝"，其实也不完全符合口语的实际发音（苏州方言读阴平），但是无法找到更好的"本字"，只好采用字面意义不那么"强烈"的"哝"来表示这一词。

又如"图书图章、常远好久、众生<sub>畜生</sub>、偷伴<sub>偷偷（地）</sub>"等也见于山东人西周生写的《醒世姻缘传》。这些词在说吴语的人看来，是很地道的本地方言，我们也同样把它们归入吴语词。这样做，也有利于和其他方言做比较，探究其间的联系。

## 四 编写方言词典也需要文献的佐证

还有一个相关的侧面，就是在编写方言词典时会产生的一些具体问题，如体例和文字的使用方式等。

我们的操作原则是：

1. 在方言文献里，搜集整理与官话或其他方言（非吴语）异质的成分。经过编写《明清吴语词典》的长期过程，再加上其后进一步的搜集工作，基础的资料已经比较丰富。但是这一工作还是有很大的难度，即如何确定资料是吴语性质的。从实践经验来看，我们在编写时确定的原则，还是可行的。简单地说，即除了语音体系的特征外，还要选定词汇、语法等方面的特征作为判断的依据，甚至还要考虑作者的籍贯以及文献内容。关于这一点，上文已有讨论。

2. 如何确定其中哪些成分是吴语，这就更困难了。我们的做法，一是参考现代吴语中存在的形式，二是根据资料自身的判断（但是这样的资料不多），三是与官话比较，有特殊点的，不见或少见于其他方言的，姑且也算在其中。

3. 但是，方言和方言之间互相影响、互相渗透的现象是很常见的。所以，在最初阶段，我们并不拘泥于只采纳"一定"是吴语的成分，只凭大致上的判断，加以搜集整理。希望在进入后期阶段以后，才来判定哪些是吴语的成分（这里不采用"方言特征词"的说法及相关的研究方法，以免陷入自己给自己设置的困境）。

4. 清单初步决定后，再进行筛选。最重要的是，首先把单音节语素的清单确定下来，因为这是最基本的成分。其次再考虑两个或更多音节的词语。对于后者，更多的是作为前者的参照和用例来考察。

5. 在确定基本的清单后，对这些语素一个一个地考察，从语音、意义、用法等方面出发，进行全面的分析。

## 五　结语

总而言之，我们记录活的方言时，需要有历史文献的帮助；而在考察语言历史时，则需要现代方言的印证；既有必要到田野去调查活的语言，也应该抽出一定的时间，钻进故纸堆里追寻历史；同时，还要充分了解和掌握迄今为止的研究成果。这几个方面，必须结合起来，这样才能取得更多更好的成果。

**参考文献**

石汝杰，1995. 明清小说和吴语的历史语法.《语言研究》第 2 期。

石汝杰，2006.《明清吴语和现代方言研究》. 上海辞书出版社。

石汝杰，2009.《吴语文献资料研究》.（东京）好文出版。

石汝杰，2010. 吴语字典及吴语语素刍议.《中国方言学报》第 2 期。

石汝杰，2014. 关于吴语研究史的若干问题.《吴语研究》（第 7 辑）. 上海教育出版社。

石汝杰，2018.《吴语字和词的研究》. 上海教育出版社。

石汝杰、宫田一郎（主编），2005.《明清吴语词典》. 上海辞书出版社。

# 蒲松龄《日用俗字》选用方言正字的方法及其启示

张树铮
山东大学文学院

## 一 《日用俗字》的性质与方言"正字"

蒲松龄是著名的清代文学家,所著文言小说《聊斋志异》享誉国内外。较少为人所知的是,这位文言小说大家还是一位通俗作家,他晚年创作了地方戏曲剧本《聊斋俚曲集》,共十五种,总字数在40万字以上,而聊斋俚曲在淄博一带至今仍有流传,并入选国家非物质文化遗产。本文讨论的《日用俗字》则是他另一部重要的白话著作。

蒲氏《日用俗字·序》开宗明义说明了该书的编写目的、方法和体例,此迻录如下:

每需一物,苦不能书其名。旧有《庄农杂字》,村童多诵之。无论其脱漏甚多,而即其所有者,考其点画,率皆杜撰。故立意详查《字汇》,编为此书。土音之讹,如"貑"读为"脚","种秅"读"种使"之类,悉从正字①。其难识者,并用音切于大字之侧;若偏旁原系谐声,例应读从半字,概无音切。或俗语有南北之不同者,偶一借用,要皆《字汇》所有,使人可以意会。虽俗字不能尽志,而家常应用,亦可以不穷矣。

由此可见,蒲氏编写此书的目的是为了"家常应用",换言之,这

---

① 此从抄本,见《山东文献集成》第四辑,山东大学出版社,2011年。路大荒编《蒲松龄集》、盛伟编《蒲松龄全集》"正字"均作"正字通"。

是一部当地的日常用字汇编。全书为歌谣体,共分三十一章,每章为一个生活方面的内容。各章目如下:身体、庄农、养蚕、饮食、菜蔬、器皿、杂货、果实、兵器、丹青、木匠、泥瓦、铁匠、石匠、裁缝、皮匠、银匠、毡匠、疾病、堪舆、纸扎、僧道、争讼、赌博、花草、树木、走兽、禽鸟、鳞介、昆虫。每章若干句,每句七言。全书共1588句,11116字。由章目即可看出,书中内容涉及封建社会农村的方方面面,其用词,可称为清初鲁中地区的方言百科词条;其用字,自然也称得上"家常应用、可以不穷"。就其规模来说,是历代农村用字汇编中字数最多的一部。请看《身体章》的头几句:

> 爷娘生来叫做人,发辫頞䫉与颐门。
> 髂骨下有额髗盖,肩膀以上是脖根。
> 鼻梁在脸为中岳,耳聨与腮作近邻。
> 眼眨毛长毟毢丑,颧骨高大衬粗唇。

其中的"爷、娘、发、辫、頞䫉、颐门、髂骨、额髗盖、肩膀、脖根、鼻梁、脸、耳聨、腮、眼眨毛、颧骨、唇"都是身本(包括亲属称谓)门类的方言词,"近邻、毟毢、丑、粗"等,则是相关的一些方言常用词语,至今仍在鲁中地区使用。

值得注意的是,该书名为"俗字",其实并非一般所说的区别于"正字"的"俗字"(即俗体字或非通行字),蒲氏编写的起因就在于他认为一般的日用杂字书"率皆杜撰",也就是说,他认为使用俗体字其实是错误的,是应该避免的。他的做法是"详查《字汇》""悉从正字"。换言之,蒲氏是排斥使用俗字而根据字书来选用"正字"的。据我们的考查,《日用俗字》中的真正的俗字确实是非常少的(参看张树铮,2012)。因此,对书名"日用俗字"的准确理解应该是"日用俗词正字"(参看张树铮,2015:3)。

怎样的字才算是蒲松龄心目中的"正字"呢?或者说,蒲氏选用"正字"时有什么标准呢?蒲氏《序言》中所说甚简,只有两条:一是说"详查《字汇》",也就是说查阅字书来确定正字。显然,"正字"首先应该是字书上有载的字，而不是于字书无据的民间自造字。如上引《身体章》的几句中，"頍、髏、頤、膾、额、髏、眨"等都见于《字汇》。二是说"土音之讹，……悉从正字"，这是说，有些词的本字应该是甲，但方言读成乙，与甲字读音不同，蒲氏的做法是"悉从正字"，也就是写作甲字而不是据乙音写作同音的乙。显然，这应该是写本字的问题。由此来看，第一条所说的"详查《字汇》"所得出的"正字"，也应该包含虽然"土音"不"讹"但写法有"误"的字，这同样也是考本字的问题。总起来说，蒲氏对"正字"的选用，涉及两个问题：一是对有本字的方言词考求其本字，二是对无本字的方言词用什么样的字来记录。

从蒲松龄本人的学识来说，他并不以学者闻名，也没有学术著作问世，自然不能与清代的那些朴学大家相比。但是，他毕竟也是一位饱读诗书的知识分子，他在诗文，特别是《聊斋志异》中所体现出来的对文言词语的超强的驾驭能力，也包括他在创作聊斋俚曲中所体现出来的对方言口语的灵活运用能力①，又说明他对于语言有超乎一般人的感觉，加之他下了大功夫"详查《字汇》"，所以，《日用俗字》中对方言词用字的选用还是代表了当时一般的知识分子对于"正字"（本字）的认识，这对我们今日的方言词考本字和选择方言词用字还是有一定参考价值的。

## 二 《日用俗字》选用正字的方法

关于选用正字的具体方法，蒲松龄语焉不详，我们只能从蒲氏的一些话和选字的结果来反推他的基本做法。

---

① 对一个惯于写书面语的人来说，要想转换风格写纯熟的口语风格的作品，看起来简单，实则不易。像聊斋俚曲那样对方言口语的自如驾驭的能力，在近代白话文作品中出其右者并不多。或许，这是蒲松龄做一辈子塾师、始终生活在社会底层的坎坷经历给予他的优赐。

（一）从意义出发，在字书中选定合乎方言读音和意义的字。

与我们现代考本字主要依据《广韵》《集韵》等韵书不同，蒲松龄是根据《字汇》来寻找"正字"的。为何不用韵书？我们猜测其主要原因是蒲氏平时对《广韵》等韵书、对音韵学知识并不熟悉。由于音韵学被视为"绝学"，音韵学著作被视为天书，入门很难，况且科举考试并不考其中内容，所以，一般知识分子不懂音韵学、不使用《广韵》之类韵书是很正常的。尽管在蒲松龄的俚曲《蓬莱宴》中写到了抄写孙恤韵书的事情，但他除了熟悉诗韵，对于音韵学所知不多这是肯定的。现代考本字的基本流程是以读音为线索，根据词音的音韵地位，到韵书中去找音韵地位相同而又意义吻合的字。由于韵书是按韵（音序）排列的，因此查找起来比较方便。但字书就不同了，因为字书是按部首排列的，读音相同的字，分散在不同的部首之中，就人工查阅来说，根本不可能以音为线索来查找。所以，蒲松龄只能是先从意义入手去找字的。

按意义去找"正字"，也遇到一个几乎不可逾越的障碍：字书也好，韵书也好，都不是按意义来排列的，同义字分散在不同地方，如何按意义来找字？解决这个问题，只能是参考字书的部首了，因为部首一般是字的义符，尽管由于字义（词义）的变化，不少字的意义已经与其部首无关，但多数字的部首的表示意义类属的作用还是保留着的，这就为根据意义来找字提供了一定的线索。例如，用刀的动作或事物找"刀"部，跟马有关的找"马"部，跟树有关的找"木"部，跟草有关的找"艸"部。我们来看几个《日用俗字》与蒲氏创作的聊斋俚曲写法不同的例子。

腄 《身体章》：腚腄屁骨即肛门。

"腚腄"指臀部的肌肉。聊斋俚曲中此词出现三次，一次作"腚腄"（《禳妒咒》第二十四回），两次作"腚垂"（《姑妇曲》第一段、《增补幸云曲》第十六回）。

"腄"字的写法当依据《字汇》。《字汇》："腄，直追切，音垂。臀也。……"《广韵》竹垂切，义为"瘢胝"，即疤痕和茧子，并无"臀"

义。"瘢胝"义来自《说文》:"腄,瘢胝。从肉,垂声。"但《集韵》"腄"字有"臀"义:是为切,"臀也"。《字汇》释义承自《集韵》。因指肌肉,所以蒲氏在"肉"部找到此字并因释义为"臀"而选用。

**輁** 《庄农章》:上鞓輁来地里搬。

此处的輁指躬身用力推车,今方言仍用此词,一般写作"拱"。《淄川方言志》举例如:"拱车子""爬坡子车子骑不动,干脆拱着"。聊斋俚曲中该词出现一次,用"拱":"诸般屎尖我先尝,吃的肚儿大大的,拱着个弹儿做干粮。"(《增补幸云曲》第十九回)这里是说蜣螂(屎壳郎)推着粪弹(亦写作"蛋"),正是"用力推"的意思。

《日用俗字》中为何不用"拱"而用"輁"呢?查《字汇》,"拱,弓上声。叉手也。又两手合持曰拱。"并非"用力推"的意思。而"輁",《字汇》:"居竦切,音拱。辋也。又巨勇切,穷去声。曲辕。"因为与车有关,所以蒲氏就从"车"部选用了这个音"拱"而意义相关的字。从意义来看,"辋"指车轮周围的框子,与"用力推"无关;但"曲辕"也含弯曲义,人的"拱车"也是躬身,蒲氏应是据此选用。

**擪** 《饮食章》:劗下肉块擪腰间。

擪今写作"掖"。聊斋俚曲中7见,均指"塞进(衣袋或夹缝里)"(《现代汉语词典》"掖"字该义项释义)。本句是讽刺贪心的厨子偷拿东家的东西,与此异曲同工的是聊斋俚曲《禳妒咒》第二十四回《挞厨》中对贪心厨子的描写:"厨子最赃贪,肉块儿掖腰间,腚䐓腚眼都油遍。羊落了半边,鱼落了中间,书房鸡也把胸脯儿揎。……"

"擪""掖"均在手部但蒲氏不用"掖"而选用"擪"的原因也在《字汇》。"掖",《字汇》:"夷益切,音亦。挟持也。《说文》:'手持人臂投地也。'又缝掖,大衣也。又门旁小门也。……又姓。"独独没有"塞"意。而"擪",《字汇》:"弋涉切,音叶。持也,按也。"又写作"擫"。按说"挟持"和"持也、按也"的意义也算相通,蒲氏应该是看到"掖"的注音与方言读音不同,而"擪"字读音更为接近,所以弃"掖"从"擪"。

本例也可以说明，蒲氏选字时对《字汇》的依赖性是非常强的。

（二）"正字"的意义与方言词吻合但读音有较大差别，则视方言读音为"土音之讹"而取正字。

序言中所说的"土音之讹……悉从正字"，指的就是意义吻合而读音有些差别的情况。序言中举了两个例子："'豭'读为'脚'，'种耩'读'种使'"。"种耩"一词，今方言已不使用，此暂不讨论。豭，《字汇》："居牙切，音加。牡豕也。……"正文中"豭"字出现在《走兽章》"豭猪髝牙不上圈"。今方言中仍称公猪为"脚猪"。"脚"与"豭"除声母相同外，韵母并不相同，"豭"字中古属假摄麻韵二等，根据古今韵母对应规律，淄川方言"豭"没有读成"脚"的理由；此外，今淄川方言中"脚猪"的后字读轻声，而前字符合淄川方言中清声母入声字在轻声前的变调规律，"脚（猪）"更像是一个清声母入声字。因此，"脚（猪）"的本字究竟是否"豭"，还是很可疑的。不过，蒲氏显然更看重意义的吻合，以"豭"为"读为'脚'"的字的"正字"，而拿"土音之讹"作理由来解释方言词与"正字"的语音差异。

《日用俗字》中有一部分字的"正字"与方言词读音不同，应该是属于"土音之讹……悉从正字"的体例的。下面举几个意义吻合但读音有别的例子。

**頾** 《庄农章》：儿家初生头頾①子。

今鲁中地区方言称牲畜第一次生产所生的幼畜，音"头以子"。頾，《字汇》："始九切，音首。人初产子也。"《汉语大字典》引《玉篇·页部》："頾，人初产子。"宋赵令畤《侯鲭录》卷三："人初生产子，俗言首子，亦使此頾字。"不过，"頾"字音"首"与方言读音"以"相差太大，所以可以认定，这类字蒲氏是按照字书中意义相合的字来写而不管方言的实际读音的。

---

① 该字各本均作"頋"，但手抄本原先写作"頾"后改为"頋"。"頋"字各字书均无，当为"頾"字之讹。

**牸** 《走兽章》：牸牛大圈多将犊。

今淄川方言称母牛为"士牛"，"士"与"牸"的声母并不相同。牸，《字汇》："疾二切，音字。牝牛。"按：此字《字汇》反切与《广韵》反切"疾置切"音韵地位相同，均为古从母止摄去声，今当读同"字"。《康熙字典》引《广韵》《集韵》《韵会》《玉篇》《正韵》均为此音。然而今山东方言中多称母牛为"士牛"而无音"字牛"者。"士"与"牸"的音韵联系令人觉得可疑，除非假定此字古代有"崇"母的读音（古崇母今仄声有读擦音者如"士仕事柿"）而韵书失收。

**极** 《器皿章》：使驴须用樑极子。

"樑极（注意："极"字非"極"的简化字）子"指牲口驮物时用的木架子。今方言仍说，"极"读作"架"。蒲氏在该字后注音"架"，与今方言读音相同。极，《字汇》："其辄切，音桀。驴背上木窗，以负载物。"按："极"字意义相符，但音与方言词音并不相同。

（三）"正字"的音与方言词吻合但意义或有一定差别或毫无联系，只要其义符符合方言词的意义类属，就可选为正字。

此类情况最为常见。这类"正字"蒲氏只是为方言词找了一个义符相合、读音相合但意义并无关联的字书中的字而已，并非本字。下面看几个例子。

**頝** 《身体章》：发辫頝髅与顖门。

頝髅指头颅。頝，《字汇》："丁可切，音朵。丑貌。"《正字通》则以为"頿字之讹也。"无论是《字汇》的"丑貌"，还是《正字通》的"頿"，与頝髅的意义都不相合。不过，从"页"的字一般与头部有关，所以蒲氏选用了此字。聊斋俚曲《快曲》（约创作于蒲氏壮年时期）中写作"頯"："单照曹操分心刺，一下就成致命伤！……脚踏脖子枭首级，那鼻眼略动口还张。贪慌摆划这頯髅骨，别的跑了他贼娘！"不过《字汇》中未收"頯"字，所以《日用俗字》中也未采用。

**頢** 《身体章》：胸膛上骨号頢心。

今鲁中方言頢心指胸口中部、两肋交叉处的小骨，学名剑突。頢，

《字汇》:"渠公切,音穷。面上也。"意义与"胸膛上骨"并无关涉,蒲氏只是借用其音、形(义符)而已。而《正字通》则以"頯"为"鸠字之讹"。

骳 《身体章》:骳支骨连脚后跟。

骳支骨指踝骨。聊斋俚曲《磨难曲》作"快肢骨",第二十八回:"张春说:'照乜快肢骨每人敲他几下,着他试试是甚么木头。'"

骳,《字汇》:"苦溃切,音块。愚貌。"与骨头并无关涉,但蒲氏看中的是《字汇》中该字的读音"块"和义符"骨"。从意义来说,更应选用"踝"字。《字汇》:"踝,户瓦切,华上声。胫两旁内外曰踝。《广韵》:'足骨也。'"蒲氏未选用"踝"字的原因,或因《字汇》所列"踝"字读音与方言相差太远,或因未到"足"部去找寻。聊斋俚曲中也未见"踝"字。

茬 《庄农章》:早打秫茬①莫迟延。

秫茬,今方言中称"秫秫(高粱)茬"(《日用俗字》此处是限于韵语的字数而省作二字),指高粱收割时砍去秸秆后剩下的根部。各种农作物割去秸秆剩下的根部都称为"茬",如棒子茬(玉米茬),谷茬。引申指残余的根部,如头发剪或剃后,剩余的根部叫"头发茬"。《汉语大词典》释为"树或农作物砍、割后留下的短桩""短而硬的头发或胡须"义的字作"楂",音 chá,《现代汉语词典》作"茬"(chá,农作物收割后留在地里的茎和根)或"楂"(chá,短而硬的头发或胡子,多指剪落的、剪而未尽的或刚长出来的),均与今山东方言读音不合。

《字汇》:"茬,侧驾切,音诈。茬菖,黄芩别名。"此字与方言词义无关,蒲氏只是选用了这个从"艸"音"诈"的字形。

炸爞 《饮食章》:肉脯还须炸爞烂。

炸爞,蒲氏原注音为"枯察"。此处义为用小火长时间地煮。今方

---

① 此字原讹作"茊"。

言仍说,有二义:一是在锅内沸水煮食物时热水滚动的声音;二是使保持热水滚动、食物上下翻动的状态,即用小火长时间煮。此词本义当为象声词,与"咕嘟"类似,因而并无本字可言。而蒲氏选用此二字只是因为它们从火旁。《字汇》:"烠,苦沃切,音酷。旱气也。""爉,丑伐切,音察。《玉篇》:'爉烠,烧起也。'"

以上所述三种情况涉及文字的形音义三个方面和方言词的意义和读音两个方面,其间的关系如下图所示(双向箭头的连线表示双方相合,加双斜线的连线表示双方不相合)

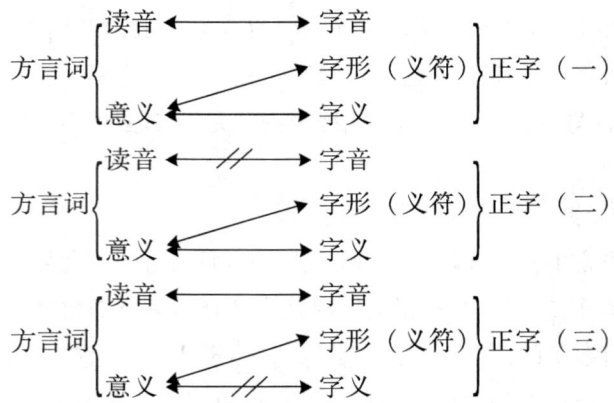

由上可见,义符与方言词意义相合(相关)是最为重要的。

(四)根据字书为已通行的字找正字。

根据寻求"正字"的需要,有些字即使在当时已经通行,蒲松龄也写作字书上认为是正体的字。如:

**鞵** 《毡匠章》:毡袜毛鞵暖下体。

"鞵"即"鞋"。"鞋"字早已通用,如在《广韵》中即收该字形,"履也"。更早的用例如《汉语大字典》引《颜氏家训》。聊斋俚曲中出现一百多次,无一作"鞵"者。蒲氏采用"鞵"的字形,应该是根据《字汇》:"鞵,雄佳切,音骸。革履。《六书正讹》:'……俗作"鞋",非。'"倒是《正字通》释"鞵"时说:"亦作'鞋'。旧注以'鞋'为俗字,泥。"蒲氏这个做法也未免是"泥"(拘泥,不变通)了。

**䏶** 《饮食章》:胛䏶烂烧加醋酱。

䏶,今方言指食用的畜类的腿,音上声,写作"肘"。有"前肘"(前腿)、"后肘"(后腿),一般多指后肘。"肘"字《说文》已收,"臂节也"。方言中畜类的腿称"肘"其实是可以理解的:畜类腿部虽然不如人的胳膊的肘那么弯曲自如,但毕竟也是可以弯曲之处。因此,写作"肘"是没有问题的。《日用俗字》此处"䏶"后注音为"肘",其实注音字就是通常的用字。蒲氏弃用"肘"字大概一是因为在字书中"肘"只有肘部的意思而不指腿部,二是《字汇》对"䏶"字的解释:"丈九切,音纣。小腹痛也。又腿后曰䏶。""腿后曰䏶"很符合"后肘"的意思,所以蒲氏就选用了。

**骳** 《走兽章》:骚马身高尾骳长。又《身体章》:肋胁骱支尾骶根。

"尾骳"即"尾巴","尾骳根"指尾骨(今方言仍说)。尾巴的"巴"写成"骳"并不合《字汇》释义。《字汇》:"骳,必驾切,音霸。刀骳。"蒲氏只是因为这里的"尾骳根"指骨(尾骨)而选用从"骨"的字。同样的例子如《身体章》将"耳朵"写作"䎳𦕒",岂不知《字汇》《正字通》等均不收"𦕒"字,因为它是俗字。

除了上面几种情形之外,《日用俗字》中有极少数词的文字形式字义和义符都与方言词无关,只是纯粹的记音字。这种情况极为少见,不过也有出现。如《鳞介章》"更有旋网和(䟍)①子"中的"䟍子",今方言音"亮子",指犀斗,是一种旧时常用的戽水工具,呈条编半椭圆形,系以长绳,使用时两人站在高处甩动绳子,把池塘或堵截起来的小河中的一段中的水舀起后甩向高处或远处。而"䟍",《字汇》"力仗切,音谅。事有不善为䟍薄。又悲䟍,酸楚也。又卢姜切,音凉。义

---

① 《蒲松龄集》《蒲松龄全集》中讹作"䟍",此从影印本。参见张树铮《蒲松龄〈日用俗字〉注》中的有关注释。

同。"该字从宄京声,与方言词"亮(子)"只有同音关系,意义无关并且形符也与此无关,这只能视为记音字。我们怀疑,蒲氏选用这么一个既无关意义又很生僻的字目的在于避免使用常见字记音而导致意义的混淆。比如写成"亮子、谅子、晾子、辆子、量子",都容易使人想"歪"了,而写成"宄子"就成了专词专用的形式了。又如《泥瓦章》"不是㪇了便瓺之"中的"瓺",原注音"偷",今方言音"偷上声",表示束着的东西散开,但该字《字汇》"苦浩切,音考。瓶也。又宄口切,偷上声。义同",与词义并无关联,应该是"tǒu"音节实在是很难找到同音字而无奈选用。

## 三 《日用俗字》考求本字和选用方言用字的启示

方言词的考本字和无本字可考时的用字是现代方言调查研究中经常遇到的问题。从现代的角度来看,蒲松龄《日用俗字》选用方言正字的做法还是可以给我们一些参考的。

(一)关于方言本字的考求

如上所述,蒲松龄主要是从意义出发去到字书中寻找本字的。由于字的意义并非都能够在字的义符中体现出来,再加之字义的变化,所以,这种做法局限性很大。从实际操作来看,由于字书同一部中字数繁多,查找也不便捷。不过,我们也应该看到,毕竟汉字中90%以上的字是形声字和会意字,其义符对于字义的义类还是有一定的指示作用的,也不能说蒲氏的做法全无依据。

事实上,有些词的本字蒲氏的认定也是应该肯定的。例如《身体章》"腋折脖脐邻小腹"中的"脖脐",今鲁中方言实际上读作"bú脐",指肚脐。而"脖"字现代一般用来指"脖子",音bó,如《日用俗字》中《身体章》有"脖根"(脖颈)、《皮匠章》有"围脖"、《争讼章》两处有"脖子",聊斋俚曲中"脖"字42见,除了一处是"脖脐"之外,其余都是脖子的意思,亦与"多坐剁何"等押韵,是读bó无误。蒲氏把读bú的字写作"脖"其实是既符合语义也符合方音的古今对应规律的。从意义来看，《字汇》："脖，蒲没切，音孛。脖胦，脐也。《黄帝灵枢经》：'肓之原出于脖胦。'"《汉语大字典》："脖胦，肚脐。《玉篇·肉部》：'脖胦，肤脐也。'《集韵·没韵》：'脖胦，齐也。'"尽管《字汇》《正字通》及《康熙字典》等都将"脖"直音为"勃"，今用作"脖子"义的"脖"字确实也读"勃"，今普通话及山东方言亦可证明此音无误，但是，"脖"读"勃"表示"脖子"是后起的音义，表"脐"才是其本义。从语音看，"脖"字所在的《广韵》没韵，除唇音声母外今普通话和淄川方言都读 u 韵母（如：骨突忽兀窟窣猝卒鹘）；即使是唇音声母没韵字，今淄川方言一般已读 u 韵母。如"馞垺没哱"方言均读 u 韵母。馞，读 bú（《广韵》释"面馞"，今方言"面馞"指做各种面食时用来防止粘面板或防止和好的面两层之间相互粘连的干面粉）；垺，读 bú（《广韵》释"尘起"，今方言"垺土"指很细的可随风扬起的尘土）；没，读 mú；哱，读 pū（《广韵》释"吹气声"，也就是现在说的"噗的一声吹灭了灯"中的象声词"噗"）。因此，"bú（脐）"的本字就是"脖"。

此外，有些本字似非循部首所寻得。如《庄农章》"庄稼忙乱无头启"中的"启"，《字汇》："启，都谷切，音笃。《玉篇》：'俗豚字，尾下窍也。'"方言中义为尾部，"无头启"，今方言口语中说"没头没启"，一指没有头尾，形容事情的来龙去脉不清楚；一指没完没了、持续不断。也说"没头到启"，指没完没了。此类字或者蒲氏平素翻检字书所得，或者前有所承，当非刻求而得。此字又写作"豖"。《字汇》："豖，同启。"《汉语大字典》："①同'豚'。《集韵·屋韵》：'豚。《博雅》："臀也。"或作"豖"。'②蜂或蝎子等尾部的毒刺。"（义②今鲁中方言亦用）

蒲氏考求本字的最主要问题在于语音的对应上。他在自序中说"土音之讹……悉从正字"，显然是以"正字"为本、"土音"为讹。可是，如果没有语音的对应的话，我们凭什么认定是"土音"讹误而不是另有本字或本无其字呢？例如上文提到的"𥿄""頵""馞"等字，意义上没有问题，但语音上无法解释其音读"讹"错之由，视为训读则可，视为本字则难以为人接受。事实上，方言中很多词的来源是复杂的，固然每个词都有自己的历史，但并不一定都承自古代汉语、一定要有古代汉籍文献的记录形式，想为方言中每个词都找到所谓"本字"是不现实的。

总的来说，《日用俗字》在方言本字的考求方法上可供参考之处不多，其主要贡献是它所认定的"正字"为今鲁中方言乃至北方方言一些方言词的本字考求提供了参考。

（二）关于方言用字的选择

《日用俗字》中的大量用字，其实属于上一节所说的第三种情况，即字音相合、虽然字义并不相合但义符相合的字。这种字，我们毋宁视为蒲松龄为方言词所选取的字形。这为我们当今的方言用字也提供了一定参考。

许多方言词是"本字"不明的（没有所谓"本字"或很难查考"本字"），但要记录方言词，就面临用什么字来记录的问题。如方言词汇调查中，除了记音之外，还需要有文字记录的词形。再如书面作品中，要使用方言词时也需要选择恰当的字形。在这个方面，《日用俗字》主要提供了三个值得注意的做法：A 有本字者用本字（"土音之讹……悉从正字"）；B 即使不能确定本字也要用于字书有据且义符对语义有提示作用的字，不用"俗字"；C 尽量避免用常用字来记音。下面讨论一下这三种做法。

为了叙述的方便，我们先看 B。不用俗字其实是蒲氏最基本的原则，因为他编写此书的目的就是针对"率皆杜撰"来的，A 所用的本字自然不是"俗字"，C 所用的也不是"俗字"。只不过 B 所用的于字书有据的字既非本字，也非单纯的记音字，而是在义符上能够体现义类的字。汉字的义符尽管不能代表字义，但对阅读者来说其字义提示作用还是不能忽视的。因此，选用有合适义符的字来记录方言词，是有利于理解词义和避免误解词义的，并且这也合乎使用汉字的人们的心理习惯。

实际上，即使是方言区人们自造的"俗字"，也大多是形声结构，其义符也是经过选择的。如山东一些地方称用筷子夹为dāo（阴平），有些人写作"扨"，《红楼梦》第九十九回有"扨蹬"（今写作"叨蹬"），都是因其为动词而用了从"扌"的形声字。从现代计算机处理的角度看，如果新造一个字形，会增加一些不必要的麻烦，所以，尽量不用新造字或方言自造字，而采用已有字形、并且注意选择那些义符对方言词义有提示作用的字形，无疑是一个合理也合时的做法。像普通话中的语气词常常用"口"旁的字，如"呢哪呗喽咯"等，山东方言中"了₂"写作"唠、嘹"之类也都是合宜的，尽管这些字其本义并非如此。

方言词如果有本字，尽量用本字，这并不仅出于考古的雅好，而且也是实用的需要。因为不用本字，必用别字（同音字），而别字或表意不清或表义与他义有混淆，的确不是最好的选择。例如，今山东淄川一带方言中称捣蒜（将蒜在臼中捣成泥状）为"掐蒜"①（《淄川方言志》写作"敁"，来自《集韵·黠韵》："丘八切，击也。"《广韵》作"敨"，"击也"；《说文》："敲击也。"），而济南、济宁等地称"却蒜"（钱曾怡《济南方言词典》写作"推"），德州等地称"敲蒜"（曹延杰《德州方言志》即写作"敲"）。蒲松龄《日用俗字·庄农章》写作"推"："拘攦芥茉或推蒜"。"推"字下注音"却"，是与济南音相同。其实这三种读音只是各地入声韵母演变的规律不同而已，其本字都是一个："推"。推，《字汇》："乞约切，音却。击也。"《广韵》苦角切（入声觉韵），"击也"。古觉韵字在淄川以东有少数字读a、ɑ韵母（如"雹"音"拔"、"角"音"夹"），而济南、济宁觉韵字都读o、üe（如"雹"音"勃"、"角"音"撅"），德州一带觉韵字部分读ao、iao（如"角"音"交"、"雹"音"包阳平"），所以，"掐""却""敲"的读法都是符合不同地区方言的古今语音对应规律的（中古黠韵字今三

---

① 笔者曾见到一种章丘（位于淄川西北）出的瓶装食品的标签上写作"手掐韭花酱"，此"掐"即指石臼捣，非指用指甲或虎口按。

处方言无如上对应,所以《淄川方言志》的"故"是错误的),写成一个"搋"字即可解释三处方言的不同读音;如果根据三处读音分别写成三个字的话,既不能反映方言语音的变化,也不能使人将三处方言的词联系起来观察。对当地人来说,写成"搋"也更容易看出此词的方言性质。再如山东菏泽一带把词缀的"子"读成"的",如果写成"的",则"桌子"是"桌的"、"车子"是"车的",也是徒增烦扰的做法。

不过要写本字,需要解决两个问题:一是本字考证正确(如将"搋"写成"故"或"敲"的话都不是本字);二是如果非本字已经通行的话是否还有必要写本字。如普通话中的"搞",有无必要写成本字"搅"?如上文所说,蒲松龄把"鞋"写成"鞿"、"(后)肘"写成"臁"、"(尾)巴"写成"𦜞"实在没有必要(况且"臁𦜞"也并非本字)。再如《疾病章》中把雀斑的"雀"写成"皵"("齇鼻皯皵损容颜"),《走兽章》中把"备(马)"写成"鞁"("齐整还须鞁鞍装"),情况与此类似。字形既已通行,人们已经熟悉,在交际中就没有什么问题,所以没有必要一定要改写成本字。

关于尽量避免用常用字来记音,蒲松龄的做法也有一定的合理性。如上文已经提到,如果用常用字来起表音作用,则使常用字负担太重,容易造成意义的混淆。只不过,如果用生僻字来记音,固然可以避开意义混淆,但也会因为生僻字一般人不容易识读而造成使用上的困难。如上引《日用俗字》中的"甂"字,就为一般人所难识,其最早的抄本中被人误改成"甇",就是因为不识"甂"字而写错。字不被识读,也就难以起到记音作用了。事实上,《日用俗字》尽管是为"家常应用"而作,但却十分难懂,因为当地人因为不识其中的生僻字而无法与方言词联系起来,而外地人尽管可以依靠查阅字书识得文字但却无法理解所记录的方言词,难免有里外不讨好之嫌。因此,即使要用非常用字来记录方言词,也要注意选择最好是声符表音比较明显的形声字。如山东潍坊一带有语气词音 lan(有些地方音 lian),如果选用带口旁的字的话,选用"囒"或"嚁"就比"啉嚂"更合宜一些(同样,用"嗹"就比用同音的"嶙"更好）。

　　结合蒲松龄《日用俗字》选用"正字"的经验和教训，笔者以为，方言词语的记录应该优先考虑使用本字，这是无可争议的，但是如果俗字已经通行的话，则无必要非得返古；如果本字不可考，则可以选用同音字来记录，选用时优先选择义符有一定指示作用的字，此外还要注意尽量避免容易产生歧义的字形。

**参考文献**

李国庆编，2009.《杂字类函》. 学苑出版社。

梅膺祚，1991.《字汇》. 上海辞书出版社（据清康熙二十七年灵隐寺刻本影印）。

孟庆泰、罗福腾，1994.《淄川方言志》. 语文出版社。

蒲松龄，1962.《蒲松龄集》. 路大荒编，中华书局。

蒲松龄，1998.《蒲松龄全集》. 盛伟编，学林出版社。

蒲松龄，1999.《聊斋俚曲集》. 蒲先明整理，邹宗良校注，国际文化出版公司。

钱曾怡（主编），2001.《山东方言研究》. 齐鲁书社。

张树铮，2009. 今本蒲松龄《日用俗字》形讹字考正.《蒲松龄研究》第 3 期。

张树铮，2012. 蒲松龄《日用俗字》中的俗字.《蒲松龄研究》第 3 期。

张树铮，2015.《蒲松龄〈日用俗字〉注》. 山东大学出版社。

张树铮，2014.《日用俗字》形讹字补考——兼论路本、盛本、影印本之关系.《蒲松龄研究》第 1 期。

张自烈、廖文英，1996.《正字通》. 中国工人出版社（据清廪熙九年序弘文书院刊本影印）。

# 说"什么"和"东西"*

赵日新　刘梦芸

北京语言大学语言科学院

关于"什么"的来源，王力（1980）、吕叔湘（1985）、志村良治（1984）、太田辰夫（1991）、吴福祥（1996）等学者曾有过深入的研究。本文主要关注的是疑问代词"么、什么"形成过程中与泛义名词"物"之间的关系。

## 一 "何物"的词汇化

**1.1** 先秦时期，"何物"是个偏正结构的词组，指客观具体的事物，相当于"什么东西"，用例少。如：

（1）秋七月壬午朔，日有食之。公问于梓慎曰："是何物也？祸福何为？"（《左传·昭公二十一年》）

（2）汤问伊尹曰："何物也？"对曰："谷树也。"（《韩诗外传》卷三）

（3）桓公曰："何物可比于君子之德乎？"（《管子·小问》）

汉代以后，"何物"的用法逐渐增多，不仅可以问具体事物，也可以问抽象事物。俞理明（1993）认为："从佛经中的用例来看，何物真正由一个词组转化为词，是从东晋开始的，我们没有看到西晋以前指抽象事物的何物。"有些例子，问句中的"何物"既可以理解为"什么"，

---

\* 本成果受北京语言大学院级科研项目（中央高校基本科研业务专项资金）资助，项目编号为20YJ140002。

七可以理解为"什么东西"。因此，很难判断这时的"何物"是个表示疑问偏正式结构短语，还是双音节的疑问代词。如：

（4）问言："汝须何物？"答言："我须干枣"。（《弥沙塞部和酰五分律》）

（5）问老母言："祀须何物？"老母语言："杀汝之子取血祀天必得多子。"（《百喻经》）

随着"物"实词义的虚化，"何物"词汇化为疑问代词，在语法功能上，一般充当定语、宾语，少数充当主语、谓语，在语义功能上主要用来询问人、事物、情状。如：

（6）既反，语充，充曰："语卿道何物？"（《世说新语·贤媛》）

（7）潮水至，沈令起彷徨，问："牛屋下是何物人？"（《世说新语·雅量》）

（8）王问夫人言："为生何物？"答言："纯生面段。"（《杂宝藏经》）

（9）王言："今此人者，是汝何物？"老母答言："皆是我儿。"（《大庄严论经》卷八）

（10）净能既闻声绝，奏曰："臣□〔启〕陛下，不是妖鼓之声。"皇帝曰："不是妖鼓之声，是何物声？"（《敦煌变文校注·叶净能诗》）

"何物"词汇化后，文献中有写作"何勿"的用例，最早见于唐代李贤的注《后汉书·祢衡传》：

（11）后黄祖在蒙冲船上，大会宾客，而衡言不逊顺，祖惭，及诃之。衡更熟视曰："死公！云等道？"李贤注："死公，骂言也。等道，犹今言何勿语也。"

我们在"雕龙——中日古籍全文资料库"之"敦煌史料"〔英〕藏《启颜录》〔S.610-1〕（撰者不详）中也检索到"何勿"的几个用例：

（12）柳真须臾送客出厅门，还，遥见此人，大叫嗔曰："是何勿人，敢向我厅边觅虱？"此人出门径走，更不寻问。

（13）此人即走至屏墙，大声语曰："方今圣上聪明，辟四门以待士,君是何勿人,在此妨贤路?"推倒。

《金刚经疏》一书中共出现17次"何勿"表示"什么"的用例,其中"何勿事"7例(作者按:《金刚经疏》见于《大正新修大藏经》古逸部,专收敦煌古逸经、律、论疏和疑伪经等,从语言风格来看,当属于敦煌佛经):

(14) 是何勿义/总授持读诵得何勿/缘何勿事不念/据何勿道理/缘何勿事得供养/何勿名善法/念念低缘何勿事/用何勿法得佛/缘何勿事胜/为何勿不受福得/作何勿心想/何勿是多/何勿定得/缘何勿事合得闻/缘何勿事无颠倒/缘何勿事不惊怖/何勿是真辱。

"物"写作"勿",从形式上进一步确定了"物"的实词义已经虚化,说明"何物"唐代已完成词汇化进程,凝结为一个双音节的疑问代词。

与此相类似,据柳士镇(1992),俞理明(1993),贝罗贝、吴福祥(2000)等的研究,秦汉时期的偏正结构"何等""何所"在南北朝时已经完成词汇化过程,并且发生进一步的演变,几乎在同时代产生了由"等""所"单独作疑问词的用法,但用例极少,而且随着"何物"的词汇化,"等、所"单独作疑问代词的用法也很快消失了。"何物"比"何等""何所"的词汇化进程稍慢一些,在唐代才完成词汇化进程,凝结为一个双音节的疑问代词。"物/勿"单独用作疑问代词的用法则在唐中期的《神会语录》(详下文)及敦煌文献中也有用例,下面是敦煌佛经中的用例:

(15) 作勿生住心?即得成佛。(《金刚经疏》)

(16) 即与随说一切世间者,俱是众生类也。间者轮回六趣也。皆应供养者。堪受敬养也。为勿事天人供应?(《金刚经疏》)

(17) 问曰:"作勿生即是不分别智?"答曰:"汝且看处看净心看心起处。即须觉知心从本已来清净。"(唐慧光释《大乘开心显性顿悟真宗论》)

### 1.2 "何X"系列词的词汇化机制

关于"何物"的词汇化机制,江蓝生(1988)认为,"这与'何等'的广泛使用有关。……'何等'就是何类、何样之义,后来用如'什么'。'何物'的'物'字也有'类'义,《玉篇·牛部》:'亡屈切,凡生天地之间皆谓物也。事也,类也。'由于'物'与'等'为同义词,所以既然'何等'可作'什么'用,'何物'也就可以连类而效之,也作'什么'用。也就是说,'何物'可能是受到'何等'的类化而作疑问代词用的"。

江先生的类化演变说,按照我们的理解,可以看作"何所、所等、何物"的平行语法化。"所"表示空间处所,"等""物"都具有"类"的意思,都是外延较广的词,外延广的词往往内涵浅,内涵浅意味着信息量小,因而容易沾染"何"的词义,产生疑问代词的用法。朱庆之(1992):"所谓词义沾染是指不同的词处在同一组合关系或聚合关系而发生的词义上的相互渗透。这种渗透可能导致一方或双方增加新的义项或词义的完全改变。"

"何物"的演变还可以从"物"的低信息量角度加以解释。"何物"可以充当主语、宾语、定语,处于主语位置的"物"是已知信息,语义焦点在"何"上;处于宾语位置上的"物"是中心语,是"自然焦点",但因为"泛指万物"的"物"本身已经是一个外延极广的概念,所能提供的绝对信息量极小。因此,宾语位置上的"物"很难成为真正的焦点,只能去焦点化;定语位置上的"物"后接中心语名词,"物"成为赘余成分。总起来看,"何物"中的"物"因为词义虚泛,信息量几乎为零,这就为它成为词内成分提供了极大的可能性。"何等""何所"的语法化亦可以如是观,可以这样说,"所、等、物"具有宽泛的语义,是导致"何所、何等、何物"发生平行语法化的共同基础。

我们同时还检索了"何因、何故、何缘、何时、何事、何情、何理、何类、何许、何意、何处、何地"等常见的"何X"类组合,发现这些结构多数是表示疑问的短语,极少词汇化,这可能跟"何物"的高频使用有关，以致除"何物"外其他"何所、何等"组合中的"所、等"表示疑问代词的用法都只是昙花一现。如与"何物"相近的"何事"，是由"缘何事"缩略而来（参蒋绍愚，1980；李无未，1988），意为"何为（为什么）、何须"。虽然中心语"事"的语义也比较宽泛，但"何事"以作主语为主，意义均比较实在，宾语位置上的"何事"有些可以理解为"什么"，"事"成为一个词内成分，但并未沾染上疑问义从而产生疑问代词的用法。"何事"的主体用法仍然是问原因的"为什么"。

## 二　疑问代词"么、什么"与"物"的关系

"物"系词包括"是物、是勿、是没、阿没、勿、没"等形式，其中"是物"的用例很少，历来研究者所列举的 4 个用例，都仅见于《神会语录》。

### 2.1　《神会语录》的四个版本

神会和尚（公元 684—758 年）是唐代著名禅僧，被称为菏泽宗之祖，湖北襄阳人，主要贡献在于确定了南宗的正统地位。神会和尚的言行都记录于《神会语录》中。太田辰夫（1987）推测，《神会语录》的时间"应是开元至迟是天宝年间（公元 713—756 年）"，也就是盛唐时期。

《神会语录》流失海外多年，存在不同版本。目前能见到的《神会语录》有四个不同的版本。

胡适于 1926 年 9 月于巴黎国立图书馆发现了三种神会的语录，同年 11 月于英国大英博物馆发现了神会的《显宗记》。遂以藏于巴黎国立图书馆敦煌写本为底本，校写为《神会和尚遗集》，于 1930 年 4 月由上海东亚图书馆出版，后世称为胡本（A）。胡适晚年时，又根据法国谢和耐的《菏泽神会禅师语录》的校勘成果重新校订了三种神会文录。谢和耐根据 P. 3047、3488 原件，校正胡适《神会和尚遗集》的不少误写，并将《遗集》全四卷译成法文，1949 年河内法国远东学院出版。

铃木大拙在日本也发现了敦煌出土的神会本，但与胡本多少有些出入，因此影印出版，编校为《敦煌出土菏泽神会禅师语录》，1934年由森江书店出版。底本为日本积翠轩石井光雄购藏的敦煌写本，轶首部，后世称为石井本或铃木本（B）。

无论是胡本还是石井本，都是《南阳和尚问答杂征义》不同抄本的残缺本。石峻等人在编《中国佛教思想资料选编》时，将石井本《神会语录》，以及胡适晚年所校的《南阳和尚问答杂征义》开头部分一起收录于该书第二卷第四册，1983年由中华书局出版（C）。

杨曾文综合参考胡本、石井本，以及胡适晚所校订的《南阳和尚问答杂征义》三个版本，有的部分依胡本做了修改，有的部分依石井本做了修改，编校为《神会和尚禅话录》（D），1996年中华书局出版。

### 2.2 不同版本的对比分析

现将四个版本中包含"是物、是勿、是没、勿、没"等词语的语句对比如下，为了更好地理解文意，联系上下文考察该词的用法，也将文章中相同的语句摘抄下来，重点语句分别标上［A］［B］［C］［D］表示四个不同的版本。

（18）问："何故无念不言有无？"答："若言其有者，即不同世有；若言其无者，不同世无。是以无念不言有无。"

［A］问："唤作是没物?"答："不唤作物"。

［B］问："唤作是没物?"答："不唤作物"。

［C］问："唤作是没勿?"答："不唤作勿"。

［D］问："唤作是物?"答："不唤作是物"。

此处的［A］［B］句形式相同，"唤作是没物?"中"唤作"是动词，"是没物"充当"唤作"的宾语。因此，［A］［B］句存在两种结构划分，可分析为"谓语+［（定语）+宾语］"的结构，即"唤作"为谓语，"是没"为定语，相当于疑问代词"什么"，"物"为名词中心语；也可以分析为"谓语+宾语"的结构，即"唤作"为谓语，"是没物"整体充当宾语，相当于疑问代词"什么"。与此相应，后面的答句

"不唤作物",也存在两种分析,"物"既可分析为名词,也可分析为疑问代词。可翻译为"唤作什么物?不唤作物。"或"唤作什么?不唤作什么。"

〔C〕句,"勿"显然不能再看成名词,因此,整个结构只能分析为"谓语+宾语",即"唤作"为谓语,"是没勿"整体充当宾语,相当于疑问代词"什么"。回答"不唤作勿",则出现了"勿"单独充分疑问代词的用法,全句可翻译为"唤作什么?不唤作什么。"这里的"是没勿"与〔A〕〔B〕句的"是没物"异文同义,这是〔A〕〔B〕句的"是没物"也可以分析为疑问代词"什么"的根据所在。

〔D〕句,"唤作"为谓语,"是物"为宾语,相当于疑问代词"什么"。可翻译为"唤作什么?不唤作什么。"

(19)〔A〕问:"异没时作物生?"　〔B〕问:"异没时作物生?"
　　　〔C〕问:"异没时作物生?"　〔D〕问:"作勿生是?"

此处的〔A〕〔B〕〔C〕句形式相同,均为"作物生",〔D〕句为"作勿生","作物生/作勿生"相当于宋代流行的"作摩生/作么生",形成固定搭配,相当于"作什么"。

(20)问:既无形像,复无言说,一切有无皆不可立。今言照者,复是何照?答曰:今言照者,以镜明故,有自性照。若以众生心净,自然有大智慧光,照无余世界。

〔A〕问:"既若如此,作没生时得?"答:"但见无"。
〔B〕问:"既若如此,作没生时得?"答:"但见无"。
〔C〕问:"既若如此,作没生时得?"答:"但见无"。
〔D〕问:"作没生得见无物?"

此处的〔A〕〔B〕〔C〕〔D〕句,均为"作没生"结构,与上文的"作物生/作勿生"相同,同样存在"作物生/作勿生>作没生>作么生"的演变过程。

(21)〔A〕问:"既无,见是物。"答:"虽见,不唤作是物"。问:"既不唤作是物,何名为见?"答:"见无物,即是真见、常见。"

［B］问:"既无,见是物?"答:"虽见,不唤作是物"。问:既不唤作是物,何名为见?答曰:见无物即是真见常见。

［C］问:"既无,见是物?"答:"虽见,不唤作是物"。问:既不唤作是物,何名为见?答曰:见无物即是真见常见。

［D］见无物,唤作是物?答:不唤作是物。问:既不唤作是物。何为佛性?答:见不见无物,是真见常见。

此处的［A］［B］［C］句中的"见是物",虽然"见'既可以分析为动词"看见",也可以分析为名词"看见的（事物）",但联系上下文,分析为"看见的（事物）"更为妥帖,即此处的"见"充当主语。因此,"见是物"中的"是"为系动词,充当谓语;"物"为疑问句作宾语,相当于"什么"。可翻译为"既然没有,看见的是什么?虽然看见,不唤作什么。"

此处的［D］句,"见无物"的结构中,"见"为动词"看见","无物"为宾语,"物"为名词。可翻译为"看见没有的事物,唤作什么?不唤作什么。"

通过上文的分析,我们可以得到这样几个重要的信息:（1）"是没、是物、是没物、是没勿"可以作为疑问代词;（2）"物/勿"也已产生疑问代词用法;（3）"作物生、作勿生、作没生"是"作么生、作摩生"的早期形式。

《神会语录》中有两处"是勿"作为疑问代词的用例:

（22）问:"是勿是生灭法?"答:"三世是生灭法"。（《神会语录》）

（23）又问:"空更有是勿在?"答曰:"想非想,更有俱生识"。（《神会语录》）①

"是勿"的另一个用例出自唐代的《因话录》,但后代的训诂学家

---

① 此例为石井本,P.3047为"空便有是没物"。

对此句有三种不同的注释，分别用［D］［E］［F］表示。

（24）玄宗问黄幡绰："是勿儿得人怜！"对曰："自家儿得人怜。"（唐赵璘《因话录》）

［D］唐玄宗问黄幡绰，是勿儿得怜（是勿儿，犹言何儿也）？对曰："自家儿得人怜。"（《太平广记》卷一百六十四名贤）

［E］明皇问黄幡绰："是物儿得人怜？""是物儿"者，犹"何人儿"也。对曰："自家儿得人怜"。（宋王谠《唐语林》）

［F］玄宗问黄幡绰："是勿儿得怜？"（勿儿犹言何儿。）对曰："自家儿得人怜"。（明蒋一葵《尧山堂外纪》）

不同时期训诂学家的注释，可看作是在不同时期对结构重新分析的结果。宋时，［D］句中的"是勿儿"，以及［E］句中的"是物儿"存在两种分析，"是勿、是物"可以分析为名词"儿"的定语，相当于疑问代词"什么"；也可以把"是"分析为系动词，把"勿、物"分析为疑问代词充当"儿"的定语。到了明代，如［F］句，把"勿"分析为疑问代词充当"儿"的定语，更符合当时人的语感。这也就说明了"勿"可以单独充当疑问代词，同时，也在一定程度上说明，上文《神会语录》中"见是物"的"物"分析为单音节的疑问代词，是可行的。因此，可以说，"物"单独作疑问代词的用法最早见于《神会语录》。

此外，"没"作为"物/勿"后期的书写形式在《神会语录》中也有作疑问代词的用例。如：

（25）若求无上菩提，须信佛语，依佛教。佛道没语？（《神会语录》）

（26）今推到无住处立知作没？（《神会语录》）

### 2.3 "么、什么"的来源

2.3.1 从文献来看，汉语方言中表示疑问的"么"来自"物"，当无疑问。《神会语录》写作"物""勿""没"，其他敦煌文献中多写作"没"，后多作"摩""麽"，下面是敦煌佛经中的一些用例：

（27）问："是没是慧门？""耳根是慧门。""作没生开慧门？""闻

声耳根不动。是开慧门。"(《大正新修大藏经·古逸部》T85.2834《大乘无生方便门》)

（28）和言："子得离不？"答："得离离，离是佛。""佛是没？""佛是觉。"（《大正新修大藏经·古逸部》·T85.2839《赞禅门诗》）

（29）和问："法是没？"子言："意知名法。意知五根法所到名界，眼见色。"（《大正新修大藏经·古逸部》·T85.2839《赞禅门诗》）

（30）问："缘阿没不知？"答："有思求心不能知。""作没生即得知？""无思求心即得知。"（《大正新修大藏经·古逸部》T85.2834《大乘无生方便门》）

2.3.2 刘丹青（2001）指出，疑问代词"什么"，学界都同意系来自"是物"；但对于"是物"之所由来，学界尚无定见。吕叔湘（1985）认为"是物"来自"是何物"的省略，"是何物"则是"何物"的强调形式。这一解释是合理的。第一，焦点标记"是"可以在代词前虚化成为失去强调意义的词缀。第二，"是+代词"合成复合代词后可以因进一步语法化而产生脱落、合音等缩减现象。依此来推测，"何物"先构成强调式"是何物"、凝固后再缩减为"是物"是完全有可能的。刘丹青（2001）认为，这一解释的不足之处是文献中缺少"是何物"作疑问代词的例子。吴福祥（1996）指出："唐代的'是物'来自六朝的'何物'，这是学术界公认的。问题是'何物'何以变成'是物'，吕叔湘先生（1985）认为'是物'为'是何物'的省减，但我们苦于在文献里找不到'是何物'的用例，而且也不便解释唐五代'没'单独用作疑问代词的现象。我们宁愿把'物'看作'何物'的省减，就像六朝'何等'省减为'等'一样。虽然疑问代词'物'不见于唐代，但敦煌写卷里其音借字'没'多见，字又作'莽'。"下面是我们搜集到的文献中"是何物"的一些用例：

（31）曰："客从东方来，歌讴且行，不从门入，踰我垣墙，……主人被创。是何物也？"（唐欧阳询《艺文类聚》卷第九十七鳞介部下引《东方朔传》）

(32)《易》云:"无思也,无为也,寂然不动,感而遂通天下之故。"其归一揆。又《经》云:"迎之不见其首,随之不见其后。"是何物也?子若默契神证,又何求焉?(唐沈汾《续仙传》卷下)

例(31)、(32)中的"是何物也"独立成句,义同"何物也",这里的"是"可以分析为表示强调的成分,"是何物"可以看成是单独作疑问代词的例子。不过《艺文类聚》所引《东方朔传》的例子时代较早,唐沈汾《续仙传》则已是唐末的例子。真正跟"是物"的产生在年代上大致相符的就只有唐徐坚《初学记》的例子了,聊备一例。

2.3.3 蒋礼鸿(1988)在讨论"没甚、没什、没是勿"时举到变文及同时期的一些用例,指出:"'没语道'就是'讲什么话?'""'有没'就是'有什么'""'阿没'是'什么'""李陵变文:'是甚没人?'"(第88页)佛说阿弥陀经讲经文:'前生为什没不修行?'(第462页)这就直接是现代的'甚麼'、'什麼'了。""'甚没'即甚麼,'缘没'即为什么""'拾没'、'什没'也就是什么""'是没'就是'甚没'、'什么','甚'由于闭口韵的缘故分裂为'是没'、'甚没'、'什没'。'是'字有'什么'的意义,又有'一切'、'任何'的意义,如'是人'就是'甚么人',又是'任何人';'是处'就是'何处',又是'到处'。"

"拾没"跟"什么"同音,这大概不需要说明。"是物、是勿、是没"意义上相当于今天的"什么"也不需要太多论证,但语音上需要解释,"什么"今读为 shén·me 而不是 shí·me,前字鼻尾从何而来?一种可能是逆同化,后字鼻音声母使前字产生鼻尾;另一种可能是"什/甚"是"是没"(或"是物、是勿")的合音形式。前一种可能不需要多做解释;后一种可能则涉及"是没"与"甚"的关系问题。

张涌泉(2010)在讨论敦煌文献写本"内容不定"时指出,斯2614号、伯2319号皆有《大目乾连冥间救母变文》一种,但前者内容较详,后者较简,如其中描写目连母子地狱中相认的内容,这里摘录开头的一段:

（33）狱主启言："和尚缘何事开他地狱门？"报言："贫道不开阿谁开。和尚寄物来开。"狱主问言："寄是没物来开？"（斯2614号）

（34）狱主启言："和尚缘有何事，开他地狱门？"报言："世尊寄物来开。"狱主报言："寄甚物来？"（伯2319号）

斯2614号"寄是没物来开"，伯2319号作"寄甚物来"，"是没物"与"甚物"异文同义。那么，是"是没"合音为'甚'，还是"甚"分音为"是没"？王新华（1995）指出："什没即什么，是由甚变化而来"，上文提到蒋礼鸿（1988）也认为是"甚"分裂为"是没"等，刘长庆（2008）认为："'是物'等形式是'甚'分音的结果"，并找出了"甚"使用于初唐的两个例子：

（35）琴中作曲从来易，鼓里传声有甚难。（武三思《仙鹤篇》）

（36）曰："女子何不调机弄杼？因甚傍河操橹？"女答曰："丈夫何不跨马挥鞭？因甚傍河牵船？（侯白《启颜录》）

文献中出现"甚"用作疑问代词，按刘长庆所说当在初唐时期，即比盛唐时才出现的"是没"等更早，所以王新华（1995）、蒋礼鸿（1988）、刘长庆（2008）都认为是"甚"分音为"是没"，而不是"是没"合音为"甚"。不过，我们仍然还是存有疑问：一、"甚"在隋唐之前多用作形容词、副词，其表示疑问的用法是如何发展而来的呢？目前还找不到相关的线索。二、如果持"甚"分音为"是没"的观点，则不太好理解何以"是没"只是昙花一现，而"甚"的疑问用法却是长盛不衰？"甚"分音为"是没"所为何来？刘长庆（2008）也说"从敦煌变文来看，'甚'做什么之义的用例不少"。三、既然"甚"在隋唐时期就有了疑问代词的用法，为什么唐宋韵书如《刊韵》《广韵》《集韵》等均未收录"甚"的疑问用法？我们猜想很可能是因为疑问代词"甚"首先只出现在某个方言中，后期才进入官方语言。至于方言中"甚"的疑问用法又是如何产生的，同样找不到明确的线索。从目前的材料来看，"甚"和"是没"孰先孰后尚待进一步考证。

## 三 "物"的"崩溃"与"什么"的产生

本文关注的焦点主要并不是"什么"的演变史,而是"什么"和"物"的关系,是表示疑问的代词"什么"(相当于英语的 what)和表示一切物体现象的"物"(相当于今天的"东西"、英语的 thing)之间的关系。汉语疑问代词"什么"的早期形式曾经是"［是物］物"(也写作"是没物"),"物"因其信息量几乎为零,终究从自然焦点成了疑问代词的词内成分。

从"是物"(或作"是勿、是没")到"什没、甚没"再到今天的"什么"的演变过程,吴福祥(1996)已经有过精到的论述。这里要说的是"是没物"或"是没勿",我们把"是没物"看作"是没"的强化形式,"是没勿"则是"是没物"的虚化形式。疑问代词"是物"(或其相应形式"是没、是勿"等)后的中心语是具体名词时,整个结构就是一个实义的定中短语,如上文《因话录》中的"是勿儿";如果"是物"后的中心语是"物",则因为中心语"物"的超低信息量,其焦点身份极容易淡化湮没或悬空,从而出现如下的词汇化过程:

*是物物>是没物>是没勿>是勿/是没……

"是没"从"是物"虚化而来,"是没物"是"*是物物"的书面形式,显示两个"物"虚化程度的不同,虚化了的"物"被写为"没",实义的"物"保持原形。"是没物"的"物"作为名词中心语,同样因为信息量低或弱化脱落,或作为与"没"音近甚至音同的弱化形式而被删略形成"是没",形象一点说,名词"物"一旦进入"是物、是勿、是没"等后中心语的位置,其名词身份就逃脱不了土崩瓦解的命运,犹如担雪填井,泥牛入海,形同虚设。这大概也是书面文献中不见"是物物"的根本原因。

可以说,疑问代词后名词中心语"物"的多次"崩溃"是造成今"什么/么"词形的关键因素。

"物"在"何物"结构中的崩溃:"物"悬空之后沾染"何"的词

义，本身成为疑问代词，写作"没、勿"，如上文提到的"没语道（讲什么话）、有没（有什么）、阿没（什么）、缘没（为什么）、为勿事（为什么）、是勿儿（什么人的儿子）"。

"物"在"是何物"结构中的崩溃："是何物"减省为"是物"进而写作"是没、是勿、拾没、什没"等，"物"以虚化形式成为双音节疑问代词的词内成分。

"物"在"甚物"结构中的崩溃："甚"产生疑问代词用法之后，"甚物"进入新一个轮回。下面是"甚物"在唐代（写为"甚没"）的疑问代词用例：

（37）良久，又按声呼曰："烂木，咄。"西墙下有物应曰："诺。"问曰："甚没人？"曰："不知。"（唐郑还古《博异志》，宋李昉《太平广记》卷四百·金上·苏遏）

（38）会曰："将得佛法来不？"三藏曰："问我作甚没？"（《大唐韶州双峰山曹侯溪宝林传》①）

宋代仍有不少"甚物"的例子：

（39）"不诚无物，诚者物之终始"，犹俗说彻头彻尾不诚，更有甚物也。（《河南程氏遗书》卷第十八）

（40）亦不知天地如何，亦不知我为甚物，既入于溟溟之中，即居混沌之所……（南宋刘元瑞《太上修真体元妙道经》辰七·神化出入章第十五，《正统道藏》洞真部本文类）

这几例中的"甚物"，有的可以理解为"什么东西"（如例40），有些则只能理解为"什么"（如例40），"物"再度因为它的超低信息量而崩溃，"甚物"也就从偏正结构词汇化为疑问代词，"物"又成为疑问代词的词内成分。

---

① 胡适认为"《宝林传》的编造是在唐德宗的时代，约当八世纪的最后一二十年，大概是无可疑的。"

## 四 汉语方言中"东西""物事"的"崩溃"案例

上古、中古的"物",今方言中一般是双音节的"物事""东西"等,作为主语宾语的中心语时,"物事""东西"同样会因为其低信息量而成为一个悬空成分。赵日新(2009)讨论过徽州方言"物事"的语法化,对"物事"由名词虚化为焦点敏感算子的动因、过程进行了分析。"物事"语义关联的对象大多是数量词、时间词、时间名词或"子集名词",其作用是表示主观小量、评述时间或范围、强调说话人对所陈述的事态在数量和范围等方面的主观评价。下面是徐晓庆(2013)举到的吴语兰溪方言"东西"的类似用例。

兰溪方言"东西[$ton^{32}sie^{45}$]"用在数量(名)结构之后,修饰前面的数量成分,表示主观小量,即说话人对所述事态在数量或范围等方面的主观评价。主要见于两种结构,一是"数词+名量词/动量词+(名)+东西"结构,"东西"限制前面的数量短语,表示说话人认为客观量比主观想达到或应该达到的量小。"东西"可以读本调,也可以读轻声。例如:

(41)本书我望弗大懂,半页东西就望弗落去了。这本书我看不太明白,才半页就看不下去了。

(42)讲了两句(说话)东西就挂了。才说了两句(话)就挂了。

(43)电板总配了一块东西,弗够用。电板只配了一块,不够用。

(44)尔上海去过几回?你去过上海几次?——一回东西。只去过一次。

(45)点点儿路东西,亦弗远。就一点点路,又不远。

(46)一碗粥东西,喫得饱格啊?才一碗粥吃得饱吗?

(47)我亦未吃过别样酒,就吃了点啤酒东西啊。我又没喝过别的酒,就喝了点啤酒。

(48)尔数好了啊?我得还一半东西。你数好了?我才一半呢。

"东西"在"名量词"后面时,有时会产生歧义,例如:"剪归来一篮东西"句中"东西"可以是个名词,句意为"剪回来一篮东西";"东西"也可以是副词,意思是"才剪回来一篮",至于"一篮什么"

就得看具体语境了。在名量词后面，副词"东西"念轻声［ton$^{32}$sie$^0$］，名词"东西"读本调。

二是"时间名词+东西"结构，"东西"指向时间名词，表示说话人认为这个时间早于或少于动作常规需要的时间。

（49）渠拉═认着个把礼拜东西就结婚了。○他们才认识了个把礼拜就结婚了。

（50）比我大岁把东西，哪里老了啦？才比我大一岁左右，哪儿老了？

（51）渠讲城里抓═弗住格，两日东西就归去了。○他说城里呆不住，才两天就回去了。

## 五 结语

相当于"什么东西"的结构在宾语位置上时，"东西"去焦点化，"什么东西"也就相当于"什么"。从其他语言表示"什么"和"什么东西"的词语之间的关系，也可以在一定程度上验证汉语疑问代词"什么"与名词"东西"的某些关系。如英语"What do you want to buy？"翻译成汉语可以是"你要买什么（东西）"。下面简要列举我们初步了解到的一些语言中这三个词语的词形，从中可以大致观察到"什么"与"什么东西"的关系，至于"什么"与"东西"（准确地说，是表示"什么"义的词和表示"东西"义的词）是否存在某些关联，则需要更多材料的支持。

| 汉语 | 什么 | 物 | 什么东西 |
| --- | --- | --- | --- |
| 英语 | what | thing | what |
| 蒙古语 | jamǎr | jamǎr | jamǎr |
| 俄语 | какие | вещь | какие |
| 法语 | Quoi | Quelque chose | Quoi |
| 德语 | Was | Etwas | Was |
| 越南语 | Cái gì | Môt cái gì đó | Cái gì |
| 马来西亚语 | Apa | barang | Apa（barang） |
| 拉丁语 | Quod | rem | Quod |

**参考文献**

贝罗贝、吴福祥,2000. 上古汉语疑问代词的发展与演变.《中国语文》第4期。

冯春田,2006. 疑问代词"作勿""是勿"的形成.《中国语文》第2期。

江蓝生,1998.《魏晋南北朝小说词语汇释》. 语文出版社。

蒋礼鸿,1988.《敦煌变文字义通释》(增订本). 上海古籍出版社。

蒋绍愚,1980. 唐诗词语札记.《北京大学学报》(哲学社会科学版)第3期。

李无未,1988. 谈唐诗中的"何事".《东疆学刊》第3期。

刘长庆,2008. 疑问代词"甚"研究一得.《长江学术》第3期。

刘丹青,2001. 语法化中的更新、强化与叠加.《语言研究》第2期。

柳士镇,1992.《魏晋南北朝历史语法》. 南京大学出版社。

吕叔湘,1985.《近代汉语指代词》. 江蓝生补,学林出版社。

太田辰夫,1987. 中古魏晋南北朝汉语的特殊疑问形式.《中国语文》第6期。

太田辰夫,1987.《中国语历史文法》. 蒋绍愚、徐昌华译,北京大学出版社。

太田辰夫,1991.《汉语史通考》. 重庆出版社。

王力,1980.《汉语史稿》. 中华书局。

王新华,1995. 敦煌变文中-m尾字演变一例.《语文研究》第2期。

吴福祥,1996.《敦煌变文语法研究》. 岳麓书社。

徐晓庆,2013. 浙江兰溪方言副词研究. 北京语言大学硕士学位论文。

俞理明,1993.《佛经文献语言》. 巴蜀书社。

张惠英,1984. "何"与"何物".《方言》第1期。

张涌泉,2010. 敦煌文献的写本特征.《敦煌学辑刊》。

赵日新,2009. 徽州方言"物/物事"的量级用法.《中国语文》第3期。

朱庆之,1992.《佛典与中古汉语词汇研究》. 文津出版社。

志村良治,1995.《中国中世语法史研究》. 江蓝生、白维国译,中华书局。

# 《西儒耳目资》与今南京话阴声韵、阳声韵比较*

石绍浪

北京语言大学语言科学院

## 一 引言

《西儒耳目资》(金尼阁,1626;以下称"《耳目资》",表格中简称"资")"直接用罗马字母注音,使后人对于当时各个字的音值比较得到清晰的印象,并且给音韵学的研究开辟出一条新蹊径的……'(罗常培,1929)

关于《耳目资》的方言基础和音系性质,讨论颇多。鲁国尧(1985)、孙宜志(2010)、曾晓渝(2014、2019)、石绍浪(2021)都认为它的基础方言是明代南京话。对其音系的认识,多数认为是"官话"或"通语"性质,持北方通语观点的有南京市地方志编纂委员会(1993)"所用的基础方言便是南京方言,而其面目已属北方方言";持南方通语或官话观点的有鲁国尧(1985)"以南京话为基础的明代官话"、孙宜志(2010)"南京型江淮官话为基础的共同语"、张卫东(1991)"明末南方官话之准通语"、曾晓渝(2014、2019)"读书人所说的南京官话""综合了明代中原、江淮官话的特点,基本反映了明代官话(口语通用雅音)的特点"、石绍浪(2021)"以明代南京话为基础的南系官话"。也有学者持有异议,麦耘、朱晓农(2012)认为"南

---

* 本研究是北京语言大学语言科学院院级科研项目(中央高校基本科研业务专项资助,项目编号20YJ140012)的成果。

京方言不是明代官话的基础……南京官话是中原书音在南方的地域变体"。而早期言其记录山西话的看法（如：陆志韦，1947；李新魁，1982），现在基本上已被否定。

《耳目资》方言基础和音系性质难以定谳的原因主要有两个：一是《耳目资》声母分 n-、l-，韵母分-n、-ŋ 及 an、aŋ，今南京话皆不分；二是尚无全面的《耳目资》与南京话关系的分析报告。

本文把《耳目资》与南京话阴声韵和阳声韵进行全面对比①，总结韵类分合规律及字音方面的异同，并结合周边方言和历史资料，对差异产生的原因进行分析，并在此基础上讨论《耳目资》的方言基础和音系性质。

## 二 《耳目资》与今南京话阴声韵、阳声韵分合关系比较

### 2.1 阴声韵

#### 2.1.1 果摄

表1

| 开合 | | | 开 | | 合 | |
|---|---|---|---|---|---|---|
| 等 | | | 一 | 三 | 一 | 三 |
| 声母 | | | 端见 | 疑 | 帮端见 | 见 |
| 例字 | | | 多哥 | 茄 | 波坐过 | 瘸 |
| 韵母 | 资 | 注音 | o | iue | o | iue |
| | | 拟音 | o | iue | o | iue |
| | 南京 | | o | ye | o | ye |

说明：(1) 南京话依据鲍明炜（1998），系老派南京音。下同。(2)《耳目资》音系构拟依曾晓渝（1991），略有修改。(3)《耳目资》和南京话开一端系"那哪"例外；(4) 南京"茄"又读 ʨʰia、ʨʰiəu。

---

① 《耳目资》一字多音现象较为常见，有读书音，有方言误读音等多种，也有一些来历尚不清楚。本文只讨论成系统、有规律的读音，零散的异读音从省。

《耳目资》与南京话果摄字的读音及韵类分合规律皆相同。

2.1.2 假摄

表2

| 开合 | | | 开 | | | | | 合 |
|---|---|---|---|---|---|---|---|---|
| 等 | | | 二 | | 三 | | | 二 |
| 声母 | | | 帮泥知 | 见 | 端 | 见 | 知 | 庄见 |
| 例字 | | | 巴拿茶 | 家 | 姐 | 夜 | 社 | 耍花 |
| 韵母 | 资 | 注音 | a | ia | ie | e | e | ua |
| | | 拟音 | a | ia | ie | e | e | ua |
| | 南京 | | a | ia | e | ie | e | ua |

说明：（1）《耳目资》开三知系"爹"例外。（2）南京话开三知系有个别字读 ɛ 韵，如"赦"。假开三知与蟹摄开一二帮端知，南京话有人读为一类韵母，有人读为两类韵母，同时假摄并入蟹摄字数也不尽一致。赵元任（1929）将两者分别记为 ə、ai，高本汉（1940）记为 ə、ai，《江苏省和上海市方言概况》（1960）合为一类 ɐe。根据鲍明炜（1980）调查，"只有少数老年人混为一类，还有一些老南京话区的青年人也混为一类"，总本上是向普通话靠拢（分为两类）。本文从分为 e、ɛ 两类。

《耳目资》与南京话假摄字的韵类及分合关系相对应，区别有一点：开三端见系，《耳目资》读为 ie 韵，南京话以声母为条件分为 e、ie 两类。

2.1.3 遇摄

表3

| 等 | | | 合一 | | 合三 | |
|---|---|---|---|---|---|---|
| 声母 | | | 帮端见 | 端见 | 非庄 | 知章日 |
| 例字 | | | 普徒乌 | 女巨 | 夫楚 | 书主 |
| 韵母 | 资 | 注音 | u甚 | iu | u甚 | u中 |
| | | 拟音 | u | iu | u | ʮ |
| | 南京 | | u | i | u | u |

说明：（1）南京遇摄合一明母字、合三庄组"梳所"例外，读 ɔ 韵。（2）赵元任（1929）、高本汉（1940）和《江苏省和上海市方言概况》（1960）记录的南京话都有撮口韵。《古今中外音韵通例》（胡垣，1866；转引自鲍明炜，1986，下同）"金陵读基韵齐齿

117

呼与孤韵撮口呼，如基李西衣、居吕须迁，至明晰也。下关则西衣或读如须迁。至浦口东二里六合乡则居吕须迁皆读为基李西衣"。可见有无撮口韵是南京话的内部分歧，而且150年前就是如此。据鲍明炜（1980）调查，总体趋势是有撮口韵的人口比例越来越高。本文从无撮口韵。

《耳目资》与南京话遇摄字韵类及分合规律相同，其中开三端见系、开三知章日组韵母音值存在明显差异。

### 2.1.4 蟹摄

表4

| 开合 | 开 | | | | 合 | | | |
|---|---|---|---|---|---|---|---|---|
| 等 | 一 | 二 | 三 | 四 | 一 | 二 | 三 | 四 |
| 声母 | 端精见 | 帮泥知 | 见 | 知 | 帮端见 | 帮 | 端见 | 见 | 非 | 精知见 |
| 例字 | 戴改 | 排奶债 | 街 | 制 | 弊际启 | 倍 | 对回 | 怀 | 肺 | 岁芮桂 |
| 韵母 资 注音 | ai | iai | i | | ui/oei/uei | | uai/oai | i | uei |
| 韵母 资 拟音 | ai | iai | i | | uei | | uai | i | uei |
| 南京 | ɛ | iɛ | ʅ | i | ie | uei | əi | i | uei |

说明：（1）《耳目资》合一帮组，韵母有 ui、oei 两读（两读的情况中间用"/"分隔。下同。）。蟹合一端组、合三知系记为 ui，蟹合一、合三、合四见系记为 uei（与声母 k、kʰ 拼）或 oei（与声母 x、ŋ 拼），此处统一为 uei。（2）《耳目资》，蟹合二见系韵母记为 uai（与 k、kʰ 声母拼）或 oei（与 x 声母拼），此处统一为 uai。（3）蟹开一"贝沛"，《耳目资》和南京话皆例外。（4）南京话，开二"佳崖涯"、合一"会刽"、合二"画"、合四"携"例外。（5）《南京官话》（[德]何美玲，1902）所记，开一二等韵母为 ai 和 iai，推测当时南京话读音仍与《耳目资》一致。

《耳目资》与南京话蟹摄字韵类及分合规律总体对应，不同之处有两点：一是开三四，《耳目资》读为 i 韵，南京话以声母为条件分读为 i、ʅ 两类；二是合口一等，《耳目资》读为 uei 韵，南京话以声母为条件分读为 əi、uei 两类。

开三知系、合三非组，《耳目资》与南京话音值存在明显差异。

### 2.1.5 止摄

表5

| 开合 | | | 开 | | | | 合 |
|---|---|---|---|---|---|---|---|
| 等 | | | 三 | | | | 三 |
| 声母 | | | 帮端见 | 精组 | 庄组 | 知章组 | 非 | 端知见 |
| 例字 | | | 披李疑 | 字 | 师 | 知诗 | 肥 | 类追位 |
| 韵母 | 资 | 注音 | i | u$^{次}$ | u$^{次}$/i | i | | uei |
| | | 拟音 | i | ʮ | ʮ/i | i | | uei |
| | 南京 | | i | ɿ | ɿ | | əɪ | uəi |

说明：（1）开三帮组的"卑碑被备"和"眉楣美媚寐"，南京话例外。（2）开三帮组"眉楣美媚寐"，《耳目资》有 i、uei 两读。（3）开三庄组，《耳目资》有文白异读，文读 tʂ 组+i、白读 ts 组+u$^{次}$；u$^{次}$的音值，尚存争议，本文暂拟为ʮ。南京话中"使史驶"例外，读ɿ韵。（4）开三日母字"儿尔二贰而耳饵"等例外，《耳目资》读 ul，南京话读əɪ。（5）合三非组，南京话微母字例外，读 uəi。（6）合三端知见，《耳目资》标音有 ui、uei、oei 之分（规律同蟹摄），此处统一为 uei。

《耳目资》与南京话止摄字韵类及分合规律一致，区别有两点：一是《耳目资》开三庄组有系统文白读，文读音归知章组，白读音归精组①。南京话只有一读，与精组合流；二是开三知章组与合三非组，《耳目资》韵母同为 i，南京话以声母为条件分为ɿ、əɪ两类。

2.1.6 效摄

效摄只有开口字。

表6

| 等 | 一 | 二 | | 三 | | 四 |
|---|---|---|---|---|---|---|
| 声母 | 帮端见 | 帮端知 | 见 | 知 | 菁端见 | 端见 |
| 例字 | 保刀高 | 包闹罩 | 交 | 超 | 标焦妖 | 条叫 |

---

① 王力（1985：261）根据朱熹诗歌叶音得出，宋代庄组声母部分并入精组，部分并入知章组，从而与同时期北方系共同语口语音（如宋代汴洛音）的庄组与精组无涉不同。可见，《耳目资》的白读音 u$^{次}$，庄精合流，可能来自南方话；文读音 i，不涉及精组，则可能来自北方话。这也是我们暂将 u$^{次}$构拟为ʮ，而不拟为ɿ的一个重要原因。

（续表）

| 韵母 | 资 | 等 | 一 | 二 | 三 | 四 |
|---|---|---|---|---|---|---|
| | | 注音 | ao | iao | ao | iao |
| | | 拟音 | ao | iao | ao | iao |
| | | 南京 | ɔ | iɔ | ɔ | iɔ |

说明：（1）《耳目资》和南京话二等知系"抓"例外。（2）南京话二等见系"搞"例外。

《耳目资》与南京话效摄字的读音及韵类分合规律相同。

### 2.1.7 流摄

表7

| 韵母 | 资 | 等 | 开一 | | 开三 | | |
|---|---|---|---|---|---|---|---|
| | | 声母 | 帮 | 端见 | 帮非 | 知 | 帮端见 |
| | | 例字 | 母 | 楼吼 | 富 | 抽 | 谬酒求 |
| | | 注音 | eu | | | | ieu |
| | | 拟音 | eu | | | | ieu |
| | | 南京 | o | əɯ | u | əɯ | iəɯ |

说明：南京话，开一帮组"某""拇戊"、开三明母"谋""矛"、开三知系"漱"、开三帮来"彪廖"例外。

《耳目资》与南京话流摄字分合规律总体对应，有一点区别：开一帮组和开三帮非组字，《耳目资》与开一端见和开三知读为同组韵母，南京话则以声母为条件发生分化。

### 2.1.8 阴声韵小结

阴声韵共七摄，果、效两摄《耳目资》与今南京话完全相同，假、遇、蟹、止、流五摄在韵类分合关系上彼此对应，之间读音差异皆属由合到分的条件分化。

## 2.2 阳声韵

### 2.2.1 咸摄

表8

| 开合 | 开 | | | | | | 合 |
|---|---|---|---|---|---|---|---|
| 等 | 一 | 二 | 三 | 三 | 四 | 四 | 三 |
| 声母 | 端精见 | 知 | 见 | 帮见 | 知 | 端 | 端见 | 非 |
| 例字 | 贪惭敢 | 站 | 减 | 贬验 | 瞻 | 尖 | 添兼 | 凡 |
| 韵母 资 注音 | an | en | ien | en/ien | ien | | | an |
| 韵母 资 拟音 | an | en | ien | en/ien | ien | | | an |
| 韵母 南京 | ã | iẽ | ẽ | ã | ẽ | iẽ | | ã |

说明：开三见系，南京话疑晓影组例外。

《耳目资》与南京话咸摄韵类分合关系总体对应，区别有两点：一是开二见开三帮端见与开四端见组字，《耳目资》读为一类 ien，南京话以声母为条件分读为 ẽ、iẽ 两类；二是《耳目资》开三知系字有 en、ien 两读，南京话只有一读 ã。

### 2.2.2 深摄

深摄只有开口三等字。

表9

| 声母 | 帮端见 | 知 |
|---|---|---|
| 例字 | 品林今 | 沉针 |
| 韵母 资 注音 | in | in/en |
| 韵母 资 拟音 | in | in/en |
| 韵母 南京 | iŋ | əŋ |

说明：知系字，《耳目资》或读 in，或 in、ən 两读，"森参"例外（只有 ən 音）。

《耳目资》深臻摄韵母收 -n，与曾梗通收 -ŋ 有别，今南京话深臻韵母收 -ŋ 尾，与曾梗通合流，这是两者较显明的一个区别。

《耳目资》深臻与曾梗通阳声韵的韵尾有别，依据的可能不是明代

121

南京话。首先，根据赖江基（1986）研究，宋元时期的南方系官话中，-n、-ŋ 韵尾有的已不能区分。黎新第（1995）认为-n、-ŋ 相混是南方系官话方音的特点。其次，《古今中外音韵通例》记载，"金陵读东韵蓬风为盆分……金陵读彭冯蓬逢皆合于根韵而不合于公韵"，反映 19 世纪的南京话深臻曾梗合流之后收-n 尾（非-ŋ 尾），与今长江流域的江浦、句容、仪征、安庆、桐城、枞阳、合肥、六安等地方言一致；再次，《耳目资》将曾梗摄"侦贞肯"也记为-ŋ 尾，而在北京话中这几个字是例外，读-n。

《耳目资》与南京话深摄字分合关系对应，区别表现在知系字上。具体是：《耳目资》知系字有系统两读音，文读韵母独立，白读韵母归帮端见，南京话只有一读。

### 2.2.3 山摄

表 10

| 开合 | 开 | | | | | | | 合 | | | | | | |
|---|---|---|---|---|---|---|---|---|---|---|---|---|---|---|
| 等 | 一 | 二 | | 三 | | 四 | | 一 | | 二 | | 三 | | |
| 声母 | 端精见 | 帮知 | 见 | 帮端见 | 知 | 帮端 | 见 | 帮 | 端见 | 见 | 知 | 非 | 端 | 知 | 见 |
| 例字 | 丹餐看 | 办山 | 艰 | 编连剪 | 扇战 | 片千 | 研 | 半 | 酸官 | 关 | 撰 | 反 | 泉 | 传 | 劝 |
| 韵母 资 注音 | an | ien | ien | ien | en/ien | ien | ien | uon | uon | uen¹ | uen¹ | an | iuen | iuen | iuen |
| 韵母 资 拟音 | an | ien | ien | ien | en/ien | ien | ien | uon | uon | uan | uan | an | yen | yen | yen |
| 南京 | ā | iē | ē | iē | ē | iē | ā | uā | uā | uā | ā | ā | yē | yē | yē |

说明：（1）《耳目资》开三知"然燃"例外，只有 en 一读；开二帮"扮"例外。山合二见"幻"例外。（2）南京话，合三四见系字，零声母后读 iē，tɕ-组声母后读 yē，上表省略 iē。（3）《耳目资》uen¹ 在 tʂ 组声母后，拟为 uan，uen² 在其他声母后，拟为 un。《耳目资》音系中且 un、uen 与声母拼合呈互补关系，北京话读 uan、un 韵的字在《耳目资》中字音亦有分别。例如：船 'ₑchuen ≠ 纯 'ₑchun

《耳目资》与南京话山摄一二等与合口三四字韵类分和规律一致，区别在开口三四等和合口一二等上，具体为：一、《耳目资》开三四 含二等见系 读为一类韵母 ien，南京话分为 iē、ē 两类，以等和声母为条件。二、《耳目资》开三知系字有系统两读音，文读韵母独立，白读韵母归帮端见，南京话只有一读。三、《耳目资》合口一二等，知系韵母为 uan，其他为 uon，与开口一二等韵母不同，南京话读为同组韵母（ã、uã），并与开口一二等韵母合流。

《古今中外音韵通例》载："至下关官韵合口呼渐觉笼口，浦口相同，浦口东二里为六合县境，读冠韵愈笼口，与公空烘翁相近，全属笼口。"说明 150 年前，南京话与周边江淮方言山合一二韵母与山开一二韵母关系就不同。较为合理的解释是，《耳目资》时期，南京话与周边江淮官话一样，"官、关"有别，后受北方话的影响，南京话合二为一，而周边江淮官话未发生合并。

2.2.4 臻摄

表11

| 开合 | 开 | | 合 | | | | |
|---|---|---|---|---|---|---|---|
| 等 | 三 | | 一 | | 三 | | |
| 声母 | 帮端见 | 知 | 帮 | 端见 | 非 | 端见 | 知 |
| 例字 | 宾亲斤 | 珍 | 本 | 盾魂 | 分 | 轮荀均 | 顺 |
| 耳目资 注音 | in | uen | un端∣oen/uen/un见 | uen² | iun | un |
| 耳目资 拟音 | in | | uen | | ṽn | uen | |
| 南京 | iŋ | əŋ | uən | | əŋ | yəŋ多∣uən少 | uən |

说明：（1）合一见系字，《耳目资》k、kʰ 后标为 uen，x 后标为 oen，o 后标为 un。（2）《耳目资》合三微母字读 ven，上表省略。（3）合三来母字，《耳目资》都有 un、iun 两读，今南京话皆读为 uən 韵。（4）南京话合三端系韵母为 uən 或 yən，见系除"尹莘"外，韵母皆为 yəŋ。

臻摄字韵母，《耳目资》与今南京话最明显的区别是韵尾，《耳目资》收-n 尾，与曾梗通有别，今南京话收-ŋ 尾，与曾梗通合流。除此，《耳目资》与南京话臻摄字韵母分合规律大体一致，区别在开口三等知系字，《耳目资》读齐齿韵，与帮端见相同，今南京话读开口韵，与帮端见不同。

2.2.5 宕江摄

宕摄有开一三等，合一三等，江摄只有开口二等，合并如下表。

表12

| 开合 | 开 | | | | | | 合 | | |
|---|---|---|---|---|---|---|---|---|---|
| 等 | 一 | 二 | | 三 | | | 一 | 三 | |
| 声母 | 帮端见 | 帮 | 知 | 见 | 知 | 端见 | 见 | 见 | 非 |
| 例字 | 榜朗康 | 庞 | 双 | 江 | 章 | 将香 | 光 | 王 | 妄方 |
| 韵母 | 注音 | am | oam | iam | am | iam | | uam | am |
| | 拟音 | aŋ | uaŋ | iaŋ | aŋ | iaŋ | | uaŋ | aŋ |
| 南京 | ã | uã | iã | vã | iã | | uã | uã微\|ã非敷奉 |

说明：（1）二等端系，只有一个"攮"字，省略。（2）《耳目资》帮组"胖"例外，读'puon。（3）南京方言合口三等非组字，非敷奉三母读 ã，微母读 uã（"|"表示前后读者依一定条件有别。下同。）

《耳目资》与南京话宕江摄字韵类和分合关系完全一致。字音对应，合三微母字读音有小差别。

《耳目资》宕江韵母与咸山有别（aŋ|an），今南京话宕江韵母与咸山合流（ã）。今苏皖沿江的六合、江浦、仪征、马鞍山、当涂、芜湖、全椒、和县、枞阳、池州、安庆、桐城等地皆与南京话一样，"aŋ、an"不分，且彼此相连成片。故，"aŋ、an"不分可视为苏皖沿江地区江淮官话阳声韵的一个重要区别特征。《古今中外音韵通例》"金陵读官韵如光韵"，说明南京话宕江韵母与咸山可以上溯到清中期。根据孙宜志（2006）归纳，明末《切韵声源》（方以智，1611—1671）、《韵通》（萧云从，1596—1673），包括与《古今中外音韵通例》刊印时间非常接近的《等韵学》（许惠，成书于1878年），咸山与宕江阳声韵皆分立未合，只有晚近的《南京官话》是"aŋ、an"合流。足见，宕江阳声韵与咸山合流，明清江淮韵书皆未依方言，《耳目资》也是如此。

2.2.6 曾摄

表13

| 开合 | 开 | | 合 |
|---|---|---|---|
| 等 | 一 | 三 | 一 |

(续表)

| 开合 | 开 | | | 合 |
|---|---|---|---|---|
| 声母 | 帮端见 | 知 | 帮端见 | 见 |
| 例字 | 崩灯 | 声 | 冰陵应 | 弘 |
| 韵母 资 注音 | em | | im | um |
| 韵母 资 拟音 | əŋ | | iŋ | uŋ |
| 韵母 南京 | əŋ | | iŋ | oŋ |

说明：（1）合三无字。（2）《耳目资》开三知"仍扔"例外。（3）合三见系，《耳目资》和南京话都有例外。

《耳目资》与南京话曾摄字的韵类分合关系对应，区别在开三知系字上。《耳目资》开三知系与帮端见为同组韵母，读齐齿韵，今南京话读开口韵，并与开一韵母合流。

### 2.2.7 梗摄

表14

| 开合 | 开 | | | | 合 | | |
|---|---|---|---|---|---|---|---|
| 等 | 二 | 三 | | 四 | 二 | 三 | 四 |
| 声母 | 帮知见见组 | 见晓影组 | 帮端见 | 知 | 帮精见 | 见 | 见 | 见 |
| 例字 | 烹生庚 | 杏樱 | 兵精京 | 整 | 瓶青经 | 轰 | 兄 | 萤 |
| 韵母 资 注音 | em | im | | | um | ium/im | |
| 韵母 资 拟音 | əŋ | iŋ | | | uŋ | yŋ/iŋ | |
| 韵母 南京 | əŋ | iŋ | əŋ | iŋ | oŋ | ioŋ \| iŋ | |

说明：（1）《耳目资》和南京话开二帮组"盲浜"、开二匣母"衡"、合二见母"矿"、合三以母"颖"例外。另，南京话"营茔"例外。（2）梗开二疑母"硬"，《耳目资》iŋ、əŋ两读。（3）《耳目资》梗开三知系"贞侦"读iŋ韵，与北京话不同。（4）合三四见系，《耳目资》除"兄琼颖迥"外，都有yŋ、iŋ两读。

《耳目资》与南京话梗摄字韵类分合关系整体对应，区别也在开三知系上（规律同曾摄，参见前文）。

### 2.2.8 通摄

表15

| 等 | | 合一 | | | 合三 | |
|---|---|---|---|---|---|---|
| 声母 | | 帮 | 端见 | 非 | 端知见见组 | 见晓匣组 |
| 例字 | | 蓬 | 冬送工 | 风 | 龙虫弓 | 荣胸 |
| 韵母 | 注音 | um | | | | ium |
| | 拟音 | uŋ | | | | yŋ |
| 南京 | | əŋ | oŋ | əŋ | oŋ | ioŋ |

说明：（1）《耳目资》和南京话合三见组"穷"例外。（2）南京话合三以母"蓉"例外。

《耳目资》与今南京话通摄字韵类分合规律相同。一等帮组、三等非组音值略有差异，《耳目资》读合口韵，南京话读开口韵。

#### 2.2.9 阳声韵小结

《耳目资》与今南京话阳声韵最显著的区别有两个：一是《耳目资》深臻摄与曾梗通韵尾不同（-n｜-ŋ），今南京话合流；二是《耳目资》宕江摄韵母与咸山摄不同（-ŋ｜-n），今南京话合流。除此，咸深山臻宕江曾梗通各摄阳声字的韵类及分合关系，《耳目资》与今南京话皆存在较为清晰的对应关系，两者音值差异，除了"山合一二等"外，其他皆属于由合到分的条件分化。

通过以上阴声韵和阳声韵的全面比较，我们可以得出，今天的南京话与《耳目资》具有继承演变关系。换言之，《耳目资》阴声韵和阳声韵是以明代南京话为基础的，这与《耳目资》入声韵的研究结论一致（石绍浪，2021）。

### 三 《耳目资》与今南京话阴声韵、阳声韵特点比较及差异分析

前文已证，《耳目资》以阴声韵、阳声韵以明代南京话为基础，那该如何看待《耳目资》与今南京话的不同呢？是《耳目资》采用了周边方言或北系官话，还是南京话发生了变化？为此，我们将《耳目资》与今南京话不同的读音整理归类，并与扬州话、合肥话、苏州话以及

《中原音韵》（表中简称"音韵"）和北京话进行比较。顺序也是先阴声韵，后阳声韵。

### 3.1 阴声韵

表 16

| | 《耳目资》语音特点 | 扬州 | 合肥 | 苏州 | 音韵 | 北京 |
|---|---|---|---|---|---|---|
| 1 | 假开三端系读齐齿韵，如"姐爹" | √ | √多×少 | √ | √ | √ |
| 2 | 遇三端见系读撮口韵，如"女巨" | √ | √ | ×端√见 | √ | √ |
| 3 | 遇三知系读圆唇卷舌韵 ʮ，如"主" | × | × | √ | × | × |
| 4 | 蟹开二见系读齐齿韵、收-i，如"街" | × | × | × | √ | × |
| 5 | 蟹开三知系读单韵母 i，如"制" | × | × | × | √ | × |
| 6 | 蟹合三帮组读合口韵，如"倍" | × | × | × | √ | × |
| 7 | 蟹合三非组读单韵母 i，如"肺" | × | × | √ | × | × |
| 8 | 止开三庄组读圆唇卷舌韵 ʮ，如"师" | × | × | × | × | × |
| 9 | 止开三知章组读单韵母 i，如"知诗" | × | × | × | √ | × |
| 10 | 止合三非组读单韵母 i，如"肥" | × | × | √ | × | × |
| 11 | 流开一帮、开三帮非与其他来源读同组韵母，"妇~楼"同韵 | × | × | × | × | × |

说明：（1）√表示一致，×表示不一致。下同。（2）扬州话、合肥话、苏州话、北京话据《汉语方音字汇》，《中原音韵》拟音据宁继福（1985）。

（1）《耳目资》与今南京话不同的阴声韵特点，扬州、合肥亦不具备（"1、2"两项例外），可排除《耳目资》阴声韵依据周边江淮方言的可能。

（2）《耳目资》与苏州话只有 7、10 两条相符。考虑南京话的历时变化以及南系官话与苏州话的地位关系，苏州方言是《耳目资》这两项语音源头的可能性较小。

（3）金尼阁在编纂过程中虽未参考《中原音韵》，但"3、4、5、6、9"等五项特征，《耳目资》与《中原音韵》一致（与今北京话不同）。说明《耳目资》这些特点，虽然今南京话和北京话皆未保存，但在历史上可能真实存在过。

（4）如果把《耳目资》视为南京话曾经的历史阶段，上表语音特点可归纳为两类。"1、2"为一类，系南京话的语音自变；"3、4、5、6、7、8、9、10、11"为另一类，是南京话在北系官话影响下发生的他变。

### 3.2 阳声韵

表17

| | 《耳目资》语音特点 | 扬州 | 合肥 | 苏州 | 音韵 | 北京 |
|---|---|---|---|---|---|---|
| 1 | 咸开三帮端见系、四等端系读齐齿韵，如"贬添" | √ | √ | √ | √ | √ |
| 2 | 咸开三知系韵母与二等知系韵母不同，"占≠站" | √ | ×白√文 | √ | √ | × |
| 3 | 咸山开三知章组与三四等帮端见系韵母合流，"陕~现"同韵 | √ | × | √ | × | × |
| 4 | 深开三知系韵母同帮端见系读细音，如"针" | × | × | × | √ | × |
| 5 | 深臻摄与曾梗摄韵尾不同，如"心≠星" | × | × | × | × | √ |
| 6 | 山开一二等与合一二等韵母不同，如"官≠关" | √ | √ | √ | √ | × |
| 7 | 臻开三知系读齐齿韵；如"珍" | × | × | × | √ | × |
| 8 | 臻合一帮组、合三非组读合口韵；如"本分" | × | × | × | √ | × |
| 9 | 宕江韵与咸山韵母未合流，"船≠床" | √ | √ | √ | √ | √ |
| 10 | 曾梗摄开三知系读齐齿韵，如"声整" | × | × | × | √ | × |
| 11 | 通摄一等帮系、三等非合口韵，如"篷风" | √ | × | √ | √ | × |

（1）《耳目资》与江淮官话相符的阳声韵特点有"1、2、3、6、9、

11"六项。根据前文,若"1、6、9"不论,仅余"2、3、11"三项。而这三项,《耳目资》、扬州话、《中原音韵》皆一致("3"有韵尾区别)。即《耳目资》没有一项是单独与扬州话或合肥话相符。

(2)《耳目资》与苏州话只有"1、2"一致(与今南京话不同)。"1"是南京话自身的变化,与阴声韵"1、2"相呼应;"2"的苏州读音与《耳目资》相去甚远。因此,《耳目资》阳声韵也与苏州方言无关。

(3)除了"2、3、11',《耳目资》与《中原音韵》相同的特点还有"4、5、6、8、9"等,共八项。

(4)如果把《耳目资》与今南京话舒声韵的差异视作南京话的历时变化(5、6、9不论,参见前文),《耳目资》与南京话阳声韵的差异也可归纳为两类,一类为南京话的自变,如"1";另一类为南京话受北系官话的影响下发生的他变,如"2、3、4、7、8、10、11"。

### 3.3 小结

《耳目资》阴声韵和阳声韵整体上依据的是明代南京话,与其他江淮方言及苏州话无关,但未取南京话-n、-ŋ不分和-an、-aŋ不分的特点。故《耳目资》记录和描写的对象是南京的南系官话,非明代南京本地方言。《耳目资》所反映的明代南京话与今南京话的差异,系南京话后来发生的变化,少数是南京话自变,多数是向北系官话靠拢而发生的他变。

## 四 余论

### 4.1 明清官话

何为官话?卫三畏(2014:423)说:"朝廷用语,也称官话,或'曼达林',是国家正式语言(即中文,中国话)。"在西方传教士看来,官话代表朝廷,是法庭用的官方语言,比如哈利·弗兰克(2018:197)20世纪20年代在福州的一则见闻,"法官虽说是本地人,……他用半生不熟的官话对证人问话,有本地的口译者将问题用福州话传达给证人,而证人说的正是法官的家乡话——这种土话出了审判室人人都讲,口译者再把证人的证词翻译成蹩脚的官话"。

谁在说官话?"(南宋)统治阶级形成了一个为数很少的精英集团,具有相近的生活方式,思想观念甚至语言文字"(谢和耐,2008:47)。官话是其语言部分,主体是上层社会和为上层社会提供各种服务的人,这些人主要集中在首都和一些大城市;明清的地方官员都是朝廷统一选派,在任职地要说官话;南宋开始的商业繁荣带来了商人阶层的崛起,商人开始进入官话阶层,重要水陆码头也是官话流行场所。与官话相比,各具特色、五彩纷呈的汉语方言,使用范围更广,使用人数更多。特别在广大农村地区,能说官话的只有数量极少的读书人,边远地区的民众甚至听不懂官话(哈利·弗兰克,2018:624)。不过,无论外国传教士,还是中国文人,都认为方言难登大雅之堂,偶尔使用也是用其"土"和"俗",比如京剧中只有丑角才说方言。

方言虽被轻视,但各地的官话却无法避免方言色彩。在历史上,人们实际语言生活中通用的字音大致有两类:一类是创作诗歌用的字音。"是以汉字及其韵图为媒介的。这主要是科举考试的需要,是从隋代开始的。全国士人参加科举考试,或者做格律诗的时候,押韵都要根据切韵系韵书……到唐中后期,把它的韵目进行了一定的合并,把以前的重韵合并了,这就有了诗韵的106韵和107韵""……唐中期之后是不变的"(王洪君,2017)。它是吟诗作对的依据,被历代读书人重视。金尼阁明确说"夫诗余不尽解"。显然,《耳目资》记录的不是这一类字音。另一类是官话,"正音者,俗所谓官话也。"(清人高敬亭《正音撮要》,1834年刻本,转引自黎新第,1995)它一直在变化。受母方言影响,多数人所说的官话都有"地普"属性,耿振生(2007)有"历史上的官话有基础音系而无标准音"的观点。这种字音以通俗文艺为传播媒介,话本、说书、讲史、说经、明传奇、昆曲、京剧和其他地方戏曲语言都是这种"地普"音。前文提到的明末清初《切韵声源》等韵书也有

"地普"属性。官话之外,在明清实际语言生活中不可能另有一种"通语"存在①。《耳目资》记录的字音应是这一类。

根据不同方言区官话的语音差异,明清官话整体上有南系官话和北系官话之分②(黎新第,1995;平田昌司,2000;张卫东,2014;史皓元,2016)。明朝迁都北京之后,南京作为留都仍保留了完整的行政机构,除了皇帝和内阁以外,其他设置与北京几乎相同。北系官话随着明朝迁都北京兴起,但在明清两代绝大部分时间里,南系官话略占上风(平田昌司,2000;史皓元,2016)。"何为南音?答曰:古在江南建都,即以江南省话为南音。何为北音?今在北燕建都,即以北京城话为北音。"(清人沙彝尊《正音咀华》,1853年刻本,转引自黎新第,1995)。可见,南京官话和北京官话是南系官话和北系官话最重要的代表。

为与南北两种官话并存的局面相适应,西方教会北京和南京分别建有语言学校,分别教授南北官话。"这里(按:南京,1925年)建有大批教会中学、大学和医院。除了不少常驻与此的传教士之外,还有数百名美国传教士学生,他们会在南京语言学校待上一年,这跟他们如果去北方就要去北京的语言学校是一回事,因为中国南北官话的口音差异实在太大了"(哈利·弗兰克,2018:61)。

同时,人们对官话的理解也不完全相同。为说明这一点,我们把三个不同时间所描写的南系官话语音特点与今南京话对比如下:

---

① 常说的"读书音"实际上也是一种"地普"。"(明代)所谓中国的'书面语'在全国确实是一致的……在中国不同地区诵读时,这种通用的书面发音不同,以至写起来虽是一样,读起来就分为几种语言"(C. R. 博克舍,2019:268)。王洪君(2017)认为,读书音"并没有一个统一的音值标准","通语的字音分合关系"配以"地方音系音值"。故,"读书音"实际上也是一种"地普"。

② C. R. 博克舍(2019:268)和甲柏连孜(2015:17)关于中国16世纪的记述都反映明代官话分为"南官话"(中心区域在南京)、"北官话"(中心区域在北京)和"西部官话"(中心区域在成都)三种"次方言"。西部官话与本文主旨无关,从省。

表 18

|  | 有入声 | 分尖端 | 分 ts-tʂ | 分 n-l- | 分-n-ŋ | 分-uon-uan | 分-an-aŋ |
|---|---|---|---|---|---|---|---|
| 《耳目资》 | √ | √ | √ | √ | √ | √ | √ |
| 《李氏音鉴》 | √ | √ | × | √ | √ | ? | √ |
| 《南京官话》 | √ | √ | √ | × | × | × | × |
| 南京话 | √ | √ | √ | × | × | × | × |

说明：《李氏音鉴》据史皓元，2016，《南京官话》（何美玲，1902）据徐朝东、陈琦，2018。

可以看出，金尼阁、李汝珍、何美玲对南系官话的理解显然不同（这并非南系官话本身发生了变化）。参照前文，"南系官话"中与南京话不同的语音特点，几乎都可以从北系官话中找到。史皓元（2016）称南系官话为"包容了方音变体的极富弹性的泛方言多元体"。其实，南系官话的弹性（对南系官话的不同理解）还表现在对北系官话的接纳程度上。

### 4.2　南京话与《耳目资》

《耳目资》的音系吸收了北系官话的一些特点，似乎是金尼阁"规范"之后南京话。不过，金尼阁（1957：6）特别强调汉字和读音都来自实际生活，"自人口至我耳""自人笔至我目"①。那么，《耳目资》字音可不可能一种实际发音呢？以下，结合历史上南京城居民构成和南系官话特点来讨论这个问题。

南京在我国历史上有重要的地位，特别是西晋以后，南京城中心地区不同方言背景的人口聚散反复多次发生（鲍明炜，1986），城南地区则相对稳定。根据明正德《江宁县志》（卷二第718页）记载，明代南京城，城中有衙门、坊、卫军营房等，而"城外则多金陵人也"。"（清末民初）当地人已久挤在被城墙围起来广阔土地的南部，将每一寸土地都挤得满满的……这片被城墙包围的土地北部较为开阔……"（哈利·

---

① 金尼阁（1957：4）说《耳目资》全浊上收入上声是"从古"，非"从今"。

弗兰克，2018：61））"南京人本来外路人比本地人多，……现在城北已经有许多扬州化倾向，但在城南还可以找出一个独立的南京音系"（赵元任，2002）。

可以想见，（明清）朝廷、贵族、富人、精英组成的上流社会是明代南京中心城区的主要人口。他们使用的南京官话应是明代比较权威的官话，因为明前期朝廷在南京。明中期至清代，朝廷常驻北京，官员由北京委任，北系官话地位水涨船高。与此相应，来自北京的"京官""京话"自然增加了权威和官方色彩。所以明末南京城上流社会的官话吸收了北系官话的一些语音特点、与本地方言维持一定距离是完全符合社会心理规律的。金尼阁在南京时应该发现了这个现象，"列音韵谱""韵母目录"中，"a、e、ai、ao、aŋ、an、eu、eŋ、en"九个韵母下标有"土音"。不过他在"本谱小序""本谱用法"及其他处皆未对"土音"展开说明，似乎是个未竟的工程。南京城内，与"土音"特点不同的官话，社会地位高于本地方言，是城市社会各阶层模仿追逐的范本。例如：歌姬（"……道得字真韵正，令人侧耳听之不厌"，谢和耐2008：85）、商人、雇佣、手工业者，甚至江湖人士。综合以上，《耳目资》记录的对象应该是明代南京城内上流社会实际使用的语言。

对《耳目资》以南京话基础的怀疑主要有两点：一是声母分 n-、l-，二是韵尾分-n、-ŋ。据《中国札记》（利玛窦、金尼阁，2012：286）①"葡萄牙人……把它（南京）改叫作 Lankin."，明代南京话可能确实是不分 n-、l-的。参照前文，明代南京话不分-n、-ŋ的可能性极大。这两个怀疑都没问题，但如果把南京话上流社会与普通民众的内部差异考虑进来，这两点都可以得到解释。

南京话受北方话的影响十分明显（鲍明炜，1986），在没有广播电视的时代，语言间相互影响主要是通过人口迁移实现的。本文所说"北

---

① 《中国札记》认为葡萄牙人是从福建人那里听来的 Lankin，是因为福建省人将 n 发成 l。但金尼阁的分析似乎有误。福建方言分 n-、l-较为常见，如厦门、福州等地。

系官话的影响",本质上应是来自外地的上流社会成员对南京城内普通居民的语言影响。随着南京历史地位的变迁,这些外来影响弱化消失了,有些则固定下来,成为今天南京话的组成部分。

明末,太监马堂在临清把一个男孩作为礼物留给了神父庞迪我和金尼阁,并解释说"这个男孩是因为他口齿清楚,可以教庞迪我神父纯粹的南京话"(利玛窦、金尼阁,2012:391)。这也反映出以南京话为方言基础的南京官话在明末社会仍非常权威(甲柏连孜,2015:17)。

### 4.3 南京话的"官话"特质

在江淮官话中,南京话非常独特。第一,存古保守,如"分尖团"(有别于其他江淮官话),通摄入声字仍读为同组韵母(有别于洪巢片其他方言);第二,有一些独特语音特点,例如:有两组前元音韵母,"姐爹""贬添"等字读开口韵;第三,新老之间以及内部之间存在较大音类差异,一字多音现象非常突出(赵元任,2002;鲍明炜,1986)。

明清以来,南京话相对周边方言处于绝对优势地位,受周边方言影响小。但它受北系官话影响大,向北京话靠拢的速度很快(详见鲍明炜,1986)。这两点,北京话与之相似,只不过影响北京话的对象换成了南系官话。随着南系官话退出通语舞台,北京话停下了向南系官话靠拢的步伐,而以文白异读的形式保存下曾经受到过的影响(以入声字的读音最为突出)。

南京话既保守又领先的特质非常符合明清权威(南系)官话基础方言的身份。也可以说,"权威(南系)官话"的基础方言身份及南北两种官话共存的大环境,极大地影响和左右了明以后南京话的发展方向——地方色彩减弱,通用语色彩增强,越来越像"官话"。

### 参考文献

鲍明炜,1980. 六十年来南京方音向普通话靠拢情况考察. 《鲍明炜语言学文集》,南京大学出版社.

鲍明炜,1986. 南京方言历史演变初探. 《鲍明炜语言学论文集》第38—52页,南京大学出版社。

鲍明炜, 1998. 《江苏省志·方言志》. 南京大学出版社。

北京大学中国语言文学系语言学教研室, 2003. 《汉语方音字汇》（第二版）, 语文出版社。

C. R. 博克舍, 2019. 《十六世纪中国南部行记》. 何高济译, 中华书局。

高本汉, 1940. 《中国音韵学研究》. 赵元任、李方桂、罗常培译, 商务印书馆1994。

耿振生, 2007. 再谈近代官话的"标准音". 《古汉语研究》第1期。

哈利·弗兰克, 2018. 《百年前的中国——美国作家笔下的南国纪行》. 符金宇译, 四川人民出版社。

甲柏连孜, 1881. 《汉文经纬》. 姚小平译, 外语教学与研究出版社, 2015。

江苏省和上海市方言调查指导组, 1960. 《江苏省和上海市方言概况》. 江苏人民出版社。

金尼阁, 1626. 《西儒耳目资》. 文字改革出版社, 1957。

赖江基, 1986. 从《诗集传》的叶音看朱熹音韵的韵系. 《音韵学研究》第2辑, 中华书局。

黎新第, 1995. 明清时期的南方系官话方言及其语音特点. 《重庆师院学报》（哲社版）第4期。

李新魁, 1982. 记表现山西方言的《西儒耳目资》. 《语文研究》第4期。

利玛窦、金尼阁, 2012. 《利玛窦中国札记》. 何高济、王遵仲、李申译, 何兆武校, 中华书局。

刘雨（明代）,《江宁县志》. 明正德年间。

鲁国尧, 1985. 明代官话及其基础方言问题——读《利玛窦中国札记》.《南京大学学报》第4期。

陆志韦, 1947. 金尼阁《西儒耳目资》所记的音. 《燕京学报》第33期。

罗常培, 1929. 耶稣会士在音韵学上的贡献. 《罗常培语言学论文集》, 商务印书馆, 2004。

麦耘、朱晓农, 2012. 南京方言不是明代官话的基础. 《语言科学》第4期。

南京市地方志编纂委员会, 1993. 《南京方言志》. 南京出版社。

宁继福，1985.《中原音韵表稿》. 吉林文史出版社。

平田昌司，2000. 清代鸿胪寺正音考.《中国语文》第 6 期。

石绍浪，2021.《西儒耳目资》与今南京话入声韵比较.《语言科学》待刊。

史皓元，2016. 普通话从何而来. 史皓元、张艳红、单秀波译,《语言规划学研究》第 2 期。

孙宜志，2006.《安徽江淮官话语音研究》. 黄山书社。

孙宜志，2010. 从知庄章的分合看《西儒耳目资》音系的性质.《中国语文》第 5 期。

王洪君，2017. 文白异读与语言变化. 汪锋、林幼菁（主编）《语言与人类复杂系统》, 云南大学出版社。

王力，1985.《汉语语音史》. 中国社会科学出版社。

卫三畏，2014.《中国总论》. 陈俱译, 陈绛校, 上海古籍出版社。

谢和耐，2008.《蒙元入侵前夜的中国日常生活》. 北京大学出版社。

徐朝东、陈琦，2018.《南京官话》语音初探.《合肥师范学院学报》第 5 期。

张卫东，1991. 论《西儒耳目资》的记音性质.《纪念王力先生九十诞辰文集》, 山东教育出版社。

张卫东，2014. 论《交泰韵》的音系性质及南北官话语音的区别标志. 李小凡、项梦冰编《承泽堂方言论丛——王福堂教授八秩寿庆论文集》, 语文出版社。

赵元任，2002. 南京音系.《赵元任语言学论文集》, 商务印书馆。

曾晓渝，1991. 试论《西儒耳目资》的语音基础及明代官话的标准音.《西南师范大学学报》第 1 期。

曾晓渝，2014.《西儒耳目资》音系基础非南京方言补证.《语言科学》第 4 期。

曾晓渝，2019. 中国传统"正音"观念与正音标准.《古汉语研究》第 1 期。

# 琉球语研究综述*

石 晨

北京语言大学图书馆

## 引 言

琉球语，又称琉球方言，是指日本的冲绳县以及鹿儿岛县内的奄美群岛（即古琉球国）的原居民所使用的母语，其地理分布范围具体包括奄美群岛、冲绳群岛、宫古群岛、八重山群岛。根据琉球语内部的差异，琉球语可分为北琉球方言和南琉球方言。北琉球方言包括奄美方言、冲绳方言；南琉球方言包括宫古方言、八重山方言和与那国岛方言。其中冲绳方言又分为北部方言和中南部方言，北部方言以今归仁方言为代表，中南部方言以首里那霸方言为代表。

在历史上古琉球与周边国家接触频繁，琉球语深受周边语言如汉语、日语等影响，音系很有特点。当前国外学者，特别是日本学者对琉球语展开了大规模的调查和深入研究，国内学者的研究还比较有限。鉴于琉球地区在东亚特殊的历史地理社会状况，对琉球语的研究具有一定的现实意义，同时对汉语史研究、国别及区域研究具有重要的参考价值。本文力争全面梳理当前学界对琉球语的研究成果，从研究史概述、共时研究、历时研究三个方面进行总结概括，以期为学界提供一份尽量详尽的参考资料。

---

\* 本研究受北京语言大学院级项目资助（中央高校基本科研业务费专项资金，项目批准号：18YJ100004）。

# 一 研究史概述

## 1.1 先驱研究

1893 年是首次对琉球列岛的语言、文化等方面进行科学研究的划时代的一年。在这一年，英国学者 Basil Hall Chamberlain 开始在冲绳展开有关琉球语和民俗的调查，日本学者笹森仪助对包括宫古和八重山在内的整个琉球列岛进行了调查，可以说是为近代琉球列岛的科学研究带来了曙光。（中本正智，1990：91）

在调查基础上，Basil Hall Chamberlain 于 1895 年在英国的地学杂志 *The Geographical Magazine* 的第 4、5、6 期上连续发表了论文 *The Luchu Islands and their Inhabitants*（琉球列岛及其原居民），引起了学界的关注，特别是引起了在东京居住的琉球学生对于琉球语研究的关注。同年 6 月 12 日，Basil Hall Chamberlain 在日本亚洲协会上宣读了论文 *Essay in Aid of a Grammar and Dictionary of the Luchuan Language*，并发表在该协会的第 23 号杂志上。该文同时指出琉球语最初只有三个元音 a、i、u（伊波普猷，1933：9—14）。伊波普猷在《琉球の方言》（1933）中指出 Basil Hall Chamberlain 的研究缺少其他方言的佐证，仅从首里方言出发得到结论，并且缺少琉球语年代的考证。他认为琉球语最初是五个元音，最终统一为三个元音。尽管如此，Basil Hall Chamberlain 的研究仍为后来的研究者指引了方向。

笹森仪助将从奄美到与那国岛的整个琉球列岛的调查成果发表在 1894 年的《南岛探险》上，为琉球列岛的民俗研究奠定了基础（中本正智，1990：91）。

上述先驱者的研究为琉球列岛的语言和民俗的科学研究奠定了基础。

Basil Hall Chamberlain 之后出现了大批琉球方言的研究者，从伊波普猷、宫良当壮、金城朝永、服部四郎、龟井孝、奥里将建、仲宗根政善、平山辉男、上村孝二、柴田武、外间守善到上村幸雄、屋比久浩、中本正智、中松竹雄、加治工真市、野原三义、内间直仁、高桥俊三、名嘉顺一、本永守靖、津波古敏子、名嘉真三成等（饭丰毅一、日野资纯、佐藤亮一，1984：9），其中伊波普猷被称为"冲绳学之父"。

伊波普猷（1876—1947），生于那霸，是琉球语研究鼎盛时期的代表人物，在研究琉球语、地理、历史等方面均取得了卓越的成就。在语言学研究方面，他的主要研究领域是比较语言学的核心——音韵研究，p音、元音组织以及腭化的法则等是其代表性的研究成果（中本正智，1990：109）。代表作有《古琉球》（1911，1942）《琉球古今记》（1926），《琉球の方言》（1933），《南島方言史攷》（1934），《冲縄考》（1942）。此外，他以这些音韵研究为基础，开展了对歌谣集《おもろさうし》为首的文献研究和词汇研究。

### 1.2 研究史阶段

中本正智在《沖縄文化論叢》的解说中将琉球方言的研究史分为五个时期。第一期，江户时期（1818年以前），为资料编纂期；第二期，江户末期到明治二十八年（1818—1895），为文典编纂期；第三期，明治二十八年到大正末年（1895—1926），为方言采集期；第四期，大正末期到昭和三十年（1926—1955），为比较对照期；第五期，昭和三十年至今（1955—），为分析综合期（饭丰毅一、日野资纯、佐藤亮一，1984：9）。

目前学界对琉球方言的研究总的来说可以分为共时研究和历时研究两个方面。限于篇幅，仅就主要的论著和论文进行论述。

## 二 共时研究

### 2.1 描写、综合

平山辉男、大岛一朗、中本正智在1962年至1965年期间进行了3次共计220天的实地调查，在调查的基础上发表了《琉球与那国方言の研究》（1964）、《琉球方言の総合的研究》（1966）、《琉球先島方言の総合的研究》（1967），详细描写了琉球方言各主要方言的语音、声调、语法和词汇的特点,并进行了内部各方言间的比较研究。平山辉男编著《琉球宫古諸島方言基礎語彙の総合的研究》(1983)对平良、池间、伊良部、多良间四个地点的2500个基础词汇进行了比较研究。中本正智《琉球方言音韻の研究》(1976)在基于琉球各地实地调查的基础上对音韵方面进行了比较研究,通过分析共时层面各地方言的特点,阐述了元音和辅音(ハ行和カ行)的历时演变过程。有关元音的演变过程在其论文《琉球方言母音体系の生成過程—三母音を中心に—》(1971)中也有同样的观点和详细的叙述。此外,还有中松竹雄《南島方言の記述研究》(1976),等等。

### 2.2 辞典

北琉球方言的代表辞典有三部。国语国立研究所编的《沖縄語辞典》(1963),收集了1892年出生于首里的岛袋盛敏和夫人及其岳母(1863—1947)等其他首里人的词语,保留了琉球语未受明治时期影响前的大部分词语,弥足珍贵,是琉球方言最初真正的方言辞典。首里方言是琉球方言的标准语,属于冲绳中南部方言,从语言学、方言学等角度来看,《沖縄語辞典》是一本非常有价值的辞典。仲宗根政善写的《沖縄今帰仁方言辞典》(1983),收集了属于冲绳北部方言的今归仁方言15000个单词。长田须磨、须山名保子、藤井美佐子共同编写的《奄美方言分類辞典》上卷(1977年),下卷(1980年),总共2000页,是奄美大岛本岛大和村大和浜的方言辞典(平山辉男,1997:24)。

南琉球方言辞典有宫良当壮《八重山語彙》(1930)、宫城信勇《八重山ことわざ事典》(1977)、下地一秋《宫古群岛語辞典》(1979)等。也有部分记录当地方言的辞典如岩仓市郎《喜界島の方言集》(1941)等。

中本正智《図説琉球語辞典》(1981)是作者在实地调查全琉球方言词汇的基础上,从地理语言学的角度描写分析206个基本词汇中每个单词的地理分布情况,并结合历史文献如《琉球館訳語》《混効験集》《おもろさうし》《沖縄対話》等来探讨每个单词的语音历史层次及其演变过程,并最终以辞典的形式呈现。

此外还有基于琉球王国唯一一部歌谣集《おもろさうし》的辞典《おもろさうし辞典・総索引》（仲原善忠、外间守善，1967）。

### 2.3 日琉比较

服部四郎《日本語の系統》（1959），通过语言年代学的方法分析认为日琉语族分歧的年代是4—7世纪的古坟时期。此外，大城健（1972）《語彙統計学（言語年代学）的方法による琉球方言の研究》，二本正智（1990）《日本列島の言語史の研究》、柳田征司（1993）《室町時代語を通して見た日本語音韻史》，上村幸雄（1997）《琉球列島の言語：総説》，高梨修、阿部美菜子、中本谦、吉成直树编（2009）《沖縄文化はどこから来たか—グスク時代という画期》等学者也对日琉语族分歧的年代进行了深入探讨，结论不尽相同。

### 2.4 琉汉比较

《沖縄語辞典》（国语国立研究所，1963：21—22）指出由于琉球王朝接受中国的册封，同时与中国有贸易往来，那霸久米村住着来自中国归化人的子孙，再加上有留学中国的制度，因此在首里方言的词汇中，除了可以看到通过日本本土带来的很多汉语以外，也有直接从中国借用的词汇，但是为数不多，估计到目前为止残存的数量也就100个左右，主要是与食品、衣料等相关的词语或者其他文化词语，基本词汇基本没有。见表1。

表1 冲绳语中与汉语相关的部分词语

| 词 | 记音 | 实际读音 | 词 | 记音 | 实际读音 |
| --- | --- | --- | --- | --- | --- |
| 秀才 | suuçee | suːtseː | 海贼 | haiçee | haitseː |
| 官话 | kwaɴhwaa | kwaɸŋaː | 洋银 | jaɴziɴ | jaŋdʒiɴ |
| 北京 | hwikiɴ | ɸikiɴ | 福建 | hucaɴ | ɸutʃaŋ |
| 广东 | kwaɴtuɴ | kwaŋtun | 暖锅 | ɲuɴkuu | nunkuː |
| 砂锅 | saakuu | saːkuː | 饽饽 | poopoo | poːpo |
| 龙眼 | riɴgaɴ | riŋgaŋ | 马褂 | ɴmaakwaa | maːkwaː |

中松竹雄《琉球語学》（1996：91—104）《日本語に与えた中国語の影響琉球語と福建語の関係を中心に》中指出了琉球语（这里的琉球语指的是首里方言）中部分词汇读音与汉语方言相近，应是受汉语影响。文章列举了琉球语中的动植物、生活工具、音乐文艺、文化、数字及地名等词汇，其中一些与汉语方言有关，主要是福州方言，少量为云南方言，见表2①、表3、表4。

表2　首里方言中与福州方言读音相近的部分词语

| 词 | 福州方言 | 首里方言 | 词 | 福州方言 | 首里方言 |
|---|---|---|---|---|---|
| 猫（猫囝） | majan | majaː | 打花鼓 | tafaku | taːhwaːku |
| 鱼 | iju | juː | 清明 | siːmi | shiːmi |
| 菜 | untsai | uncheː | 进贡 | chunkun | tʃinkuɴ |
| 南瓜 | namkoa | nankwaː | 风水 | funsi | hwuɴshiː |
| 古酒 | kuːsuː | kuːsu | 皇帝 | fundeː | hwundeː |
| 香炉 | kolu | koːru | 祖母 | ammaː | ammaː |

表3　首里方言中与云南方言读音相近的部分词语

| 词 | 云南方言 | 首里方言 | 词 | 云南方言 | 首里方言 |
|---|---|---|---|---|---|
| 父 | ada | adʑi | 猪 | wa | ʔwaː |
| 母 | ama | ammaː | 饭 | me | meː |

表4　闽南话、云南方言、首里方言及日本汉字音间数字的对应关系

| 数字 | 闽南话 | 云南方言 | 首里方言 | 日本汉字音 |
|---|---|---|---|---|
| 1 | ʔe | ti | ti | ichi |
| 2 | liy | ni | ta, ni | ni |
| 3 | saːn | sa | mi, saɴ | saɴ |
| 5 | goː | ngo | itsu, goː | goː |
| 9 | kʰau | ku | ku | ku |

---

① 表2、表3和表4中的国际音标均遵照原著未做改动。

文中指出以福建地区为中心的汉字音与琉球字音有一定的对应关系，云南方言与琉球字音也有一定的对应关系，而这些汉字音的音韵对应绝非偶然。数字的读音是否反映了古代语音仍是个疑问。同时指出最简单的想法就是如果云南方言、日本字音和琉球字音都是深受汉字音影响的话，那么这个原则上的一致就是有可能的。数字是什么时间与汉字音一起传入日本（包括琉球）以及云南等地区的，这是解决问题的关键，只有这个问题明确了才能弄清它们之间的相互关系。有关汉语各方言和日语之间关系的研究还需要两国的语言学专家在共同研究的基础上推进。

文章虽然提到了琉球语中有与汉字对应的音韵，但仅列举了一些词汇，提出了一些想法，并未进行深入研究。此外，个别方言记音有出入，如"祖母"在福州方言中应为依妈［ima］（李荣，1998）。

Thomas Pellard《日琉祖語の分岐年代》（2012）指出："琉球各方言中保留了古汉语的特点，而这些古汉语中又混杂了不同时代的汉语历史层次""从音形来看，琉球各方言中除了有近年来随着日语的普及所传入的汉语外，还有古代借入的汉语。这对重新构建琉球各方言的历史具有重要意义，但对于此至今还没有讨论。"

还有一些论著中提到琉球方言受汉语或汉字音影响，如中本正智《図説琉球語辞典》（1981）在分析琉球语读音的历史层次时提到受汉字音的影响，中本正智《日本列島言語史の研究》（1990）中列举了一些读音受汉语影响的词汇，平山辉男《現代日本語方言大辞典1あ～う》（1992）、《沖縄県のことば（北琉球）》（1997）等提到北起奄美方言南至冲绳本岛今归仁方言送气与不送气音的对立，以及奄美南部濑户内町方言入声等发音现象与汉语发音相似，但并未进一步深入研究。

## 三　历时研究

### 3.1　国外学者研究

名嘉真三成《琉球方言の古層》（1992）在服部四郎的日本祖语论

的基础上尝试探讨琉球方言的古代层次,为冲绳语的历时研究提供了新视角。

冲绳语①的历时研究有伊波普猷(1974,1916)、外间守善(1972,1981)、服部四郎(1959,1976,1978—79,1979)、高桥俊三(1911)、柳田征司(1993)等,这些研究或依据《おもろさうし》,或以现代冲绳语为线索,或从日本语音韵史这一角度来分析验证冲绳语的特点。多和田真一郎(1997,1998)通过分析外国资料来验证传统观点中三个重要问题"三个元音的形成机制""ハ行辅音的变迁"以及"浊音的音值"。

多和田真一郎《外国資料を中心とする沖縄語の音声・音韻に関する歴史的研究》(1997)指出,历时研究应该以文献资料的缜密分析和研究为前提,然后把它们放入整体的框架中。先要设定"起点"和"终点",然后再设想中间的轨道,一边探讨资料,一边修正轨道。这两点中的一点应该是现代语,另一点应该是时代上尽可能古老,值得信赖的文献资料。

同时还指出,有关冲绳语的最古老的文献资料是15世纪初的资料,且为数不多。迄今为止有关冲绳语的文献资料可以分为四大类:一是汉语资料:《琉球馆译语》(《华夷译语》所收15世纪初),《使琉球录》(陈侃,1534),《使琉球录》(郭汝霖,1561),《使琉球录》(萧崇业,1579),《中山传信录》(徐葆光,1721),《琉球入学见闻录》(潘相,1764)等;二是假名资料:《琉球国中碑文記》(1523—1624年间的十种碑文),《田名家辞令文书》(1523—1606年间的第一号到第十号辞令书),《琉球官話集》(近世琉球的汉语学习书)以及其他碑文资料如《東姓津波古家辞令文書》(1523),《琉球神道記》(释袋中,1605),《仲里旧記》(1703年左右),《女官御双紙》(1709年左右),《琉球国

---

① 这里的冲绳语特指冲绳岛中南部地区的语言,其代表是首里那霸地区的语言。

由来記》（1713）等；三是朝鲜语资料：《东海诸国纪》（申叔舟1471）卷末所附的"语音翻译"（成希颜笔录1501）和《漂海录》（1818）中的"言语"；四是英文资料：A VOCABULARY of the LOO-CHOO LANGUAGE（H. J. CLIFFORD1818）。

琉球国官方记载的文献仅有《おもろさうし》（1531、1613、1623）和《混効験集》（1711）。前者是由首里王府收集的1544首歌谣集；后者是一部琉球古语辞典，分为乾卷和坤卷，收录了约1000项宫廷语，附日语解说。

多和田真一郎（1997，2010）通过整理上述四类文献资料，并参考与文献资料时代一致的辞典《中原音韵》（1324）和《西儒耳目资》（1626）对各个时期冲绳语的语音进行构拟，分析研究冲绳语音韵的历史演变过程。根据汉字资料，明确了16世纪初复合韵母尚未融合，所谓浊音是鼻浊音，表现为浊辅音前出现鼻音等。根据英文资料，明确了元音减少至三个元音，辅音的塞擦化以及ハ行辅音的h音化。根据假名资料，验证了前人分析整理的《おもろさうし》（1531、1513、1623）和《混効験集》（1711）中的音系特点。通过对朝鲜资料的研究，明确了16世纪初期冲绳语ハ行辅音是p，元音开始有变为三个元音a、i、u的倾向，19世纪初期"キ"完成了塞擦化的过程，ハ行辅音正在转变为双唇擦音的过程中。并在此基础上结合《沖縄語辞典》（1963）中现代冲绳语的语音进行对比，分析整理了自15世纪起至20世纪冲绳语音韵的发展历程。

中本正智《琉球語彙史の研究》（1983）以琉球方言的词汇为研究对象，不仅仅通过历史比较语言学从个别单词的地理语言分布来分析词汇的发展史，还从词汇体系的事实出发来考察词汇体系的历史发展过程，将词汇史理论又向前推进了一步。

中本正智《日本列島言語史の研究》（1990）是从日本列岛全岛出发，在日本全岛自1960年起进行的方言调查的基础上，通过历史比较语言学将各个方言的音韵法则进行比较，探索各方言的历史演变，再根据方言词汇在全岛的分布特征通过地理语言学的方法将各方言的历史演变过程纳入同一条历史发展的序列中。

### 3.2　国内学者研究

目前国内学者的研究主要有丁锋《琉汉对音与明代官话音研究》（1995）、《明清使录所记琉球语言文字》（1998）、《日汉琉汉对音与明清官话音研究》（2008）和赵志刚《近代冲绳方言カ行辅音塞擦化现象》（2008）、《冲绳方言汉字资料的研究》（2010）等。

丁锋（2008）将明清时期的日汉琉汉对音资料《日本馆译语》《琉球馆译语》《使琉球录·夷语》《琉球入学见闻录》《琉球译》《游历日本图经》等进行整理和考证，对对音资料中出现的词语进行基于意义的语音释读，如琉汉对音资料中"天甸尼"，天是汉语意，也是琉球意，是琉汉对音的中介和桥梁，"甸尼"是用当时的汉语记录的"天"的琉球语的语音，作者结合目前的学术研究成果在"甸尼"后标注了当时的琉球语音"テンニ（tenni）"，然后把这些琉球语对音按照对音字断开音段（一般是一个对音字对应一个音节，少数情形对应一个音节的一部分（即两个字对应一个音节或两个音节），在汉语对音字表下逐条逐音节的录入与该对音字相对应的琉球语对音。统计每一个汉语对音字所对应的琉球语对音的各种类型和次数，最后依据对音字的中古音韵地位，把同类字归在一处，记录字音对应及统计情形，分声类韵类分别归纳汉语对音字与琉球语语音的对应关系。日语、琉球语音节是属于词汇层面的，与汉字—音节—声调类型不同，故一般不作字音对应的汉语声调与日语重音的比较。在汉语的声母韵母与日语、琉球语的语音对应归纳出来后，根据其语音大致推断出当时汉语、日语以及琉球语在语音上的特点。

对文献对音资料的考证和整理归纳，可以作为分析当时汉语、日语和琉球语语音特点的基础，这对研究汉日琉语音史有重要的参考价值。

赵志刚（2008）以19世纪初的汉日对音资料《琉球译》（1800）为主，朝日对音资料《漂海录》（1818）以及英日对音资料《克利福德语汇》(1818)为辅,同时参考《中原音韵》(1324)和《华英辞典》(1892),考察了近代冲绳方言力行塞擦化现象。如"氛曰直","曰"的左侧为词条,右侧为用汉字记录的冲绳方言的发音。通过《中原音韵》和《华英辞典》找到该汉字的音值,并对这些音值按照声母进行整理和分析,发现《カ》《キ》《ケ》的辅音是[k],在前有高元音i时会出现塞擦化现象,即辅音变为[ʧ]。文章通过对对音资料的整理和分析,考察了在特定的历史时期冲绳方言的语音等实际情况,对揭示冲绳方言语音历史演变等具有重要意义。

赵志刚(2010)比较了冲绳语(这里指首里那霸方言)和汉语音位和音值的异同,指出汉语与冲绳语音韵体系之间的差异决定了很难用汉语来描写冲绳语,并在此基础上讨论了冲绳方言辅音的塞擦化现象(观点同赵志刚,2008),分析了エ段音的音译字并与イ段音进行比较,试图弄清18世纪前半期冲绳语的エ段音的音值与イ段音的关系,文中参考了当时北京官话的音韵变化,通过《中原音韵》和《华英辞典》两部与当时年代接近的辞典讨论了元音的具体音值。

## 四 结语

国外学者在共时层面已全面调查和详细描写了琉球各方言的主要特点,在进行内部比较的同时,也与日语标准语和部分日本方言(如鹿儿岛方言、九州方言等)进行了对比研究;在历时层面已全面细致整理了迄今所见与琉球语相关的历史文献,此外还进行了历史比较语言学、地理语言学等相关方面研究。

国内学者的研究比较有限,限于结合相关辞典对文献资料上琉球语的拟音或对其读音的考证,或结合现代冲绳语的读音来讨论部分元音或辅音的历史演变特点。

目前学界在琉球语与汉语比较方面的研究还不够深入,主要限于提到琉球语中部分读音与汉语的发音类似或受汉语的影响,或简单列举与汉语或汉语方言相近的词汇。尚未见到全面系统探讨琉球语各主要方言与汉语比较的研究成果。

**参考文献**

丁锋，1995.《琉汉对音与明代官话音研究》. 中国社会科学出版社。

丁锋，1998.《明清使录所记琉球语言文字》.《语苑撷英——庆祝唐作藩教授七十寿辰学术论文集》，北京语言文化大学出版社。

丁锋，2008.《日汉琉汉对音与明清官话音研究》. 中华书局。

李荣（主编），1998.《福州方言词典》. 江苏教育出版社。

赵志刚，2008. 近代冲绳方言カ行辅音塞擦化现象.《日语学习与研究》第 6 期。

赵志刚，2010.《冲绳方言汉字资料的研究》. 黑龙江人民出版社。

多和田真一郎，1997.《外国資料を中心とする沖縄語の音声・音韻に関する歴史的研究》. 東京武蔵野書院。

飯豊毅一、日野資純、佐藤亮一，1984.《講座方言学 10—沖縄・奄美地方の方言—》. 東京国書刊行会。

国立国語研究所，1963.《沖縄語辞典》. 東京大蔵省印刷局。

平山輝男代表，1997.《沖縄県のことば（北琉球）》. 東京明治書院。

Thomas Pellard, 2012. 日琉祖語の分岐年代.《琉球諸語と古代日本語に関する比較言語学的研究》ワークショップ.

伊波普猷，1933.《琉球の方言》. 東京明治書院。

真田信知（編著）、太田一郎ほか，2011.《方言学》. 東京朝倉書店。

中本正智，1981.《図説琉球語辞典》. 東京金鶏社。

中本正智，1990.《日本列島言語史の研究》. 大修館書店。

中松竹雄，1996.《琉球語学》. 沖縄言語文化研究所。

# 语言比较，获益多多
## ——从黎语动量词"个"说起

张惠英

海南师范大学文学院

黎语的名量词有"老、爸、郎"，壮侗语族的名量词"翁、父（伯）、母<sub>壮语</sub>、奶<sub>水语、毛南语，还有八排瑶语等</sub>"，都属于尊称长老的亲属称谓词。

我最近注意到，黎语和壮侗语族的一些动量词，也很有意思，很值得注意。

欧阳觉亚等（1983：547）量词部分说到，动量词有 $fa:i^1$ "下、次"、$ka:i^3$ "回、次、遍"等。我们在书中就看到以下用例：

（1）$Rau^2 fu^3 ka:i^3$

读 三 遍　　　（读三遍）

$lom^3 lai^2 tsɯ^2 ka:i^3$

再 犁 一 趟　　（再犁一趟）（以上第548页）

$tsɯ^2 pou^2 peɯ^2 ploŋ^3 tsɯ^2 ka:i^3$。

一 年 回 家 一 趟　（一年回家一趟）（第559页）

$ɬau^3 fa:i^1 tha:i^2$

二 下 打　　　　（打两下）（第554页）

$meɯ^1 tsɯ^2 fa:i^1 nei^2 ta^1 ŋia^1 la:i^3 daŋ^1 hou^1 be^1$。

你 一 次 这 不 得 见 脸 我 了（你这回再也看不见我了）（第596页，又第590、591页。译文见第598页）

这两个动量词在黎语方言中读音如下（中沙的"$ku:n^1$"、元门的"$vat^8$"、加茂的"$lem^1$"当是另有来源）：

|  | 次（去一次）欧阳386页 | 趟（去一趟）欧阳483页 |
|---|---|---|
| 保定 | faːi¹ | kaːi³ |
| 中沙 | foːi¹ | kuːn¹ |
| 黑土 | paːi¹ | ŋaːi³ |
| 西方 | ɣoːi¹ | kaːi³ |
| 白沙 | fuai¹ | kuaːi³ |
| 元门 | vat⁸ | kuːi⁶ |
| 通什 | faːi¹ | kaːi⁶ |
| 堑对 | faːi¹ | khaːi⁶ |
| 保城 | faːi¹ | kaːi⁶ |
| 加茂 | fuəi¹ | lem¹ |

本文只讨论动量词 kaːi³/kaěi¹¹ 的用法，并看一下它的来历。

黎语这个 kaːi³/kaěi¹¹ 有两个用法，一是用作动量词，一是用作结构助词，相当于汉语的"的"。

文明英等（2009）中这个动量词 kaːi³ 标作 kaěi¹¹ 的用例：

(2) meɯ⁵³ lom¹¹ vuěk⁵⁵ tsɯ⁵⁵ kaěi¹¹
    你    再    做     一    次       （你再做一次）（第35页）
    baěi¹¹ gou⁵⁵ pa⁵³ 、tom⁵³ kaěi¹¹
    已     跑    五        六    趟       （跑了五、六趟了）（第171页）
    lom¹¹ riěn⁵³ tsɯ⁵⁵ kaěi¹¹
    再    说     一    遍       （再说一遍）（第179页）
    tsɯ⁵⁵ kaěi¹¹ nei⁵⁵ luěi⁵³ hei⁵³，ŋe⁵³ kɯ¹¹ ɬaeu⁵⁵ vi⁵³，hou⁵³ ta¹¹ luěi⁵³ hei⁵³
    一    回    这    下     去     一    定   要     死     的   我   不   下     去
    （这次下去，一定要死的，我不能下去）（第184页）
    pha¹¹ ta¹¹ tsɯ⁵⁵ kaěi¹¹ nei⁵⁵ vuěk⁵⁵ hi¹¹ kom¹¹ man⁵³ vuěk⁵⁵ hi¹¹ aěŋ¹¹ koŋ¹¹
    芭    达    一    次    这    做     戏    就    是     做     戏    乞    丐
    （芭达这次演的是乞丐戏）（第204页）
    han¹¹ nei⁵⁵ hou⁵³ lom¹¹ riěn⁵³ tsɯ⁵⁵ kaěi¹¹ meɯ⁵³ pleɯ⁵³。

现在 我 再 说 一 遍 您 听

（现在我再说一遍给您听）（第205页）

tsɯ⁵⁵ kaĕi¹¹ nei⁵⁵, ɬɯek⁵⁵ fan⁵³ rień⁵³ ɬɯm¹¹。

一 回 这， 孩子 便 说 不知道

（这一回，孩子说不认识）（第208页）

meɯ⁵³ tsɯ⁵⁵ kaĕi¹¹ nei⁵⁵ hɯt⁵⁵ be¹¹, meɯ⁵³ zok⁵⁵ roĕn⁵⁵ a¹¹ ra¹¹……

你 一 回 这 死 了， 你 偷 竹 谁

（你这一回是要死了，你偷谁家的竹子……）（第271—272页）

doŋ⁵³ nei⁵⁵ rień⁵³ fu¹¹ kaĕi¹¹, daĕn¹¹ tshau⁵³ kaĕi¹¹ fan⁵³ ʔja⁵³ hei⁵³

这样 说 三 回， 到 四 回 便 得 去

（这样说了三次，到了第四次才去成）（第304页）

rau⁵⁵ ɬoĕi⁵³ kaĕi¹¹ fan⁵⁵ rau⁵⁵ tsiĕŋ⁵³ "moĕi⁵³ ɬoĕi⁵³ ɬai⁵³ rau⁵⁵"

念 多 次 便 念 成 汉 多 黎 少。

（念的次数多了，便将"黎人多，汉人少"念成"汉人多，黎人少"）（第358—359页）

na⁵³ tsɯ⁵⁵ kaĕi¹¹ ɬau¹¹ kaĕi¹¹ doŋ⁵³ haɯ⁵⁵ vuek⁵⁵ ɯ¹¹ ŋan⁵³ ʔja⁵³

他 一 回 两 回 那样 做 都 也 获得

（他一次两次那样做都成功了）（第391页）

我们特别注意到，黎语这个动量词 kaːi³，也可用作结构助词，相当于"的"。例如：

（3）keŋ¹¹ kuĕi¹¹ phaĕn¹¹ phok⁵³ ɬoei⁵³ baɯ⁵⁵ kaĕi¹¹ ɲiĕn⁵⁵ kiɹ¹¹, ……

经 过 反 复 多 次 的 研 究，……

（经过反复研究，……）（第317—318页）

非常明显，此例句九个字，都是汉语海南方言的借音。kaĕi¹¹ 作为状语和动词之间的助词，汉语南方方言见得很多。吴语就说"多次个考虑"。

（4）tan¹¹ nei⁵³ kaːi³ laĕk⁵⁵ biĕt⁵⁵ doŋ⁵³

现 在 的 落 笔 洞

（现在的落笔洞）（第318页）

u⁵⁵ aĕu⁵³ bou¹¹ ka⁵³ haɯ⁵⁵ kom¹¹ gou⁵⁵ kaːi³ gou⁵⁵，ʔja⁵³ poĕk⁵⁵
人　　抱　盖　村　那　　就　　跑　的　跑，　被　捉

kaːi³ ʔja⁵³ poĕk⁵⁵，ɬaĕu⁵⁵ kaːi³ ɬaĕu⁵⁵。
的　被　捉，　　死　的　死。

（抱盖村的人就逃跑的逃跑，被捉的被捉，死的死）（第333页）

biĕŋ¹¹ mun⁵³ thaĕi⁵⁵ ɬaĕu⁵⁵ kaːi³ thaĕi⁵⁵ ɬaĕu⁵⁵，gou⁵⁵ kaːi³ gou⁵⁵。
兵　　官　　打　　死　　的　打　　死，　跑　的　跑。

（官兵们死的死，逃的逃）（第339页）

欧阳觉亚等（1983：62）保定声韵调配合表，"这个 kaːi³ᐟ¹¹"和"海害猜灾态代待艾败"的韵母相同；158页通什声韵调配合表的 kaːi⁶ᐟ¹⁴ 和"阶艾怪害"的韵母相同。可见和"个"的方言读法相对应；"个"用作结构助词，和汉语方言用法也一致。

有趣的是，电视剧《最美的青春》婚礼闹亲时既有"抱一下"，也有"抱一个"。这"抱一个"用同"抱一下"，"个"也是动量词。河北、东北等地方言都有这样的用法。黑龙江省勃利县"一个"的常见搭配词（孙胜男提供）：

（5）亲一个/抱一个/哭一个/笑一个/演一个/（再）来一个/唱一个/扭一个（小孩晃动身体）/站儿一个（鼓励小孩站起来学走路）/走一个/皮一个（孩子调皮或不听话吵闹，如"你再给我皮一个试试"）/美一个/乐一个喊一个（你再给我喊一个）/犟一个（你再给我犟一个）/浪一个/不乐意一个（不说"乐意一个"）/嘚瑟一个（你再给我嘚瑟一个）

其中有些搭配在不同的场景中可以表达不同的含义，如"走一个"可以用于以下场景：①喝酒用语，欲要喝酒之义。例如：来，咱们走一个。②离家出走或生气要出去。例如：你走一个试试。③宝宝学走路时的鼓励语。

还有，广州话也给我们一些启示。白宛如（1998：28）"嘢"条，

七说"嘢"有量词用法,"所代表的东西有容器或其他东西不固定"。举例有:

(6)食咗两嘢粥/打佢一嘢

我们能清楚:"食咗两嘢粥",这个"嘢"是名量词。而"打佢一嘢",就可以理解为动量词。请教了麦耘老师,果然,意思就是"打佢一下",而且"打佢一下"更常用。

笔者以为,这个量词"嘢",还有"乜嘢/咩嘢"的"嘢",就是"个"失落声母 k- 而致。

广州话疑问词"乜嘢/咩嘢"就是客家话的"脉个",就是海口话的"乜个/个乜",就是儋州话的"□个 $tin^{55}kɔ^{22}$"(分别据黄雪珍,1995;陈鸿迈,1996;陈有济,2019:196)。

吴语崇明话"个"又有一种特殊的用法(限于"一个"):

(7)过年总要跑一个亲眷。(过年总要走访一下亲戚。)

　　早晨头要上一个镇买点何。(早上要上一次街买点什么。)

　　做一个弗得知。(装一下不知道。)

　　吃一个杀落。(吃一次痛快。)

　　骂一个杀落。(骂一次痛快。)

　　跑一个脱空。(白跑了一次。)

其中,"跑一个亲眷"也说"跑一跑亲眷","上一个镇"也说"上一上镇"。

**参考文献**

白宛如,1998.《广州方言词典》. 江苏教育出版社。
陈有济,2019.《海南儋州话研究》. 儋州市文化馆。
陈鸿迈,1996.《海口方言词典》. 江苏教育出版社。
黄雪珍,1995.《梅县方言词典》. 江苏教育出版社。
欧阳觉亚、郑贻青,1983.《黎语调查研究》. 中国社会科学出版社。
文明英、文京,2009.《黎语长篇话语材料集》. 中央民族大学出版社。

# 浙江兰溪方言表"在"的介词

吴 众

浙江科技学院人文与国际教育学院

兰溪市位于浙江省中西部,为金华市下辖县级市,方言属吴语婺州片,在婺州片中与金华城区方言最为接近。本文将对兰溪方言表"在"的介词进行考察,进行描写分析,与婺州片其他地点方言情况做比较。各点材料来源为:兰溪、永康、武义为调查所得,金华、汤溪、浦江、东阳、磐安引用自曹志耘等(2016)。

## 一 在(在+处所+V)

与普通话相同,婺州方言相当于"在(在+处所+V)"中的"在"的介词,都同时兼有动词的用法:

| | 他在XX(本地县城名)工作。 | 在那儿,不在这儿。 |
|---|---|---|
| 兰溪 | 渠□tsua³³⁴/佡兰溪工作。 | □tsua³³⁴/佡□goŋ²¹里,弗□tsua³³⁴/佡格里。 |
| 金华 | 渠佡金华工作。 | 佡末里,弗佡格里。 |
| 汤溪 | 渠落汤溪工作。 | 落狂˚耷,弗落耷。 |
| 浦江 | 渠是□tɑ³³头浦江工作。 | 是□nɤ²⁴³喡里,无没是□tɑ³³喡里。 |
| 东阳 | 渠是哝东阳做生活。 | 是哝哝脚儿,弗是哝格脚儿。 |
| 磐安 | 渠落(□儿 dɛn²¹³)安文工作。 | 落哝块儿,弗落□儿 dɛn²¹³。 |
| 永康 | 渠倚永康工作。 | 倚勾˚耷儿,弗倚□gɯ²¹耷儿。 |
| 武义 | 渠落武义工作。 | 落(特˚)落,弗落阿落。 |

兰溪方言表"在"的介词兼动词"□[tsua³³⁴]"和"佡"无新老派、语义等方面差异。"□[tsua³³⁴]"使用更为普遍,但不见于金华其余各地;"佡"与金华说法相同。

"俫［le²¹］"由"来［le²¹］"而来，由"由彼至此"义引申为"在"义。

"□［tsua³³⁴］"的情况稍复杂些。目前所知，兰溪方言［tsua³³⁴］读音来源于章庄母平声假摄开口二三等麻韵，辖"楂渣遮赘□蹲"等少数几个字。表"在"的介词兼动词"□［tsua³³⁴］"本字应即为"□蹲"（曾与曹志耘师、陶寰老师等讨论，得其指教）。"蹲"义说"□［tsua³³⁴］"为老派用法，该用法在城关已较少能听到，大都已使用新派说法"蹲［tẽ³³⁴］"。在兰溪方言中，新派用法"蹲"有时也可作"在"用，但常在"居住"义的语境中（这似乎也可旁证表"在"的"□［tsua³³⁴］"本字为"□蹲"）。例如：

（1）侬拉格回蹲杭州几日呢？（你们这次在杭州几天呢？）

（2）□［tsua³³⁴］杭州蹲了好几日嘞。（在杭州住了好几天了。）

在用法上，"□［tsua³³⁴］/俫"与普通话"在"略有不同：不可单独使用，后必须接宾语。

（3）A：侬□［tsua³³⁴］家里弗？（你在家里吗？）

B：□［tsua³³⁴］家里个。/*□［tsua³³⁴］。（在家里的/*在）

"□［tsua³³⁴］"和"俫"在用法上存在非常细微的差别。"□［tsua³³⁴］"在使用时没有什么限制，"俫"在某些情况下不太使用。例如：

（4）A：侬□tsua³³⁴/俫哪里？（你在哪里？）

B：我□tsua³³⁴/俫（使用较少）金华。（我在金华。）

A：哦，侬□tsua³³⁴/俫（使用存疑）金华啊。（哦，你在金华啊。）

（5）A：渠□tsua³³⁴/俫哪里嬉啦？（他在哪里玩啊？）

B：渠□tsua³³⁴/俫（使用较少）城里嬉喂。（他在城里玩呢。）

A：哦，你□tsua³³⁴/俫（使用存疑）城里嬉啊。（哦，他在城里玩啊。）

## 二　在（V+在+处所）

婺州方言相当于"在（V+在+处所）"中的"在"使用情况如下：
他坐在椅子上。
兰溪　渠坐勒交椅上。
金华　渠坐得交椅上。
汤溪　渠坐得交椅上。
浦江　渠坐儿ˉ头交椅里。
东阳　渠坐哝交椅里。
磐安　渠坐哝交椅里。
永康　渠坐交椅上。
武义　渠坐交椅上。

兰溪方言用"勒"，与邻近的寿昌、遂安等地相同（曹志耘，1996），与婺州方言普遍的"得"不同，是声母[t]→[l]弱化的结果。

曹志耘等（2016：601）认为："汤溪话的这个"得"正好跟普通话的介词"在"的位置相当，但它是动词的附加成分，作用是肯定动作已经发生并正在持续，跟介词"在"的作用不一样。"

兰溪方言情况与其一样，表"在（V+在+处所）"的"勒"读轻声[ləʔ⁰]，附着于前面的动词，而不与后面的处所联系紧密，"勒+处所"不能单用或作状语。另外，"坐/猗/隑/落+勒+处所"一类的结构中的"勒"似乎可与普通话的"在"对应，但"跳/踢/搬/移+勒+处所"一类结构中的"勒"则难以对应。因此，"勒"并不是介词，而是助词。

## 三　在（表进行体）

婺州方言通常以"介词+指示代词+V"的方式表示动作的进行，但各地略有不同：
他在吃饭。

兰溪　渠□tsua³³⁴/佫里吃饭。

金华　渠佫末里吃饭。

汤溪　渠（是）奄吃饭。

浦江　渠是□nɣ²⁴³食饭。

东阳　渠是哝食饭。

磐安　渠落哝食饭。

永康　渠徛奄儿食饭。

武义　渠落特═落食饭。

各地进行体表示的方式可细分为4种类型：

1. 介词+指示代词+V（金华、武义）

2. 介词+指示代词（部分省略）+V（兰溪、永康、东阳、磐安）

3. 介词+V（浦江）

4. 指示代词+V（汤溪）

兰溪、永康需省略相当于"这里、那里"的"这、那"；东阳、磐安需省略相当于"这里、那里"的"里"。一个语法形式通常从复杂变为简化的形式，而不是反之。因此，可以推测婺州方言的进行体表达方式大致经历了这样一个过程：

介词+指示代词+V（金华、武义）
↙　　　　　　↘
介词+指示代词（部分省略）+V（兰溪、永康、东阳、磐安）　　指示代词+V（汤溪）
↙
介词+V（浦江）

## 四　小结

本文分析及所得结论大致有以下几点：

1. 兰溪方言表"在（在＋处所＋V）"的介词兼动词为"□［tsua³³⁴］"和"佫"，"□［tsua³³⁴］"使用更普遍，两者在新老派、语义等方面没有差异，只在使用时存在细微差别。"佫"与金华方言相同，"□［tsua³³⁴］"的使用少见于金华其他地点，在金华内部较为特殊，本字意义表"蹲"。

2. 兰溪方言相当于"在（V+在+处所）"的词为"勒"，轻声附着于动词，与普通话的"在"并不对应，实际上为助词而非介词。

3. 婺州方言进行体的基本形式为"介词+指示代词+V"。通过比较金华各地的进行体具体形式，指出婺州方言整体经历了："介词+指示代词+V→介词+指示代词（部分省略）+V→介词+V"或者"介词+指示代词+V→指示代词+V"的过程。

**参考文献**

曹志耘，1996.《严州方言研究》.（日本）好文出版。

曹志耘等，2016.《吴语婺州方言研究》. 商务印书馆。

曹志耘（主编），2008.《汉语方言地图集》（语法卷）. 商务印书馆。

兰溪市地方志编委会，2013.《兰溪市志》. 浙江人民出版社。

# 略谈方言语汇的调查和方言语典的编写

胡松柏

南昌大学人文学院

## 一 方言语汇和方言语典

语言结构包括语音、词汇、语法三个部分。汉语方言的调查,一般也依此从方言的语音、词汇和语法三个方面着手。方言词汇的调查,从某种意义上说,是对方言作语言体系全面调查其中更需要加以关注的一个环节。因为词汇一头联系着语音,一头联系着语法。方言词汇调查的成果,不单单反映调查者对方言词汇面貌的认识。对方言语音状况的描写是词汇调查的基础,而词汇的记录也必然包括对词汇所体现的语法结构和语法功能特点的归纳。

方言词典是方言词汇面貌最全面的记录。一部好的方言词典,应该是方言词汇调查的最基础也是最为深入的集大成的方言词汇研究成果。作为一般语文工具书的词典,是一种"收集词汇加以解释供人检查参考的工具书"(《现代汉语词典》(第7版))。对一个民族语言而言,其民族共同语(或通语)的词典收集的是民族共同语(或通语)的词汇,其方言词典收集的则是通行于局部区域的词汇。

词汇是语言的建筑材料。就汉语词汇而言,其结构成分包括"词"和"语"两类。语不仅在结构上表现为大于词而以词组(短语)的形式出现,而且在以之构造言语作品(包括句子和语篇)时也有不同于词的功能特点。随着对语的作用和性质的认识不断深化,有研究者提出把语汇和词汇分立,对语这一类言语构成材料给予专门的观察。

作为言语构成材料，与词在结构层级上有上下不同的语与词分立，相应收集语的工具书也自然可以因之与词典分设。与词典分设的收集语的工具书可以称为语典。我们可以提出以下"语典"和"方言语典"的概念：

语典：收集语汇加以解释供人检查参考的工具书。

方言语典：收集方言语汇加以解释供人检查参考的工具书。

汉语方言语典是汉语方言中的方言语的汇集，是汉语方言语汇调查的最为系统的成果。本文结合作者的调查实践，就方言语汇的调查与方言语典的编写做一些简略的讨论。

## 二　方言语汇调查的现状

从目前为止所能见到的材料看，汉语方言语汇调查的成果大概可以为分三类。

第一类是各处方言词典中收录的属于方言语的条目的部分。一处地点方言的方言词典，所收条目以方言词为主，同时也会收录一部分方言语，譬如成语、惯用语、谚语等。

第二类是不区分共同语与方言的语的汇编集成材料。这一类材料通常以语的形式类型归类编成，分别题名为成语、歇后语、谚语的"大全"之类（也有称"词典"的）。其中多数材料完全不注明语的条目的地域性质，有的或有所注明，所注也多是"浙江""江西"一类非方言学分类的地域名称。

第三类是针对地点方言中的方言语作选编的材料。这一类材料可以拿各地方志中的"谚语""俗语"之类章节作为代表。20世纪80年代以来所修各地方志，基本上都以专门章节收录少则百八十条、多则二三百条的方言语（一般以谚语为主）。

其中，第一类成果一般都由汉语方言专业调研者完成。就对方言语的记录来说，不足主要在所收录的方言语数量不够。虽然目前所见到的方言词典所记录的词汇其中包括了方言语，但编写目的和所完成的成果还基本上以收方言词为主。所收录的方言语多为成语、惯用语，谚语也是一些较为短小的才收，至于歇后语因为体式上的差异，一般是不收的。

第二类成果和第三类成果的完成者一般未必是汉语方言专业调研者，成果也不是作为语文工具书而是作为文史资料来编写，往往不依词典的收条体例来编写，如标音、释义、举例等。第二类成果基本上不考虑语的地域特点。第三类成果虽说作为地方文史资料，一般也较少注意对语料作严格的语言学意义上的描写记录。这两类成果所收录的语，为了读者阅读的方便，或多或少地会对语料作字词的改写而使语料失真。

上述三类成果，共同性的不足则是对方言语的收录未能达到作为语文工具书所要求的大容量收录条目的要求。

我们所讨论的与方言词典分设的方言语典，其编写所希望达到的理想状态有两点：

1. 严格按与方言词典编写相同的体例对方言语作语言学意义上的记录描写和阐释分析；

2. 一部方言语典对一处地点方言（不是大片区域方言）的方言语作最大容量的收录。虽然未必能做到"应收尽收"，也要求尽可能少有遗漏。

## 三 方言语典编写的社会和学术价值

汉语方言中，作为表示一个复合概念的语言单位的语，比仅仅表示一个简单概念的词，组合结构更为复杂，更能显示出方言不同于共同语的地域特点。同时，由于语的构成理据更加依赖于社会语境，从而使语体现出相对于词更为显著浓郁的方言文化色彩。方言语典的编写，对于发掘、表现汉语区域文化，有着积极的作用。

汉语方言从整体上看都处在趋于衰微的状态。方言衰微，反映在表达功能上，是方言的语言表现力贫乏化；反映在语言材料上，是语的流失。与词相比较，语的主要作用是使言语表达更加丰富。而满足于一般的交际，从某个角度来说，只需使用词即可。方言调查实践中，新派发音人与老派发音人的代际差异，最突出的一个表现就是方言"不地道"的新派发音人已经少了很多老派发音人所使用的固定的表述语式。

编写方言语典对于方言文化的传承和方言资源的保护，其社会价值不言而喻。即便是从读者接受的角度来说，方言区域的民众阅读方言语典，都会比读一般的方言学著作有着更高的阅读兴趣和情感共鸣。而方言区域以外的读者，对于通过方言语典了解感受"异域"的社会文化风貌，应该也会是不无兴趣的。

从语言本体的研究来看，对方言语作调研也有其语言学价值。例如方言中的一个说法"驮竹笕归墙弄"（扛着晾衣竹竿进巷子，比喻人说话做事不会拐弯抹角）已经是一个凝固定型的表达成分，这个语言片段，不能算作成语、歇后语，是归入谚语还是惯用语？也显然是可以激发我们对方言语做进一步观察的兴趣的。

此外，编写方言语典还可以是语言资源保护工程（以下简称"语保工程"）成果开发的一个有潜力可挖的方向。在语保工程汉语方言调查项目中，各调查点大都对方言中的语做了收录。但因为课题调查把成语、歇后语、谚语一类的语作为自选条目来收录，所作调查记录至少在数量上还是很不够的。语保工程一期大规模的面上的调查已经结束，目前已经开始的二期工程，将对部分方言点作更为深入的调研。调查方言语汇、编写方言语典应该是可以有所作为并且取得成果的工程项目。

我们已经较长时间酝酿并且开始着手方言语典编写的准备。广丰方言是作者的母语（广丰现为江西上饶市下辖区，广丰方言属于吴语处衢片）。一开始考虑编写包括方言语在内的《广丰方言词典》，但因所调查发掘的语不仅数量多而且也颇具特色，于是萌生了专门对广丰方言的方言语做调查汇编的想法。经过几年来断断续续的调查准备，到目前为止为编写《广丰方言语典》而收集的方言语的条目，按熟语（包括成语、歇后语、惯用语）和谚语两大分类，两类条目都各有望达到两千条以上。

## 四 方言语典编写的可行性以及困难

方言语典编写的主要困难是本文前面说到方言语典编写希望达到的理想状态两点之二"最大容量收录"的目标不容易达到。语典编写的基本前提是要调查收集到相当数量的方言语条目。条目不多显然不足以成"典"。

从理论上说，任何一处方言的词汇（不包括"语汇"的词汇）调查都是可以完成的，其词典也都是可以编出来的。言语交际所需的概念、事物和性状行为以及各类语法成分这些所指内容，在方言中都会有与之相对应的表现为词的能指形式。只要与作参照的共同语（或其他方言）逐一对照，向方言发音人征询，哪怕费一些周折，总是可以问出来的。然而方言语汇的调查就要比方言词汇的调查难度大得多。

方言语汇调查的不容易，有两方面的原因。一是方言本身的原因。本文前面说过，方言衰微反映在语言材料上是语的流失。调查对象已经缺乏此类言语材料，调查再怎么深入，也不可能有更多的收获。本文作者在语保工程一期曾承担主持一个濒危方言点（吴语区中的闽语方言岛）的课题任务。因为该方言可以算是作者的"第二母语"（儿时即已习得），课题统一规定的语音、词汇、语法三部分内容的调查，完成非常顺利。然而为了完成口头文化部分内容中自选条目（其中包括属于语的是成语、歇后语、谚语等），颇费了些时日和心思。生活在镇上的老男发音人都已不能胜任，后来还是寻访到最近几年从十几里路以外的山沟搬到镇上的老年居民，才差强人意地只能说是仅仅应付了课题的调查，所收集到的语料依然不多。因此，濒危程度比较严重的方言，词汇调查可以进行，词典也可以编写，但语汇调查难度会非常大，要编语典也极为困难。二是调查者（包括协助调查者）的原因。方言词的调查可以借助既有的词表，既有的方言调查词表已经有很多种，也都比较全面成熟，调查时基本上按图索骥就可以。但调查语汇，我们不可能事先编出一个"方言调查语表"来，也就无法向发音人按条目去逐一启发引导,征询方言的说法。本文作者近年来为编《广丰方言语典》基本上是做内省式的调查。虽说数十年语言生活始终没有脱离方言语境(家庭用语为方言),作为母语者的作者也不免面临语的发掘困难。有许多较生僻较少使用的方言语,往往是在某个语用语境诱导下才会偶然引发记忆。

以上说了这些困难,只是想表明方言语汇的调查和方言语典的编写要能够顺利开展和获得成果,需特别注意以下两点:

1. 选择合适的方言作调查对象。所拟作调查的方言,应该是从语言体系上看还是完善的,从表达功能上看还是健全的,不能有较严重的濒危状况。

2. 调查者应该是方言基础较好的母语者,最好要有较丰富的方言区域生活阅历。如果这点不能满足,那就必须要有符合此条件的调查合作者。这个合作者不是指方言发音人,而是与调查者一起参与调查且参与语典编写的方言区域本地居民。最为理想的合作者是地方文化人士,在较好的方言基础之外,对方言有较好的语言观察力和感悟力,熟悉地方风土人情和文史信息。

以上两个条件有了,方言语汇的调查和方言语典的编写应该是可以完成的。当然更重要的还是决定做此项工作的方言工作者为保护方言、传承方言文化的信心、决心和为此付出的努力。

## 五 方言语典编写的几个问题

结合作者已经在进行的工作,下面谈谈方言语典编写过程中需要注意的几个问题。

(一)细化对方言语的认识,拓宽语的收集范围。

我们把方言语汇分为方言熟语和方言谚语两大类,定义如下:

方言语汇:方言中用于造句构篇的固定短语和固定语句的总汇。

方言熟语:方言语汇成分之一类,是用于造句的固定短语。方言熟语具有精炼通俗、形象生动的特点。

方言谚语：方言语汇成分之一类，是用于造句构篇的固定语句。方言谚语精炼通俗、寓意深刻，反映人生经验，传承社会知识。

谚语的调查收集范围是明确的，这里不多谈。熟语之下再分惯用语、成语、歇后语三小类。成语和歇后语有着突出的格式上的特点，调查收集也不会有什么问题。至于惯用语，与成语、歇后语相比较，则具有"散"的形式特点。就广丰方言的情况看，惯用语是熟语之下最值得注意的一个小类。

在共同语的研究中，研究者对惯用语的性质和特点的一般看法是，惯用语是一种短小通俗的固定短语，语音形式以三音节为主，内部结构关系多为述宾式和偏正式，如"开后门""高帽子"等。根据作者对广丰方言的考察，按照上述拟定的语的标准，广丰方言熟语中的惯用语数量非常多，其语音和结构特点也不只限于三音节和述宾式、偏正式。与共同语相比较，广丰方言中的惯用语有着自己的鲜明的区域特色。我们细化分析，对惯用语再作下位分类，分为称谓语、借代语、描摹语、比况语四个更小的类。

称谓语用于表示对人的称呼，以形象描写和比喻表述的方法构成。借代语用借代的方法表述事物现象。描摹语用描述摹写的方法表述事物现象。比况语用比喻的方法表述事物现象。例如：

【白菜梗】〈称谓语〉一般认为，白菜叶子好吃，菜梗则好看而不好吃。喻称徒有漂亮光鲜外表而没有实际本领的中看不中用的人。

【雨伞歇得堂门外】〈借代语〉旧时人们出门常带雨伞，雨伞放在门口，表示即将出门。隐指高龄老人随时可能离世。堂门：厅堂的大门。

【骹打背脊爿】〈描摹语〉脚往后抬起碰着了背脊，描写大步快跑的样子。骹：脚。背脊爿：背脊。

【搓反手绳】〈比况语〉搓绳子的一般方法是摊开左手手掌，数绺稻草、麻条或布条等并排横置于其上，右手从后往前搓。左撇子则以左手在右手掌上搓，称"搓反手绳"。喻称在言行上与人对着干。

以上例子中"雨伞歇得堂门外""骸打背脊片"两条，都属于主谓结构且片段较长，因其属于"造句构篇的固定短语"格式，也自然应归入语的收集范围。

（二）以义类联想和跨方言对应联想发掘方言语。

本文前面已经说过，作方言语的调查，无法编定"方言调查语表"以用于逐条收集。从纯自然状态的话语成品中搜寻是最可靠的办法，但面对海量语料似乎有大海捞针的味道。即便是母语者的调查人做内省式调查，也往往是语境触发才偶尔得之。慢工出细活固然好，但我们开展调查还是希望能在某个阶段有集中的收获。我们为此采用了两种运用联想的调查方法，以尽可能系统地搜寻方言语。

一是义类联想。例如，以眼睛为语义中心做推演，可以得到如下语的条目：

【目滓细肠落】〈描摹语〉眼泪连连下滴成串，长长地像猪的小肠。

【目睛瞇凹萎】〈描摹语〉眼睛久望，以至凹陷下去，义近共同语成语"望眼欲穿"。瞇：看。萎：磨损，亏蚀。

【目头浅】〈借代语〉眼光浅，借称心胸狭窄，见不得别人好。

【目翻黄】〈借代语〉眼珠露出黄的部分（眼白）来，借称不正眼看，表示对食物不稀罕，不珍惜。

【三个白目】〈借代语〉连连翻白眼，表示给人冷遇。

以狗为语义中心做推演，可以得到如下语的条目：

【狗归水碓——个头㖿灰】〈歇后语〉以狗进水碓头粘糠灰的形象描写人灰头土脸的窘相。个头：一头，满头。

【狗屎堆里扠到个来炒豆】〈借代语〉狗屎堆里捡到一个炒豆子，借称微不足道的一点小利益。扠：捡，拾取。个来：一个。

【狗头载弗住饭糁】〈比况语〉狗一晃脑袋，上面的饭粒都粘不住而掉下，比喻人得意忘形有了一点利益都不能守住。糁：（饭、粥）粒。

【稿㷛=着】〈借代语〉被稻草烧烤过了，隐指狗宰杀整只烧烤而龇牙咧嘴，借称人恬不知耻地坏笑。㷛=：烤，烧灼。

【狗牴邋遢侬】〈社交谚〉狗咬穿着邋遢的人,表示狗眼看人低,以貌取人。牴:咬。

二是跨方言对应联想。在一个大的民族文化背景之下,共同语与方言、方言与方言之间在语的构造理据上是有着共同性和相似性的。例如,对应普通话中"一物降一物,卤水点豆腐",广丰方言中就有两条表义相同或相近的谚语:

【一样服一样,袈裟服和尚】〈事理谚〉一件事物适合于另一件事物,袈裟就适合和尚穿。服:穿(衣服);服从,信服。此处"服"语义双关。

【一项服一项,油车服油撞】〈事理谚〉一件事物总有制约它的另一事物,榨油车就得用油撞来撞击它才能榨出油来。油车:旧时榨油的木制器具;油坊。油撞:用来撞击顶入油车筒子的楔子的大槌子。

对应南昌方言的"奈冬瓜不何,捉瓠子刨反"和"人怕老来穷,禾怕夜来风"两条谚语,广丰方言分别与之对应的如下:

【无奈冬瓜何,捉到蒲来搷】〈社交谚〉对付冬瓜无可奈何,把葫芦拿来搓搓。喻指不敢惹强者,只能欺负弱者。蒲:瓠子,葫芦。

【侬怕老来苦,田怕秋来旱】〈生活谚〉人怕到老年时生活困苦,就像田怕到秋天干旱一样。侬:人。

前一条谚语的语义和取譬物象与南昌方言基本一样,后一条谚语中心语义相同,取譬物象则有不同。

因此,收录共同语以及其他方言中的谚语的既有语料材料,都能够为我们在调查收集方言语提供很好的参考,帮助我们作对应联想。

(三)密切结合方言地区的区域和历史信息开展方言语的调研。

方言地区的自然环境和人文历史,是调查者需掌握并据比开展方言语调查收集的重要信息资料。略举广丰方言中具有区域特色的谚语的例子:

【博山穷冈穷,还有三万六千斤赤宝铜】〈风土谚〉博山:广丰境内地名。唐代建博山寺。南宋时辛弃疾在博山留下二十余篇词作。穷冈穷:虽然穷。赤宝铜:一种高品质、高价值的铜。这里指铜塑的佛像。

【小丰小杭州,老板满街溜】〈风土谚〉小丰:广丰区境南部铜钹山最深处的小山村。清代与民国年间为江西挑夫从广丰往南进入福建的货运通道关口,商贸活动曾非常活跃。

【上有鲁班,下有达山】〈风土谚〉黄达山是民国年间广丰最为著名的木匠,人称"广丰鲁班"。

以上三条语,涉及与广丰有关的地理与人物,同时也都涉及地方历史。

随着社会生活的变迁,我们要特别注意那些因旧时事物而形成的方言语的调查收集。例如:

【灯盏锅洗啊】〈借代语〉出生时放在灯盏锅里清洗的,借称人极度小气。灯盏锅:旧时油灯盛油的小碟子,放入灯芯蘸油点燃照明。

上面这条方言语,要求调查者以及发音人都得对旧时灯盏的形制有所了解,才能明白构造理据,编入语典时才能正确作解。

(四)认识方言语的"俗"特点,把握语条目的遴选。

有研究者把汉语中的语分为雅俗两类,即"雅语"和"俗语"。就方言中的语来看,更多地体现出"俗"的特点。因而我们也可以把方言语称为"方言俗语"。值得注意的是广丰还有些非常雅的语,例如:

【撲乎散雪】〈成语〉像雪花一样飞散,形容物品四下抛洒,乱七八糟。撲:抛,扔。乎:表示感叹或赞叹的语气。

【潗潗如渧】〈成语〉描写液体滴滴答答滴下来的样子。如:相当于"……的样子"。渧:下滴。

【果当如是】〈成语〉事情发生,情况果然像此前估计的一样。

当然更多的语都还是属于俗语的性质的。例如:

【驼子踏得畚斗里】〈比况语〉驼背的人摔倒在畚斗里,喻称事情发生对于当事人来说正好合适。踏:摔倒,掉落。

【屙屎离开三丘田】〈描摹语〉农人下田干活,解大便要到离开好几块田的远处去。描写人际交往中与人有意疏远,不发生密切的关系。

用于表示不想粘别人的光,也不愿意受人连累。

【云腹啕热头,被底啕□［fe⁴³⁴］】〈社交谚〉被隔着云层的太阳晒着,憋在被窝里闻屁。表示人最感憋屈难以忍受的,是在所处环境中表面上未遭公开打压却暗地里处处受制,还无法明说。腹:里面。□［fe⁴³⁴］:屁。

【狗嬷弗摇尾,狗公弗爬背】〈事理谚〉母狗不摇着尾巴去引诱,公狗就不会去找其交合。表示事情发生不是单方面原因引起的。弗:不。爬背:狗一类动物交配。

方言语流行于民众口语,具有俗的特点也是应有之义。之所以说这个问题,是编写方言语典时如何对待那些不仅俗而且是"粗俗"的语。所谓粗俗,不外乎两种情况:一是骂詈,二是涉"性"。应该说方言中此类粗俗之语不少,其中一些还是非常生动传神富有表现力的。调查收集时当然是有闻必录,但其后编写语典,是全盘录入,还是有所选择,若作筛选,标准怎样确定并执行?如何把握其中的度?这都是需要认真考虑的。

# 方言文化传承与方言词汇研究

桑宇红

河北师范大学文学院

习近平总书记高度重视中华优秀传统文化的传承与弘扬，提出了"中国特色社会主义植根于中华文化沃土""坚定文化自信""促进文明交流互鉴""构建人类命运共同体"等一系列著名论断。我们国家越来越重视非物质文化遗产的保护与整理。方言是语言的地域变体，是一个地方政治、经济、文化等信息的载体，是风俗习惯、群体性格、文化传承等地方文明的百科全书。具有浓厚地域色彩的民俗文化通过方言词语来体现。

我们分别以"中国语言文化典藏项目·井陉"中涉及的国家级非遗项目"井陉拉花"和"中国语言文化典藏项目·雄安安新"中房屋建筑"碱"词条为例，来说明方言词汇对方言文化传承的重要意义。

## 一 井陉"拉花"释词及渊源考

1996年，文化部将井陉县命名为"中国民间艺术之乡——拉花之乡"；2006年5月20日，"井陉拉花"经国务院批准列入第一批国家级非物质文化遗产名录。对于外地人而言其舞蹈名称和舞蹈形式都相对陌生，对于我们语言工作者感觉其词汇结构不甚清晰。

"拉花"作为一种民间舞蹈形式，属于秧歌的一种。它源于民间节日、庙会、庆典、拜神之时的街头广场花会。早在唐代元和八年（公元813年）成书的《元和郡县志》就有记载。这个义项并未见于《现代汉语词典》（以下简称"《现汉》"），《现汉》第7版769页只有：

【拉花儿】名，一种彩色纸花，可以拉成长串，多在节日、喜庆时悬挂。

"拉花"作为一种舞蹈名称，找不到出处，当地传说很多。一说是在运输牡丹花过程中形成的舞蹈，故称"拉花"；又说拉花是在逃荒中形成的舞蹈，"拉花"即"拉荒"的谐音；还说，拉花舞蹈中的女角色叫"拉花"而取名拉花，等等。后人认为，井陉山路崎岖，人们行走不便，古代女人多小脚，出走需男人搀扶，而女性雅称'花'，这时形成的民间舞蹈称之"拉花"。

无论哪种传说都缺乏根据，这也正说明尽管由来已久的当地项目，人们只知道其名称，但是究竟为什么这么叫，谁都没有去深究过。语言工作者也较少对这种非遗文化传承项目中的方言词汇进行专门研究。实际上，非遗项目中涉及许多方言词汇，其命名的理据都值得考察，涉及考本字，涉及语法，涉及历史，涉及民俗，等等。本文意在抛砖引玉，希望引起学界对这方面关注。

一般认为，拉花的源流沿革，无文字可考。在艺人中流传着源于宋、元、明的诸多传说，但皆无确凿根据。我们只找到清代文献中相关记载：

少年狂喜，稍露留宿之意。则微笑曰："缘蒙不弃，故暂借君家一卸妆。恐伙伴相待，不能久住。"起解衣饰卷束之，长揖径行，乃社中拉花者也（秧歌队中作女妆者，俗谓之拉花）。少年愤恚，追至门外，欲与斗。邻里聚问，有亲见其强邀者，不能责以夜入人家；有亲见其唱歌者，不能责以改妆戏妇女，竟哄笑而散。此真侮人反自侮矣。（清·纪昀《阅微草堂笔记》）

这里的"拉花"意思明确记载为："秧歌队中作女妆者。"也就是秧歌队中有男扮女装的人被称为"拉花"。封建社会，女子不能随便出门，所以秧歌队中故事角色有些就通过男扮女装来完成。一直延续到中华人民共和国成立前夕。至今井陉威州北平望以及南固底的拉花表演形式很独特，还有一大特点是踩跷，不是高跷，是寸跷，女角脚上穿一双用酸枣根做的仿三寸金莲的寸跷，在寸跷外再套小绣花鞋，这种"拉花"被称为"跷子拉花"。据说这是封建时代女性不参与表演，为了遮掩男性的大脚而进行的特定设计。现在，河北省某些舞种如"万全社火""东寺秧歌鼓"中，青年妇女角色也称为"拉花"了。

这种穿寸跷的舞蹈，因脚下的限制，动作多显得忸怩、拘谨，却很好地反映了当时女子穿着三寸金莲走路风吹杨柳来回摆动的姿态。这种穿着木鞋来跳舞的风俗可以追溯到战国中山国时期。《史记·货殖列传》中记载了一段反映战国时期赵地、中山国民俗的一段话："中山地薄人众，犹有沙丘纣淫地余民，民俗懁急，仰机利而食。丈夫相聚游戏，悲歌慷慨，起则相随椎剽，休则掘冢作巧奸冶，多美物，为倡优。女子则鼓鸣瑟，跕屣，游媚贵富。入后宫，遍诸侯。"历史上中山国的区域文化相当独特，而井陉就属于古中山国区域范围之内，其间历史遗存可于此管窥一二。

中山国在春秋战国时期也叫鲜虞中山，存在了三百多年的时间。春秋时的鲜虞（族）国，大致南疆在今藁城、晋州一带，北疆在今唐县西南（鲜虞中人邑），西面在今太行山上的井陉、盂县一带，东面的疆域主要在滹沱河冲积扇地带，即今日的河北石家庄地区一带。春秋末至战国初年，中山国开始扩张领土。战国中期，中山桓公复国后，领土进一步扩张。中山国强盛时期的疆域，包括今河北保定地区南部、石家庄地区大部、邢台地区北部及衡水地区西部，南北从鄗至鸱之塞约200公里，东西从井陉到冀州扶柳城约150公里，按中山王墓出土的《兆域图》上所标的长度比例推算，中山国疆土合战国时长度单位为南北距离606里，东西距离454里，总面积与《战国策·秦策》中"昔者中山之地方五百里"之说吻合。

中山国当时就嵌在燕赵之间，《史记》所记载的"女子则鼓鸣瑟，跕屣，游媚贵富。入后宫，遍诸侯。""跕屣"颜师古《汉书注》："如淳曰：'跕音蹀足之蹀。躧音屣。'臣瓒曰：'蹑跟为跕，拄指为躧。'躧字与屣同。屣谓小履之无跟者。跕谓轻蹑之也。"在"跕屣"舞蹈动作盛行的同时,赵国当时流行一种姿势优美的舞步,行走起来轻松自如且婀娜多姿,许多地方的人都慕名想来赵国都城邯郸学习这种舞步。"邯郸学步"的成语由此而来。南朝梁江淹《丽色赋》"女乃耀邯郸之躧步,媚北里之鸣瑟",就是指的这种舞步。

井陉的"跷子拉花"与"跕屣"在舞蹈形态上有着相通之处,这绝非偶然。井陉是中山国都城的近郊,现在的威州镇是中山国的重镇蔓葭城。这里是太行山区,交通极度不便,《史记》记载:"今井陉之道,车不得方轨,骑不得成列。"因此与外界交流甚少,使得这里成为原生态文化保留地。当年中山乐舞传遍各诸侯国,盛况空前,我们认为这些元素没有消失殆尽,历史留下了它的痕迹。流行在燕赵大地的寸跷秧歌很可能是中山乐舞的遗存形式。

上面我们考察出"拉花"这个词,在历史上可以指舞蹈中男扮女装的角色,与我们今天表示舞蹈意思的"拉花"不同。那么"井陉拉花"的"拉花"到底是什么意思?

要想搞清楚这个词的来源,首先我们先来了解下当地的一些"拉X"方言词汇。井陉每到正月十六就会举办庙会或者祭神活动,包含各种类似社火、拉花、舞狮子、扭秧歌、武术等表演,他们把这种由大型表演队伍从指定起始点沿着主要街道行进表演的行为称为"拉街"(安新那边这种情形叫"踩街");井陉也把这种过年组织的巡回行进表演的庆祝活动叫"拉会",也就是人们通常说的"过会";他们把这种走街串巷的表演队伍叫"拉队"。可见"拉街、拉队、拉会"都是当地特定的方言词语,在形式上都是动宾词组。这组词的"拉"都有行进的意思,"拉花"的"拉"应该也是这个意思,就是指"行进中的花式表演舞蹈"。

《现汉》"拉"下面共有13个义项,接近这个语义的是第3项:带领转移(多用于队伍);第11项:组织(队伍、团伙等)。"拉街、拉会、拉花、拉队"这些方言词都兼有组织和转移队伍的意思。

在井陉山区过年过节时候常用到"拉"字头词,拉街、拉队、拉会，这里应该就是组织的意思。据此我们推测"拉花"应该本来就是组织舞蹈者表演，一边行进一边表演。在拉街的时候，整个队伍边走边舞，行进中的这种花样表演形式就称为"拉花"。这种舞蹈有中山乐舞的遗风，传入民间在秧歌舞蹈中保留着其元素，过年过节人们就组织表演，就这样一代代流传下来。

"井陉拉花"这个国家级非遗项目，是一种地方舞蹈，其名称来源要与当地方言词汇考证相结合，切不可按照现代汉语一般词汇来理解。非遗项目中有许多特色词汇亟须语言工作者进行研究，解释其命名的理据，规范其用字。

## 二 白洋淀水乡方言词汇与文化传承

雄安新区白洋淀的水域文化极具特色，当地人历代以捕鱼、水运为生，使得当地的风土人情民俗文化都有一些特定的方言词汇，不为外人所知。其非遗生态保护迫在眉睫，在记录整理当地非遗项目时，我们碰到大量具有浓郁地域文化色彩的用具或者技艺，比如对捕鱼工具和捕鱼技艺的描写阐述，当地一般就用一些同音字来代替，即便是本字，如果不对词意进行解释还是不知道究竟是什么意思。如传统捕鱼技艺中的"出汕"，捕鱼工具"扳罾、迷房儿"，当地特色小吃"鸡蛋泡""嘎嘎两吃"；还有当地传统手工棺材制作，水乡丧葬时棺材多半埋在半泥半水的地方，因此当地棺材最后一道工序是在里面抹上松油防水，这叫"光（guàng）材"。如果不对这些词汇进行溯源，考证其本字，势必影响当地文化的传承和弘扬。考证整理当地方言词汇的过程就是考察当地民俗文化的过程。

尤其是方言词的正确写法对编写县志、地方志有很重要的意义，一旦写错了某个字，就会造成很大的影响，有可能被当作本字流传下去。如《安新县志》中"篦子"一词就很值得推敲。芦苇是水乡最好的生活资源，织席、编鱼篓、织虾篓都要用到芦苇。其中解苇就是要把粗的芦苇劈成篾儿、劈儿，用的工具就是"篦子"。这种工具多用枣木制成，它可以把整根芦苇劈成为3—9劈儿不等。如果苇子较细，就用离刀，一下拉成两片。这种叫"篅子"的工具不过就是手掌大小，玄机都在肚子里，苇子在大膛口穿入，经过安在大膛里的刀片被劈成几劈儿，分别从小膛口出来，把一根苇子分成了几劈儿，就叫几镂'篅子'。但我们查《现汉》第7版第202页"篅"：

篅 chuán〈方〉名，一种盛粮食等的器物，类似囤。

《说文》：篅，以判竹圜以盛谷也。从竹，耑声。

本字当另有其字。考察本字不可只对应单字调，还要考虑连调，尤其轻声前的变调，在许多方言区都有着与非轻声连调和单字调不同的情况。因此这不是个简单的问题。经过我们考证当地连调，认为这个词就是"穿子"，轻声词前阴平读如上声当地应该是个较为古老的层次，地名"端村"当地读法听上去像"短村"，而"穿子"听上去像"喘子"。所以民俗文化的方言用字研究需要加强，这里面有时还能反映出古人的语言理论。

例如，在汉语古籍中，工具名称与人们凭借该种工具所施行的动作，往往使用同一个文字来记录，以至于俞樾《古书疑义举例》谓："经典中如此者，不可胜举。"这种用字现象，段玉裁称为"体用同称"。段氏《说文解字注·木部》"梳"字下云："器曰梳，用之理发因亦曰梳。凡字之体用同称如此"。杨树达先生从文法的角度指出，段氏此说的意义，在于"说明梳字有名字与动字二用法也"。汉语古籍中的这一现象，在汉代就成为注疏的对象。例如：縶，绳索，又指用绳索绊縶。《诗经·周颂·有客》："有客宿宿，有客信信。言授之縶，以縶其马。"毛传："欲縶其马而留之。"郑笺："縶，绊也。周之君臣皆爱微子，其所馆宿，可以去矣，而言绊其马，意各殷勤。"按：据传笺可知，主人授予客人工具"縶"是为了用它来实施"縶"马这一动作以尽留客之殷勤。户，门户。《说文·户部》："户，护也。半门曰户。"其作用在于出入与止不当入者，故有拦阻之义。在白洋淀方言词汇中我们再次领悟到这个理论的妙用，可以帮助我们考证方言本字。

淀区，陆地金贵，街道极度狭窄。那些百年以上的青砖房屋是鲜明的民族文化符号，蕴含着有着古老渊源的文化。我们初到这里观察这里的院墙和房墙会发现在离地一米之处总有一层或木板或油毡或苇席的东西用来隔潮，当地叫"jiǎn"，"jiǎn"上面5层砖之后就是屋子地面。这个字是"碱"字吗？查《现汉》：

碱：1. 含在土里的一种物质，化学成分是碳酸钠，用作洗涤剂，亦用来中和发面中的酸味：~土。~化。~荒。2. 化学上称能在水溶液中电离而生成氢氧离子（OH−）的化合物，如氢氧化钠等。溶液具有涩味，能使石蕊试纸变蓝，能跟酸中和而生成盐：~金属。~式盐。~性岩。

　　词典中并没有关于房屋建筑构成这个义项，我们联想到词汇学中的转喻即"体用同称"现象，确定就是"碱"字。表示名称词义的"体"和表示动作词义的"用"可以共用一个词。表名词词义转移表动词词义，反之亦然。《说文》"梳，所以理发也"，《段注》"器曰梳，用之理发因亦曰梳。凡字之体用同称如此。"此外，还有"磨"，名词工具石磨，动词研磨。水乡盐碱地多，房屋如果没有防潮防碱的隔碱层，地基会很快被碱化、腐蚀，很难长久。所以这里的房屋一般都会有隔碱层，当地把这个隔碱层就叫"碱"。在河北的大部分地区，浅表地下水碱含量较高，会通过地基逐步向上侵蚀，因此才会有这么一层。在河北省，这些盐碱地覆盖的地区如保定、沧州、衡水、廊坊等地区，房屋建筑多有这层设施。盐碱化是地上几层砖泛着白碱花，青砖被腐蚀，慢慢往下掉砖皮、土面。隔碱层下面的砖粉化的比上面严重得多，房子越老越突出。如果不了解词汇构成上转喻的用法，则很难理解把隔碱层直接叫作"碱"的用法。因为在现代汉语里是没有这个义项的。

　　本地还有一系列与制作"碱"相关的词汇可作为我们考证本字的旁证。农村建房先垒根基，到屋子的地平面，再往上垒5层或7层开始"铡碱"，即用铡刀把芦苇铡成段儿，按苇棍儿大头冲外铺在墙上，墙角处铺木板，防止苇棍儿滚出墙，然后把苇层用长方木轧匀在上面接着垒砖。房建好后，为防墙外闪，揳木楔，锥形的，木板都在墙角上。

盖房子离地一米左右会有这么一层，在砖上隔一层木片、苇草（古时建房时用铡刀把苇子铡成一段一段铺在砖上，墙基部铺的那层苇棍儿，农村就叫苇碱）、油毡（20世纪70年代以后）什么的，这一层以下属于地基的部分，比上层墙体要厚，外观上一般会凸出一些。覆盖这些东西有防潮功能，但更重要的是隔"碱"用。旧时村里谁家盖房子，亲朋好友、街坊邻居要送礼物，比如送去烟、酒、糖、茶、白面等东西，有时盖房子招待帮忙的人要用到豆腐、粉条之类的，现在有的干脆送点钱，这个习俗就叫"压碱"。

汉语古籍中的用字现象却没想到仍旧保留在现代汉语方言中。如果不调查民俗文化，也就不知道"体用同称"活的例证，也不知道这种房屋构造为何叫"碱"。

随着雄安新区的设立，随着高层住宅的增多，越来越多的人会见不到这种青砖瓦房，也没有人熟悉这种房屋建筑，一系列的"碱"词条将从当地方言词汇中消失。我们在做语言文化典藏项目的同时还应加大对当地方言词汇和民俗特点的考察。

方言文化传承与词汇研究有密不可分的关系。重视词汇研究需要重视方言文化传承。

**参考文献**

董秀芳，2016.《汉语的词库与词法》（修订版）. 北京大学出版社。
桑宇红等，2017.《中国语言文化典藏·井陉》. 商务印书馆。

# 荆楚方言中的兼类词"死"*

芜崧
长江大学语言研究所

"荆楚方言"是与"荆楚文化"相对应的一个术语,指原荆州地区(含沙市市和荆门市)、原襄樊市和原宜昌市所属地区,即以江汉平原为中心的湖北中部地区的、以楚语为底层语的西南官话,部分地区带有赣语的特点,还受南部湘语的影响。本文拟探讨荆楚方言中"死"的语义、语法、语音等问题。

## 一 "死"的语义

### 1.1 "死"的语义系统

动词"死"的本义,《说文解字》:"死,澌也。"段玉裁注:"水部曰:澌,水索也。《方言》:澌,索也,尽也。是澌为凡尽之偁。人尽曰死。死澌异部叠韵。""人所离也。"段玉裁注:"形体与魂魄相离。""死"的义项有:(1)指人丧失生命,与"生""活"相对,(2)引申为"为……而死",如《史记·陈涉世家》:"今亡亦死,举大计亦死,等死,死国可乎?"(3)借指生命垂危的人或死去的人,如成语"救死扶伤"和"吊死问生";又如《中山狼传》:"先生之恩,生死而骨肉也。"(4)指坏死的、失去知觉的,如《捕蛇者说》:"去死肌,杀三虫。"(5)指拼死、竭尽全力的,如《史记·吴太伯世家》:"越使死士

---

* 本研究是 2016 年度教育部人文社会科学研究规划基金项目"荆楚方言词汇研究"(项目号:16YJA740038)的成果。

挑战。"（6）指丧失、消失，如《荀子·大略》："流言止焉，恶言死焉。"义项（1）（3）（4）（5）流传下来了，（2）（6）没有流传下来。

下面从两个大的方面把"死"在楚语区中的现代意义或用法罗列如下。

1.1.1 与人有关的"死"

1. 动词。人丧失生命：猝死/死讯/死刑/死因。特指人体某器官的功能停止运转：脑死/心死（彻底绝望）/坏死（身体的局部组织或细胞死亡）。泛指生物体失去生命：灶门口栽杨桐——要死不活/树死了/禾苗干死了。

2. 动词。致使……死亡：半沙子，吃死娘老子（夸张，半大的孩子饭量大）/星星稀，淋死鸡；星星稠，晒死牛/人比人，气死人。

3. 指代濒临死亡（生命垂危）的人或者处于极度危险状态的人：救死扶伤/见死不救。

4. 坏死的；失去知觉的：死肉巴子（坏死的肌肉）。

5. 睡眠深沉，犹如死去一样：睡得好死。

6. 缺乏生气与活力的、表情冷漠的、神志麻木的、反应迟钝的：死气沉沉/死脸皮（言谈举止不顾脸面、不顾廉耻的人）/死人子（尸体，比喻死气沉沉的人）/死巴死草（形容死气沉沉，缺乏生气）。

7. 拼命；竭尽全力：敢死队/死士/死志/死战/死守/死搞/死老地（拼命地）/下死地（拼命地）。

8. 至死，坚持到底，表示坚决（多用于否定）：死不悔改/死不认账/死不认输/死不松手。顽固、固执、死板：死心塌地/他就是个死心眼（死脑筋）。

9. 不可调和的、敌对的；顽固死硬、一致对外的：死敌/他俩是死对头/死党。

1.1.2 与物有关的"死"

10. 比喻棋局中失败的结局、不能动的棋子：死棋/死牌/死棋子（死子）/将死。

11. 严实；不活动的：死疙瘩（死结）/这门是死的，拉不开/把棺材板钉死/钢窗锈死了/一潭死水/死火山/死灰复燃。

12. 不灵活的；机械地、不知变通地：认死理/死题目/死规矩；死板/死算。

13. 不通达的：死胡同/死路/把漏洞堵死。无法生存的、极度危险的：死地。

14. 过时的；失去存在价值的：死语言（方言）/死文字/死文件。

15. 确定；不可改变的：（把话）说死/（把时间）定死/政策是死的，人是活的。死火（把话说死；把事情搞落实）：说死火、把事情搞死火。

16. 动词，特指电脑的程序在运行过程中突然停止，泛指其他工作状态突然终止：死机。

17. 副词，表示程度达到极点，极，甚：死小气/死懒生/死不要脸/累死了/热死了。

18. 副词，长时间地；老是；一直：死等/死看电视，一看一夜，第二地（第二天）就死睡。

上述义项分得较细，也许还可以合并。1 是本义，其他都是引申义；17、18 是虚词（副词）义，是实词虚化的结果；其他都是实词义，其中，本义 1 和引申义 2、16 是动词义，其他都是形容词义。这些意义和用法不光是楚语区使用，其他方言区乃至共同语也可能使用。

### 1.2　"死"之语义的引申理据

义项 1（人死）是"死"的本义，外延扩大至指其他生物体的死亡：这是"死"的"自动"义，而义项 2 是"死"的"使动"义，是外因导致生物体死亡。义项 3 是"死"的"借代"义，因为"死"（含濒临死亡）是生物体的一种特殊的属性（行为），所以，就用"死"来指代具有这种属性的事物，修辞上属于用属性（局部）代具有该属性的事物（整体），在古代就有这个修辞传统，比如上述古义（3），又如"绿肥红瘦"，用"绿色"和"红色"分别指代"绿叶"和"红花"。

义项2和义项3是义项1的关联引申义。

从义项4到义项18，是义项1的比喻引申义。都是依据本体和喻体的相似性联系来认知并描写、最终引申出来的，也就是把许多具体或抽象的事物当作生物体的死亡来认知并描写的。"死"（本体）的主要特征是生理机能停止运转，处于静止状态，于是，引申出了"坏死的；失去知觉的""睡眠深沉""棋局中失败的结局、不能动的棋子""严实；不活动的""过时，失去存在价值的""电脑的程序在运行过程中突然停止"等语义。

"死"的第二个特征是血脉、经络等不能通达，于是又引申出"不通达（死胡同）"的语义；

"死"的第三个特征是缺乏生气，于是又引申出"缺乏生气与活动的、表情冷漠的、神志麻木的、反应迟钝的"的语义。

"死"的第四个特征是不能复生，于是又引申出"确定；不可改变的"语义。

"死"的第五个特征是人生走到了尽头，于是引申出"坚持到底"（死守）的语义。

"死"的第六个特征是人生的一个极端，于是引申出"程度达到极点，极，甚"的虚词义；加上濒临死亡是极度危险的状况，于是又引申出"无法生存的、极度危险的（死地）"的语义。

"死"的第七个特征是"死"的状态出现后将无止境地延续，于是引申出"长时间地"（死等）的语义。

"死"的本义是中性用法。由于"死"是一种消极的生理现象，也是人们不希望发生的情况，因而引申义大多含贬义，少数含褒义（如7）。

## 1.3 对"死"的委婉与形象化的表达

在楚语区关于"死"的委婉说法主要有：上山、老了、过哒、走哒、享福去哒（婉称老年人死亡）。

贬义的说法主要有：（1）过脚［ko⁴⁵tɕio⁴⁵］（仙桃、钟祥）：①死的戏称。②洪湖话指病人断气或事情没指望了。③沙市话还指东西坏了。（2）去［kʰɯ⁵³］豁哒：①死的戏称，完蛋了。②完了，坏了（潜江）：手机去豁哒，不能用啦。（4）格土：戏称入土被埋葬。（5）完蛋（哒）。

"化身子"也含贬义。佛教称佛或菩萨暂时出现在人间的形体为"化身子"，借至荆楚话中指夭折的孩子或无嗣的年轻人。另作"化生子"，源于佛典："凡化生者，不缺诸根支分，死亦不留其遗形，即所谓顿生而顿灭。"在楚语区的风俗中，无嗣的年轻人或小孩夭折被认为大不吉利，常常偷偷埋葬，这就和佛典中"死不留形""顿生顿灭"的"化生者"之意相符。现常用来骂小孩子。

有的是中性的表达，如"两腿一蹬""两眼一闭"一般婉称中老年人死亡。专指小孩夭折的说法有"不在哒""跑哒（钟祥）""丢哒（荆门）"。死亡的时间长被说成"多时到哪地去哒"。

此外，动物的死亡也有一些说法。一般野生动物如老鼠、兔子、黄鼠狼等的死亡有"过脚过脚""去豁哒""尬屁哒（监利）""死求（江陵）"等说法。家禽大面积死亡谓之"走症"；鱼死亡被委婉地说成"翻塘"，如谚语"翻塘鱼夛［tsa⁴⁵］张嘴，要接天河水"。

总之，"死"的大部分说法都是形象化的、委婉的。此外，有的"死"族词也是通过比拟的手段，形象化地创造的，如"找死""送死""要死"等。

"死"既可当词用，还可用作构词成分——语素，如"死亡""死板""死刑"。

## 二 "死"的语法功能

"死"有（不及物）动词、形容词和（程度）副词三种词性，是兼类词。

### 2.1 作为动词

1. 作为不及物动词，"死"可以充当谓语，陈述句施动主语，但有条件：必须后跟语气词"了"（哒）刹句，体现"死"在时间上的"有界"（沈家煊，1995）特征（动作从发生到结束有一个为在的自然终止点；比如人出生是起点，死了是终点），例如"他死了、树死哒"，不能说成"无界"状（动作有起点，但没有终点，或者终点是任意的）的"他死""树死"。有时有界的"死了"可省"了"是为了简缩（死了之后→死后），或者是受限于语音节律，详见文末。

2. 用作及物动词，后带动态助词"了"充当述语开后带施动宾语，句法上"死"是谓语中心（述语），却是施动宾语的逻辑谓语（芜崧 2014）。例如：

| 甲 | 乙 |
| --- | --- |
| 村里死哒一位老人 | 村里的一位老人死了 |
| 坑里死哒一些子鱼 | 坑里的一些子鱼死了 |

光杆的、"无界"性的"死"不能带施动宾语，比如上述例子中的"哒"都不能拿掉，否则句子站不住。有时"哒"可带可不带，即使不带，逻辑上也是带"哒"（有界）的，如歇后语"家公爹外公死儿子——没得舅（救）了"。

从逻辑上说，上述各例应该是乙（逻辑式）的，为什么说成了甲（句法式）呢？

语用学告诉我们，一个句子的开头通常是已知的旧信息，句子的结尾部分通常是新信息——是人们最关注的焦点或重点。人们想关注或突出事物的"属性"，如动作，死讯等（信息焦点）便选用乙式，如果想关注或强调"事物"（信息焦点）便选甲式，也就必须让不及物动词"死"带上施动宾语。其他不及物动词也是如此，比如：（上周）我校的（有）一位老师走了（乙，逻辑式）→（上周）我校走了一位老师（寻，句法式）。

此外，选择甲式也是为了追求音韵和谐的美感，比如谚语"死了张屠夫，不吃混毛猪"，如果选用甲式说成"张屠夫死了，不吃混毛猪"，就既不上口，也不押韵了。

3. "死"充当结果补语，与述语构成因果关系（例句甲），通常二者组合后再带施动宾语，"死"表达的是使动义"致使……死了"（例句乙），全句在逻辑上是两件事的合叙，"死"在句法上是述语动词的结果补语，却是施动宾语的逻辑谓语，"死"是指向宾语的。比如"汽车碾死了人"是"汽车碾人+人死了"的合叙，"死"是"碾"的句法补语，却是"人"的逻辑谓语，"死"指向"人"。这种句式是大量存在的：

甲　吃的屎，屙的屎，不吃不喝就饿死/浯<sub>泡</sub>死的有泥巴，吊死的有印子。

乙　晚上放霞,干死客蚂<sub>青蛙</sub>/四月八,冻死鸭/七八九,嫌死狗/捞鱼挖藕气死人/望山跑死马。

"干死客蚂"在逻辑上是两件事的合成：（无雨导致）客蚂干渴+客蚂死了。余例同理。

"死"表达使动义带施动宾语的句式为什么如此流行呢？这与语言的"经济机制"有关，如果说成逻辑表达式，就要说成两句话，不但不简练，还增加了语言成本。

此外，"死"还经常充当程度补语，如"累死了"，这是"死"的语义虚化的结果（详见下文）。

4. 与动态助词"了"组合后再带时量补语（句末可附加语气词"了"）或物量补语，如：死了三年（了）、死了二十人；也可带由介宾短语充当的处所、原因、时点补语，如：野老公死在楼上——不好下抬（台）、死于车祸、死于某月某日。这些补语都是对"死"的"有界"性描写，换言之，句法上的"死"等于逻辑上的"死了"，比如动补短语"死在海南"等于逻辑上的状中短语（芜崧2014）"在海南死了"，因为时间词语（含"已经"之类的副词）、助词"了"、地点词语能使"无界"性概念变成"有界"性概念。

"死"自身也可带"去、掉、完、光、绝"之类的补语，须有语气词"了"（哒）刹句，体现"有界"特征，否则句子站不住，比如"坑里的鱼死光了""那家伙死掉哒"中的"了"（哒）就不能拿掉。

此外，还可借助于助词"得"带情态补语，如：死得光荣（伟大）、死得其所、死得不值。

5. 当"死"充当主语或宾语时能体现指称功能，用如"动（态）名词"（沈家煊，2016：45），如：死不足惜/死有余辜/死并不可怕；梦死得活/儿奔生，娘奔死（谚语），还有歇后语：茅厕里划桨——敲屎（死）/狗子四处圈打转——找屎（死）/茅厕里开地锥——隔屎（死）不远/黄泥巴落到裤裆地——不是屎（死）也是屎（死）。

6. 动词"死"的"体貌"贫乏，只有完成体，表现为它后跟助词"了"（表示新状态出现，隐含旧状态结束），如：人死了、树死了。它没有持续体，即不能后跟助词"着"或受时间副词"正在"的修饰，也不能带趋向补语"下去"。它没有经历体，表现为它不能后跟助词"过"，因为"死"是表达"瞬时"义的"非持续动词"，具有"［-持续］"的语义特征；在文学语言中，"死"后跟"过"是一种反逻辑的夸张用法，如"我是死过几回的人了"。

也没有"完结经历体"（如：吃过了、洗过了），如不说"死过了"；也没有起始体（如：干起来、跑起来），如不说"死起来"。

7. "死"可受否定副词"没"和"不"的修饰（否定），意思不尽相同。如：他没死/不死（=没死）也要脱层皮/我都这大把年纪哒还不死（=没死），拖累了伢子们。"没"是"客观叙述"（吕叔湘，2003：383），在逻辑上否定的是"死了"，因为"没"是专门否定"离散性"（有界性）成分（沈家煊，1995）的；"不"不表"主观意愿"（吕叔湘，2003：383）［如"我不去"表意愿］，仍是客观叙述，所以与"没"的意思相同。

还有不相同的一面——"不"表主观意愿，比如谚语"宁死当官的老子，不死叫花子娘"，其中的"不"修饰的是"愿意"或"希望"，是因为要与双音节短语"宁死"对举才省去的。又如"我不想死"中的"不"是表意愿的，"想"也可省略，比如"我不死，我的事还没做完呢"。如此看来,"不死"表意愿其实是"不"所修饰的意愿或心理动词省去了,否则"不死"等于"没死"。

8. "死"的"已然"态表现为后带动态助词"了",或者受时间副词"已经""早就"的修饰,同时句末附语气词"了",如"他(已经/早就)死了"。"死"的"未然"态表现为受否定副词"没(有)"的修饰,如"他没(有)死";或者受时间副词"快(要)"或"垂"的修饰,同时句末附加"了",如"他快(要)死了""垂死挣扎";可能性也是一种"未然"态,比如谚语"望山跑死马""农民不种田,饿死帝王君"。

9. "死"可以进入正反并列格式"V不V",但不表示常规的正反问(如"去不去?"),不能单用,而是构成一种凝固格式(惯用语),用于对话语境,表示一种强烈的指责语气。如:"有人说他要死。""你看他死不死!"言外之意是"我断定他不会去死,不信你看"。也常说"死不死人",如:"你只管告(状),你看死不死人!"言外之意:我保证不会死人,不信你看。

10. 表达本义的"死"作为单音节动词没有一般动词"AA""A一A"或"AA看"那样的重叠形式,如"死死""死一死""死死看"都不能说。但表达比喻义(严实、牢实、固定)的"死"有"AA的(地)"重叠形式,其语法意义不同于一般动词"AA"式的动量小或时量短(看看、走走),而是动量大、力度大、程度高,通常需要重读来强调,如:睡得死死的/死死地盯着对方/死死地抱住凶手不放。

有一个惯用语"死了死了,一死百了"(死了就什么都没有了,就什么事都不用管了),是反复不是重叠,其中前两个"了"是助词,第三个"了"是动词(了结),三者在楚语区都念[liau²¹],不念[lɤ]。

### 2.2 作为形容词和副词

作为形容词,"死"常充当定语修饰名词,如:"死瓣子"(没有炸开的棉花)/死题目(学生靠死记硬背就可以解答的考试题目)/死钱(账上有钱但没有现钱)/巴巴<sub>屎</sub>雕菩萨——一个屎(死)相。

也常充当状语修饰动词，如：死揸（一种落后的学习方法，其特点是死记硬背）、死算（呆算，不会巧算）、死缠、死撑、死守、死不改悔。

作为程度副词，"死"常充当状语修饰形容词或形容词性的短语，如：死苕(傻)、死懒生、死罗=爽=(老实窝囊)、死狡猾、死不争气。但一般不修饰褒义形容词，如不说"死漂亮"。还可充当形容词（多含贬义的）的程度补语，通常与助词"哒"（了）组合，拿掉"哒"语意不自足，如：造孽(贫困而可怜)（巴）死哒（*造孽死）/癫=赛=(肮脏)死哒/吃亏(劳累)死哒/懒死哒（*懒死）。

但"死"不能修饰或说明状态形容词，比如不说"酸溜溜死哒""肥叽叽死哒""冷球球死哒""傻不啦叽死哒""横不溜秋死哒"，这是因为状态形容词内部的程度量已经饱和，是"有界"性的，不能再接受程度补语的修饰了；"死哒（了）"中的"死"是程度副词（极）不是动词，是"无界"的，二者不匹配。"无界"的"死（极）哒（了）"只能配"无界"的性质形容词，如：臭死哒、酸死哒、冷死哒、坏死哒、小气死哒。但一般不修饰褒义形容词，如不说"香死哒""嫩死哒""好死哒"。

## 三 含"死"的句法结构

在现实生活中，没有比死亡更严重的事情了，因此由"死"构成的句法结构都可表达一种语法量范畴——性状程度大量（芜崧，2012），这种量是由"死"的"极性意义"（朱赛萍，2006）来显示的，表示某种状态（想、热、气等）的程度达到了极点，是说话人主观感受的夸张表达（及轶嵘，2000），因而是一种主观大量（李宇明，2000），比如"热死我了!"还不至于把人热死的地步，再辣也不会"辣死人"；许多含"死"的惯用语都表达性状程度大量，如"犟死一条牛"形容倔强的程度极高；"要死不过哒"（想死竟然等不及了）是对某人干坏事甚至犯罪行为的强烈谴责。下面一些含"死"的句法结构都可表示性状程度大量。

### 3.1 含"死"的中补结构

"V死人"：意思是V极了或V得不得了（V表示单音动词或形容词），如：懒死人/蹇（调皮）死人/尖（吝啬）死人/辣（咸）死人/晒死人。

"A（形容词）得要死"，义谓"A极了"或"特别A"，如：懒得要死/蹇得要死/小气得要死/犟得要死。

上述两种格式中充当述语的V和A多为贬义词，大致有四类：一、表示嗅觉、味觉、触觉的形容词（臭、酸、甜、苦、辣、咸、腻、冷、热、烫、痒等）；二、部分表示心理感觉的形容词（急、忙、累、闷、躁、恼、冤等）；三、表示人或事物属性的形容词（丑、拐坏、水差、侧卖弄本事、坏、怪、吵、潮、闹、远、重、脏、臭、晒、娇惯、小气、蹇=爬=调皮等）；四、部分表示心理活动的动词，如：想、气、笑等（及轶嵘，2000）。

这两种结构大都带有深感厌恶的感情色彩，没有听说"美（香/嫩）死人""标致（漂亮/勤快）得要死"之类。褒义的说法是"蛮（好/真/太）A"：蛮嫩、好标致、太好看、真勤快。

而惯用语"我想死你了！"和"你想死我了！"中的"死"不含贬义，这两句的语法意义不同：前者表示我特别想你，而后者带有使动义：你令我特别想你。

惯用语"吓死人"形容情况（程度）十分严重，如：他们两口子吵架吵得吓死人/打得吓死人。惯用语"搞得（个）吓死人"，义谓小题大做，如：手指划了条小口子，搞得吓死人！/掉了五十块钱，搞得吓死人！

### 3.2 含"死"的状中结构

一是"死人都VP（动词性成分）"，义谓"无论怎么都VP"（VP含否定义的动补结构），例如：鞋子不晓得放哪里了，死人都找不到！/太难了，死人都记不倒记不住/他跑得太快了，死人都赶不倒赶不上/牛肉太老了,死人都烘煮不烂。

二是"会(会:副词,快要)(状语)+A(单音形容词或动词)+死(程度补语)"结构。这是一种夸张语,如"会热死"义谓热得不得了或热极了,似乎快要热死了。又如:会辣(苦/酸/咸)死;会疼死/会跑死。

### 3.3 连动结构"VP了去死去的"

楚语区常用"去死"来指责对方不该做某件事,如"你偷了去死去的吧?"意思是你不该偷,除非你偷了就去死。"你抢了去死去的吧?"意思是你不该抢,除非你抢了就去死。

### 3.4 含"死"的紧缩复句形式

含"死"的紧缩假设复句"VP了+死太子"。"死太子"在古代是极其严重的事情,楚语区的人常常用这来构成夸张的话语。全句从正面夸张,意思是反面的——做了某事不会死太子,即不会发生像古代死太子那样极其严重的事件,形容做某事的决心和胆量极大。例如:"你不要举报他,他有后台老板。""举报了死太子!"/"你不要骂(打)他!""骂(打)了死太子!"也可以用正反连用的格式:你只管告,告了他你看死不死太子!表达的含义同上。"死不死太子"也可换成"死不死人",意思相同。

假设紧缩复句还有"死了都这是的",意思是"即使死了都不要紧(没什么了不起)",通常用来指责有懒惰、偷窃、打架、骂人等不良行为的人。比如小孩偷了别人的东西遭到父亲的痛打,母亲说:"你把孩子的屁股打疼哒。"父亲发火道:"打死了都这是的!"

假设紧缩复句还有"打死我都(也)VP!",意思是"即使打死我,我都(也)VP!"比如犯了法的人常常向公安机关这样保证:"以后打死我也不偷东西了!"类似的还有"打死我都不相信!""打死我也要跟他离婚!"

此外,"死"可受动量词"一"的修饰,体现小动量(低频率):猪瘟好吓人,一死就是几十头/一死了之/(鱼)一死就是大几百斤/大不了一死。

## 四 与"死"有关的语音现象

### 4.1 "死"在语言单位中的重读和轻读

方言的主要形态是口语,因此,有必要从听觉的角度来观察荆楚方言中的"死"字。总的来说,"死"在各种语言单位中,大多数情况下都是要重读(音强和音长均要突出)的音节,这是因为在言语交际时人们自觉或不自觉地把"死"视为重要信息。

由"死"构成的双音节"死"族词,是标准的"韵律词"(冯胜利,2009:82),其中,无论是充当定语、状语还是宾语的"死"都是需要重读的音节,如:死鬼(女方称呼自己不安分守己的丈夫)、死敌、死党、死棋;死搞、死擂、死缠、死算;找死、敲死、送死、装死。而充当补语或被修饰的"死"读得要轻一些,如:老死、决死、坏死;好死、猝死、假死(其状态像休克)。

在三音节"超韵律词"(冯胜利,2009:82)中,充当修饰语的"死"也是要重读的,如:死面坨(不发酵的面团或炕饼)、死瓣子、死脸皮、死心眼、死脑筋。

冯胜利认为,"2+2"音步的四字格"复合韵律词"有两种重音模式:"X1X2"(取长补短)和"1XX2"(乱七八糟、稀里糊涂)(冯胜利,2009:56)。荆楚方言中的情况与此不完全相同,多数情况下,"死"读得要重于一个音步之内的另一个音节,在下面几种情况下,"死"是要重读的:

1. 起头充当修饰语的"死":死肉巴子、死气沉沉、死灰复燃;死缠乱(蛮)搅、死要面子、死乞白赖;有的语义为"1+3"的音步被"2+2"的"自然音步"(冯胜利,1998)同化,其中主语位的"死"的音强仍然重于一个(临时)音步之内的另一个音节,如:死不足惜、死有余辜、死而后已、死于非命。这一点不同于共同语中的"X1X2"。

2. 末尾的"死"读得最重:生不如死、生老病死、醉生梦死。

3. 处于第二位充当宾语的"死":救死扶伤、见死不救、寻死觅活;处于第二位充当并列项的"死":生死有命、生死存亡。

而充当被修饰语的"死"读得比修饰语轻一点:半死不活、要死不活、殊死搏斗。惯用语"死了死了"中的"了"的音强,要重于"死"(后"了"的音强、音长均大于前"了"),因为"了"是重要信息,例如:死了死了呃,一死百了,还搞那些迷信活动搞"耸"(甚)个(干什么)?第三音节的"死"读得轻于第四音节,如:生离死别、憨吃死睡。

韵律词中充当词根的"死"一般重读,如:死人子、死促狭(沙市话指不太严肃的刻薄、阴险的行为)、死巴死草(死气沉沉)。例外的是惯用语中充当补语的"死"读得比述语轻,比如"丑死八怪"(怪模怪样;十分丑陋)和"饿死鬼投胎"(形容吃相难看)中的"死"。

此外,自由短语或句子的末尾,通常是信息的焦点,所以:充当谓语的"死"读得比主语重,如"树死了";充当程度补语的"死哒"("哒"是语气词,读轻声)读得要比双音节形容词重,如:他们家造孽<sub>贫穷</sub>死哒/那家伙小气死哒/唎伢子寒"爬"<sub>调皮</sub>死哒;充当状语的"死"读得比中心语重,如:死小气、死懒生、死不要脸。

"死"的重叠式必须重读,如:睡得死死的/狮子死死地咬住斑马的脖子。

相反,充当程度补语的"死哒"读得比单音节形容词要轻,如:丑死哒、臭死哒、热死哒、辣死我哒;充当述语动词的"死"读得比宾语要轻(因为宾语是信息焦点),如:昨日[ɯ34]死哒三头牛/村里死哒人。

### 4.2 "死"的"有界"和"无界"表达形式与语音节奏的关系

有时,单独充当谓语的"死"须后跟助词"了"(哒)体现"有界"的特征,除了语意还有语音节律的限制,比如下面的整条歇后语或者是其中的引子,都是七言句,都是"(2+2)+3"的"自然音步",如果拿掉"了"(哒)成为"3+3"的六言句,不光是语意上不能满足,念起来也不上口,失去节奏美感:驼子死了——两头翘(俏)/鸭子死了——嘴壳硬;乌龟死哒变团鱼——圆复圆(原复原_还是原来的状态)/铁匠死哒不闭眼——欠捶。

有时"死"后的"了"(哒)被拿掉(逻辑上还是"死了"的有界状态),同样是语音节律("自然音步"加上后一句的字数)的限制,在"自然音步"为"2+3"的五言句中,如果"死"带上"了"(哒)成为"3+3"的六言句,便读不上口,缺乏节奏美感,比如谚语:娘死(了)女断路(娘死后女儿就不回娘家了)/爷死(了)娘嫁人,各人顾各人/多少少年亡,不到白头死(了)。日常交际也是如此:你死(哒)不打紧,几个伢子郎么搞_怎么办?/他死(哒)无所谓,那些钱哪个来还?

有时如果拿掉"了"(哒)成为"1+3"音步的四字句,语意和节奏都受到影响,比如:死了张屠夫,不吃混毛猪/死了烧成灰,我也认得出来。

"自然音步"为"2+4"的六言句和"2+2"的四字句以及几个三字格连用,其中的"死"是有界的,但如果出现"了",便失去节奏美感,不得不省去,比如谚语"人死不能复生""死无葬身之地"和成语"兔死狐悲""飞鸟尽,良弓藏;狡兔死,走狗烹"。

有时有界的"死"后省"了",是为了以强势双音词的对举来体现对称美,例如:夫哀莫大于心死,而人死亦次之。(《庄子·田子方》)/白天死白死,晚上死黑(谐音"吓")死(形容死得不值)。两例中"人死"对"心死","黑死"对"白死"。

## 参考文献

冯胜利,1998. 论汉语的"自然音步".《中国语文》第 1 期。

冯胜利,2009.《汉语的韵律、词法与句法》(修订本). 北京大学出版社。

及轶嵘,2000. "想死我了"和"想死你了".《天津师范大学学报》(社会科学版)第 4 期。

李宇明, 2000. 《汉语量范畴研究》. 华中师范大学出版社。

吕叔湘, 2003. 《现代汉语八百词》. 商务印书馆。

沈家煊, 1995. "有界"与"无界". 《中国语文》第 5 期。

沈家煊, 2016. 《语法六讲》. 学林出版社。

芜崧, 2012. 荆楚方言中的性状程度大量. 《长江大学学报》(社会科学版) 第 8 期。

芜崧, 2014. 试论语言的逻辑成分. 《湖北工程学院学报》第 2 期。

朱赛萍, 2006. 程度补语极性意义的获得——以"死"类词为例. 《温州师范学院学报》(哲学社会科学版) 第 6 期。

# "二"的"傻"类义由来浅析

王图保

北京华文学院培训部/北京语言大学语言科学院

## 一 引言

近年来,表示"傻、呆、愣、鲁莽、不靠谱"等含义的"二"成了一个流行语。网上诸如"坦言自己很二的十大男女明星""红学界一个很二的逻辑""2.22 你够一 2 到底吗?"纸媒中也常出现"二",例如:

(1) 其实当年穿这样的衣服也二,不过如果有许多人一起的话,二起来也能理直气壮一点,这就是所谓潮流的力量。(《中国青年报》2012.09.18《我们时代的 LOGO》)

(2) 这样倒贴钱,白打工,会不会真的显得自己很二很木?(《新民晚报》2014.06.20《最"二"的中国志愿者》)

"二"为什么表示"傻、呆、愣、鲁莽、不靠谱",一般认为是受到"二杆子、二不愣登、二百五"等方言词语的影响,由这些词浓缩或衍生而来(唐玫玫,2011;林芮莹,2013;李爽爽,2015;孙飞盈,2015;汪韵仪,2020),但很多方言中"二"或由"二"构成的词语表示"傻"类义,却鲜有论述。李志忠(2000)认为,古代先民哲学思想中"一"为因、为源、为本、为正,"二"为果、为末、为流、为副。这是"二"含贬义的理念基础,在使用中逐渐引申出"不专一、不正"的含义。这是结合历史文献做出的合理推断。本文试用方言词语的意义链条进行推演。

## 二 "二"的古今含义

古代汉语中"二"主要有12个义项(引自《汉语大词典》):1.表示数目。2.序数,第二。3.副,与"正"相对。4.再次、两次。5.倍,加倍。6.并列。7.两样,不同。8.谓分成两样。9.怀疑、不确定。10.二心、不遵从。11.哲学用语。我国古代思想家用以指阴、阳或天、地等范畴。12.古人认为偶数属阴,因以"二"者地数之始,或指卦中的阴爻(--),或指臣道等。义项10虽有贬义,但不见有表示"傻"类义。

《现代汉语词典》对"二"的解释:1.一加一后所得的数目。2.两样:不~价,不~法门;心无~用。"3.不专一:~心;三心~意。其中前两个义项算是中性的感情色彩,第三个义项中略带贬义,但没有"傻"类义。

百度百科(2020年5月2日)中对"二"是这样解释的:二是一个多义词,共6个义项。1.二,汉语常用字,读作 èr,最早见于甲骨文,其本义为由混沌分出的天、地两极,后引申为一加一的和、排列顺序中第二位的、不专一、不忠诚等。2.姓氏。3.《剑侠情缘网络版3》新兴实力计量单位。4.二是一个网络用语,来源于网络,意思是指一个人很傻,很不给力(特指男性角色不成熟的表现);也指形容一个人行为怪异,不合群。5.二是方言,指人傻不自知,词性是贬义词。6.二,漫画《尸兄》中的角色,一八铜人之一。以上6个义项中,第2个是姓氏、第3个跟网络游戏相关、第6跟漫画人物相关,没有普遍意义。

## 三 方言中与"二"有关的贬义词语举例

### 3.1 单一方言学著作中含"二"的贬义词语

很多方言中有由"二"构成的表示"傻、呆、愣、鲁莽、不靠谱"等贬义的词语,我们翻阅相关著作,举例如下(括号内文字为所引文献中的解释)。

北京话（《北京话词语增订本》）：二百五（傻气、粗鲁、不会说话办事）｜二不愣子（做事鲁莽，缺心眼的人）｜二杆子（固执、鲁莽）｜二愣子（性情急躁，言行粗鲁的人）｜二五眼（对某方面的知识或技术一知半解，又指这样的人）｜二意思思（犹豫不决）｜二愣（疑惑，惊恐）。

河南洛阳话（《洛阳方言研究》）：二旦（野而傻的人，也做"愣头青"）。

山西临县话（《三晋俗语研究》）：二梁二武（形容人做事鲁莽）。

陕西平利话（《平利方言调查研究》）：二杆子（爱逞能不知轻重的人）｜二不弄子（没有实际能力的人）｜棒老二（土匪）｜绺二匠（贼）。

陕西旬阳话（《旬阳方言词语》）：二板镖子（说话做事不计后果的人）｜二杆子（说话做事不计后果的人）｜二里吧叽（即说话做事不计后果，很鲁莽，也作"二哩二气"）｜二流子（吊儿郎当不务正业的人）｜二气（①说话做事不计后果②说话做事不计后果的人）｜二球（同"二气"）｜二不愣子（不大也不小，不好也不坏，处于中间状态）｜二架梁子（不聪明也不傻的人）。

黑龙江话（《黑龙江方言词汇研究》）：二（傻，不精明）｜二了巴登（傻里傻气）｜二的何（同"二了巴登"）｜二愣（迟疑，犹豫）｜二五眼（①不内行，不精通。②视力差。③能力差的人。）

山东苍山话（《苍山方言志》）：二愣子（不计后果、愣头愣脑、爱招惹是非的人）｜二不楞（同"二愣子"）｜青皮二愣（地痞）｜二杆子（心智不全、做事鲁莽的人）｜二憨子（反应迟钝的人）｜二混子（无所事事、游手好闲的人）｜二流子（流里流气、不务正业的人）｜二把刀（①厨师的帮手②比喻略懂一点、不很内行的人③技艺等不熟练）｜二半吊子（言行不着边际、办事不牢靠的人）。

8. 四川成都话（《成都方言词汇》）：二杆子（粗野、莽撞的人；技艺不过关或某些方面不成熟的人）｜棒老二、老二哥（土匪）。

9. 贵州遵义话（樊华，2010）：二冲二冲（冲动，傻气）｜二流二流（言语、行动下流）｜二憨二憨（傻里傻气）｜倒二（不合常理；故意捣乱）｜吊二（做事不认真，游手好闲）｜无二（形容能力差）｜二流子（下流的人）｜二杆子（行为消极，不务正业的人）｜二百五（傻气莽撞的人）｜正二（假装正经）｜多二（比喻多事，没事找事）。

### 3.2 方言学集成著作中含"二"的贬义词语

3.2.1 《普通话基础方言基本词汇集》中的两个词条：

地痞

二流子：北京、唐山、保定、沧州、邯郸、平山、离石、太原、临河、集宁、赤峰、二连浩特、海拉尔（也叫"二赖子"）、黑河、齐齐哈尔、哈尔滨、佳木斯、白城、长春、通化、沈阳、丹东、锦州、烟台、利津、济宁、信阳、白河、汉中、西安、宝鸡、绥德、银川、天水、敦煌、哈密、乌鲁木齐、成都、南充、西昌、自贡、昭通、大理、昆明、蒙自、遵义、毕节、黎平、柳州（也叫"二赖"）、襄樊、武汉、红安、安庆、徐州、连云港（也叫"二混子"）、扬州、南京。

二流得：石家庄、忻州。

二赖子：兰州。

**半瓶醋**（比喻知识不丰富、技术不熟练的人）。

半瓶醋（半瓶儿醋、半瓶子醋、半瓶得醋、半坛醋）：沧州、唐山、石家庄、邯郸、平山、张家口、阳原（又叫"二八点儿"）、打通、忻州、离石、临汾（又叫"半吊子"）、临河、集宁、赤峰（又叫"半吊子"）、海拉尔、黑河（又叫"半吊子"）、齐齐哈尔（又叫"半吊子"）、哈尔滨、佳木斯、白城、长春、沈阳（又叫"半吊子"）、丹东、锦州、大连、利津、济南（又叫"半吊子"、"二把刀子"）、诸城（又叫"二把手"）、集宁、原阳、敦煌、哈密、成都、南充、昭通、大力、昆明、蒙自、遵义、毕节、贵阳、黎平、安庆、阜阳、芜湖、合肥、歙县、徐州、连云港、南京（又叫"半吊子"）、达县（又叫"二混子"）。

半壶水（半罐水、半桶水、半瓢水）：汉源、西昌、自贡、重庆、柳州、桂林、吉首、红安。

半吊子（半吊得）：北京、长治、二连浩特、通化、烟台、青岛、商丘、林县、灵宝、信阳、白河（又叫"二半膘子"）、汉中、宝鸡、西安（又叫"二杆子"）、银川（又叫"二百五"）、兰州（又叫"二百五"）、绥德、西宁、乌鲁木齐、宜昌（又叫"半罐子"）、襄樊、天门（又叫"半瓶水"）、武汉（又叫"半瓶水"）、扬州、南通。

二把刀（二把刀子）：天津、呼和浩特。

二八糙：郑州。

3.2.2 《现代汉语方言大词典》中含"二"的贬义词语

汪韵仪（2020）通过对《现代汉语方言大词典》中43个地区方言进行考察，发现有16个方言中的"二"完全没有"傻"类义；有14个方言中有"二百五"这个相关词表示"傻"类义；有13个方言中有用"二"组成的词语表示"傻"。四川成都、福建福州、浙江杭州、山东济南、安徽绩溪、江西黎川、江西萍乡、江西南昌、江苏南通、江苏苏州、青海西宁、湖南娄底、湖南长沙、宁夏银川等14地仅有"二百五"这一个词语。既有"二百五"，又有其他"二"表"傻"类义的部分方言举例如下：

黑龙江哈尔滨：二（傻）、二乎、二八愣（子）、二愣子｜新疆乌鲁木齐：二、二不分分｜山东牟平：二戾、二不愣子、二虎、二虎兔子、二王｜山西太原：二五八气、二武｜山西忻州：二里八气、二噶子｜河南洛阳：二蛋｜陕西西安：二气儿｜江苏徐州：二愣子｜江苏南京：二五、二五分分的｜江苏扬州：二（不）愣子｜福建建瓯：二五团。

## 四 "二"之"傻"类含义演变分析

上述含"二"的贬义词语，在官话方言中比较多见，晋语、吴语、闽语、徽语、赣语、湘语中也可见到，单一方言著作提及的含"二"表"傻"类义的词语，如"二杆子、二流子"等还具有很大的普遍性。从上面这些方言词可以看出，"二"本身已经具有了"傻"类义。"正

"多"这样的褒义语素,在遵义话中加上"二"就有了贬义色彩,旬阳话中"二里吧叽"、黑龙江话中"二了巴登、二的何"中"二"后面的成分明显只有语法意义,无词汇意义,因此这些词语表示"傻"类义,均是因为"二"本身具有了这一含义,哈尔滨和乌鲁木齐单独使用"二"就可以表示"傻"类义也可以从一个侧面证明这一点。

那为什么在众多方言中"二"具有"傻"类义?前文提到,"二"在古代汉语中没有此义,"二心,不遵从"这一义项也很难直接引申出"傻"类义来。下面我们尝试从方言词语的意义链条来分析。

### 4.1 "不靠谱、鲁莽、呆、愣"等义项引申链条

观察单一方言著作中含"二"的贬义词语,有一些词语存在于几种方言中,意义不完全相同,但又有一定关联。为方便阅读比较,我们将这几个词语在不同方言中的意义列举如下:

**二杆子** 北京话:固执,鲁莽|平利话:爱逞能不知轻重的人|旬阳话:说话做事不计后果的人|苍山话:心智不全、做事鲁莽的人|成都话:粗野、莽撞的人;技艺不过关或某些方面不成熟的人|遵义话:行为消极,不务正业的人。

**二流子** 旬阳话:吊儿郎当不务正业的人|苍山话:流里流气、不务正业的人|遵义话:下流的人。

**二五眼** 北京话:对其方面的知识或技术一知半解,又指这样的人|黑龙江话:①不内行,不精通。②视力差。③能力差的人。

**二把刀** 苍山话:①厨师的帮手。②比喻略懂一点、不很内行的人。③技艺等不熟练。

"二杆子",在北京、平利、旬阳、苍山四地方言中的意义相差不多,都有"固执、鲁莽"等含义,而到了成都,兼有"粗野、莽撞的人"和"技艺不过关或某些方面不成熟的人"两种含义,而后一种含义在北京话、黑龙江话中用"二五眼"表示,在苍山话中是"二把刀"。"二杆子"在遵义话中是"行为消极,不务正业的人",这跟前面所述几种方言中的意义相差较远,相当于苍山和旬阳的"二流子"。《普通

话基础方言基本词汇集》中绝大多数方言都用"二流子"来表示"地痞"的意思。遵义话中也有"二流子"的说法,意义却是"下流的人"。

由此可见,这四个词语在几种方言中似乎存在某种联系,我们用以下示意图来说明:

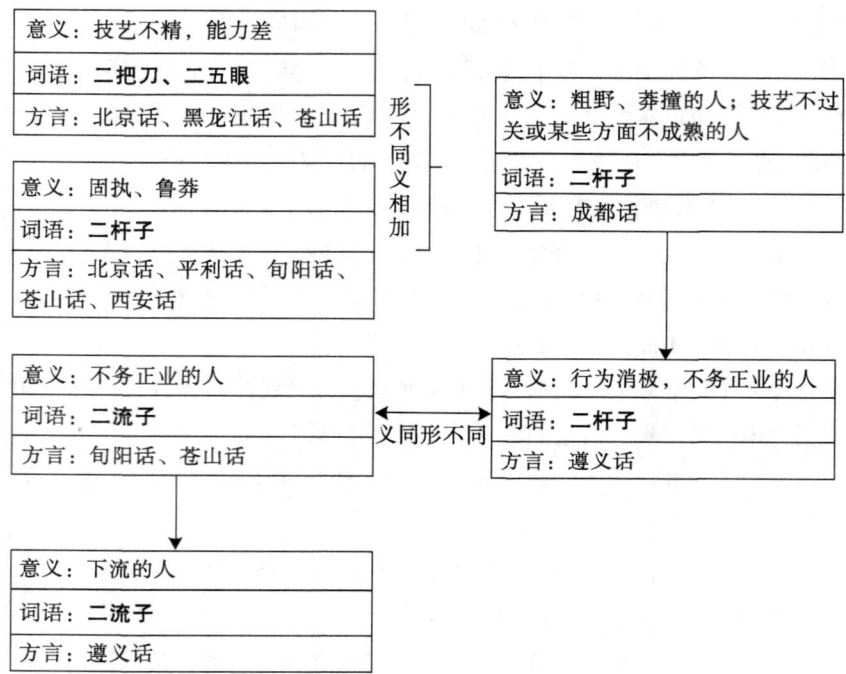

从图中可以看出,四个词语的意义之间,存在着这样一个逻辑链条:

技艺不精、能力差→粗野、莽撞→行为消极,不务正业→下流

这样看起来,逻辑关系不太明显,我们可以加入上述方言中的其他词语以丰富该链条:

**技艺不精、能力差**(北京、黑龙江话:二五眼,苍山话、天津话、呼和浩特话、济南话:二把刀,平利话:二不弄子,遵义话:无二)→**游手好闲、不靠谱**(苍山话:二混子、二半吊子,遵义话:吊二)→**粗野、莽撞**(北京、平利、旬阳、苍山话:二杆子,临县话:二梁二武)

→愣头愣脑、不计后果、爱惹是生非（北京话、苍山话：二愣子，旬阳话：二气、二球、二板镖子、二里吧叽）→土匪、盗贼、地痞（成都话：棒老二、老二哥，平利话：棒老二、绺二匠，苍山话：青皮二愣，北京等多地：二流子）→行为消极，不务正业（旬阳、苍山、成都话：二流子，遵义话：二杆子）→下流（遵义话：二流子）

链条前后词语义项之间有一定的因果关系。而这个链条的开头"技艺不精、能力差"，也可以从"二"在古代汉语"二心、不遵从"和现代汉语"不专一"的义项引申而来。这样便形成了"二"的贬义义项演化链条，"二"表示"不靠谱、鲁莽、呆、愣"等义项，可以从这个链条中找到相应位置。

### 4.2 "傻"义项引申链条

通过考察《普通话基础方言基本词汇集》中词条"半瓶醋"的各地方言说法，我们还可以做出以下链条：

《普通话基础方言基本词汇集》中"半瓶醋"意义是"比喻知识不丰富，技术不熟练的人"，与我们上面链条中的"技艺不精，能力差"基本同义。在各地方言中，"半瓶醋"和"半吊子"的说法居多。在西安称"二杆子"，在白河称"二半彪子"，"二杆子"在旬阳为"说话办事不计后果"，"二半彪子"在旬阳意思是"说话办事不计后果"，所以在旬阳话中找到了"二杆子"和"二半彪子"的共同点，也证明"知识不丰富、技术不熟练"和"说话办事不计后果"两个义项之间的联系。"知识不丰富、技术不熟练"这个意思在银川和兰州叫"二百五"，联系"二百五"在北京、遵义等多地方言的语意"傻气、粗鲁"，直接找到了"知识不丰富、技术不熟练"与"傻"之间的联系。通过苍山话中的"二杆子"的"心智不全"的含义，也能佐证"知识不丰富、技术不熟练"与"傻"两个义项之间的联系。这样一来，"二"的"不靠谱、鲁莽、呆、愣、傻"等义项都在方言词语义链条中找到了位置。

### 4.3 "二"表"傻"义项的另一种推测

河南洛阳方言有个表示"傻瓜"意义的词：傻鸟 [saɪ tiɔɪ]，从读音上可看出"鸟"指男性的某器官。用男性器官表示骂人的话，这在古代汉语中已有之，元杂剧中就出现了"傻鸟"的说法，可以用男性的器官骂人"傻"，《黑龙江方言词汇研究》中词条"□tər⁴⁴"除了男阴的意思以外，还表示"傻"也是一个佐证。

《苍山方言志》中有"老二，暗指男性生殖器"，这一说法在河南、东北很多方言中普遍使用。因此"二"就与男性生殖器官有了联系。

黑龙江方言中表示"傻头傻脑"的"二的何"又可以说"□tər⁴⁴了呵"，可见"二"与男性生殖器官及骂人"傻"三者之间意义上有相通之处。黑龙江方言还直接用"二"表示"傻，不精明"。河南洛阳话还有个词"二旦"表示野而傻的人，这个"旦"也是男性的部位，"二旦""傻鸟"直接将"二""鸟""傻"画上了等号。

如此一来，形容一个人傻，就可说他"二"，遵义话里有"二冲二冲"表示"冲动，傻气"，"二憨二憨"表示"傻里傻气"，就是用了"二"的这个意义。

刘竺岩（2018）通过分析方言中"二"与"左"的意义相似性，认为"二"因"左"代表男性生殖器官，也成为指称男阴的隐语。同时"二"与"左"都有"痴傻、愚笨"的含义。孙志豪（2012）也论述了"二""傻"及男性器官的关系。

## 五 结语

通过观察各地方言中包含"二"的词语的具体含义，我们拟测出一个义项引申链条，对数词"二"何以产生出"傻"类义作出了解释。由此我们可以得出：用同一个字在不同方言中的读音形式可以推导出语音变化的路径或者规律，同样的，我们也可以用某个词语或某类词语在不同方言中的不同意义拟测出其语义的演变轨迹。

在很多汉语方言中"二"都表示"傻"类义，《现代汉语词典》同样也收了"二把刀、二百五、二乎、二忽、二愣子、二流子、二五眼，二愣子"等词语，说明这些词语已经进入了普通话，但"二"的"傻"

类义尚未被辞书确认。百度百科在这方面走在了前面，可见，网络词典在这方面具有更强的敏感度。

## 参考文献

陈章太、李行健（主编），1996.《普通话基础方言基本词汇集》．语文出版社。

樊华，2010. "二""三"在遵义方言中的生动形式．《遵义师范学院学报》第1期。

高艾军、傅民，2001.《北京话词语》（增订本）．北京大学出版社。

贺巍，1993.《洛阳方言研究》．社会科学文献出版社。

华开锋，2008.《旬阳方言词语》．语文出版社。

黄尚军，2006.《成都方言词汇》．巴蜀书社。

李荣（主编），2002.《现代汉语方言大词典》．江苏教育出版社。

李爽爽，2015. 数词"二"的语义及语用变化分析．《鸡西大学学报》第12期。

李志忠，2000. 含"二"词语的贬义色彩．《新疆师范大学学报》（哲学社会科学版）第3期。

林芮莹，2013. 从数词"2"的古今变化看文化演变．《文学教育》第8期。

刘竺岩，2018. "二"的贬义色彩再探究．《内蒙古电大学刊》第2期。

罗竹风（主编），1986.《汉语大词典》（第一卷）．上海辞书出版社。

聂志平，2005.《黑龙江方言词汇研究》．吉林人民出版社。

孙飞盈，2015. 浅谈汉字"二"的文化意蕴．《现代语文》第5期。

孙志豪，2012. 论詈词"二"的理据．《清远职业技术学院学报》第5卷第5期。

唐玫玫，2011. 说"二"．《现代语文》第3期。

王晓军、田家成、马春时，2012.《苍山方言志》．齐鲁书社。

汪韵仪，2020. "二"的方言义来源分析．《现代交际》第1期。

吴建生、李淑珍，2010.《三晋俗语研究》．书海出版社。

中国社会科学院语言研究所词典编辑室，2016.《现代汉语词典》（第7版）．商务印书馆。

周政，2009.《平利方言调查研究》．中华书局。

# 咸宁方言亲属称谓中的"公""爹""爷"*

张少云

北京语言大学语言科学院

## 引　言

汉语方言亲属称谓中,"公""爹""爷"都是常见的称谓形式,主要用于祖辈称谓(以下简称"祖称")和父辈称谓(以下简称"父称"),且以男性称谓为主。学界对祖称和父称等专题性的研究,尤其是对"爷""爹"的研究成果很多,如胡士云(1994、2015)、岩田礼(1995)、陈顺成(2013)、孙益民(2014、2018)、王玲玲(2019)等。

胡士云(1994)指出:"在不同的方言中,有的'爷'指祖父,'爹'指父亲;有的'爹'指祖父,'爷'指父亲;还有的都指父亲。"岩田礼(1995)认为汉语方言用于祖称的词根有"爷""爹""公""翁""祖"五种,"爷"主要分布在北方方言地区,"公"主要在长江以南的地区,"爹"主要分布在长江中下游和湖南南部、福建西部以及云南中部。"翁"由"公"衍生而来,"翁"和"祖"在当下方言中很少见。

本文研究湖北咸宁方言亲属称谓中的"公""爹""爷"。咸宁位于湖北省东南部,东临黄石阳新县,南及江西省修水县和湖南省临湘市,北接武汉江夏区,西与洪湖隔江相望,被誉为"鄂南大门"。《中国语

---

\* 本成果受北京语言大学院级科研项目(中央高校基本科研业务专项资金)资助,项目编号为20YJ140012。

言地图集》（第 2 版）将咸宁方言列为赣语大通片，其方言内部复杂，今可分为咸安、嘉鱼、赤壁、崇阳、通山、通城六大口音。本文讨论的咸宁方言不单指咸宁市区，还包括其下辖的区、县。为了方便说明和更清晰地呈现"公""爹""爷"所指的亲属称谓在地理上的关系，作共时上的对比，我们暂且将咸宁境内老北三县的咸安、嘉鱼、赤壁划分为 A 区，老南三县中的崇阳和通城为 B 区，通山为 C 区。

咸宁方言中，"公"和"爹"多见于祖称，"爷"只见于父称。此外，它们在咸宁方言中还可用于女性称谓。目前对于咸宁方言亲属称谓的研究可见的不多。万献初（2009）、何岳球等（2010）、陈晓云（2014）等分别从咸宁和武汉方言亲属称谓词的接触与变异、通城方言"女性称谓"缺失、方言称谓词使用情况等做过考察，但对于亲属称谓词本身，尤其是单个称谓词，以上论著均没有进行系统、深入的讨论。本文拟在实地调查的基础上考察"公""爹"和"爷"在咸宁方言亲属称谓祖称、父称中的语音类型、词汇形式、地理分布及发展变化。在整理资料和写作中，我们采用"呼称"（面称），兼顾"叙称"（背称）。

2019 年 11 月，我们对咸宁方言亲属称谓进行了调查。调查时，我们尽量均匀布点，选取了 16 个调查点，共 18 位发音人（其中两个点各用 2 个方言人），12 男 6 女，平均年龄 58 岁。这些发音人从小生活在本地，方言状况良好，基本不会说普通话。

## 一 "公"

### 1.1 "公"的读音

"公"，见于甲骨文和金文。《尔雅·释诂》："林、丞、天、帝、皇、王、后、辟、公、候，君也。""公"在此指"君"。《后汉书·李固传》："自太公以来，积德累仁。"《称谓录》章怀注："太公，谓祖父也。""公"已经指亲属称谓，即称祖为太公。《广韵》："公，通也，父也，正也，共也。"此公指"父"。

咸宁方言亲属称谓中，"公"用于祖称，都读阴平调，读音可以分为［kuŋ］和［kʌŋ］两类：

（1）［kuŋ］类：赤壁黄盖湖。

（2）［kʌŋ］类：除赤壁黄盖湖外的其余 15 个方言点。

### 1.2 "公"的形式

咸宁方言祖称以"公"为词根的主要有 5 种词形：外公、太公、阿公、家公和家公太。

表 1　公在祖辈称谓中的分布

| 称谓形式 | 所指亲属 | 方言点 | 地理分布 |
|---|---|---|---|
| 外公 | 外祖父 | 赤壁黄盖湖 | A |
| 太公 | 曾祖父、曾祖母、外曾祖父、外曾祖母 | 通城隽水、沙堆 | B |
| 阿公 | 祖父 | 通山大畈 | C |
| 家公 | 外祖父 | 通山大畈 | |
| 家公太 | 外曾祖父 | 通山大畈 | |

### 1.3 特点

#### 1.3.1 构词方式

咸宁方言亲属称谓中的"公"有两种类型的构词方式：X+公（外公、太公、阿公、家公）、X+公+X（家公太）。

"X+公"类型中，词缀有"外、太、阿、家"等，只有"阿"是虚化的前缀，其他几个词缀还具有实义："太"强调辈分高；"外"意指姻亲；"家"本义应指"本家"而非外族，这里用来指称外祖父，感觉上更加亲切；"家公太"结构上应该是"家公+太"，用"太"来表示比"家公"辈分要长一辈。

通山大畈用"阿公"指称"祖父"，"阿"缀在通山大畈方言亲属称谓中非常普遍，如：阿太、阿婆、阿爷、阿娘、阿姆、阿哥、阿弟、阿嫂、阿姐、阿妹。

通山大畈用"家公"指称"外祖父"，黄建群（1994）记为"家

（高）公［kɔ²¹³kin²¹³］"；黄石阳新与通山相邻，原属咸宁，"外祖父"记作"家（高）公［kɔ⁴⁴kəŋ⁴⁴］"（黄建群，1995）。

1.3.2　所指亲属

从称谓和亲属的对应关系看，通城隽水、沙堆的"太公"对应于多个亲属关系且分内外、性别不同，其他称谓都是一一对应的形式。

从亲属的内外关系看，只有"阿公"专指父系称谓；"外公、家公、家公太"专指母系称谓；"太公"既可指父系称谓，也可指母系称谓。

从亲属的性别来看，"外公、阿公、家公、家公太"只指男性亲属；"太公"既可指男性亲属，也可指女性亲属。这种男称女用的现象，在咸宁通城比较常见。这一现象还可见于周边的湖南岳阳市区，岳阳县公田，临湘市区和临湘桃林、詹桥、白羊田等方言，这些方言用"细老爹 tia"指称"曾祖母"（孙益民，2013）。武汉方言呼称"姑姑"为"小爹、小爷"，"伯"既可指伯父，也可指伯母（王婷，2013）。

1.3.3　地理分布

整体来看，"公"用于祖称在咸宁方言中只存在于个别地区，"外公"只见于 A 区的赤壁黄盖湖；"太公"只见于 B 区的通城隽水和沙堆；"阿公、家公、家公太"见于 C 区的通山大畈。以上几种称谓都呈小范围分布，且集中于咸宁南三县的通城和通山。

1.4　比较

"公"在汉语方言亲属称谓中常用于祖称，主要分布于长江以南地区，咸宁亦位于这一区域内。咸宁方言指祖称的"外公、太公、阿公、家公、家公太"，除"家公太"外，其余在汉语其他方言中均可见。如："外公"见于贵阳、舟山、长沙等（胡士云，2007：103—104）；"太公"见于苏州、杭州、三明等（许宝华、宫田一郎，1999：658）；"阿公"见于娄底、厦门、梅县等（许宝华、宫田一郎，1999：2985）；"家公"见于浠水、成都、石泉等（许宝华、宫田一郎，1999：5151）。

各地"公"类称谓多用来指称祖辈亲属，但具体指称的对象有同有异，如："外公"，贵阳、苏州、金华、舟山、长沙、娄底、萍乡、厦门、福州、于都指外祖父，赤壁黄盖湖亦同。"太公"，上海、崇明、苏州、无锡、吴江、杭州、绍兴、临海、云和、黄岩、金华岩下、南昌、新余、波阳、赣州蟠龙、广州、阳江、永春、泉州、厦门指曾祖父，三明称祖父，而通城隽水、沙堆只用于指称曾祖辈，且可兼指父系称谓和母系称谓，还兼指男性亲属和女性亲属。"阿公"，大理、蒙自、南昌、广州、增城、香港、澳门指外祖父，昌宁、都安、南平、平阳、达县、西昌称祖父，通山大畈也用来指祖父。

  汉语方言亲属称谓中还存在其他"公"类称谓，如："公子"，漳平指曾祖父，政和称祖父。"公大"，浦城指祖父。"公儿"，邵武称外祖父。"公太"，大埔指曾祖父，石陂称外曾祖父。"公老"，南雄、仁化指祖父。"公达"，武平称祖父。"公伯"，松溪指外祖父（许宝华、宫田一郎，1999：741）。"曾公"，黎川指曾祖父（颜森，1995：184）。"公妈"，福州指祖父母（李如龙等，1996：121）。"依公"，福州指祖父。"里公"，厦门指祖父。"外家公"，广州、海口指外祖父。"外阿公"，梅县指外祖父。"外公老子"萍乡指外公（胡士云，2007：102—104）。"公公"，东莞、贵阳、南京、昆明指外祖父，石家庄、宁波、建瓯称祖父，广元则指称父亲（李如龙、潘渭水，1998：214；刘丹青，1995：297；汪平1994：304；许宝华、宫田一郎，1999：741；詹伯慧、陈晓锦，1997：223）。

## 二 "爹"

### 2.1 "爹"的读音

  "爹"，最早收录在《广雅·释亲》："翁、爸、爹、奢，父也。""爹"在此指"父"。《广韵》"爹"有两个读音，一个是定母哥韵，上声开口一等，另一是知母麻韵，平声开口三等。胡士云（1994）指出方言里的"爹"，多读作阴平调，有［tie］［tia］［ta］三种读法。岩田礼（1995）也认为［ta］是"爹"的变读，即 tia>ta。

咸宁方言亲属称谓中,"爹"用于祖称,都读阴平调。读音可以分为[tia]、[tiɛ]、[tei]和[tɕie]四类:

(1)[tia]类:咸安浮山、嘉鱼陆溪、赤壁赤马港、崇阳沙坪、通城隽水、通城沙堆。

(2)[tiɛ]类:咸安双溪、咸安桂花、咸安贺胜桥、嘉鱼鱼岳、嘉鱼潘家湾、崇阳白霓、赤壁黄盖湖。

(3)[tei]类:崇阳路口。

(4)[tɕie]类:咸安高桥。

## 2.2 "爹"的形式

咸宁方言祖称以"爹"为词根的主要有13个词形:爹、爹爹、太爹、家爹、老爹、胡爹、老胡爹、家婆老胡爹、家婆胡爹、家婆爹爹、细爹、伢屋爹爹、伢屋细爹。

表2 "爹"在祖辈称谓中的分布

| 称谓形式 | 所指亲属 | 方言点 | 地理分布 |
| --- | --- | --- | --- |
| 爹 | 祖父 | 咸安浮山、双溪、桂花、贺胜桥、高桥;崇阳沙坪、路口 | A、B |
| 爹爹 | 祖父 | 赤壁黄盖湖;通城沙堆 | A、B |
| | 外祖父 | 崇阳沙坪、路口 | B |
| | 外祖父、外祖母 | 咸安高桥 | A |
| 太爹 | 曾祖父、外曾祖父 | 崇阳路口 | B |
| | 曾祖父、祖父 | 崇阳白霓 | |
| | 祖父 | 通城隽水 | |
| | 曾祖母、外曾祖父、外曾祖母 | 崇阳沙坪 | |
| 家爹 | 祖母 | 嘉鱼鱼岳、潘家湾、陆溪 | A |
| | 外祖父 | 咸安浮山、双溪、桂花、贺胜桥 | |
| | 外祖父、外祖母 | 嘉鱼鱼岳、潘家湾、陆溪 | |

(续表)

| 称谓形式 | 所指亲属 | 方言点 | 地理分布 |
|---|---|---|---|
| 老爹 | 曾祖父、曾祖母、外曾祖父、外曾祖母 | 嘉鱼鱼岳、潘家湾；赤壁黄盖湖 | A |
| | 外曾祖母 | 赤壁赤马港 | |
| 胡爹 | 祖父 | 赤壁赤马港；嘉鱼鱼岳、潘家湾、陆溪 | |
| 老胡爹 | 曾祖父 | 赤壁赤马港 | |
| | 曾祖父、外曾祖父 | 嘉鱼陆溪 | |
| 家婆老胡爹 | 外曾祖父 | 赤壁赤马港 | |
| 家婆胡爹 | 外祖父 | 赤壁赤马港 | |
| 家婆爹爹 | 外祖母 | 赤壁赤马港 | |
| 细爹 | 外祖母 | 崇阳沙坪；通城隽水 | B |
| 伢屋爹爹 | 外祖父 | 通城沙堆 | |
| 伢屋细爹 | 外祖母 | 通城沙堆 | |

### 2.3 特点

#### 2.3.1 构词方式

咸宁方言亲属称谓中的"爹"有三种类型的构词方式：单音节词、重叠、X+爹（太爹、家爹、老爹、胡爹、老胡爹、细爹，等）。

"X+爹"类型中，词缀比较丰富多样，有"太、家、老、胡、细"等，其中"太、家、老、胡"主要用于区分辈分，"细"用于区分性别。为了区分内外，有些方言还在复合词前加上了"家婆、伢屋"等修饰性成分（如家婆胡爹、家婆老胡爹、家婆爹爹、伢屋爹爹、伢屋细爹），用来指称外戚。

#### 2.3.2 所指亲属

从称谓和亲属的对应关系看，咸安高桥的"爹爹"，崇阳路口、沙坪、白霓的"太爹"，嘉鱼鱼岳、陆溪的"家爹"，嘉鱼鱼岳、潘家湾、赤壁黄盖湖的"老爹"，嘉鱼陆溪的"老胡爹"在不同方言对应多种不同的亲属关系,"爹、胡爹"及几个复杂形势的称谓与亲属关系则一一对应。

从亲属的内外关系看,"爹、胡爹"专指父系称谓;"细爹、佴屋细爹、佴屋爹爹、家婆爹爹、家婆胡爹、家婆老胡爹"专指母系称谓;"太爹、爹爹、家爹、老爹、老胡爹"既可指父系称谓,也可指母系称谓。

从亲属的性别来看,"爹、胡爹、老胡爹、家婆胡爹、佴屋爹爹"和"家婆老胡爹"只指男性亲属;"细爹、佴屋细爹"和"家婆爹爹"只指女性亲属;"爹爹、太爹、家爹、老爹"既可指男性亲属,又可指女性亲属。

2.3.3 地理分布

整体来看,"爹"用于祖称在咸宁方言中只见于A和B两区,不见于C区(祖称以"公"为主)。"太爹"多见于B区的崇阳境内和相邻的通城隽水,"家爹"用于A区的咸安和嘉鱼,"爹"见于A区的咸安和B区的崇阳。以上几种称谓都呈连片分布;"老爹、胡爹、家婆胡爹、家婆爹爹、家婆老胡爹"只分布于A区的赤壁赤马港及与其相距不远的嘉鱼陆溪,呈小范围分布;"爹爹"见于A区的咸安高桥、赤壁黄盖湖,B区的崇阳沙坪、路口以及通城沙堆共5个点,呈分散单点分布,没有在地理上连成一片;"佴屋爹爹、佴屋细爹"则仅见于B区的通城沙堆一个点。

## 2.4 比较

"爹"在汉语方言亲属称谓中既用于祖称,也用于父称,主要分布于中原官话区、江淮官话区、西南官话区、湘语区、客家话区、赣语区,咸宁也在其中。咸宁方言以"爹"为词根的祖称形式,一部分也见于其他方言,如:"爹"见于武汉、南京、建瓯等(李如龙、潘谓水,1998:49;刘丹青,1995:78;朱建颂,1995:134,);"爹爹"见于长沙、苏州、金华(胡士云,2007:101—106);"太爹"见于如东、宁乡;"老爹"见于连云港、泾县、大埔;"细爹"见于永修;"家爹"见于武汉、天门、舒城（许宝华、宫田一郎，1999：660，1659，3783，5156）。

各地"爹"类称谓在具体指称的对象有同有异，如："爹"，商城、盐城、涟水、广济、浠水、黄梅、英山、罗田、红安、天门、长沙、岳阳、临湘、连城指祖父，咸宁咸安与崇阳亦与之相同。"爹爹"，武汉既指祖父又指外祖父，长沙仅指祖父，苏州、金华则用来称父亲，赤壁黄盖湖、通城沙堆指祖父，崇阳沙坪、路口称外祖父，咸安高桥则指外祖父母。"家爹"，武汉、天门、舒城均指外祖父，咸安浮山、双溪、桂花、贺胜桥仅指外祖父，嘉鱼鱼岳、潘家湾、陆溪既指祖母、又可称外祖父母。"老爹"，赣榆、连云港、松滋、巴东、铜陵、泾县、昆明、玉溪、宝山、莲花、建瓯指祖父，东台、大埔则称曾祖父，赤壁赤马港则指外曾祖母，嘉鱼鱼岳、潘家湾和赤壁黄盖湖则既可指曾祖父母又可称外曾祖父母。"细爹"，永修指叔父，崇阳沙坪、通城隽水则称外祖母。

我们查阅《汉语方言大词典》（第4967页）词汇"爹"和《汉语方言地图集》（词汇卷）图042"爷爷"、图043"奶奶"、图044"外祖父"、图045"外祖母"、图046"爸爸"，发现"胡爹、老胡爹、家婆胡爹、伢屋爹爹、家婆爹爹、伢屋细爹、家婆老胡爹"在汉语方言中比较少见，可以看作咸宁方言独特的称谓形式。

另外，汉语方言亲属称谓中还存在其他"爹"类称谓，如："爹太"连城庙前指曾祖父；"爹仔"顺昌、将乐称父亲；"爹咃"玉溪指父亲；"爹哩"长汀称父亲；"爹官"宁德指公公；"爹地"广州称父亲；"爹儿"莱阳指叔父（许宝华、宫田一郎，1999：4967）。"阿爹"苏州指祖父，广州、舟山、海口称父亲；"舅爹"涟水指外祖父；"依爹"福州称父亲（胡士云，2007：101—107）。"家公爹爹"武汉称外祖父；"帅爹爹"武汉指高祖父；"小爹"指称叔叔（朱建颂，1995：81，158，220）。其中，既有祖称，也有父称，表现出"爹"在汉语方言中指称形式和指称亲属关系的多样性。

## 三 "爷"

### 3.1 "爷"的读音

咸宁方言称谓中,"爷"用于父称,都读阳平调。读音可以分为[iɑ]和[iɛ]两大类:

(1)[iɛ]类:咸安贺胜桥、通山大畈。
(2)[iɑ]类:除咸安贺胜桥和通山大畈的其余14个方言点。

### 3.2 "爷"的形式

咸宁方言父称以"爷"为词根的主要有10个词形:爷、阿爷、妻爷、亲爷、干爷、伯爷、叔爷、舅爷、姑爷、姨爷。

表3 "爷"在父辈称谓中的分布

| 称谓形式 | 所指亲属 | 方言点 | 地理分布 |
| --- | --- | --- | --- |
| 爷 | 父亲 | 咸安浮山、桂花、高桥、双溪、贺胜桥;嘉鱼鱼岳、潘家湾、陆溪;赤壁赤马港;崇阳白霓、路口、沙坪;通城隽水、沙堆 | A、B |
| 阿爷 | 父亲 | 通山大畈 | C |
| 妻爷 | 岳父 | 咸安浮山、桂花、高桥、双溪、贺胜桥 | A |
| 亲爷 | 岳父 | 赤壁黄盖湖 | A |
| 干爷 | 岳父 | 嘉鱼陆溪;赤壁赤马港 | A |
| 伯爷 | 伯父 | 咸安浮山、高桥、双溪、桂花、贺胜桥;嘉鱼鱼岳、潘家湾、陆溪;赤壁赤马港;崇阳白霓、路口、沙坪;通城隽水;通山大畈 | A、B、C |
| 叔爷 | 叔父 | 咸安浮山、高桥、双溪、桂花、贺胜桥;嘉鱼鱼岳、潘家湾、陆溪;崇阳白霓、路口、沙坪;通山大畈 | A、B、C |
| 叔爷 | 叔父、叔母 | 赤壁赤马港;通城沙堆 | A、B |
| 叔爷 | 叔父、叔母、姑母 | 通城隽水 | B |

（续表）

| 称谓形式 | 所指亲属 | 方言点 | 地理分布 |
|---|---|---|---|
| 舅爷 | 舅父 | 咸安浮山、双溪、高桥、桂花、贺胜桥；嘉鱼鱼岳、潘家湾、陆溪；崇阳白霓、路口、沙坪；通山大畈 | A、B、C |
| | 舅父、舅母 | 赤壁赤马港；通城隽水、沙堆 | A、B |
| 姑爷 | 姑父 | 咸安浮山、双溪、高桥、桂花、贺胜桥；嘉鱼鱼岳、潘家湾、陆溪；赤壁赤马港、黄盖湖；崇阳白霓、路口、沙坪；通城隽水、沙堆；通山大畈 | A、B、C |
| 姨爷 | 姨父 | 咸安浮山、高桥、双溪、桂花、贺胜桥；嘉鱼鱼岳、潘家湾、陆溪；赤壁赤马港、黄盖湖；崇阳白霓、路口、沙坪；通城沙堆；通山大畈 | A、B、C |
| | 姨父、姨母 | 通城隽水 | B |

### 3.3 特点

#### 3.3.1 构词方式

咸宁方言亲属称谓中的"爷"的构词方式主要有两种：单音节词、X+爷（阿爷、妻爷、亲爷、干爷、伯爷、舅爷、叔爷、姑爷、姨爷）。"X+爷"类型中，只有"阿"是虚化的前缀，其他几个词中"爷"前的限制成分都具有实义："妻、亲、干、舅、姨"意指姻亲，"伯、叔、姑"强调直系血亲。

#### 3.3.2 所指亲属

从称谓和亲属的对应关系看，"爷"在咸宁方言亲属称谓中均是一对一的形式，指以"我"为中心的上一辈，只是在内外和性别上存在不同。

从亲属的内外关系看，"爷、阿爷、伯爷、姑爷"专指父系称谓，"叔爷、舅爷、姨爷"在一些方言点既可指父系称谓，又可指母系称谓，不分内亲和外戚。

从亲属的性别来看,"爷、阿爷、伯爷、舅爷、姑爷"只指男性亲属(父亲、伯父、舅父、姑父);"叔爷、舅爷、姨爷'在一些方言点中既可指男性称谓,又可指女性称谓。

3.3.3 地理分布

整体来看,单音词"爷"用于父称在咸宁方言中相当广泛,分布于除 C 区通山和 B 区赤壁黄盖湖外的咸宁全境;C 区的通山大畈的"阿爷"跟通山方言亲属称谓多用"阿"缀的特点保持一致;"伯爷、舅爷、姨爷、姑爷"亦几乎覆盖咸宁的 A、B 和 C 三个区;"妻爷、亲爷、干爷"指称岳父(叙称)均只见于 A 区;用"叔爷、舅爷、姨爷"分别指"叔母、姑母、舅母、姨母"A、B 区都有,又以 B 区的通城隽水最为突出。

### 3.4 比较

"爷"在汉语方言中既可用于祖称,也可用于父称。用作祖称主要分布在北方官话、西南官话、江淮官话、吴语、湘语和粤语;用作父称分布于江淮官话、赣语、湘语、客家话和粤语,咸宁亦在这一范围内。

咸宁方言以"爷"为词根的称谓形式,除"妻爷"外,大部分可见于其他方言,如:"爷"见于盐城、开封、休宁等;"阿爷"见于荆门、大理、宁波等;"亲爷"见于武汉、常德、西昌等;"干爷"见于南昌、宜春等;"伯爷"见于应城、广州、益阳等;"舅爷"见于浠水、衡阳、曲靖等;"叔爷"见于合肥、自贡、开平等;"姑爷"见于沈阳、连云港、成都等;"姨爷"见于红安、金华、宜春等(许宝华、宫田一郎,1999:2126,2987,4339,179,2742,6614,3329,3753,4521)。

各地"爷"类称谓在具体指称的对象有同有异,如:"爷",费县、盐城、怀远、红安、黄陂、天门、资阳、无锡、昆山、长沙、宁乡、大冶、连城、建阳等指父亲,北京、唐山、烟台、开封、临汾、宝鸡、金华、吉首、新会、淮阴、腾冲等称祖父,如皋、扬州、合肥等指伯父、叔父,新绛、运城、西安等称外祖父,淄博、桓台、广济等又指岳父,咸宁方言称谓"爷"均只指父亲。"阿爷",西宁、蒙自、建水、温州、宁波、广州等指祖父,莆田、苍南金乡、花都区花山、宝安宝井、南宁心圩等称伯父,荆门、大埔、阳江、东莞、湖州双林、台山台城等指父亲,通山大畈指父亲。"亲爷",武汉、常德、南川、西昌、苍南指岳父,保定指儿媳的祖父,邛崃、随州称兄弟的岳父,赤壁黄盖湖指岳父。"干爷",南昌、宜春指干爸爸,嘉鱼陆溪、赤壁赤马港指岳父。"伯爷",应城、广州、三水指父亲,武汉、都安、自贡、益阳、南昌、东莞、开平、温州、浦城称伯父,咸宁方言称谓"伯爷"均指伯父。"叔爷",合肥、自贡、歙县、开平指叔父,建阳称继父,阳江、琼山指小叔子,咸安、嘉鱼、崇阳、通山指叔父,赤壁赤马港、通城沙堆兼称叔父母,通城隽水可兼指叔父母、姑母。"舅爷",浠水、都安、屯溪、休宁、黟县、上海、泰顺、平阳、温州、浦城、衡阳、宜春、西昌、石陂指舅父,赣榆、曲靖、大理、阳江、厦门、琼州称妻子的兄弟,运城、西安、宝鸡指称外祖父,咸安、嘉鱼、崇阳、通山指舅父,赤壁赤马港、通城隽水、沙堆可兼称舅父母。"姑爷",沈阳、大连、邳州市、连云港、盐城、合肥、广济、天门、成都、临沧、南平、泰顺、衡阳、临川等指姑父,临武、重庆称姨父,沈阳、保定、牟平、鄢陵指称父亲的姑父,腾冲还可指丈夫,咸宁方言称谓"姑爷"均只指姑父。"姨爷",红安、自贡、金华、长沙、吉首、衡阳、宁乡、临川、宜春、平江指姨父,户县称姨祖母的丈夫,高安老屋周家又可指称母亲,咸安、嘉鱼、赤壁、崇阳、通山指姨父,通城隽水可兼称姨父母。(许宝华、宫田一郎,1999)

另外,汉语方言亲属称谓中还存在其他"爷"类称谓,如:"爷祖公",苍南指称老祖宗;"爷儿",离石指祖父,台湾称父亲;"爷儿公公",西宁指称祖父;"爷子",新余、成都龙潭寺指父亲;"爷耶",溧水指称祖父;"爷里",永定下洋指父亲(叙称);"爷哩",武平指父亲;"爷爸",光泽称父亲;"爷佬",赣州蟠龙指父亲;"爷老倌子",衡阳称父亲。(许宝华、宫田一郎,1999:2127)

## 四 余论

胡士云（1994、2007）和岩田礼（1995）的研究表明，早期文献只有"公"和"爷"指祖称，其等言线在淮河附近，"爹"则是江淮地区宋代以后才用于祖称，沿长江传播到达了湖北中部，再向南扩散。他们还据此拟出了不同时期江淮方言指祖称的用词：第一时期为"公"，第二时期为"爷"，第三时期为"爹"。今天咸宁方言的中没有"爷"指称祖辈亲属的情况，"爷"只用于父辈称谓；"公""爹"指称祖辈亲属则非常普遍，尤其是"爹"类称谓目前在咸宁方言祖辈亲属称谓中占绝对优势，"公"的具体形式和分布点数都远不及"爹"。

**参考文献**

北京大学中国语言文学系教研室编，1995.《汉语方言词汇》（第二版）. 语文出版社。

曹志耘（主编），2008.《汉语方言地图集·词汇卷》. 商务印书馆。

陈顺成，2013. 亲属称谓词"耶""爺"的历时考察——附论"孃""娘".《古汉语研究》第 1 期。

陈晓云，2014. 鄂东南方言称谓词使用情况考察.《湖北经济学院学报》第 5 期。

何岳球、石荷露，2010. 鄂东南通城方言中"女性称谓"缺失的原因初探.《咸宁学院学报》第 9 期

胡士云，1994. 说"爷"和"爹".《语言研究》第 1 期。

胡士云，2007.《汉语方言亲属称谓》. 商务印书馆。

胡士云，2015. 汉语亲属称谓的方言类型——以"祖称"与"父称"为例.《中国方言学报》第 5 期。

黄建群，1994.《通山方言志》. 武汉大学出版社。

黄建群，1995.《阳新方言志》. 中国三峡出版社。

刘丹青，1995.《南京方言词典》. 江苏教育出版社。

中国社会科学院语言研究所等（主编），2012.《中国语言地图集·汉语方言卷》

（第2版）．商务印书馆。

李如龙、梁玉璋、邹光椿、陈泽平，1996．《福州方言词典》．福建人民出版社。

李如龙、潘渭水，1998．《建瓯方言词典》．江苏教育出版社。

梁章钜、郑珍，《称谓录亲属记》．中华书局。

孙益民，2013．湖南东北部曾祖父母称谓的地理语言学研究．《中国方言学报》第3期。

孙益民，2014．湖南东北部外祖父母称谓的地理语言学研究．《中南林业科技大学学报》第6期。

孙益民，2018．湖南东北部父亲称谓的地理语言学研究．《赤峰学院学报》第9期。

万献初，2009．咸宁——武汉方言亲属称谓词的接触与变异．《长江学术》第3期。

王玲玲，2019．汉语"父亲"称谓类型考察．《周口师范学院学报》第6期。

汪平，1994．《贵阳方言词典》．江苏教育出版社。

王婷，2013．武汉方言亲属称谓研究．西南科技大学硕士学位论文。

许宝华、宫田一郎，1999．《汉语方言大词典》，中华书局。

岩田礼，1995．汉语方言"祖父""外祖父"称谓的地理分布．《中国语文》第3期。

詹伯慧、陈晓锦，1997．《东莞方言词典》．江苏教育出版社。

朱建颂，1995．《武汉方言词典》．江苏教育出版社。

# 晋南地区夫妻面称称谓现象研究

孙樱元

北京语言大学语言科学院

## 一 引言

汉语亲属称谓纷繁复杂，数量多、区分细、词义交叉严重，且古今有别，现代各方言间也有较大差异。除语言因素外，亲属称谓中还隐含着许多文化因素（胡士云，2007）。亲属称谓在现代汉语方言中不但庞杂纷繁，还存在大量缺位现象，尤其是夫妻双方面称时的称谓形式，在许多方言中都处于缺位状态。

## 二 晋南地区夫妻面称称谓的表现形式

在今晋南地区，夫妻双方面称称谓形式仍然存在，但存在形式较为特殊。具体表现为：夫妻双方多用在家中排行老大的孩子的小名称呼对方，且名字后不再加"爸、妈"等称谓。如家中最大的孩子是女孩，小名叫"红红"或拖长音节的"红"，在夫妻双方当面交际时，互以孩子的小名称呼对方，而非"红红妈""红红爸"。

本文的调查主要采用了线上问卷调查与（线上、电话等）访谈相结合的方式进行。首先在微信朋友圈中发放《夫妻面称称谓现象调查问卷》，对存在这一称谓现象并有反馈的问卷进行汇总，接着开展下一步的访谈。晋南地区收集语料汇总如表1所示，为呈现语料的原始面貌，表中为问卷及访谈内容的简单转述，未进行过多加工。同一方言点可能出现多位受访者的回答。

表1 晋南地区夫妻面称称谓情况

| 方言点 | | 使用者年龄 | 具体表现 |
| --- | --- | --- | --- |
| 临汾市 | 汾西 | 70岁以上 | ①一般多为老大的小名。但是男孩女孩中排行老大的名字都会叫。丈夫称呼妻子用最大的女儿的小名，妻子称呼丈夫用最大的男孩的小名。性别不会乱。<br>②叫法差不多，不会有误会。要是两个人都在场，跟谁说话，脸就面向谁。一般不会叫错。<br>③村里人不会这么叫。 |
| | 洪洞 | 70岁以上 | 一个远房姑姑称呼她丈夫就是用孩子的名字，具体的不是很清楚。 |
| | 侯马 | 80岁以上 | ①互相称呼用老大的小名。<br>②称孩子和叫老伴的说法完全一样，但子女基本不在家，同时叫的情况很少。在具体的语境当中，大家都知道是称谁的，不会混。 |
| 运城市 | 盐湖区 | 80岁左右 | ①一般都叫老大的名字，不叫其他孩子的名字，也有叫其他孩子小名的情况，但是特别少；也有第一个生了个女孩，后来又生了一个男孩，从此就改叫男孩的名字。<br>②很少会出现歧义，如果出现歧义，会再加上一句"你妈呢？你妈在干嘛呢？"，一般老大不在家。<br>③村里人也会给二位老人叫大孩子的名字。 |
| | | | ①喊老头的时候叫大儿子的名字，喊老婆的时候叫女儿的名字。<br>②不会引起歧义，所叫名字不同。如：孩子的小名叫"漂亮"。叫老伴是只叫一个字"漂"，而叫孩子时是两个字"漂亮"。<br>③村里人会用大孩子的名字称呼这家父母，如生产队其他人叫"漂亮"父或母时，通常会叫"漂亮"，其父母就知道在叫他们。 |

(续表)

| 方言点 | | 使用者年龄 | 具体表现 |
|---|---|---|---|
| 运城市 | 临猗 | 80岁左右 | ①基本只用老大的小名称呼。<br>②会有同时叫的情况，但一般不会引起歧义，如：爷爷奶奶的大女儿小名叫"列列"，如果爹话时也在场的话，奶奶一般不会叫爷爷"列列"，而是叫爷爷的小名，所以一般不会搞错。但爷爷还是会用"列列"跟奶奶说话。如果两个人同时答应，爷爷会说"叫你妈哩"这种话。<br>③村里人不能这么叫。新媳妇嫁过来以后，村里人会用娘家的村名或巷子名称呼新媳妇，这样的叫法会一直沿用。夫妻双方中男方也会这么称呼女方。如：南辛的，辛庄的。 |
| | | | 外婆给外公叫大舅的名字，但外公给外婆叫外婆娘家村的名字。 |
| | 夏县 | 75岁以上 | ①这个现象爷爷奶奶那辈人比较多，现在少了。<br>②称呼老大的名字。<br>③一般不会引起歧义，说的时间久了，孩子就能感觉到在叫谁，或者一个眼神就可以。 |
| | 永济 | 80岁以上 | ①有这种现象，爷爷奶奶互称最大的孩子的名字。<br>②奶奶给爷爷叫大姑的名字，但叫法不同，叫爷爷"霞子"，叫大姑"霞霞"。<br>③大孩子的名字，一般就是老两口互叫，外人不叫。 |
| | 平陆 | 75岁左右 | ①用最大的孩子的名字互相称呼。<br>②所叫名字会有不同，如最大的孩子叫"刘芳芳"，小名是"芳芳"，夫妻双方互称"芳"。一般是孩子不在的时候才用孩子的名字互相称呼对方。 |

(续表)

| 方言点 | | 使用者年龄 | 具体表现 |
|---|---|---|---|
| 运城市 | 芮城 | 80岁以上 | ①姥爷会给姥姥这么叫，叫大姨的小名。<br>②两个人都在场的话，姥爷称姥姥时会叫"丽丽娘"。 |
| | 河津 | 缺详细语料 | ①以老大小名称呼。<br>②会引起歧义。<br>①没有出现过这种现象，基本上都是"红红爸"这种称呼。<br>②夫妻之间基本上都是叫对方名字或小名，有时候在家里就是你我称呼，直接说话。 |
| | 绛县 | 缺详细语料 | 有这种现象，听过，具体不清楚。 |
| | 垣曲 | 80岁左右 | ①夫妻之间叫对方时，用孩子小名。<br>②在家用次子女或孙子叫的也有，分情况，谁在老人跟前时间长就叫谁的名字，若老大多年不在家，就叫老二老三，爷爷奶奶用孙子名叫对方也有，主要是儿子不在跟前，孙子一直陪伴。总的来说，和子女经常在一块生活越长越久，感情就有深，朝夕相处，喊名字就习以为常啦。<br>③女方称呼男方的现象比较多。 |
| | 万荣 | 75岁以上 | ①夫妻双方多叫老大的小名，也有叫非老大小名的现象，也有男称女为大女儿的名字，女称男为大儿子的名字的情况。②会引起歧义，但说话人会加一句"我不叫你，我给你妈说话哩"或者如果两个人都回答了，问话人就直接说事情，他们就知道在跟哪个人说话呢，多通过语境、内容就可以判断跟谁说话。 |

根据上述语料，我们将表1归纳概括为表2，"+"表示"有"或"是"，"-"表示"无"或"否"，"±"表示"存在不止一种情况"，表格内无内容表示未收集到相关语料。

表2 晋南地区夫妻面称称谓归纳表

| 方言点 | 有无该现象 | 面称是否为老大的小名 | 村里人是否可用此称呼 | 夫妻互称与称呼孩子时形式是否完全相同 | 人们主观上是否认为会引起歧义 | 如何消除歧义？ |
|---|---|---|---|---|---|---|
| 汾西 | + | ± | | + | − | 面部动作辅助 |
| 洪洞 | + | | | | | |
| 侯马 | + | + | | + | − | 具体语境 |
| 盐湖区 | + | ± | + | − | ± | 补充句子，使对话方明确 |
| 临猗 | + | + | | + | − | 补充句子，使对话方明确 |
| 夏县 | + | + | | | | 具体语境 |
| 永济 | + | + | − | − | | |
| 平陆 | + | + | | − | | |
| 芮城 | + | + | | + | − | 若两人都在场，对配偶的称呼形式会有所改变 |
| 河津 | ± | + | | | + | |
| 绛县 | + | | | | | |
| 垣曲 | + | ± | | | | |
| 万荣 | + | ± | | + | ± | 补充句子，使对话方明确；结合进一步的说话内容 |

由表1、表2可知，晋南地区夫妻面称称谓的表现较为复杂，主要集中在70岁以上的老年人中，75岁以上人居多。夫妻面称使用家中孩子小名且多选用排行最大的孩子的小名进行称呼的现象在晋南各点表现一致。主要分歧集中在以下几个问题：

1. 面称称谓是否只选用最大的一位孩子的小名？

汾西市、盐湖区、万荣县三点均出现妻子对丈夫的面称使用大儿子的小名，丈夫对妻子的面称则用大女儿的小名。双方在称呼彼此时，会考虑性别这一因素。垣曲、万荣等点也存在夫妻面称使用其他孩子小名的情况，多为个别现象。

2. 夫妻双方称呼配偶的形式与称呼孩子的形式是否完全相同？

这一问题单靠被调查者的回答很难确定是否完全相同，但是可以参考是否存在"叫 A，B 却回答了"这一问题来大体确定。结合语料可知：①汾西、侯马、盐湖区<sub>部分地区</sub>、临猗、芮城、万荣等方言点存在"叫 A，B 却回答了"的情况，即称呼配偶与称呼孩子的表达形式相同。②盐湖区<sub>部分地区</sub>、永济、平陆等方言点对配偶与对孩子的称呼形式有差别：

盐湖区：孩子的小名叫"漂亮"。叫老伴是只叫一个字"漂"，而叫孩子时是两个字"漂亮"。

永济：奶奶给爷爷叫大姑的名字，但叫法不同，叫爷爷"霞子"，叫大姑"霞霞"。

平陆：所叫名字会有不同，如最大的孩子叫"刘芳芳"，小名是"芳芳"，夫妻双方互称"芳"。

由此可见，称呼孩子的语音形式多为重叠，更为亲昵，称呼配偶的面称形式多为子女小名中的一个字或方言中除重叠外的其他表小称爱的形式，如永济点的"霞子"。语音上是否存在其他差异，如连调情况如何，是否有拖音引起的变韵现象等，还有待进一步的实地调查。

3. 当地人主观上是否认为该现象会引起歧义？一般如何消除歧义？

访谈中大多数方言点的人认为不会引起歧义，"叫 A，B 却回答了"必须处在特定场合，在一般自然交谈中发生的概率很小。此外，最大的孩子一般离家比较早，夫妻双方与孩子共处一个空间的情况相对较少。

在对配偶的面称与子女称呼相同的方言点中，如果"叫 A，B 却回答了"情况发生时，人们消除歧义的方式主要有：①增补对话语句。如盐湖区<sub>部分地区</sub>、临猗、万荣等点，问话人多会再补一句类似"我不叫你，我给你妈说话哩"的话；②出现可能产生歧义的情境时，改变面称形式。如临猗点女方会称呼男方的小名、芮城点会改用"丽丽娘"等从他称谓；③结合说话人语气、语境或说话内容。如汾西、侯马、夏县、万荣等。实际访谈中，被调查者即使为该现象的使用者，对"如何消除歧义"这一问题的回答也比较犹豫，可见该状况不昔发生。

4. 村里人是否会用孩子的小名称呼夫妻俩？

在汾西、临猗、永济等方言点，夫妻双方以孩子的小名作为面称的使用者仅限于夫妻二人，不为外人使用。村里其他人称呼夫妻俩时，多使用"从子称谓"，即"最大孩子的小名+妈/爹"。此外，临猗在称呼夫妻俩中的女方时，村里人还会用娘家的村名或巷子名。面称时丈夫也会以这种形式称呼妻子，如：南辛的，辛庄的。

在已收集到相关语料的方言点中，仅盐湖区一点该现象使用者不限于夫妻二人，村里人同样可以用孩子的小名称呼这家的父母。如生产队其他人叫"漂亮"父或母时，通常会叫"漂亮"，孩子的父母便会回应。有称谓泛化的倾向。

## 三 晋南地区以西的中原官话区中该现象的地理分布情况

就所收集到的语料来看，除晋南地区以外，该现象在陕西关中、甘肃陇东、宁夏南部等中原官话区中均有分布，详见表3。

表3 存在该现象的方言点及其方言归属

| 方言归属① | | 具体方言点 |
| --- | --- | --- |
| 中原官话汾河片 | 临汾市 | 汾西、洪洞、侯马 |
| | 运城市 | 盐湖区、临猗、夏县、永济、平陆、芮城、河津、绛县、垣曲、万荣 |
| | 渭南市 | 韩城市 |

---

① 汾西点、韩城点在1987版《中国语言地图集》中分别属于中原官话汾河片、中原官话关中片，后在2012年出版的《中国语言地图集》（第2版）中分别划归晋语吕梁片、中原官话汾河片。根据本文所探讨的夫妻面称称谓现象，此处方言归属汾西点暂参照1987版《中国语言地图集》中的划分结果，韩城点参照2012年《中国语言地图集》（第2版）中划分结果。

(续表)

| 方言归属 | 具体方言点 | |
|---|---|---|
| 中原官话关中片 | 铜川市 | 印台区、耀州区 |
| | 咸阳市 | 淳化、永寿 |
| 中原官话秦陇片 | 宝鸡市 | 宝鸡市陈仓区、凤翔、千阳、扶风 |
| | 庆阳市 | 西峰、庆城、合水、华池、宁县、正宁、镇原、环县 |
| 中原官话陇中片 | 天水市 | 清水 |
| | 固原市 | 西吉、泾源 |

在上述区域中，该现象的具体表现与晋南地区的类型大体相似，比较明显的不同表现在使用人群的年龄上。在晋南地区，该现象主要出现在75岁以上的老年群体中，以80岁以上居多。在访谈中得知，多数使用者已经去世。仅其子女一辈还可回忆起这一现象，在一些具体细节上，他们的印象也已经比较模糊了。该面称称谓现象濒临消失。但在晋南以西的关中、陇东等地，适用人群的年龄集中在55岁左右，几乎是晋南地区"子女辈"的年龄，该现象相对保存较好。即使如此，人们认为这一现象已经不多见了。由此可见，"以子女名为夫妻面称称谓"的现象在晋南地区发展变化较快，在晋南地区以西的地域保存较好，但都面临着消失的危险。

除年龄外，为分化歧义，晋南以西的中原官话区还有两个不同值得注意：1. 称呼配偶与子女时，被调查者提到语音形式在声调或语调等方面有不同，如在咸阳市淳化、宝鸡市陈仓区及扶风、固原市泾源等地。2. 庆阳地区在分化歧义时，夫妻俩会以孩子的大名（不带姓氏）相称呼，称呼孩子的时候，则叫小名。如孩子叫王宇辰，小名叫童童，夫妻面称时互称对方"宇辰"，叫孩子"童童"。这一现象也比较有趣。

这一特殊的亲属称谓现象虽然已经面临消失的危险，但在方言中的分布地域仍然较广，且与《中国语言地图集》第2版（2012）中"B1-6官话之六中原官话B"一图的分布地域比较吻合。我们推测，"夫妻面称称谓为子女名"现象曾经广泛分布于中原官话区甚至是整个西北地区,但在今方言中已经日渐式微。晋南地区这一现象随着80岁左右的老年人的逐渐离世,这一现象也会仅留在人们的记忆里,直至最后完全消失。

## 四 余论

亲属称谓与人们社会生活息息相关,表现纷繁复杂。它的发展演变不可避免地会受到社会因素以及语言自身因素的影响。夫妻面称称谓中的"从子称谓",这一现象古已有之。

(1)《公羊·哀六年传》陈乞曰:"常之母。"注:"常,陈乞子。难言其妻云尔。"疏:"若今谓妻为儿母之类。"(梁章钜《称谓录》:六六)

(2)清·平步青《释谚》"阿大格娘"条:"《青箱杂记》卷三:岭南风俗,相呼不以行第,惟以各人所生男女小名呼其父母。元丰中,余任大理丞,断宾州奏案。有民韦超,男名首,即呼韦超作父首;韦遂男名满,即呼韦遂作父满;韦全男女名插娘,即呼韦全作父插;韦庶女名首睡娘,即呼庶作父睡,妻作婶睡。按,今越中村俗相呼阿大格爹,阿二格娘,及呼母为婶,皆似沿宋岭南之俗称。然《左传》声伯之母,则以子名呼父母,古已有之。"(转引自胡士云,2007:31)

除汉语外,"在现代日语中,已婚并生有子女的男女也会互相称呼'papa(爸爸)、mama(妈妈)'"(胡士云,2007:31)。由此可见,从子称谓分布更为广泛,有一定类型学意义。

在今晋南及其西部的中原官话区中,"以子女名字为面称"的称呼形式已濒临消失,其补偿形式中也存在从子称谓,如芮城、河津、淳化等点。其中淳化点表现较为特殊,夫妻双方男称女时,为"……他妈",女称男则为大女儿的名字,已经出现比较稳定的两种形式混淆的情况。但从子称谓在这一地域更普遍的用法是外人对夫妻俩的称呼,如村里其他人称呼夫妻俩。此外,年轻人中夫妻面称称谓大多为"从子称谓"或直呼其名,如韩城。

从亲属称谓词的长期演变来看，更重要的是词根（岩田礼，1995）。但结合上述分析，我们认为，这一特殊称谓现象可能是"从子称谓"脱落词根后的一种表现形式，在长期发展中，或许因为没有词根，且使用环境有限，其适用范围不断减小，最终逐渐被其他形式所替代。可概括表达为：

词根脱落→同音冲突→语音词汇形式发生变化

比较难得的是，这一现象中几乎很少受到"男尊女卑"思想的影响，如最大的孩子是女孩，仍会以其名称呼，说明在晋南、关中、陇东甚至西北地区，"嫡长"身份在家族关系中占有重要地位，且在语言上有了一定反映。

**参考文献**

曹志耘（主编），2008.《汉语方言地图集》. 商务印书馆。

陈原，1983.《社会语言学》. 学林出版社。

范荣丽，2012. 庆阳方言亲属称谓语研究. 西北师范大学硕士学位论文。

汉语大词典编辑委员会、汉语大词典编纂处，1992.《汉语大词典》. 汉语大词典出版社。

胡士云，2007.《汉语亲属称谓研究》. 商务印书馆。

梁章钜，1996.《称谓录》. 中华书局。

孙玉卿，2005.《山西方言亲属称谓研究》. 山西人民出版社。

岩田礼，1995. 汉语方言"祖父""外祖父"称谓的地理分布——方言地理学在历史语言学研究上的作用.《中国语文》第3期。

中国社会科学院、澳大利亚人文科学院合编，1987.《中国语言地图集》. 香港朗文出版社。

中国社会科学院语言研究所等，2012.《中国语言地图集》（第2版）. 商务印书馆。

# 略说非濒危方言中的濒危成分*
## ——以河北方言为例

吴继章

河北师范大学文学院

## 一 引言

汉语一些方言点的方言，就其整体情况看短时间内还不会消失，但其中的一些语音特点、词语或表达方式等却都处在消失或行将消失的过程中。我们把这些处在消失或行将消失过程中的方言成分称作非濒危方言中的濒危成分。

就河北方言的情况看，非濒危方言中的濒危成分既有语音层面上的，也有词语和语法、语用层面上的。

## 二 河北一些方言点的濒危成分

### 2.1 河北方言中语音方面的濒危成分

河北方言一些方言点语音方面的濒危成分从整体或成类型的角度看主要有如下几类：中古知庄章三组声母字的今方言读音从属于不同于普通话读音的某个类型，到与普通话逐步接近最后完全相同；中古影疑二母开口一二等字由读 n/ŋ 声母到读零声母；f、x 两个声母从混读到区分；从分尖团到不分尖团。

---

\* 本文系国家哲学社会科学基金项目"河北运河沿河方言调查研究"（项目编号：19Byy054）阶段性研究成果。

2.1.1 中古知庄章声母字的今声母

河北各地级市除承德外都或多或少存在中古知庄章三组声母现代读音与普通话不同的方言点，这类不同于普通话的读音特点都或快或慢地处在消失或濒危的过程中。如属于北京官话区的廊坊安次区东沽港镇就属于这类情况。桑宇红（2008）将中古知庄章三组声母在现代北方方言的读音类型归纳为了五类，其中有的类又分若干小类；依据桑文中各个类型所列例证及其分析说明，安次区东沽港方言应属于其第一大类"知二庄、知三章对立型"中的第三小类"知二庄+知三章组（合口蟹止通）+止开三章｜开口知三章—止开三章+知三章组（合口遇山臻）"。

东沽港方言中知庄章三组声母的读音与上述类型已经有了明显的区别：知组二等和庄组的大部分字已经读为 tṣ 组；知组三等和章组的蟹止通三摄的合口字如"税（蟹合三去祭山）、触（通合三入烛昌）"也已经读为 tṣ 组。廊坊市所属区县中，属于冀鲁官话的霸州、文安和大城等县也都存在普通话 tṣ 组读为 ts 组的现象。以《方言调查字表》中 519 个来自古知庄章声母的常用字为比较对象，比较这 519 个字在安次东沽港和文安东部的德归、滩里一带的读音情况，结果是东沽港读 tṣ 组的比文安东部读 tṣ 组的少 40 字。像安次东沽港这样的方言再进一步发生一些变化，我们就将无从判断其知庄章声母读音所属的类型或类别了。

2.1.2 中古影疑二母开口一二等字的今声母

如秦皇岛市所属的青龙、阜宁、卢龙等县一般读 n 声母，如"爱"读［naiˀ］，"熬"读［ₑnɑu］，"恩"读［ₑnən］；属于这一类的字还有"哀矮安案"等。这些字在昌黎读 ŋ 声母，如"爱"读［ŋaiˀ］，"熬"读［ₑŋɑu］，"恩"读［ₑŋən］。无论是读 n 声母，还是读 ŋ 声母的这类字，都呈现出地理上距秦皇岛市中心越近数量越少的趋势，而到了秦皇岛市区则都是读零声母，与普通话声母完全相同了。按照张世方（2008）的说法，廊坊市所属的三河、大厂、香河、广阳区、安次区、固安等 6 个北京官话县区方言都属于密云型，即古影、疑二母开口一二等字读 n 声母的类型。《方言调查字表》中所收 50 个古影疑母开口一二等字读音的实际情况是：固安读 n 声母的最多，是 28 个，其余 22 个读零声母；香河、广阳区、安次区读 n 声母和读零声母几乎是各占一半；大厂读 n 声母的只有十三四个；三河燕郊读 n 声母的则只剩下"爱挨熬袄藕安按"这 7 个字了，可以说作为一种方言特点已经接近消失或说是濒危了。

在石家庄辛集方言中，古影、疑母开口一二等字今读音老派和新派既有相同处又有不同处，相同处是其中的多数字老派和新派都读 ŋ 声母；不同处是有少数字老派读 n 声母，这些老派读 n 声母的字新派读零声母。这实际上可以看作古影、疑母开口一二等字读两种不同于普通话的声母这一方言特点的濒危或行将消失。

上述语音内容的发展演变过程一般都是在如下三个方面因素的共同作用下，呈加速度的演变方式发展变化的。这三个方面是：在普通话或书面语影响下相关的新词语进入方言区；与该方言点毗邻的强势或较强势方言的影响；新老派或代际的影响。

2.1.3 f、x 声母的分混

下面我们再举秦皇岛市所属一些县区 f、x 两个声母混读和邢台市临西县尖团区分的情况为例，对上述语音发展演变特点及其影响因素进一步加以说明。

这里所谓 f、x 混读是指秦皇岛方言中 f、x 两个声母所辖字数与普通话不对应的情况。

我们从秦皇岛市区、青龙满族自治县、卢龙县、抚宁县、昌黎县一市四县中选取了 40 个乡镇（或街区）作为具体调查点。以《方言调查字表》（2006 年版）里 121 个非母、敷母、奉母的全部例字和晓母、匣母的部分例字 177 字作为调查对象，对 40 个方言点中的这 298 个字的读音情况进行了调查。这 40 方言点中，有 24 个方言点这 298 字的声母与普通话全部相同，16 个方言点这 298 字的声母存在 f、x 混读现象。其混读的程度或混读字的多少与如下几个方面的因素明显相关。

首先，方言点 f、x 混读程度与其所处的地理位置有关。

比如青龙县有7个方言点存在普通话读f声母方言中读为x声母的情况，各方言点混读字数的多少与其和唐山市区的距离具有严格的对应关系：距离唐山市区近的字数少，距离唐山远的字数多。而唐山市区f、x是不混读的，且唐山市区方言相对于青龙方言具有明显的强势地位。

其次，某些字是否混读，与其对应或组成的词语有关。这种关系可以从如下两个方面来揭示：

一是与词语新旧的关系。如"富"对应和组成的词语有："富、富有、富豪、富贵病、富婆、富翁"，其中单说的"富"和"富有"中的"富"，普通话读f声母方言中读为x声母，因为这两个词是旧词；而"富豪、富贵病、富婆、富翁"等当中"富"的方言声母与普通话相同，都读为f声母，因为这些词都是新词。再如：

抚恤金—抚宁；妇科、妇联—妇女；负离子、负利率—负担；副教授、副业、副词—一副手套；福尔马林、福利院—福气、有福；幅度——幅画；浮游生物—浮起来；减肥—肥肉；反射、反倾销—反正；分数、分贝、分公司、分红、分米—分开；方便面、方程—地方；房改—房子；仿冒—仿佛；放大镜、放射—放下、放手、放心；风湿病—刮风了；凤梨—凤（人名用字）

上面的每组词语中，都包含普通话读f声母的字例，如"抚恤金、抚宁"中的"抚"；"妇科、妇联、妇女"中的"妇"；"反射、反倾销、反正"中的"反"等。横线左边的新词语中普通话读f声母的字例，方言中读音与普通话相同；横线右边的旧词语中普通话读f声母的字例，方言中读为x声母。

二是与词语语体色彩的关系。书面语色彩较浓的词语普通话读f声母方言中读x的字例少，即方言读音与普通话一般相同，如"讣告、阜城、防备、讽刺、疯癫"等；口语色彩较浓的语，普通话读f方言读为x的字例多，如"扶起来、吃饭、放学、烦人"等。

再次，不同年龄层次的发音合作人f、x混读程度明显不同。

为了了解不同年龄层次f、x混读的情况，我们以卢龙县陈官屯乡为调查点,按年龄的不同把发音合作人分为了四个层次:A 层次指 80 岁以上,B 层次指 61 岁~80 岁,C 层次指 41 岁~60 岁,D 层次指 21 岁~40 岁。

下面是普通话读 f 声母而在方言区的不同层次中读为 x 声母的字:

A 层次(共 87 字):肤府斧傅孵麸抚符扶父腐辅附富副浮妇负佛仿福幅腹覆蝠敷俘夫跗俯甫脯付扶芙复蝠服伏筏罚发髪伐贩烦繁饭藩翻番方肪仿放芳妨房纺访防妃费肥非飞匪痱翡佛枫风疯丰冯凤封蜂缝分粉粪奋芬纷愤份。

B 层次(共 81 字):肤府斧傅孵麸抚符扶父腐辅附富副浮妇负佛仿福幅腹覆蝠敷夫俯甫脯付扶复蝠服伏筏罚发髪伐反贩烦繁饭藩翻魃方肪仿放芳妨房纺访防妃费肥非飞佛枫风疯丰冯凤封蜂缝分粉粪奋芬纷愤份。

C 层次(共 52 字):肤府斧傅孵麸抚符扶父腐辅附富副浮妇负佛仿福幅腹覆蝠筏罚发贩烦繁饭反方肪仿放芳妨房妃费肥佛枫分粉粪奋芬纷愤份。

D 层次(共 25 字):傅孵富浮妇佛仿福幅蝠筏罚发反贩烦饭方放芳房肥佛粪芬份。

从对四个年龄层次的考察可以看出,四个年龄层次从 A 到 D 是呈递减趋势的。这种递减的特点是:总体上逐渐向普通话靠拢。其中 A、B 两个层次 f、x 混读的字数相差不多,而 C 层次的字数已经开始明显减少,到了 D 层次就是锐减的趋势了。

从上述的这一事实中,我们可以看到,我们的方言,起码是方言中的一部分内容是以加速度的方式向普通话靠拢的;换言之,我们方言中的某些特点正在以加速度的方式濒危、消失。

2.1.4 邢台市临西县四个方言点的尖团分混

表 1、表 2 反映的是临西县四个方言点之间分尖团和四个点各自内部新老派之间分尖团的不同情况。我们共调查描写了 200 个精组细音字;四个方言点地域上是按照从西向东的顺序排列的;老派是指年龄在

50 岁以上本地的居民，新派指年龄在 30 岁以下的本地居民，另外在调查和分析时，我们也参考了 30 岁以上 50 岁以下中青年人的读音。我们以下的统计均按发音人的实际读音情况，不读的字未作统计。

表1　老派读音情况表

| 方言点 | 调查人数 | 精组细音字读音统计 | | | | | | | | |
|---|---|---|---|---|---|---|---|---|---|---|
| | | 舌尖前音字数 | ts | tsʰ | s | 舌面前音字数 | tɕ | tɕʰ | ɕ | 两读的字 |
| 临西镇 | 1 | 194 | 52 | 52 | 90 | 1 | 1 | 0 | 0 | 0 |
| 贺庄 | 1 | 102 | 51 | 51 | 0 | 92 | 1 | 0 | 91 | 0 |
| 隋五里 | 1 | 101 | 50 | 51 | 0 | 92 | 1 | 0 | 91 | 0 |
| 河西镇 | 1 | 3 | 1 | 2 | 0 | 189 | 50 | 50 | 89 | 0 |

表2　新派读音情况表

| 方言点 | 调查人数 | 精组细音字读音统计 | | | | | | | | |
|---|---|---|---|---|---|---|---|---|---|---|
| | | 舌尖前音字数 | ts | tsʰ | s | 舌面前音字数 | tɕ | tɕʰ | ɕ | 两读的字 |
| 临西镇 | 2 | 171 | 48 | 42 | 81 | 15 | 3 | 5 | 7 | 2 |
| | | 129 | 40 | 39 | 50 | 62 | 13 | 11 | 38 | 3 |
| 贺庄 | 2 | 86 | 45 | 41 | 0 | 104 | 5 | 8 | 91 | 0 |
| | | 81 | 41 | 40 | 0 | 110 | 7 | 12 | 91 | 0 |
| 隋五里 | 2 | 84 | 43 | 41 | 0 | 105 | 5 | 9 | 91 | 0 |
| | | 84 | 42 | 42 | 0 | 103 | 5 | 7 | 91 | 0 |
| 河西镇 | 1 | 0 | 0 | 0 | 0 | 185 | 47 | 47 | 91 | 0 |

四个方言点从西向东顺序排列，临西镇在四个点中位置在最西边，河西镇在最东边。在上述调查的 200 个字中，临西镇老派有 190 多字是读尖音的，新派也有 170 多字读尖音，而位处最东边的河西镇已经基本上不分尖团了；这实际上反映的是毗邻的强势方言对临西方言的影响。因为临西东邻山东的临清，历史上曾为临清所辖；而临清在明清时期，

凭大运河漕运兴盛而迅速崛起，成为中国当时的 30 个大城市之一。而临清是不分尖团的。

在老派几乎所有上述字都读 ts tsʰ s 声母的临西镇，新派读 ts tsʰ s 声母的字数减少，调查的两个人读音差别较大，其中一人只有 15 个字不读 ts tsʰ s 声母，这 15 个字分别为：读 tɕ 声母的：祭荠蕉；读 tɕʰ 声母的：俏潜雀鹊蜻；读 ɕ 声母的：羞旬巡戌襄肖锌。另一个人读 tɕ tɕʰ ɕ 声母的字数要多不少，除了以上所列的 15 个字以外，还有其他 47 字：读 tɕ 声母的：聚济绝津疾浆蒋睛迹脊；读 tɕʰ 声母的：蛆取娶趣妻签₋名；读 ɕ 声母的：些写谢絮徐序绪须需西婿宵硝萧筲仙鲜鲜₋少薛泄雪相₋互箱息熄媳星腥析纤腺。而在老派尚有少数字读 ts tsʰ s 声母的河西镇，新派则是所有字都读 tɕ tɕʰ ɕ 声母了。

这除了反映新老派的不同外，也在一定程度上反映了临西方言由分尖团到不分尖团的发展演变也是呈加速度方式的，其这方面的变化特点之所以不像秦皇岛方言中 f、x 声母由混到分的发展变化那么鲜明，我们觉得很可能是由于所涉字数较少的缘故。

某些字是否分尖团，也与其对应或组成的词语有关。例如，临西镇两个新派发音合作人，都有三个两读的字：寻 sin₋思/ɕyn₋寻、选 suan₋班长/ɕyan₋择题；旋 suan/ɕyan₋转是自由变读，即在同一个词中两读。另外，在隋五里和贺庄村两个点上，无论是老派还是新派，擦音声母字都不再读尖音。读塞擦音的字有 10 个是老派读尖音而新派的四个发音合作人都读作了 tɕ、tɕʰ 声母的。其中读 tɕ 声母的有：祭蕉剿蒋；读 tɕʰ 声母的有：趣趋潜签鹊蜻。这些字代表的词在临西方言中都是不常用的。①

---

① 本文中有关中古知庄章三组声母字和古影疑母开口一二等字今方言声母读音，f、x 声母分混以及邢台临西县尖团音问题的具体材料，引自作者指导的厂篇河北师大文学院硕士学位论文：黄卫静（2004）、陈娜（2009）、杨萌（2010）。

语音方面的濒危成分除了上面说到的成类的内容外，还有某些方言点上少数字，甚至是单个字的特殊读音，如：邯郸市大名县的"大名"已经很少有人读［tai˧miŋ］，衡水市武邑县的"大兴"已经很少有人读［tai˧ɕiŋ］了。河北最南部的方言中，作为姓氏和村庄名用字的"牛"，如"牛老善、牛泽普；牛家；牛冯庄儿"等当中的"牛"，80岁以上的老年人读［ɕiou］，现在读［ɕiou］的人已经几乎没有了，十分深入细致的调查中也只是有可能从六七十岁的人那儿听到"过去有念［ɕiou］的"这样的说法。河北定州市的一些方言点，存在称妈妈为"婆［˛po］"的现象。而随着年轻人称妈为"婆［˛po］"的越来越少，"婆［˛po］"的这一读音就日渐濒危了。河北魏县方言中，"塞"有［˛ʂɛ］和［˛tsuɛ］两个读音，［˛tsuɛ］音的适用范围限于"塞子"的"塞"和表示用塞子等把器皿口、物体的漏洞等塞住堵上意义的动词；出使用范围有限外，这一读音还只限于老派，年轻人已经都读［˛ʂɛ］音了。

### 2.2 河北方言中词汇方面的濒危成分

#### 2.2.1 单个的濒危词语

就我们现在掌握的材料看，就单个的词语来说河北方言词汇的濒危或消失主要有两种情况。

（一）词语代表的事物现象或行为动作在现实中已经不存在或行将不存在，词语因失去现实的语用需求而濒危或消失。例如：

**小片儿荒**：20世纪五六十年代，在农村一些地方，村庄四周与耕地之间往往会有一些空地，有的农户把这些空地作为荒地加以开垦，四周围上栅栏之类的防家禽装置，在里面种植瓜果蔬菜等，谓之小片儿荒，也叫小片儿开荒。

**树格［˛kɛ］/树格子**：20世纪五六十年代，当村庄周边还有一些空地的时候，那些空地上的小片儿树林子叫树格或树格子。随着村庄周边空地的消失，树格/树格子就完全见不到了。

**半门子**：沧州方言中"一般指安装在正房门口处的比较小的双扇的门"。"这个词现在主要用于沧州老派方言，年轻人很少使用，这种情况

与沧州地区房屋建筑的发展演变有关。"（杨世铁，2020）

**磨道**：安放石磨，供人们完成磨面程序的房屋。

**喜条**：结婚时乡邻或朋友赠送的花布、被面等（现在贺礼都已经不再送这些，而是直接送钱了）。

**过道饭**：孕妇到了预产期还不生，就让其到邻近的亲戚家吃一次饭，这一顿饭叫过道饭。一般是两碗面条，一碗盛满，一碗成半碗，要倒坐在门槛子上吃。这种做法因为带有迷信色彩，现在已经见不到有人这么做了。

**纂/纂儿**：妇女梳在头后面的发髻（过去多是已婚妇女梳"纂/纂儿"，现在则是结了婚的妇女也不梳纂了）。

**花圪檊子**：用弹好的棉花搓成的细条儿，供纺棉线用（现在即使是在比较偏远的农村也已经不再有人用传统的方法织粗布了）。

**线穗子**：用纺车纺出的一种形状有点儿像某种谷穗的棉线团儿。

**搅豆儿黄窝子**：方言中管玉米面叫黄面，黄窝子就是用玉米面蒸的窝头儿，在玉米面中加进一点儿豆子面蒸成的窝头儿叫搅豆儿黄窝子，也叫黄窝子搅豆儿。搅豆儿黄窝子比黄窝子在饭食质量上要高一个等级。

**搅豆儿红窝子**：高粱面叫红面，红窝子就是用高粱面蒸成的窝头儿，在高粱面中加进一点儿豆子面蒸成的窝头儿叫搅豆儿红窝子，也叫红窝子搅豆儿。搅豆儿红窝子比红窝子在饭食质量上要高出不止一个等级。

**觅徒儿**：富裕人家，常指旧社会的地主、富农雇佣的年轻男性长工。

**老驰** [lau˧]：迷信的人家认为给小孩认一个老驰可以保证其能健康平安地成长，老驰一般为中老年妇女。现在已经基本上没有这种现象了。

**队底**：河北有的市县一直到改革开放前都称生产队的"仓库"为"队底"，现在随着生产队的不复存在"队底"一词也已经基本上不用了。

**低指标儿**：主要指三年困难时期每人每天只有三五两口粮的生活情况，河北南部也叫吃三两。

**布证**：布票儿。

**记工**：记工员把社员参加集体劳动的时间用专门的记工簿记下来。一般分早晨、上午、下午三个时段记录。

**记工员**：家庭联产承包责任制实行之前，生产队集体劳动时期，负责记录社员参加集体劳动时间，以便核定其应得工分儿的人员。

**上晌**：在规定的时间，一般是早晨起来、早饭后、午饭后到田里去干活。

**下晌**：到规定时间，一般是吃饭时间停止干活回家。

**打钟**：击打悬挂在高处的钟，用钟声作为上晌或上课等的信号儿。上晌一般是以生产队为单位的，在一个村庄里，各生产队之间钟声的不同往往是依靠敲击的节奏和钟固有的音色来辨别的。学校上课的钟声分预备钟、上课钟、下课钟三种，分别为预备钟连三下为一节，敲击若干次；上课钟连两下敲击若干次；下课钟则是一下一下敲。

**下荒**：生产队集体劳动时期，社员凭参加集体生产劳动挣得一定的工分儿，参与生产队的分红并从生产队分得家庭成员应该分得的口粮。要分得足量的口粮，挣得的工分儿就要达到一定的量。如果一个家庭劳动力少而人口多，就会出现工分儿达不到口粮相对应定量的情况。这种情况下要想分得足量的口粮就得倒贴钱给生产队，谓之下荒。

**打洋油**：到门市部儿小卖部儿去买散装的点灯照明用的煤油，一般是用玻璃瓶儿盛装。

**打清酱**酱油**/醋**：到门市部儿去买散装的酱油/醋。

**截布**：买布，一般指买小块儿的够做一两件衣服的布。

**合 [ˬkɤ] 犋儿**："犋"是指"牵引犁、耙等农具的畜力单位"（《现代汉语词典》第 6 版：705）。河北方言中把两头以上的牲口合在一起使之成为一犋叫合犋儿。

**六**［liu⁻］：用挖或刨的办法把收获时拉在土里的花生、红薯、胡萝卜等找出来。

（二）方言词语代表的事物虽仍然存在，但由于受共同语（包括书面语）或其他强势方言的影响，原来的词语被其他词语所取代。例如：

**伯**［₋pai］：爹。（明）万历《广平县志》："呼父为伯，呼母为姐。"（此材料转引自邢晓，2017）河北南部（广平在河北南部）方言中，用"姐"指母亲已经完全不存在了（"老驰"中的"驰"与"呼母为姐"中的"姐"是否有关有待论证），用"伯"指父亲，面称也已经不存在，叙称以"伯"指父亲语用方面也受到了很大的限制，一般"伯"指爹只用于如下语境：妻子向丈夫抱怨儿子不听话或丈夫不好好管教儿子时用"小伯"指儿子，如：管恁你们小伯不管了！看把恁那小伯惯成啥了！妻子对着儿女抱怨自己的丈夫时用"恁伯""恁那伯"指自己的丈夫，如：看恁那伯懒成啥样儿了！另外就是骂人话"没爹小儿"可以说成"没伯小儿"。在河北南部，上述的"伯"都读［₋pai］。

**厚伙计**：感情深厚，友谊牢固的伙伴儿（一般用于青年男性之间）。

**X大儿**：女孩儿被姥姥家及其村子里的人们称为'X大儿'，X是女孩儿的姓。

**X小儿**：男孩儿被姥姥家及其村子里的人们称为'X小儿'，X是男孩儿的姓。

**大辈儿**：辈分高。辈分高的人称为大辈儿，如：他是大辈儿，我是小辈儿。

**小辈儿**：辈分低。辈分低的人称为小辈儿。

**娶夥头**：意思是同村的寡妇与鳏夫，经人撮合，征得亲属同意后结婚。这种现象现在不一定不存在，但"娶夥头"这个词却很难见到有人再用了。

**说个主儿**：给姑娘介绍个对象叫给她说个主儿。给姑娘介绍对象前要先问一下人家是否已经有主儿了。现在已经很少有人这么说了。

**寻**［₋ɕin］**婆子**：姑娘谈对象或确定婚姻关系。

**爱好儿搁亲**：青年男女因互相爱慕而确定婚姻关系。

**上/下堂**：上/下课。

**搬腾**：吃零食。

**扶直立儿**：倒立。

**仰□ [·kɐr] 浮**：仰泳。

**歇晌儿/歇工儿**：午休。

**脚下**：邢台的一些市县，表示"目前"的意思原来用"脚下"，现在已经基本上都用"眼下""这会儿"等词语了。

**三晌儿**：把一个白天分为早晨、上午。下午三段儿，称为三晌儿。如形容得过且过常说"过一天少三晌儿"。

**三筲水锅**：一种铁锅，可以盛三筲水桶水。另有一种可以盛五筲水的，叫五筲水锅。

**包子**：水饺儿。在称水饺儿为包子的方言区，普通话或其他方言中的包子叫菜干、大包子等。现在称水饺儿为包子的方言区，其县城、整个区域内的饭店或是其他带有交易性的场合，都已经称水饺儿或饺子了。

**汤**：晚饭。吃晚饭叫喝汤。

**小大衣儿**：半大衣。

**小手巾儿**：手绢儿。

**洋戏匣子**：收音机。

**锞儿 [kʰuɐr˧]**：锞子。方言区已经没有金的或银的锞子，有的只是纸锞子，而且锞儿仅仅用于"点着锞儿了！"这一种语境下。"点着锞儿了！"是在祭奠逝者时告知在场的人们烧纸已经点着，要开始行祭礼的口号。

**磨杆橡、磨眼、磨槭子、磨脐、磨筹/磨筹儿**：说到石磨，无论是说方言的人还是说普通话的人都能知道其大概的情况，但对"磨杆橡、磨脐、磨筹/磨筹儿"等，即使是生长在农村的方言新派也多都不知道其为何物了。

#### 2.2.2 成类的濒危词语

就成类的词语来说，所有方言点都有一种可以称为方言自造词（参见吴继章、李燕凌，2019）的词语。例如（下面各组方言自造词后的小字是对应的普通话词语）：

嗓儿病<sub>食道癌</sub>、眉头子<sub>额头</sub>、嘴片子<sub>嘴唇</sub>、觅汉/觅徒儿<sub>长工</sub>、拿蛋儿<sub>抓阄</sub>、倒沫儿<sub>反刍</sub>、淡兴<sub>失望</sub>、汗卤儿<sub>汗渍</sub>、笼嘴<sub>辔头</sub>、鱼草儿<sub>水藻</sub>、蛆蝎子<sub>蚂蟥</sub>、靠家儿<sub>姘头</sub>、肤皮<sub>头屑</sub>、眼气<sub>羡慕</sub>、柳毛子<sub>柳絮</sub>、风刮子<sub>感冒</sub>

这类词现在已经失去了再生能力，或者说已经很难见到新的方言自造词了；另外，这类词起码是其中的一部分也已经濒危或消失，如"风刮子、嗓儿病、觅汉、觅徒儿"都已经很少有人再说了。当然，不说的原因也可以分为两类，像前两个词不说是因为被"感冒"和"食道癌"代替了；而后两个词不说是因为相关的现象已经不存在了。

除了自造词可以看作成类的濒危词语外，河北处于晋语边缘区方言中的"日"头词、"忽"头词、"不"头词等，也可以看作成类的濒危词语。关于这一内容，吴继章（2018）已有分析论述，比处不赘。

### 2.3 河北方言中语法和语用方面的濒危成分

#### 2.3.1 语法方面的濒危

我们举如下三个例子，都是方言中的某个语法成分或濒危或消失而被普通话中的某个成分取而代之的。

一是在整个河北方言中，与普通话"呢"相对应的语气词有的方言是读 n 声母的，有的方言是读 l 声母的。从发展演变的趋势看，一部分原来读 l 声母的方言点已经变为或正在变为读 n 声母，如保定、沧州的一些市县就是这样。这方面的具体情况吴继章（2008）有较为详细的描写。

二是在河北南部一些市县介词"使"逐渐被"用"代替，如"大人使筷子吃饭，小孩儿使勺子吃饭"逐渐被"大人用筷子吃饭，小孩儿用勺子吃饭"代替。

三是依据郝世宁、张兰英（2003：327）邢台方言中与普通话"这里/这儿""那里/那儿"对应的方言词语原来多是"沾含""喃含",如:沾含种棒子,喃含种棉花这里种玉米。年轻人口中已经是说"这里""那里"了。

### 2.3.2 语用方面的濒危

下面的几个例子都是河北南部的,都属于词语原来所受的语用限制正在逐渐被打破,换言之就是词语方言语用特点的濒危或消失。

一是在河北最南端有的县,在老派方言中,女性无论是面称、背称、叙称,都不能称姐夫,即凡女性,就既不能当面称自己的姐夫为姐夫,他人也不能说某人是某位女性的姐夫。女性自己称姐夫为姐夫,那是冒了天大的傻气;别人说某人是某位女性的姐夫,那是在找骂甚至找打。现在,这种现象正在消失,年轻女性称姐夫为姐夫的已经越来越多了。

二是在河北南部,"小家伙儿"只能用于男孩儿,不能用于指女孩儿。但范围比上述"不能称姐夫"的范围要大得多。

三是不能说"借水","借点水喝"要说成"要点儿水喝"。据说,说"借水"是在骂人是王八。

除了上面这三个词语的语用限制逐渐被打破的例子外,语用方面,河北南部还存在一些原来十分常用的表达方式逐渐消失的现象。例如:

那个家伙就不值个豆皮子钱!(用"不值个豆皮子钱"极言"那家伙"的低贱下流)

恁<sub>那么</sub>好看<sub>漂亮</sub>个闺女,找个对象一炮塞子高!(用"一炮塞子高"极言对象个头儿之矮)

大人吓唬孩子说:再不听说<sub>听话</sub>把你卖到老山西!(用"老山西"极言被卖到地方的遥远)

我的小伯也!(成年女性在看到孩子做出危险动作或不合情理事情时表示惊叹的句子)

随着"豆皮子""炮塞子"等词语和爹称"伯"现象的濒危消失;随着交通条件的便利,山西、河北空间距离的拉近,上述这些表达方式自然也都要随之濒危消失了。

下面的两个感叹句，四十岁以下的人们都已经完全不说了。

我老□［·təŋ］！（类似于"我的天呀！""□［·təŋ］"可能是轻声的"子"读阳声韵母的结果，河北南部方言的"子"尾都是读 t 声母的。关于轻声读阳声韵，参见吴继章 2012）

我老□［·nə］！（类似于"我的天呀！""□［·nə］"可能是"人家"的合音）

## 三 非濒危方言中濒危成分调查研究的意义

我们认为，调查研究非濒危方言中的濒危成分具有以下意义。

（一）非濒危方言中的濒危成分一般都是具有比较突出的方言特点的，非濒危方言中的濒危成分是否可以和方言中的特点成分画等号我们还不敢说，但说绝大部分濒危成分是方言的特点成分则是没有问题的。它们之所以濒危其原因主要就是与共同语和其他强势方言的不同。调查研究这些内容在一定意义上就是调查研究方言的特点，明了或掌握各个方言点语保工作的重点对象；而了解和掌握了方言中的濒危成分，可以使我们的方言保护工作更有针对性，更高效。

（二）方言中的这些濒危成分多是蕴含有较为突出的方言文化内涵的成分，对这部分内容的准确把握，调查研究、全面记录，对方言文化的调查研究具有特殊重要意义。在这一方面，某类或某些词语的重要性是毋庸置疑的，比如前面说到的"自造词"，再比如保定市的少数市县在老派方言中与普通话"续弦"对应的是两个词，除"续弦"外，还有"续亲"，后者专指"男子续娶前妻的妹妹"。这反映的是当时的一种社会现实和风俗习惯；而随着"续亲"一词的消失，这种社会现实和风俗习惯就会很快从人们的记忆里消失掉。

即使是语音方面，许多时候也与方言文化有着密切的联系。如河北大多数市县的方言中，除少数字外，古蟹摄开口二等见系字和假摄开口三等精组字的韵母是相同的，如斜=鞋、解=姐，与普通话情况相同。

根据《河北省志·方言志》第四章第二节中126个方言点韵母对照表记载的河北126个县市级方言点，蟹摄开口二等见系字"鞋"韵母读音有的方言点为[iai/iæ]，与假摄开口三等精组"姐"读音不同，这类方言点有：沧县、盐山、海兴、孟村、吴桥、泊头、南皮、东光、景县、阜城、故城、广宗、威县、临西、馆陶、大名16个。而在这些方言点上，现在即使是五六十岁以上年纪的人，初问"鞋"字的读音，回答的读音声韵母也多与普通话相同，提示后才能说出韵母有[iai]读音或听到别人读过韵母是[iai]这样的读音。根据李小平（2018）对故城方言的调查，"鞋"类字老派仍读为[iai/iæ]韵母，新派则已经与普通话同音了。

这都说明，作为一种语音特点，"鞋"类字韵母读[iai]的现象正处在消失中。而根据李小平（2018）的调查，这类读音现象的消失，同时也就意味着运河对这一带方言影响这一文化现象的消失。

（三）掌握这些濒危成分的消失过程，在一定意义上就是在调查发现方言发展演变的规律。把这些濒危内容或成分及其消失的过程放在一起，实际上就构成了方言向共同语或其他强势方言同化的过程和趋势；反之，如果因为抢救不及时，错过了完整记录这些成分的时机，也就等于错过了借助这些成分或内容掌握方言发展演变规律的机会。

**参考文献**

陈娜，2009. 廊坊北京官话方言语音比较研究. 河北师范大学硕士学位论文。

郝世宁、张兰英，2003. 邢台方言与普通话比较研究. 北京图书馆出版社。

黄卫静，2004. 河北方言的尖团音问题. 河北师范大学硕士学位论文。

李小平，2018. 京杭大运河对河北沿河方言的影响.《河北师范大学学报》（哲学社会科学版）第4期。

桑宇红，2008. 中古知庄章三组声母在现代北方方言中的读音类型.《燕赵学术》春之卷。

吴继章，2008. 河北方言中的"呢".《中国语言学报》第13期。

吴继章，2012．北方方言中入声、轻声读阳声韵的现象及相关问题．中国语言学会第 16 届年会论文。

吴继章，2018．河北方言词缀及其调查研究的若干问题．《中国语言文学研究》秋之卷。

吴继章等，2005．《河北省志·方言志》．方志出版社。

吴继章、李燕凌，2019．略说河北方言词汇层面的形象色彩问题．《河北师范大学学报》（哲学社会科学版）第 2 期；《中国人民大学复印报刊资料·语言文字学》2019 年 9 期。

邢尧，2017．河北旧志方言语料整理研究．河北师范大学博士学位论文开题报告。

杨萌，2010．秦皇岛方言 f、x 混读及 ts、tʂ 混读现象研究．河北师范大学硕士学位论文。

杨世铁，2020．沧州方言词三题．《河北师范大学学报》（哲学社会科学版）第 3 期。

张世方，2008．也谈北京官话区的范围．《北京社会科学》第 4 期。

# 乡村地理语言学的理论思考与实践

严修鸿

广东外语外贸大学中国语言文化学院

## 一 地理语言学

方言地理学兴起于19世纪末的欧洲，之后成为西方方言学的主流，中国的相关研究虽然从20世纪初林语堂、刘复等人就大力倡导，在教育部的学科分类中，地理语言学也是语言学下面的二级学科，但由于种种原因，该学科在有着复杂方言的中国却一直未能得到充分发展。直到20世纪90年代末受日本学者的推动和影响，地理语言学才又在国内引起重视。

用地理语言学的方法对我国的语言与方言进行研究始于20世纪初，比利时人贺登崧对我国大同、宣化等地的方言进行过调查并将调查结果画成方言地图。汉语方言的地理语言学研究成果很多，如《湖北方言调查报告》（赵元任等，1948）、《宣化方言地图》（王辅世，1950）、《中国语言地图集》（中国社会科学院和澳大利亚人文科学院，1988）、《珠江三角洲方言综述》（詹伯慧、张日升，1990）、《山西方言调查报告》（侯精一、温端政，1993）、《汉语方言地图集》（曹志耘，2008）、《汉语方言解释地图集》（岩田礼，2009）等。近年来，方言地图的工作在各地方兴未艾，广东甘于恩的"广东粤语方言地图集"已经结题，湖南李永新的"湘江流域方言的地理语言学研究"2011年已经出版。这些研究有的侧重于地理分布，有的侧重于语言特征，分图说明，各具特色。

2010年11月,"首届中国地理语言学国际学术研讨会"在北京语言大学召开,这是中国地理语言学发展史上一个重要的里程碑。在该会议的论文提要集《地理语言学研究文献》(初稿)里详列了66部专著、195篇论文。该会的第二、第三届在2012及2014年分别在南京大学与暨南大学召开,与会学者都超过了80位,地理语言学正在中国不断发展。

《汉语方言地图集》是世界上第一部在统一的实地调查的基础上编写的、全面反映20世纪汉语方言基本面貌的原创性语言特征地图集。国内外34所高校和研究单位的57名研究人员,历时7年,实地调查全国930个地点,编写收录了510幅方言地图,成为语言学者的必备工具书。

"汉语方言地图集"课题自2001年启动,2008年完成。调查地点共930个,遍及全国(包括港澳台)各地,东南部地区达到一县一点。除了省会级城市和方言区代表点城市以外,其余地点均调查乡下方言。发音人基本上是1931—1945年之间出生的男性。调查条目使用课题组专门编写的《汉语方言地图集调查手册》,该手册包括单字425个,词汇14类470条,语法65类110条,共计1005个条目。设立调查条目的主要原则是:(1)反映重要的地域差异。(2)反映重要的历史演变。所有调查点一律赴当地进行调查。在传统的书面记录之外,还采用数字录音方式录制全部调查项目的有声语料。

所有调查材料经录入、校对后,建成全部930个调查点的"汉语方言地图集数据库"。再利用NFGIS的全国地图数据和ArcView9.1版绘图软件,建立"汉语方言地理信息系统",在该系统的基础上,进行方言地图的绘制工作。根据调查结果,从全部调查条目中归纳出最有价值的510个地图条目,绘制成510幅方言特征分布地图,分为语音、词汇、语法3卷。

汉语方言地图的工作,在全国的规模上已经具备宏观的框架,一些重要的语言特征在全国范围内得到了揭示与展现,是21世纪初汉语语言学的重要里程碑,其积累的经验可作为中国地理语言学研究基础。

近年来,地理语言学进入了国家社科语言学选题指南,从 2013 年后,仅仅以"方言地图集"为名目的就有如下这些课题立项:山西晋方言地图集(2013)、上海市方言地图集(2015)、西北地区汉语方言地图集(2015)、黑龙江省汉语方言地图集(2016)、湘西地区汉语方言地图集(2016)、桂东北地区方言地图集(2017)、陕西方言地图集(2018)、山东省汉语方言地图集(2019)、江苏境内汉语方言地图集的编制研究(2019)、广东客家方言地图集(2019)。

2011 年后以"地理语言学"为主题的国家社科项目有:

地理语言学和衡山南岳方言地理研究(2011)、语言接触视角下的宣州吴语地理语言学研究(2012)、语言接触视角下的鄂东南赣语地理语言学研究(2014)、语言接触视角下的鄂东南赣语地理语言学研究(2014)、苏北江淮官话的地理语言学研究(2015)、地理语言学视域下的环渤海方言比较研究(2015)、地理语言学视角下皖西南方言接触研究(2016)、地理语言学视角下的广西左右江流域壮语方言研究(2016)、吴语处衢方言的地理语言学研究(2016)、地理语言学视角下的杭嘉湖地区方言语法研究(2017)、地理语言学视域下的赣闽粤交界地带客家方言语法特征研究(2017)、地理语言学视域中的客赣交界地带方言研究(2017)、地理语言学视角下的鄂豫皖方言接触研究(2017)、地理语言学视域下苏皖浙交界地区吴语音变研究(2018)、基于《蕲春语》的蕲春方言地理语言学研究(2019)。

学术界对地理语言学的研究偏重宏大叙事,对微观的地理差异总体上重视不够。

长期以来,汉语方言的调查多数以大城市方言为重,重视方言代表点的深入挖掘,取得了一定成绩。大型、中型规模的调查,也多是着眼于宏观、中观,一般是一个县一个点来安排的。学术界偏重宏观,一方面是与学术眼光有关,以往着重解释大面积的方言分布,不太重视每个乡村之间的种种差异。另外,与人力资源也有关系,毕竟方言学是小众的研究，与中国广阔丰富的方言现象相比，方言学人才实在是太缺乏了。

但是，这显然不是地理语言学的全部，更多丰富的语言细节、绵延的语音演变的链条无法透过宏大的方式揭橥与展现，为此我们提出"乡村地理语言学"的这一明确的理念，在方言特别复杂的地区来做实验探索，这个研究有望充实地理语言学的内涵。

## 二 乡村地理语言学

### 2.1 含义

本文提出的"乡村地理语言学"，当然是属于地理语言学范畴的。加上"乡村"这个限定，主要用意在于设点调查的时候，尽量考虑到语言变异往往是以乡村为单位发生的。在整个县范围内，当地有外出经验的人可以告诉你哪几个乡镇是接近或有差异的，但这还不够细致。只有到了具体乡镇，当地人才可以告知你哪些乡村是有差异的。地理语言学落实到有差别的乡村之间，才更加实在，也更加符合当地百姓对不同言语交际社会的差异的感性认知。

落实到相邻有差异的乡村，更加容易发现一些音变、词汇变化发生的情况，这些可靠案例的积累，有助于理解语言在地理上的变化。

### 2.2 必要性

1996—1997年之间，我们曾经在福建省连城县调查，当时考虑到那里方言比较复杂，那个县设立了16个地点，曾心满意足地认为，已经差不多了。但事实上，这与当地复杂分歧的方言事实相比，还是很显稀疏的。以该县北团镇为例，当时选择了罗王村来调查，以极其常见的动词"有"为例，若是该镇只有这罗王村这一个点，只有一个形式[vu⁵⁵]，但在2014—2015年的密集布点的调查中，我们根据实际所存在的语言差异来一共设立了8个调查点，发现了该乡镇有口音区别的村落就"有"字就存在着8个不同发音，见表1：

表1 "有"字在连城县北团镇8个地点的不同发音

| 地点 | 罗王 | 溪尾 | 卓家演 | 倒湖 | 张地井 | 大张 | 赖屋坝 | 蕉坑 |
|---|---|---|---|---|---|---|---|---|
| 有的字音 | vɐu55 | hɐe53 | hae44 | hʌɯ33 | haɔ42 | hɯaɯ33 | ʒəɯ33 | iəɯ43 |
| 读同调类 | 阳入 | 上声 | 上声 | 阴平 | 阴平 | 阴平 | 阴平 | 阴平 |
| 读同声类 | 云母 | 匣母 | 云母 | 匣母 | 云母 | 云母 | 云母 | 云母 |
| 读同韵类 | 模韵 | 侯韵 | 侯韵 | 侯韵 | 侯韵 | 侯韵 | 尤韵 | 尤韵 |

这同一个乡镇内的8个地点，几乎每个地点都有差异，既有语音层次上的不同（声调有读上声、阴平、阳入三种；声母有读同匣母、读同云母两种；韵母有读同模韵、尤韵、侯韵三种），也有同声类的音质差异。这仅仅是一个乡镇的情况，若扩大到全县的范围，则差异更加纷繁。若依照一个乡镇一个点，那么北团12镇除了早先罗王村之外的7个地点的语言材料就忽略了。

因此，在这类语言接触带上复杂方言区进行密集布点的调查是符合现实需要的，这与部分方言区的复杂程度是相称的。这种密集程度，大致是一个中等规模县设置100个左右的调查地点（设点的原则是根据专家判断与百姓认知，凡是有明显差异的口音都设点，若是百姓认为差不多，但是地理上存有较大的空档的村落也同样设置调查点）。

## 三 密集布点的价值

### 3.1 可以深入了解到语言变化的一些社会动因

一些方言复杂区丰富的歧异变化，究竟是什么原因导致的？乡村地理语言学做法，可能可以获得一些新鲜的案例。深入调查可以了解到独特的交际状况，反映了人以群分的语言心理——同村子因为房派出现口音歧异，在福建省连城县就发现9处。举个例子：曲溪乡罗胜村，吴姓，700人，村内有两个房派，其中梗摄三等阳声韵白读，一般客家话是iaŋ的，而这个村内，一房人是读ie，如饼pieʔ[31]，而另外一房人则饼读piaʔ[31]。这两个房派的村民地理上没有多大的距离，村头到村尾也就三百米左右的路。这个差异本地人也认识到了的，但依照不同房派，各自发音维持区别。

在广东省的连州市星子镇姜联村的紧邻的两个自然村，一个是老村，一个是新村，都姓唐，同一个宗族分化的两个房派，两村只有140米左右的距离，两村通婚。两村居民常走动如一村人。因为不同房派，生活作息有些差异，口音也略有差异。方言词汇上有些差异比如"捆"老村叫"羁 $ka^{33}$"，新村叫作"缚 $pi^{33}$"。字音上也有系统上韵值的差异："听、缚、北"老村为 e，新村为 i；"八、柴"老村韵母是 ɵ，新村是 ou；"前尖"老村为 əi，而新村是 ei。

这些同村同姓氏而不同口音的现象，如果依照一个县一个点，一个乡一个点来调查，肯定是不能发现的，而密集布点调查就有希望观察到。

## 3.2 可以观察到音变链条上的一些具体环节

一个大方言区的变化，如果布点比较稀疏，则一些演变不能得到很可靠的演变信息。而如果密集布点，其地理上演变的信息就更加丰富，演变链条上的环节可以得到证实。

同样是连城县及周边相关区域（人口45万，地理面积大约4200平方公里范围内），我们在调查到136个地点时，就侯韵的现代读音发现非常丰富。以"楼"为例，"楼"的韵母细分有51个，归纳后有29类：

| 单元音 | 合口 | 齐齿呼 | 前响复合 |
|---|---|---|---|
| a | ou | iɑo/iɒo | ɑɔ/ɒo/ɔɑ/ɔʌ |
| ɑ | ɔe | iɪ/ie/ɜɪ/iɛ/ɪi | æe/ae/æɐ |
| ɜ | ua | ɪɑ/eɑ | ɐi/iɜ |
| i | uaɜ | ɪo/ɔi | ʌɤ/ɤʌ |
| ɪ | | iuɤ/cuɪ/ʌuɪ | əɯ/mɐ |
| e | | ɯ | eu |
| ɜ | | iɯ/ɤi/mi | mei/mɑ/mʌ | ɤɐ/mɑ/mʌ |

```
                    θ                          ɯɤ/ɯɯ
                    ɤ                          eɤ
```

根据地缘、移民等资料，结合音理，就可以尝试去构拟演变的链条。

### 3.3 一个密集的区域可以检查既往的一些演变结论

麦耘（2013）列举了汉语方言中种种软腭音倾向于产生-i-过渡音的情况。该文观察结论是"汉语方言的材料表明，软腭辅音与硬腭过渡音具有亲和性，例如在 k-等声母后面衍生介音比其他声母更常见。"

麦先生的这个观察与结论很有意思，启发我们进一步去检验与思考，希望能发现更加确实的一些因果联系。我们尝试就连城县及周边方言的密集布点的材料来检验软腭音声母是否更容易产生-i-介音。

福建省连城县及周边邻县相关的乡镇是各个村子之间语音的地理差异很大的区域，有丰富的音变现象，是研究音变的聚宝盆。以下选择同为流摄一等侯韵字"楼"和"沟"两个字音来对比，看看所调查的136个地点中究竟是软腭音条件下还是边音条件下（也代表了 ts-、t-类声母）哪类更容易产生-i-介音，这里包括下面4种情况：

（1）"楼"和"沟"都不产生-i-介音。共有68个地点，此处列出22例。

|  | 楼 | 沟 |  | 楼 | 沟 |
|---|---|---|---|---|---|
| 倒湖 | lʌɯ³¹ | cʌɯ³³ | 田心 | lɔe³³ | kɔe⁴⁴ |
| 张地井 | lɑɔ³¹ | kɑɔ⁴² | 南坑 | lʌe²² | kʌe³³ |
| 卓家演 | lua²² | kae⁴⁴ | 沈屋 | leɤ²² | kae³³ |
| 蕉坑 | ləɯ²² | kəɯ⁴³ | 内罗屋 | lɤe⁴² | kɤe⁸¹ |
| 罗地 | lɛ²² | ka³³ | 岩背 | lɤ⁴³ | kɤ³³ |
| 坪上 | lɑ¹¹ | kɑ³³ | 下村 | lea²² | kea⁴⁴ |
| 隔川 | lae²² | kae³³ | 张公垅 | lɯ²¹ | kɯ⁴² |
| 张坑 | luɑɛ²² | kuɑɛ⁴² | 罗胜 | la²² | ka³³ |

| | | | | | |
|---|---|---|---|---|---|
| 布地 | luɤ²² | kuɤ³³ | 新和 | lɑo⁴¹ | kɑo³³ |
| 五潦 | lɤ²² | kɤ³³ | 罗坊村 | lɵ²² | kɵ²⁴ |
| 张坊 | luɑ²² | kuɑ³³ | 马罗 | lɯ²¹ | ɔɯ⁴² |

（2）"楼"和"沟"都有-i-介音。共有50个地点，此处列出11例。

| | 楼 | 沟 | | 楼 | 沟 |
|---|---|---|---|---|---|
| 富塘 | liɪ³¹ | tʃiɪ³³ | 俞屋 | liɔ⁵¹ | kiɔ²² |
| 中曹 | lɪ²¹ | tʃɪe³³ | 上余 | liɑ⁴² | ɕiɑ³³ |
| 张家营 | lɜɪ²² | tʃɜɪ³³ | 黄地 | liɑo⁴¹ | ɕiɑo²⁴ |
| 高地 | liuɤ²² | tʃiuɤ³³ | 马坊 | liɤ⁴² | tʃiɤ³³ |
| 詹屋 | liuɔ¹¹ | kiuɔ³³ | 黄美 | liɛ⁵¹ | ɕiɛ³³ |
| 坪坑 | lio²² | kio³³ | | | |

（3）"沟"有-i-介音，而"楼"无-i-介音。共有8个地点。

| | 楼 | 沟 | | 楼 | 沟 |
|---|---|---|---|---|---|
| 马屋 | lɑʌ²¹ | tʃiɑʌ²⁴ | 上莒 | lɛ²² | tʃiɛ³³ |
| 罗王 | læe²² | kiɑʌ³³ | 文地 | lɯ²² | tʃiɯ³³ |
| 培田 | lɛ²¹ | tʃiɛ³³ | 乐江 | le⁴⁴ | tʃie¹¹ |
| 朋口 | lɜ²² | tʃiɛ⁴⁴ | 赖安 | ʌɑo²² | kiɑo³³ |

如上8个地点软腭塞音先产生-i-介音，而非软腭声母未产生介音，符合麦耘（2013）的预测。

（4）"楼"有-i-介音，而"沟"无-i-介音。共有10个地点。

| | 楼 | 沟 | | 楼 | 沟 |
|---|---|---|---|---|---|
| 溪尾 | liɤ²² | kae³³ | 壁洲 | liɤu²² | kae³³ |
| 赖屋坝 | liɯ¹¹ | kæ³³ | 小莒 | lɪu⁴⁴ | kue³³ |
| 下罗 | liɑo¹¹ | kɑo³³ | 郭坑 | liɯ⁴¹ | kəɯ⁴⁴ |
| 文保 | lɪɜ²² | kɯə⁴⁴ | 上东坑 | lɪu²² | kɐʌ⁴² |
| 天马 | liɤ²² | kae⁴⁴ | 河祠 | liɑ³¹ | ɔa⁴² |

如上10个地点软腭塞音先未产生-i-介音，而非软腭声母则产生了

253

-i 介音，这点不符合麦耘（2013）对这一问题的预测。

因此，从侯韵 *eu 的角度对比，就连城这块区域的整体上观察统计，是看不出软腭音是否比其他声组更容易产生 -i 介音，就连城这个区域而言，甚至在 l- 声母后，比 k- 条件下还略多几例。据目前的不完全统计，本文的观察结论是，e/ɛ 这类元音不论在什么声组条件下，都容易产生 -i 介音①。

## 四　密集布点的具体操作

事先要对该区域重点调查（东西南北中，字词各超过 2000），在此基础上，精选有价值条目，进行下一步密集布点。

在一个县域超过 100 个代表性方言点的语料作为基本材料，参考、整合其他有关的研究成果，从共时类型的角度描述农村方言的复杂多样的地理分布，分别揭示各区方言在语音、词汇、语法的一致性和差异性。

在时间上，一个地点的调查最好一天能完成。为此，有两个考虑，要保证保证音系充分反映的字例调查，一定数量反映当地生活的词汇。目前我们在广东省清远市连州的调查情况是：

字表设置 705 个字，要求记录完毕并且录音。字表调查结果将显示该方言的主要声韵调的类别，反映主要的历史对应。一些有价值的字放到"连读变调"表里，不记音，但保证录音，这样加起来 980 字左右。这个字表比《汉语方言地图集》的规模略大。充分的代字的调查是很有必要的，这样音系可以充分地照顾到，记录词汇时，也更有把握。我们也了解到台湾一些学者也采取密集调查法，但是却只录制部分词汇，回去再整理，这样虽然每个行政村都落实了，但语音信息上不太充分，

---

① 麦耘（2013）提及："单独的音素，但没有音位地位，如广州话'精'tsɐŋ 有人说成 tsiɐŋ，其中的 -i- 即是"。也可知 ɛ 在其他声组后增生介音亦常见。该文对汉语方言是否产生 t/k 后更易产生 -i 介音的例证，只选取了 ta/ka 的对比，而无 te/ke 这种对比。

记录的品质及结论可能会受影响。

词表设置260词，记录及录音。词表尽量反映各个方言核心概念，反映方言的日常创造，反映方言之间的异同关系。为了调查的效率起见，只设置极少数关键的语法条目。以下以"动物类"为例列举其中41—80条：

猴柿、蕉芋、牡荆、公猪、鸡胗、鸡交配、猴子、麻雀、老鹰、蝙蝠、八哥、鸟窠、蜘蛛、蚂蚁、蚯蚓、蜈蚣、苍蝇、臭虫、跳蚤、虱子、蟑螂、蜻蜓、蝉、蝴蝶、螳螂、萤火虫、蟋蟀、蝌蚪、青蛙、癞蛤蟆、蚂蟥、蚌、螃蟹、银环蛇、蜥蜴、牛虻、臭大姐、马蜂树上的、叉尾斗鱼

如上有几条是一般词表不常见的，比如"猴柿"是一种野生的柿子；"牡荆"是一种南方农村常见，用途广泛的一种灌木；'叉尾斗鱼"是一种早先有机肥时代常见，现在化肥大规模实施后即将消失的小鱼，乡村小孩常常捕捉来玩的。"银环蛇"是特征鲜明不容易搞混的一种毒蛇。这些条目之所以选入，是因为其土俗，不容易受到共同语的影响，并且各地的差异性大。

## 五 密集布点的成果举例

以"咬"这个说法在连城及周边方言的地理分布为例。在方言复杂的闽西连城县及周边地区进行密集的布点，就"咬"的叫法进行调查，并进行地理展现。调查表明，主要有两类叫法，"咬"和"□noʔ"。后者分布于连城北部及清流的南部，前者见于其他地区。说"咬"的有两个古音来源，其中客家话是来自疑母的，而闽方言则是来自匣母下巧切的。来自下巧切的，读音有两种，一种与闽语一样，读同群母，一种则读同匣母一般层次，多为h-类。将调查结果以语言地图的方式展示，其地理差异与地缘联系可一目了然。

连城县及周边相关方言中，如图1将如上"咬"的说法以在地图上以特征图的方式展示，其中实心圆形表示闽西客家常见类型，"咬"读

疑母阴平调。方形表示与闽语相关,实心正方形表示这个区域独特的下巧切,但不读群母的类型;空心正方表示与一般闽语常见的,咬读下巧切,且同群母。箭头朝下的表示不用"咬"字的类型。兼类的以少见的星号表示。

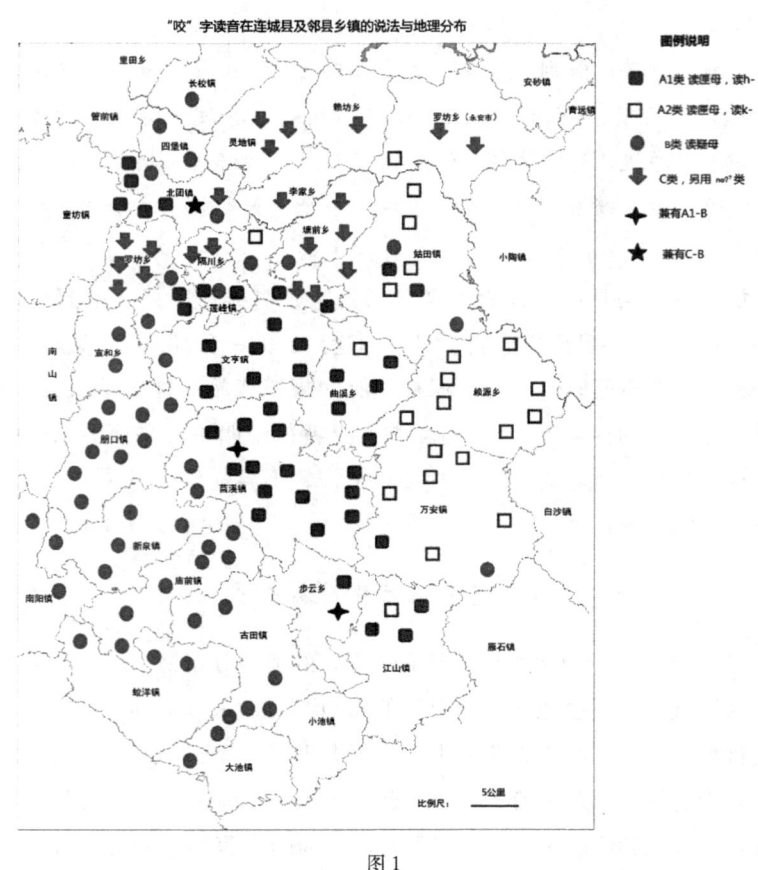

图 1

"咬"是一个核心词,但是在这块闽客交接区域,却有 2 个差异较大的说法。即使是同用"咬"字,古音来源却有不同,分别展示了这块区域与相邻闽客方言的历史与地缘联系。透过这个地理展现,我们可看得到方言渗透的具体细节。

## 六 乡村地理语言学展望

讨论县域以下范围的方言地理学的论文——这样距离乡村方言的真实面貌就更近。可以作为全国密集布点调查的先声。

"语言接触带上方言极复杂地区的语言地理",这个密集布点的理念及研究范式一旦得到进一步的贯彻,将给地理语言学带来新气象,最终可望解决一般民众对邻村语言差异的好奇与困惑。这也是汉语方言学从近百年来的宏大叙事模式转向微观记录与刻画的阶段,方言的差异,根本上是乡村的。长期以来,因为交通不便,极为广阔的山村社会的基本交际圈就是以行政村乃至自然村为单位的。小面积,这是乡村方言存在的常见的范围。我们希望方言学界出现更多的讨论县域以下范围的方言地理学的论文——这样距离乡村方言的真实面貌就更近了。

乡村地理语言学若得到重视,这门针对一时一地所做的方言知识说解可望得到更多民众的支持,因为这是最接地气的学问。这种细腻布点与翔实记录的材料,累计多了,还可以为普遍的音变理论提供材料基础与生动案例。因为地理上接近的音变,往往存在时间先后,音理上是存在因果关系的。德国、日本的语言地理学早都已经精细化了,达到了全国范围内的密集布点调查。中国这么大的区域,全国性的密集分布地图还是遥遥无期的,但是选择一些极复杂地区进行试点调查是极其迫切而有意义的,也是可行的,可以作为全国密集布点调查的先声。

在密集布点的情况下来研究乡村方言地理,可以根本上回答语言在地理上的种种变化所呈现出来的动态及其与生理、交际圈(如婚姻、墟场、行政区划等)、认同等等因素相关联的前因后果。这样的工程目标一旦不断地实现,对地理语言学将有重要的意义。

**参考文献**

北京语言大学语言研究所,2003.《汉语方言地图集调查手册》 澳门语言学会。
曹志耘(主编),2008.《汉语方言地图集》. 商务印书馆。

麦耘，2013．软腭辅音与硬腭过渡音的亲和性——一项语音演化研究．《方言》第 3 期。

彭泽润，2017．《地理语言学和衡山南岳方言地理研究》．商务印书馆。

严修鸿、魏慧斌，2018．"咬"的说法、字音在连城县及邻县乡镇的地理分布．《东方语言学》第 1 期。

叶祥苓（主编），1981．《苏州方言地图集》．龙溪书会。

张学年，2014．福建省武平县地理语言学研究．台湾高雄师范大学客家文化研究所硕士学位论文。

# 客赣交界地带方言古非组声母的今读*

汪高文[1] 许斐斐[2]

1. 南昌大学客赣方言与语言应用研究中心；2. 南昌大学人文学院

## 一 引言

江西是客、赣方言的孕育地和主要分布地，两大方言连续分布的大片区域也主要在赣中地区交汇，形成了呈东西走向的狭长的"客赣方言交界地带"。这一地带横跨抚州、吉安、萍乡3市14个县（广昌县、南丰县、宜黄县、乐安县、吉安市、井冈山市、永丰县、吉水县、吉安县、泰和县、万安县、遂川县、永新县，莲花县）。除了南丰县、宜黄县、乐安县、吉水县、吉安市五地是纯赣语区外，其他九地都有客赣方言混杂现象。

近一个世纪以来，客、赣方言的研究成果颇为丰硕，然而对于客赣交界地带方言的调查和研究却显薄弱。谢留文（2003：99）的《客家方言语音研究》中较早提出"客赣方言过渡地带"的概念，谈道："赣中、赣东一带的方言，传统上认为是赣语，但是随着方言调查的深入，发现它们也具有客家方言的语音特点，从地理位置上看，它们处于典型的赣语赣北语与典型的赣南和闽西客家方言的过渡地带，所以兼具两者的方言特点，这一带的方言目前所知道的还很少，将来也许需要重新去认识"。其后，项梦冰、曹晖（2005：139）的《汉语方言地理学——

---

\* 基金项目：国家哲学社会科学基金一般项目"地理语言学视阈口的客赣交界地带方言研究"（17BYY071）。

入门与实践》中提出了"南赣走廊"的概念。谢留文（2008）的《江西省的汉语方言》一文对该地带客赣方言点的分布有所记录和说明。但迄今为止，这一地带方言的状况还很少为学术界所了解。

笔者根据调研认识到，在赣中的客赣方言交界地带，客、赣方言呈现交错分布的态势，居民的语言与语用情况相当复杂。这一地带方言所呈现的与客、赣方言核心地带相比较而富有区域特点的面貌，既反映了客、赣方言同源异流的纵向演变，也有着客、赣方言在各自成熟后所发生的横向接触演变的痕迹。"客赣交界地带方言"以其独一性，为客、赣方言研究提供了一个全新的视角。全面、详尽地披露这一特殊地带的方言特征，不仅能推进对客、赣方言关系的进一步探讨，亦有助于对交界地带方言的共性特征的思考，对于汉语方言交界地带研究具有语言类型学上的理论意义。

本研究选取了该地带 74 个乡镇方言进行了系统调查，针对该地带方言古非组声母的今读情况进行了重点调研和分析。下文中直接称说县市一级地名的方言点，涵盖全县或市，如井冈山。称说某县的某个乡镇时，采用县名加乡镇名的方式，如井冈山东上。

## 二 非组声母的读音类型与地域分布

非组声母在客赣交界地带方言里，除一般读为 [f] [v] [υ] [w] 等轻唇音或零声母外，各县都还不同程度地保留了 [p] [pʰ] [m] 等重唇音的读法。哪些字保留重唇音读法，内部比较统一，非母一般是"斧痱发粪"，敷母多为"肺"，奉母是"扶吠肥浮饭缝"，微母是"问望袜尾网蚊"，有关例字参见表1。

表1　客赣交界地带方言非组今读示例

| | 斧<sub>非</sub> | 粪<sub>非</sub> | 肺<sub>敷</sub> | 扶<sub>奉</sub> | 饭<sub>奉</sub> | 尾<sub>微</sub> | 网<sub>微</sub> | 蚊<sub>微</sub> |
|---|---|---|---|---|---|---|---|---|
| 广昌旴江 | fu$^{51}$ | fen$^{314}$ | fi$^{314}$ | fu$^{35}$ | fan$^{314}$ | me$^{51}$ | mɔŋ$^{51}$ | men$^{35}$ |
| 宜黄凤冈 | fu$^{24}$ | — | fi$^{42}$ | fu$^{51}$ | fan$^{24}$ | mi$^{11}$ | moŋ$^{51}$ | men$^{51}$ |

(续表)

| | 斧_非 | 粪_非 | 肺_敷 | 扶_奉 | 饭_奉 | 尾_微 | 网_微 | 蚊_微 |
|---|---|---|---|---|---|---|---|---|
| 永丰石马 | fu²¹ | fɛn⁴⁴ | fi⁴⁴ | pʰu²³ | pʰɔan²¹ | me³⁵ | mᴇŋ²¹ | mɛn²³ |
| 泰和桥头 | pu⁴¹ | pen⁴⁵ | fi⁴⁵ | pʰu²¹ | pʰɔŋ⁴¹ | me²²⁴ | mᴇŋ⁴¹ | men²²⁴ |
| 永新曲白 | pu³¹ | pɛn⁴⁴ | fi⁴⁴ | pʰu²⁴ | pʰõ³¹ | mei²⁴ | mᴇŋ³¹ | mɛn³¹ |
| 井冈山荷花 | pu⁴²⁴ | pẽn⁴⁵ | fei⁴⁵ | pʰu¹¹³ | fan⁴⁵ | mei²⁴ | mɔŋ⁴²⁴ | men²⁴ |
| 遂川戴家埔 | pu⁴² | pen⁵¹ | pʰi⁵¹ | pʰu²⁴ | fan⁵¹ | mi²⁴ | mᴇŋ⁴² | men²⁴ |
| 莲花琴亭 | pu⁵³ | fɛn³¹ | fi³¹ | fu³⁵ | fã³¹ | mi⁵³ | mɛ̃ŋ⁵⁵ | mɛn⁵⁵ |

通过前期摸底调查及结合以往研究成果，我们共选取了21个字（见表2）对该地带74个乡镇方言进行了详细调查。表2最后一列"百分比"为各方言读重唇音的字数占总例字（21个）的比例。表中地名按其地理位置大致自东向西、从北到南排列。

表2 客赣交界地带方言非组读重唇音所占比例

| | 非母读 p pʰ | 敷读 pʰ | 奉读 pʰ | 微读 m | 占总例字数百分比 |
|---|---|---|---|---|---|
| | 斧痱发_头~ 粪飞放 | 肺 | 扶吠肥浮 饭缝_门~ | 忘问望袜 尾网蚊万 | |
| 宜黄凤冈 | | | 浮 | 望尾网蚊 | 23.8% |
| 乐安鳌溪 | 痱 | | 浮 | 尾网蚊 | 23.8% |
| 永丰恩江 | 痱 | | | 尾网蚊 | 19% |
| 吉安大冲 | | | 浮 | 尾蚊 | 14.3% |
| 永新龙田 | 痱 | | | 尾网蚊 | 23.8% |
| 广昌盱江 | 痱 | | 浮 | 问望袜尾网蚊 | 38.1% |
| 南丰紫霄 | 痱 | | | 问望袜尾网蚊 | 33.3% |
| 永丰石马* | | | 扶吠饭 | 问望袜尾网蚊 | 42.9% |
| 泰和桥头* | 斧发粪 | | 扶吠饭 | 尾袜蚊网 | 47.6% |
| 遂川新江* | 斧痱 | 肺 | 扶吠肥缝 | 问袜尾网蚊 | 57.1% |
| 井冈山黄坳* | 斧粪 | | 扶吠肥 | 问望袜尾网蚊 | 52.4% |

（续表）

| | 非母读 p pʰ<br>斧痱发头~<br>粪飞放 | 敷读 pʰ<br>肺 | 奉读 pʰ<br>扶吠肥浮<br>饭缝门~ | 微读 m<br>忘问望袜<br>尾网蚊万 | 占总例字<br>数百分比 |
|---|---|---|---|---|---|
| 万安涧田* | | | 扶吠 | 问望袜尾网蚊 | 38.1% |
| 遂川草林* | 斧粪 | | 扶吠肥缝 | 问望袜尾网蚊 | 57.1% |
| 遂川戴家埔* | 斧痱粪 | 肺 | 扶吠肥缝 | 问望袜尾网蚊 | 66.7% |

说明：表中地名加"*"的，是当地人称自己的土话为"客家话"的方言点。

该地带方言"非组读重唇"的情形从表2可见一斑。从声母类别来看，微母读重唇音的比例最高，其次是奉母字，再次为非母字，敷母字读重唇音的很少，而且只出现在遂川新江、戴家埔。此外，据遂川草林的发音人说，遂川县左安镇"肺"也读 [pʰei]。从具体的字来看，有些字在大多数方言里都读重唇音，如"尾蚊网"等，有些字则没有一个地点读重唇音的，如"飞放忘万"。总的来说，读重唇音的都是些口语常用字。

具体来看，遂川戴家埔、草林、新江处于该地带的最南端，遂川也是最靠近赣南客家话腹地的一个县，非敷奉母保留重唇音的字相比是最多的，一般在6—8个（21个字当中）左右。井冈山黄坳、大陇、茅坪、睦村、荷花邻近遂川，非敷奉母保留重唇音读法的字次多，一般在5—6个左右。永新曲白、三湾毗邻井冈山，非敷奉母读重唇音的字一般在4—6个左右。泰和桥头、小龙、老营盘西接井冈山，非敷奉母读重唇音的字一般在2—4个左右。永丰石马、三坊、龙冈、君埠的情况与泰和差不多。万安芙蓉、武术、涧田一般是1—3个字保留重唇音的读法。可以看出，以上绝大多数都是当地人自称的客家话方言点。上述方言点里"斧肺缝吠肥扶"保留重唇音读法的最多。

我们发现，越往南、越往西，非组今读重唇音现象越丰富。就非敷奉三母来看，读重唇音比例最高的是遂川、井冈山，其次是永新、永丰，再次是泰和与万安。可见，非敷奉母读重唇音的现象主要分布在吉安地区（即吉茶片），中心区是遂川、井冈山和永新形成的集中带。其他方言点及抚广片非组读重唇音的字相对较少，而且主要限于微母字，非敷奉三母的字很少。

暂且以此为论的话，就古非敷奉母读[p pʰ]而言，赣语字数远远少于客家话（地名后加"*"）。古微母读[m]的现象，赣语与客家话差别不大。

## 三 非组字的特殊读音

该地带方言的非组字还有些特殊读音。郑张尚芳（1995）的《浙西南方言的[tɕ]声母脱落现象》："方言语音现象不是孤立的：在一些方言点某些零散的、表现不规则的音变，往往在其邻近某个地区集中地系统地出现，从而显示出它的规律性来。"

先看非母，"發""髮"两字中古音韵地位一样，在绝大多数方言里读音也都相同。泰和桥头"髮"白读为[poʔ⁴⁵ᵈ]，文读为[faʔ⁴²ᵈ]，"發"读[faʔ⁴²ᵈ]。永新泮中"發（发财）"读[ɸue²²⁴]，"髮（头发）"读[ue²²⁴]，一个为双唇清擦音声母，一个为零声母。此外，该地"斧"读[ɸu⁵¹]。永新泮中方言里，部分晓匣母合口一二等字今声母为[ɸ]，与非组字相混。[x/ɣ]→[ɸ]的演变，明显是受[u]介音的影响，舌根音演变为双唇音，此为"唇化"式合流路径。遂川堆子前、零田"放"读[hɔŋ]，泉江读[həŋ⁴⁵]，双唇音[p]演变为[h]，此为"舌根化"式合流路径。再看奉母，"扶"永新泮中读[ɸu²²⁴]，永丰藤田读[fv³³]，其他方言多数读[fu]，少数读[pu]。"縫"永新泮中读[hɔŋ⁴⁴]。最后看微母，遂川戴家埔、草林，井冈山黄坳"忘"读[ɡɔŋ]，乐安戴坊"忘"读[hɔŋ³¹]。如此丰富的共时语音差异，无不反映出了非组声母历时的变化痕迹。

结合该地带方言"匣母合口字今读零声母"的情况来看，客赣交界地带方言非组和晓匣母的演变，总体呈弱化趋势。该地带方言里部分晓匣母合口一二等字与非组相混的演变路径大致如下（图1中①和②表晓匣母合口一二等与非组合流的两种途径）：

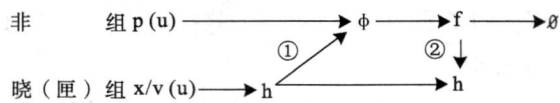

图1 客赣交界地带方言晓匣母合口一二等与非组合流的演变路径

此外，晓匣母合口三四等有个别字读［f］的现象，主要是"辇兄血县"四个字。广昌塘坊"辇"读［fen¹³］，"兄"读［fiaŋ¹³］，"血"读［fiat²⁴ᵈ］。"县"字南丰太源读［fiɛn⁴¹²］，宜黄、乐安也都读［fiɛn］，遂川草林、戴家埔读［iɛn］，广昌尖峰读［ʋiɛn⁴¹²］，南丰傅坊读［wiɛn²¹⁴］。这可能是受到语音演变规律"晓匣母合口一二等字混读为非组"的感染所致。

奉、微母还有个别少见的读音。"凤"泰和桥头读［məŋ⁴¹］。"缝"万安沙坪读［la²⁴］，广昌驿前读［laʔ⁴⁵ᵈ］，井冈山黄坳读［loŋ⁴⁵］。"雾"永丰恩江读［ləu²¹］。"问"遂川堆子前、泉江、雩田读［tʰan］，当为"探"字。"袜"遂川堆子前、泉江、雩田，万安沙坪、潞田读［tʰɒu］，袜子称为［tʰɒu ne］。万安窑头"袜子"称［hɔ⁴⁴li⁰］，宜黄黄陂称［su²²haI³¹ᵈ］。

## 四 非组今读重唇音的启示

李小凡、项梦冰（2009：213—214）："客家话古非敷奉字在白读层里有明显保留重唇读法的现象。……闽西、粤东可以看作客家方言的中心区，非中心区的客家话古非敷奉母字今读［p］［pʰ］声母的现象或明显或不明显，大概跟受周边方言影响所产生的同化有关。"

范耀斌（2009）搜集了全国270个方言点的116个古非组字的材料，计算出客家话点中70.37%有古非母今读重唇音的现象，而赣语点中仅14.71%有该现象。古敷母的相关比例为44.44%和14.71%，古奉母为92.59%和20.59%，古微母为100%和91.18%。从数据来看，古非敷奉母今读重唇音的客家话数量远远超过了赣语，古微母方面客赣数量差距较小。之后，文中分别统计了各大方言古非、敷、奉母今读重唇音的字数比例，结果显示出客家话要高于赣语。那么，无论是从字数还是方言点数量来看，客家话"古非组读重唇"的这一音韵特征都要比赣语显得更为保守。

从以往各位学者的论述中，可以看出"非敷奉母保留重唇音"是客赣方言之间存在明显差异的一个语音特点。在交界地带方言接触和交融的情形下，客家话抗拒了当地强势赣语的影响，表现出某方面的顽固性。

从地理上看，方言是逐渐变化的，方言区中心区的特点，扩散到边缘地带时会变得模糊，甚至消失。客赣交界地带的客家话，远离闽西、粤东的客家方言中心区，非组保留重唇音的古音特点没有中心区的明显。尽管在交界地带两种方言多项语言特征并向融合的大势下，由于赣语的这一特征相对更加微弱，客家话在这方面还是显出了自己这一语音特征的内质区别性。

古非组的读音类型和地域分布给我们的启示是：在两种方言的交界地带，某一方言即便总体上处于弱势地位，但如果它在地理上是连续集中性分布，尤其在整个交界地带处于偏于一隅的位置时，它的某些语音特征可能会受到一定的保护，从而造成一些语音特征的顽固性。或者可以说，一些语音特征被强势方言异化的速度会更慢。

由此，我们称之为交界地带方言的"对立性特征"。即由于方言本身属性的不同或地缘环境（山川、河流）等自然因素的影响，两个或多个方言区交界地带的某些语音现象在地理分布上，呈现出鲜明的区别性。在一定程度上，有的分布特点还能突出反映方言某方面的保守性和稳固性。

**参考文献**

陈昌仪，1991.《赣方言概要》. 江西教育出版社。
杜怀静（主编），2002.《江西省地图册》. 中国地图出版社。

范耀斌，2009．汉语方言古非组声母今读研究．北京语言大学硕士学位论文。
黄雪贞，1992．梅县客家话的语音特点．《方言》第4期。
李如龙、张双庆，1992．《客赣方言调查报告》．厦门大学出版社。
李小凡、项梦冰，2009．《汉语方言学基础教程》．北京大学出版社。
刘纶鑫，1999．《客赣方言比较研究》．中国社会科学出版社。
桥本万太郎，2008．《语言地理类型学》．世界图书出版公司。
万波，2009．《赣语声母的历史层次研究》．商务印书馆。
汪高文，2013．江西客赣交界地带方言语音研究．北京语言大学博士学位论文。
汪高文，2018．客赣方言平入调值的匹配格局．《语言研究》第4期。
项梦冰、曹晖，2005．《汉语方言地理学——入门与实践》．中国文史出版社。
谢留文，2003．《客家方言语音研究》．中国社会科学出版社。
谢留文，2006．赣语的分区．《方言》第3期。
谢留文，2008．江西省的汉语方言．《方言》第2期。
詹伯慧（主编），2004．《汉语方言及方言调查》．湖北教育出版社。
郑张尚芳，1995．浙西南方言的［t］声母脱落现象．《吴语和闽语的比较研究》，上海教育出版社。

# 建瓯吉阳方言齐韵的语音层次<sup>*</sup>

李 琪

北京语言大学语言科学院

## 一 引言

吉阳是福建省建瓯市的下辖镇，位于闽北山区，建瓯市西北部，地处建瓯市、建阳市、顺昌县三县市交界地，据市区42公里。据《中国语言地图集》第二版（2012），建瓯方言属闽北话。李如龙、潘渭水（1998）《建瓯方言词典》根据历史上行政归属的不同，将建瓯境内的方言大致分为东、中、西三片。东、西片分别属原建安县、瓯宁县管辖，而中片的芝城镇（现为建瓯市政府驻地）因历史上长期为建安、瓯宁两县治所所在地，其口音成为中片的代表。此外，《建瓯方言词典》还将吉阳镇口音作为西片的代表，指出其与芝城音在声母方面没有明显的区别，仅韵母和声调方面有一些差异。

本文材料来自赵日新老师的调查[①]。根据调查整理的吉阳方言音系如下：

（1）声母15个，包括零声母：

---

\* 本成果受北京语言大学院级科研项目（中央高校基本科研业务专项资金）资助，项目编号为20YJ140002。

① 2019年1月，赵日新老师带领北京语言大学方言学专业的学生赴建瓯吉阳镇进行了为期十多天的方言调查实习，记录了吉阳的音系，并核对了同音字汇。

| | | | | | | | | |
|---|---|---|---|---|---|---|---|---|
| p | 杯婆饭饼腹 | pʰ | 坡蒲陪缝劈 | m | 买味木棉 | | | |
| t | 刀袋摘箸争 | tʰ | 腿啼拆虫锄 | n | 女难<sub>困</sub>纳牛 | | l | 老梨绿烂 |
| ts | 祖字煮庄煤 | tsʰ | 厝残赤楚 | | | s | 四叔师卵袖偿 | |
| k | 果拳杰厚肢 | kʰ | 快渴钳臼稀 | ŋ | 五元月义 | | h | 许活风肺妇韭 |
| ∅ | 鸭夜围黄晚热常 | | | | | | | |

说明：①鼻音声母［m n ŋ］有时带有同部位塞音成分。②［ts］组声母与细音相拼时有舌叶色彩，实际音值为［tʃ］组。③［f］声母与［u］相拼时实际音值为［ɸ］。④［k］组在细音前舌位靠前，实际音值近于［c］组。⑤开口呼韵母自成音节时开头略有喉塞。⑥合口呼、齐齿呼和撮口呼韵母自成音节时开头略有摩擦。

（2）韵母31个，不包括儿化韵：

| | | i | 妻眉起味滴日 | u | 司母吴步国毒 | y | 箸围稀剥俗出 |
|---|---|---|---|---|---|---|---|
| a | 马架崖贴擦伯 | ia | 赊惹夜叶鹊壁 | ua | 果花话法刮镬 | | |
| ɛ | 来菜使密克宅 | iɛ | 爷啼椅接结食 | uɔɯ | 破麻盖倚辣 | yœɯ | 鹅蛇艾尾飞雪 |
| ɔ | 箩锁去镯各择 | | | | | ci | 茄厝箸席朝<sub>今~</sub> |
| e | 剃糟茅走厚昼 | | | | | | |
| ʊ | 火袋杯谋短滑 | iu | 柱浮收酒舅秀 | | | | |
| ai | 胎鞋洗荔八 | | | uai | 乖淮伪微血 | | |
| au | 宝桃樵孝流 | iau | 巧猫赵招照 | | | | |
| aĩ | 眼森顶层闽 | | | uaĩ | 幡凡反贩罚 | | |
| eĩ | 金扁秦秤净 | ieĩ | 帘钳笑箭盈 | ueĩ | 摊产盘罐稳 | yeĩ | 线完权远分 |
| aŋ | 南三店晴埂 | iaŋ | 争饼姓兄 | uaŋ | 贩纹黄梗<sub>菜~</sub> | | |
| ɔŋ | 暗暖床讲洞 | iɔŋ | 娘张酱腔影 | | | | |
| aœŋ | 卵喷顺港冢 | | | | | | |

说明：①［y］的舌位略低，实际音值为［ʏ］。②［ɛ］逢阴上时略有动程。［iɛ］逢阳入时实际音值为［ie］。③［ɔ iɔ］的主元音略高，介于［o］与［ɔ］之间。④［ʊ］韵母与［ts］组、［k］组声母相拼以及自成音节时主元音略有动程，实际音值是［ʊø］。⑤［iu］韵母在介

音［i］后有不太明显的过渡音［ə］。⑥［ai uai］的实际音值为［aɛ uæ］。⑦［yœɛ］的主元音［œ］略高，介于［ø］与［œ］之间。⑧［ɛi uai］的实际音值为［aɛ uaɛ］。⑨［ẽi uẽi yẽi］的主元音舌位略低。［uẽi］的实际音值为［oẽi］。［iẽi］的主元音舌位略高，实际音值为［iĩi］，逢阴平和阴上时动程更小，近于［ĩ］。

（3）单字调6个，不包括轻声：

平声　54　窠珠街高香 <sub>清平</sub>

上声　21　虎使脯 <sub>杏~</sub> 影 <sub>清上</sub>，马秒晚女 <sub>次浊上</sub>，河祠勤常 <sub>全浊平</sub>，爷圆荣谋 <sub>次浊平</sub>

阴去　22　破裤喙线 <sub>清去</sub>，麻鱼篱聋 <sub>次浊平</sub>，茄禾蹄前 <sub>全浊平</sub>

阳去　33　步队袖县 <sub>全浊去</sub>，二卖露院 <sub>次浊去</sub>，跪稻善伴 <sub>全浊上</sub>

阴入　24　答汁剥骨 <sub>清入</sub>，狭佚读俗 <sub>全浊入</sub>，沫物律蜜 <sub>次浊入</sub>

阳入　42　杂舌毒滑 <sub>全浊入</sub>，腊目浴日 <sub>次浊入</sub>，徒牌琴层 <sub>全浊平</sub>

说明：①阳去［33］开头略高。②阴入［24］末尾略低。

## 二　吉阳方言齐韵的读音①

吉阳方言齐韵今读共有 i、iɛ、ai、ɛ、e、ʋ 六个音类，举例如表1。

表1　吉阳方言齐韵的读音

| | |
|---|---|
| i | 蓖陛 $pi^7$ ｜闭 $pi^6$ ｜箅 $pi^5$ ｜迷谜 $mi^5$ ｜米 $mi^3$ ｜低堤抵题提 $ti^3$ ｜弟 $ti^5$ ｜体 $th^i3$ ｜第递 $ti^8$ ｜黎 $li^5$ ｜礼 $li^3$ ｜丽 $li^7$ ｜隶 $li^6$ ｜济 $tsi^8$ ｜妻 $tsh^i1$ ｜荠 <sub>荸~</sub> $tsi^5$ ｜犀 $si^1$ ｜稽 $ki^1$ ｜计 <sub>会~</sub> ｜继 $ki^5$ ｜启 $kh^i3$ ｜系係 $hi^6$ |
| iɛ | 批 $piɛ^1$ ｜啼 $th iɛ^5$ ｜弟 $tiɛ^1$ ｜地② $tiɛ^6$ ｜砌 $tsh iɛ^5$ ｜计 <sub>三十六~</sub> $kiɛ^5$ |

---

① 除了吉阳外，本文讨论涉及的闽北方言还有建瓯、迪口（属建瓯下辖镇）和建阳。为了讨论的方便，本文声调标记符号统一如下：阴平—1、阳平—2、阴上—3、阳上—4、阴去—5、阳去—6、阴入—7、阳入—8。一般闽北话阳上与阳去合流，以阳去6统称。吉阳和建瓯阳平与阴上、阴去合流，以阴上3和阴去5统称。建阳部分阳平字与阴去合流，也以阴去统称。迪口、建阳有第九调，以9标示。

② 秋谷裕幸（2002）认为闽语"地"的读音来自《集韵》霁韵大计切，我们认同这一说法。

（续表）

| | |
|---|---|
| ai | 底 tai³｜蹄 tai⁵｜替 tʰai⁵｜泥 nai⁵｜犁 lai⁵｜齐 tsai⁵｜穄数量多 tsai⁶｜西 sai¹｜洗 sai³｜细 sai⁵｜鸡 kai¹｜溪 kʰai¹｜契 kʰai⁵｜倪 ŋai⁵｜臋 ai⁵ |
| ɛ | 脐 tsʰɛ⁵ |
| e | 剃 tʰe⁵ |
| ʊ | 髻 kʊ⁵ |

由表1可知，齐韵的主要读音为 i、iɛ、ai，而 ɛ、e、ʊ 三个音类各辖仅一个例字：分别为"脐""剃""髻"。由于辖字较少，不好判断是否属于异读、误读等情况，因此我们结合周边的建阳、建瓯和迪口等方言对这三个音类的字例进行梳理。各方言中例字的读音如下：

| | 吉阳 | 建瓯 | 迪口 | 建阳 |
|---|---|---|---|---|
| 脐 | tsʰɛ⁵ | tsʰɛ⁵/tsi⁵ | tsʰɛ² | tsʰe² |
| 剃 | tʰe⁵ | tʰi⁵ | tʰiɛ⁵ | hie⁵ |
| 髻 | kʊ¹ | ko¹ | koi¹ | kui¹ |

首先看"脐"字。"脐"在吉阳、建瓯和迪口方言中都读为 ɛ，而且在建瓯、建阳和迪口方言中还可以找到同韵的其他例字，比如建瓯、建阳方言的"闭"，迪口方言的"脐蹄底鞋替泥犁齐＿＿＿一起西＿边洗细鸡溪契闭＿气;呼吸不通畅抵遮挡犀逮追"等。建阳方言中"脐"的读音为 e，与其他三个方言都不一致，但读音较为接近。对照建阳方言的材料（李如龙，2001），我们发现建阳方言的 e 韵母与吉阳、建瓯、迪口的 ɛ 韵母对应完全一致。例如：

| | 吉阳 | 建瓯 | 迪口 | 建阳 |
|---|---|---|---|---|
| 脐 | tsʰɛ⁵ | tsʰɛ⁵/tsi³ | tsʰɛ² | tʰe² |
| 来 | lɛ⁵ | lɛ⁵/lai⁵ | lɛ² | le² |
| 菜 | tsʰɛ⁵ | tsʰɛ⁵ | tsʰɛ⁵ | tʰe⁵ |
| 使 | sɛ³ | sɛ³ | ɬɛ³ | se³ |

因此，从以上四个方言蟹止摄部分字的平行对应来看，ɛ 作为齐韵层次

分析的音类是没有问题的。

再看"剃"字。"剃"在四个方言中的读音差别很大，建阳、迪口方言中读为 ie、iɛ，吉阳和建瓯方言中读为 e、i。联系齐韵与"剃"同读的其他例字，我们发现四个方言该类字的音类对应如下：

| | 吉阳 | 建瓯 | 迪口 | 建阳 |
|---|---|---|---|---|
| 批 | pʰiɛ¹ | pʰi¹ | pʰiɛ¹ | pʰie¹ |
| 剃 | tʰe⁵ | tʰi⁵ | tʰiɛ² | hie⁵ |
| 啼 | tʰiɛ⁵ | tʰi⁵ | tʰiɛ² | hie² |
| 弟 | tiɛ¹ | ti⁸/ti¹ | tiɛ⁴/ti⁸ | tie⁵/lɔi⁵ |
| 地 | tiɛ⁶ | ti⁶ | tiɛ⁷ | lɔi⁶ |
| 砌 | tsʰiɛ⁵ | — | tsʰiɛ⁵ | tʰɔi⁵ |
| 计 | kiɛ⁵/ki⁵ | ki⁵ | kiɛ⁵/ki⁵ | ki⁵ |

从白读层的对应来看，吉阳的 iɛ 分别与迪口、建阳、建瓯的 iɛ、ie、i 相对应。建瓯齐韵没有读为 iɛ 的，应该是被文读层 i 替换的结果。从以上对应来看，吉阳的"剃"读为 e 显得比较特殊，从齐韵本身很难判断它是否为一个层次，我们试着从与 e 合流的效流摄来看。除齐韵的"剃"外，吉阳方言读 e 的主要来自流摄侯韵的大部分字，流摄尤韵和效摄豪肴韵极少部分字。也就是说，e 是流摄侯韵的主要读音，效摄部分字读 e 是效、流摄合流的结果，而且效流摄同读的这部分字在以上四个闽北方言都很一致。不同的是，吉阳方言齐韵的"剃"与流、效摄字合流，而建瓯、迪口和建阳的齐韵并没有与流、效摄发生纠葛。例如：

| | 吉阳 | 建瓯 | 迪口 | 建阳 |
|---|---|---|---|---|
| 剃 | tʰe⁵ | tʰi⁵ | tʰiɛ² | hie⁵ |
| 头 | tʰe⁵ | tʰe⁵ | tʰeu² | heu² |
| 嗽 | se⁵ | se⁵ | ɬeu⁵ | seu⁵ |
| 猴 | ke⁸ | ke³ | keu⁹ | eu⁹ |
| 昼 | te⁵ | te⁵/tiu⁸ | teu⁵ | teu⁵ |

| 皱① | tse$^1$ | tse$^1$ | tseu$^1$ | tseu$^5$ |
| 臭 | ts$^h$e$^5$ | ts$^h$e$^5$ | ts$^h$eu$^5$ | t$^h$eu$^5$ |
| 老 | lau$^3$ | lau$^5$/lau$^3$ | ɬeu$^4$ | seu$^5$ |
| 糟 | tse$^1$ | tse$^1$/tsau$^1$ | tseu$^1$ | tseu$^1$ |
| 蚤 | tse$^3$ | tse$^3$ | tseu$^3$ | tseu$^3$ |
| 扫<sub>动词</sub> | se$^5$ | se$^5$/sau$^3$ | ɬeu$^5$ | seu$^5$ |
| 巢 | ts$^h$e$^5$ | ts$^h$e$^3$/ts$^h$au$^3$ | tseu$^9$ | t$^h$eu$^9$ |

因此,"剃"的读音 e 应该是吉阳方言内部语音的自身演变。在吉阳方言中,"剃"一般与"头"连用,构成"剃头""剃头师傅<sub>理发匠</sub>""剃头椅""剃头刀"等词,而"头"在吉阳方言中读为 t$^h$e$^5$,因而"剃"在"剃头"等词汇中被后字"头"同化为"t$^h$e$^5$"。这样一来,"剃"的读音 e 不在我们对齐韵层次的讨论范围之内。

最后看"髻"字。吉阳"髻"可以用在"髻把"和"鸡髻"两词中。"髻把"指的是旧时妇女所梳的发髻,长发缠绕在脑后,用纱绳扎成。"鸡髻"指"鸡冠"。建瓯妇女的发髻叫"髻把仔",鸡冠叫"鸡角髻",鸡冠花叫"鸡角髻花"。建阳也管鸡冠叫"鸡髻"。迪口方言除了"髻"外,还可以找到同韵的"梯 t$^h$oi$^1$"这一个字。因此,"髻"的读音 ʊ 作为齐韵层次分析的音类也是没有问题的。

经过以上分析,我们将齐韵"剃"的读音 e 排除,它不属于我们对齐韵层次分析的范畴。排出这一例外之后,吉阳齐韵的读音共有 i、iɛ、ai、ɛ、ʊ 五种音类。下文中我们将依次对各个音类所代表的层次进行分析。

## 三 吉阳方言齐韵的读音层次

根据上文表 1 整理得到吉阳方言齐韵五个音类与声组的配合关系表

---

① 吉阳、建瓯和迪口的"皱"字读为阴平,当来自《集韵》甾尤切。

2。表中各个音类后面括号里的数字表示该音类所辖的齐韵字数目。

表2　齐韵各音类与声组配合关系表

|  | 帮 | 端 | 泥来 | 精 | 见 | 晓 | 影 |
|---|---|---|---|---|---|---|---|
| i$_{(33)}$ | p m | t tʰ | l | ts tsʰ s | k kʰ | h |  |
| iɛ$_{(6)}$ | pʰ | t tʰ |  | tsʰ | k |  |  |
| ai$_{(16)}$ |  | t tʰ | n l | ts s | k kʰ ŋ |  | ∅ |
| ɛ$_{(1)}$ |  |  |  | tsʰ |  |  |  |
| ʊ$_{(1)}$ |  |  |  |  | k |  |  |

从齐韵 i、iɛ、ai 在精见组的对立来看，三个音类各代表一个层次。ɛ、ʊ 分别与 i、iɛ、ai 在精、见组形成对立，说明它们也代表一个层次。而由于这两个音类所辖的字例各只有一个（ɛ 音类只有"脐"字，ʊ 音类只有"髻"字），它们本身又形成了互补的音类分布。但我们仍认为 ɛ、ʊ 各代表一个层次，因为它们的音类分合情况是不同的：ɛ 与蟹摄哈韵、止摄脂之韵的部分字合流，例如：来 lɛ⁵｜栽 tsɛ¹｜菜 tsʰɛ⁵｜使 sɛ³｜仔$_{子尾}$ tsɛ⁵｜胝$_{胼子}$ tɛ¹；而 ʊ 与果摄合口戈韵的部分字、蟹摄哈韵（白读）灰泰韵合流，例如：唾 tʰʊ⁵｜螺 sʊ⁵｜火 hʊ³｜禾 ʊ⁵｜台$_{~烛}$ tʊ⁸｜袋 tʊ⁶｜才$_{人~}$ tsʊ³｜腮 sʊ¹｜梅 mʊ⁵｜碓 tʊ⁵｜雷$_{响~，公：打雷}$ sʊ⁵｜灰 hʊ¹｜煨 ʊ⁵｜兑 tʊ⁵｜会$_{开~}$ hʊ⁶。下面依次对各层次进行分析。

先看 i 韵。吉阳齐韵读为 i 的字例最多，而且从邻近建瓯方言齐韵的文白异读来看，i 韵出现在文读当中，如建瓯"礼"白读为 lai³，表示"拜禅"；文读为 li³，用于"礼拜""薄礼"等词。因此 i 代表的层次最晚，这一层次与三等祭韵、止摄开口支脂之微韵相混。例如：币$_{祭}$ pi⁵｜际$_{祭}$ tsi⁵｜艺$_{祭}$ ŋi⁶｜脾$_{支}$ pi⁸｜知$_{支}$ ti¹｜戏$_{支}$ hi⁵｜篦$_{脂}$ pi⁷｜梨$_{脂}$ li⁵｜四$_{脂}$ si⁵｜姨$_{脂}$ i⁵｜李$_{之}$ li³｜字$_{之}$ tsi⁶｜柿$_{之}$ kʰi¹｜起$_{之}$ kʰi³｜气$_{微}$ kʰi⁵｜衣$_{微}$ i¹ 等。唐作藩（1991）详细地讨论了唐宋间止蟹两摄的分合情况。他指出，齐梁至隋唐时期的韵书反切和诗文用韵中，止蟹两摄之间泾渭分明，彼此不相混淆。直到中晚唐才出现大量的蟹摄齐（祭废）部和灰

273

（咍泰皆佳夬）部与止摄支（脂之微）部通押的现象。而到唐末变文用韵，蟹摄三四等齐祭废韵字已普遍与止摄字相押，而与一二等灰咍泰皆佳夬韵字极少通押，表明齐祭废韵已经完全从蟹摄分化出来，而与支之脂微合流为一部。王力（2010：344）也指出在宋代齐祭废并入脂微，合成支齐部，蟹摄三四等字转入止摄。因此 i 韵是齐祭韵与止摄支脂之微韵相混的晚期唐宋通语层次。

再看 iɛ 韵。iɛ 韵的字例不多，吉阳仅有"批啼弟地砌计"六个字。依前文的分析，如果把"剃"音变前的读音还原，这一层次共有七个字。iɛ 韵是齐韵与三等祭韵、止摄开口支脂之韵相混的层次。例如：例$_{祭}$ liɛ$^6$｜祭$_{祭}$ tsiɛ$^5$｜世$_{祭}$ siɛ$^5$｜避$_{支}$ pi$^6$｜离$_{支}$ liɛ$^6$｜篱$_{支}$ liɛ$^5$｜撕$_{支}$ siɛ$^1$｜池$_{支}$ tiɛ$^8$｜支$_{支}$ tsiɛ$^1$｜匙$_{支}$ tsiɛ$^5$｜宜$_{支,便~}$ niɛ$^8$｜椅$_{支}$ iɛ$^3$｜脂$_{脂}$ tsiɛ$^1$｜你$_{之}$ niɛ$^8$｜芝$_{之}$ tsiɛ$^1$。以上为祭韵、支脂之韵与齐韵同读的全部例字。值得注意的是，虽然止摄脂之韵读为 iɛ 的字例极少，但在闽北、闽东却都读同支韵。例如：

| | 吉阳 | 建瓯 | 迪口 | 建阳 | 福州 | 福鼎$_{白琳}$ | 霞浦 | 柘荣$_{富溪}$ |
|---|---|---|---|---|---|---|---|---|
| 池 | tiɛ$^8$ | ti$^3$ | tiɛ$^9$ | lɔi$^2$ | tie$^2$ | tie$^2$ | te$^2$ | te$^2$ |
| 匙 | tsiɛ$^5$ | i$^3$ | tsiɛ$^2$ | tsie$^2$ | sie$^2$ | lie$^2$ | se$^2$ | θe$^2$ |
| 椅 | iɛ$^3$ | i$^3$ | iɛ$^3$ | ie$^3$ | ie$^3$ | ie$^3$ | e$^3$ | e$^3$ |
| 脂$_{胭~}$ | tsiɛ$^1$ | tsi$^1$ | tsiɛ$^1$ | tsie$^1$ | tsie$^1$ | tɕie$^1$ | tse$^1$ | tse$^1$ |
| 你 | niɛ$^3$ | ni$^3$ | niɛ$^3$ | nɔi$^9$ | — | — | — | — |
| 芝 | tsiɛ$^1$ | tsi$^1$ | tsiɛ$^1$ | tsie$^1$ | tsie$^1$ | — | tse$^1$ | |

袁碧霞（2010）认为 ie 韵是闽东方言支韵与脂之韵有别的层次，也是齐韵与支韵同读的层次。其理由是出现在脂之韵的字是个别非常用字，可能是后期受支韵 ie 读音的影响而出现的个别类推现象。而我们查阅冯爱珍（1998）《福州方言词典》发现"胭脂""胭脂李$_{李子的一种}$""臭脂$_{食物或者含油食物变质的味道}$""芝麻"等词作为常用词收录，而吉阳、迪口的"你$_{人称代词}$""芝$_{~城；建瓯地名}$"也都是常用词。因此，我们认为这一读音很

可能不是闽语齐韵与支韵的混读层，而是齐韵与支脂之韵的混读层。

再看 ai 韵。ai 韵例字较多，例如"底 tai³""齐 tsai⁵""契 kʰai⁵"等。与 ai 韵合流的主要是蟹摄开口二等皆佳夬韵①，例如：拜₁ pai⁵｜斋₁ tsai¹｜疥₁ kai⁵｜稗₁ pʰai⁶｜奶₁ nai³｜街₁ kai¹｜败₁ pai⁶｜寨₁ tsai⁶ 等。这一层次与蟹摄二等相混，但却不见于三等祭韵。因此，ai 韵应当是蟹摄二四等同读、三四等有别的层次。

齐韵读为 iɛ、ai 的层次，杜佳伦（2014：130—137）分别判定为闽语三四等同读的白读层、二四等同读的白读层，并认为它们各来自南朝江东方言和晋代北方方言。她从移民史和魏晋南北朝时期的诗歌押韵论证了层次的形成：1. 移民史方面：西晋永嘉之乱之时，大量北方汉人南逃江东避乱，南朝的侯景之乱又使江东难民南移入闽，因此六朝时期进入闽地的系统不仅有南朝江东方言，还有晋代北方方言；2. 诗歌押韵方面：魏晋时二三四等韵尚未分立，同摄三四等仍保持区别。吕静的《韵集》（反映晋代北方音韵的韵书）正表现为三四等分立；南北朝时二等独立押韵，与三四等有所分别，而同摄三四等关系紧密。夏侯咏的《韵略》（反映当时南朝江东方言的韵书）在音韵系统上表现为同摄三四等韵合而不分。据此，杜佳伦推断南朝江东韵读进入闽地后，使原本往来密切的三四等韵进一步合流同读，而晋代北方韵读系统进入闽地后，其相异性质的三四等韵发生了不同的演变规律，三等韵的介音 *-j- 维持高部介音结构，而四等韵的介音（*-i-）则与二等介音（*-r-）一同对主要元音发生高化作用后失落，二四等韵合流同读。

再看 ɛ 韵。吉阳 ɛ 韵的字例只有"脐"字，但建瓯、迪口、建阳方言的"闭"也属于这个层次。因此，这一层次共有两个例字。例如：

---

① 一等咍泰韵的文读层也读 ai 韵，例如：苔₁ tʰai⁵｜耐₁ nai⁶｜海₁ hai³｜赖₁ lai⁵ 等。不过这是一二等韵混合以后的结果。

|   | 吉阳 | 建瓯 | 迪口 | 建阳 |
|---|---|---|---|---|
| 闭 | $pi^5$ | $p\varepsilon^5$ | $p\varepsilon^5$ | $pe^5$ |
| 脐 | $ts^h\varepsilon^5$ | $ts^h\varepsilon^5/tsi^5$ | $ts^h\varepsilon^2$ | $t^he^2$ |

"脐"上古属脂部,"闭"上古属质部,这一层次属于上古脂质部阴入相配的层次。上文提到,与这一层次同读的还有蟹摄哈韵和止摄脂之韵的少数字,如"来栽菜使仔胝"。这些字上古属于脂之两部("来栽菜使仔"上古属之部,"胝"上古属脂部)。罗常培、周祖谟(2007:45—65)总结了两汉韵部之间通押的情况。根据他们的统计,我们发现汉脂部与支部合韵例子最多,歌、之部次之。两汉脂部与之部相押的例子共有21例,现举一例:西汉邹阳《酒赋》有"醴駃米启待泥启齐礼"等字相押。因此,ε韵为脂质相配的上古层次,反映了两汉脂之两部相混的音韵特点。

最后看 ʊ 韵。ʊ 韵的字例也仅有"髻"一例。上文提到除了"髻"外,在迪口方言还可以找到同层次的"梯"字。"梯"上古属脂部,"髻"上古属质部,这一层次也属于上古脂质部阴入相配的层次。上文提到,与这一层次同读的还有果摄合口戈韵的部分字、蟹摄哈韵(白读)和灰韵、泰韵合口。ʊ 韵是哈灰以及泰韵合口的主要读音,哈灰泰合流是中古以后的变化。周祖谟(1966:394)考证反映南朝江东吴语的《玉篇》音系时指出:"《名义》中属于《切韵》灰韵系之字或以属于《切韵》哈韵系之字为切,故定灰哈两韵系为一部。"由此可见,南朝江东方言灰哈已经合流,而灰哈与泰合流是隋唐的事①。因此,齐韵与哈灰泰韵应该是在隋唐后的某个阶段因为音值相近而合流了。除了哈灰泰韵字,与齐韵"梯髻"同读的还有果摄的"唾螺火禾"。"唾螺禾"在上古属歌部,"火"属"微部"。在西汉韵文里歌脂两部相押是比较常见的一种现象(罗常培、周祖谟,2007:48)。"火"在两汉著作里

---

① 王力(2010:243)指出隋唐时灰韵与泰韵合流,同属哈部一等韵。

或跟脂部字押韵,或跟歌部字押韵,在韵文里只见于东汉赵壹的《穷鸟赋》,叶"野下左我可堕火","火"字已经读入歌部,所以归入歌部(罗常培、周祖谟,2007:30)。也就是说齐韵与果摄同卖的这一层次其实是两汉时期歌部与脂部相混的层次。

综上,吉阳方言齐韵的层次比较复杂,共有五个层次,分别为:

层次Ⅰ ʊ   层次Ⅱ ɛ   层次Ⅲ ai   层次Ⅳ iɛ   层次Ⅴ i

层次Ⅰ、Ⅱ同为上古脂部层次,其先后顺序不好判断,分别反映上古脂部与歌部、之部同读的特点;层次Ⅲ为齐祭韵三四等有别的晋代北方层;层次Ⅳ为齐祭三四等相混的南朝江东层;层次Ⅴ为齐祭与止摄支脂之微相混的唐宋通语层。

**材料来源**

建阳的材料来自 Norman Jerry（1969）The Kien yang dialect of Fukien 以及李如龙（2001）《福建县市方言志 12 种·建阳方言志》;建瓯的材料来自李如龙,潘渭水（1998）《建瓯方言词典》以及北京大学中国语言文学系语言学教研室编（2003）《汉语方音字汇》（第二版重排本）;迪口的材料来自秋谷裕幸（2008）《闽北区三县市方言研究》;福州的材料来自北京大学中国语言文学系语言学教研室编（2003）《汉语方音字汇》（第二版重排本）;福鼎白琳、霞浦城关和柘荣富溪的材料来自秋谷裕幸（2010）《闽东区福宁片四县市方言音韵研究》。

**参考文献**

北京大学中国语言文学系语言学教研室编,2003.《汉语方音字汇》（第二版）. 语文出版社。

杜佳伦,2014.《闽语历史层次分析与相关音变探讨》. 中西书局。

冯爱珍,1998.《福州方言词典》. 江苏教育出版社。

李如龙,2001.《福建县市方言志 12 种》. 福建教育出版社。

李如龙、潘渭水,1998.《建瓯方言词典》. 江苏教育出版社。

罗常培、周祖谟,2007.《汉魏晋南北朝韵部演变研究》（第一分册）. 中华书局。

秋谷裕幸，2002．闽语和其他南方方言的齐韵开口字．丁邦新、张双庆（主编）《闽语研究及其周边方言的关系》．香港中文大学出版社。

秋谷裕幸，2010．《闽东区福宁片四县市方言音韵研究》．福建人民出版社。

唐作藩，1991．唐宋间止蟹二摄的分合．《中国语文》第1期。

王力，2010．《汉语语音史》．商务印书馆。

袁碧霞，2010．闽东方言韵母的历史层次．浙江大学博士学位论文。

中国社会科学院语言研究所、中国社会科学院民族学与人类学研究所、香港城市大学语言资讯科学研究中心，2012．《中国语言地图集》（第二版）．商务印书馆。

周祖谟，1966．《问学集》．中华书局。

Norman, Jerry, 1969. The Kienyang Dialect of Fukien. Ph. D. dissertation, University of California.

# 浅析汉语官话方言中的文白异读现象
## ——基于《汉语方音字汇》的统计分析

袁胤婷

北京语言大学语言科学院

## 一 概述

根据《中国语言地图集·汉语方言卷》（第2版），汉语官话方言包括东北官话、北京官话、冀鲁官话、胶辽官话、中原官话、兰银官话、江淮官话、西南官话。据林颂育（2011：193）统计，与非官话区方言相比，官话方言中的文白异读涉字数相对较少，如表1所示。

表1 各方言文白异读涉字总数

| 地点 | 厦门 | 广州 | 南昌 | 苏州 | 长沙 | 扬州 | 济南 | 北京 | 太原 |
|---|---|---|---|---|---|---|---|---|---|
| 字数 | 1240 | 109 | 154 | 206 | 354 | 55 | 68 | 59 | 188 |

钱曾怡从语音、词汇、语法等方面对官话方言内部进行了比较，通过比较揭示了官话方言内部的一致性和差异性，她指出"一致性表明官话作为一个大的方言区是有坚实的语言基础的，而差异性则提供了官话方言内部丰富多样的存在形式"（钱曾怡，2010：20）。文白异读在官话方言内部表现也有相似和差异之处。本文主要依据《汉语方音字汇》（第二版，下文简称"《字汇》"）中几大官话方言代表点的字音材料，结合其他相关研究文献，讨论汉语官话方言文白异读现象，以增进对官话方言文白异读情况的整体认识。

李荣（1957）指出，"文白异读"是指同一个字的文言音和白话音不同。张振兴（2013：244—245）总结到：文白异读是指意义上有关联的两个或两个以上不同的读音，具有相同的来源，即在《切韵》系统里具有完全相同的音韵地位；文白异读还是一种系统性的又音现象，指的是《切韵》系统的一类音（如一个声母或一个韵）在今方言里有两种不同的分化方式，其中一种是白读，另一种是文读。徐通锵（2014：425）指出：文白异读的分布格局的基本特点是黄河以北（北京、太原）和长江以南（苏州以下各方言点）都有文白异读，而黄河、长江之间的广大中原地区没有文白异读；济南的文读好像是晚近发生的音读。

《字汇》记录的文白异读字是指兼有语音对应规律性和使用场合区别性两个特点的异读，并指出许多方言的第二个特点正逐渐趋于模糊，部分字或者已经不能随着使用场合的改变而变换文白读音，或者文白读音在词义上已渐趋分工，本地人已经把它们看作一般异读甚至是不同的词。

## 二 官话方言文白异读字的中古来源

经初步统计，《字汇》中所记录官话方言共有269个字有文白异读，各代表点方言的文白异读字的中古韵类、声类、调类来源分别如表2、表3、表4所示。

表2 《字汇》官话方言代表点文白异读字中古韵摄来源表

|  | 北京 | 济南 | 西安 | 武汉 | 成都 | 合肥 | 扬州 |
|---|---|---|---|---|---|---|---|
| 果 | 2 | 3 | 2 | 1 | 1 | 1 | 1 |
| 假 | — | 1 | 3 | 4 | 3 | 2 | 9 |
| 遇 | 2 | 3 | 1 | 19 | 4 | — | 1 |
| 蟹 | — | 3 | 4 | 5 | 7 | 1 | 7 |
| 止 | 1 | 1 | 7 | 6 | 7 | 2 | 1 |
| 效 | 2 | 2 | 2 | 8 | 6 | 2 | 7 |
| 流 | — | — | 1 | 4 | 1 | 3 | — |
| 咸 | — | — | 6 | 6 | 2 | 4 | 10 |

(续表)

|   | 北京 | 济南 | 西安 | 武汉 | 成都 | 合肥 | 扬州 |
|---|---|---|---|---|---|---|---|
| 深 | 1 | 1 | — | 2 | 4 | 1 | 1 |
| 山 | 2 | 4 | 6 | 11 | 6 | 13 | 7 |
| 臻 | 2 | 3 | 4 | 5 | 3 | 1 | 3 |
| 宕 | 20 | 8 | 9 | 8 | 4 | 2 | 1 |
| 江 | 7 | 3 | 2 | 3 | 2 | 1 | 1 |
| 曾 | 5 | 4 | — | 4 | 6 | — | 2 |
| 梗 | 12 | 7 | 7 | 2 | 18 | — | — |
| 通 | 1 | 2 | 2 | 2 | 3 | 1 | 1 |
| 其他 | — | — | — | 1 | — | 1 | — |
| 总字数 | 57 | 45 | 56 | 91 | 77 | 35 | 52 |
| 来自阳声韵的字数 | 50 | 32 | 36 | 44 | 48 | 24 | 26 |

由表2，关于官话方言文白异读字中古韵摄来源我们得到以下基本认识：

1．《字汇》所列官话方言的文白异读现象存在于所有中古韵摄当中。

2．《字汇》所列官话方言各代表点的方言中，来自果摄、止摄、效摄、山摄、臻摄、宕摄、江摄、梗摄的字均有文白异读。

表3 《字汇》官话方言代表点文白异读字中古声类来源表

|   | 北京 | 济南 | 西安 | 武汉 | 成都 | 合肥 | 扬州 |
|---|---|---|---|---|---|---|---|
| 帮 | 5 | 1 | — | — | 2 | 1 | — |
| 滂 | — | — | — | — | 1 | — | — |
| 并 | 1 | — | — | 1 | 2 | — | — |
| 明 | 2 | 1 | 4 | 3 | 4 | 4 | 1 |
| 非 | — | — | — | — | — | — | — |

(续表)

|   | 北京 | 济南 | 西安 | 武汉 | 成都 | 合肥 | 扬州 |
|---|---|---|---|---|---|---|---|
| 敷 | — | — | — | — | — | — | — |
| 奉 | — | — | — | 1 | — | 1 | 1 |
| 微 | 2 | 2 | 3 | — | — | — | — |
| 端 | 2 | 1 | — | 1 | — | 1 | 1 |
| 透 | — | — | — | — | 2 | — | — |
| 定 | — | 1 | 1 | 1 | 1 | — | — |
| 泥 | — | 1 | — | 1 | 1 | — | — |
| 来 | 4 | 1 | — | 10 | 3 | — | — |
| 精 | 2 | 2 | 1 | — | 3 | — | — |
| 清 | 1 | — | 1 | 3 | — | — | — |
| 从 | 2 | 1 | 1 | 1 | 4 | 1 | 1 |
| 心 | 2 | — | — | 10 | 7 | 1 | 2 |
| 邪 | — | — | — | 7 | 3 | — | 3 |
| 知 | 2 | 2 | 1 | 1 | 1 | 2 | 1 |
| 彻 | — | — | 1 | — | — | — | — |
| 澄 | 2 | 1 | 2 | — | 1 | 1 | 1 |
| 庄 | 1 | 1 | — | — | — | — | — |
| 初 | — | — | — | — | — | — | — |
| 崇 | — | — | — | — | — | — | — |
| 生 | 2 | — | — | — | — | 1 | — |
| 章 | — | — | — | 3 | — | 5 | 1 |
| 昌 | 1 | — | — | — | — | — | — |
| 船 | — | — | — | 1 | — | — | 2 |
| 书 | 1 | 3 | 1 | 3 | 2 | 6 | — |
| 禅 | 1 | 2 | — | 1 | 1 | 2 | 1 |
| 日 | — | — | 1 | — | 1 | 4 | — |

(续表)

| | 北京 | 济南 | 西安 | 武汉 | 成都 | 合肥 | 扬州 |
|---|---|---|---|---|---|---|---|
| 见 | 8 | 6 | 3 | 11 | 11 | 1 | 14 |
| 溪 | 5 | 7 | 5 | 9 | 3 | 1 | 3 |
| 群 | — | — | — | 1 | — | — | 1 |
| 疑 | 1 | 1 | 5 | 5 | 4 | — | 1 |
| 晓 | 2 | 2 | 2 | 2 | 4 | — | 1 |
| 匣 | 4 | 1 | 9 | 6 | 9 | 1 | 13 |
| 影 | 2 | 5 | 11 | 6 | 6 | 1 | 4 |
| 云 | — | — | 2 | 2 | — | — | — |
| 以 | 2 | 3 | 2 | 1 | — | — | — |
| 其他 | — | — | — | 1 | — | 1 | — |
| 总字数 | 57 | 45 | 56 | 91 | 77 | 35 | 52 |

由表3，关于官话方言文白异读字中古声类来源我们得到以下基本认识：

1. 除了非母、敷母、初母、崇母，其他声类均有文白异读字。

2. 《字汇》所记录各代表点的官话方言，都有来自明母、从母、知母、见母、溪母、影母的文白异读字。

表4 《字汇》官话方言代表点文白异读字中古调类来源表

| | 北京 | 济南 | 西安 | 武汉 | 成都 | 合肥 | 扬州 |
|---|---|---|---|---|---|---|---|
| 平 | 7（12.3%） | 15（33.3%） | 23（41.1%） | 30（32.9%） | 24（31.1%） | 15（42.9%） | 19（36.5%） |
| 上 | 5（8.8%） | 7（15.6%） | 7（12.5%） | 17（18.7%） | 8（10.4%） | 12（34.3%） | 10（19.2%） |
| 去 | 4（7.0%） | 4（8.9%） | 10（17.8%） | 25（27.5%） | 15（19.5%） | 6（17.1%） | 11（21.2%） |

（续表）

|  | 北京 | 济南 | 西安 | 武汉 | 成都 | 合肥 | 扬州 |
|---|---|---|---|---|---|---|---|
| 入 | 41（71.9%） | 19（42.2%） | 16（28.6%） | 19（20.9%） | 30（39.0%） | 2（5.7%） | 12（23.1%） |
| 总字数 | 57（100%） | 45（100%） | 56（100%） | 91（100%） | 77（100%） | 35（100%） | 52（100%） |

说明：括号内的百分数为各调类字数在各自总字数中的占比。

由表4，我们了解到官话方言文白异读字的调类来源十分丰富，平上去入各不同，基本认识如下：

1. 除北京外，各点来自上声的文白异读字最少；除江淮官话两点以外，各点来自入声的文白异读字相对较多。

2. 各地文白异读字最多来源于平声或入声，其中，北京、济南、成都三点来自入声的字占比最高，西安、武汉、合肥、扬州四点来自平声的字占比最高。

## 三　官话方言内部文白异读情况异同

在《字汇》所列官话方言代表点中，武汉方言文白异读字最多，其次是成都方言，二者均属于官话方言中的西南官话；北京方言、济南方言、西安方言、扬州方言所辖文白异读字数相差不大，这些方言分别归属于北京官话、冀鲁官话、中原官话、江淮官话；与扬州方言同属江淮官话的合肥方言文白异读字数最少。

### 3.1　从中古来源看各代表点方言文白异读现象的异同

各方言点文白异读字来源最多的韵摄不完全相同：北京方言中文白异读字来源最多的韵摄是宕摄，济南方言、西安方言文白异读字来源较多的韵摄分别是宕摄、梗摄、止摄；武汉方言文白异读字来源最多的韵摄是遇摄；成都方言文白异读字来源最多的韵摄是梗摄；合肥方言文白异读字来源最多的韵摄是山摄；扬州方言文白异读字来源较多的韵摄是假摄、蟹摄、咸摄、山摄。

各方言点文白异读字来源最多的声类差别较大：北京方言中文白异读字来源最多的声类是见母，济南、武汉、成都、扬州方言中的文白异读字也有较多来源于见母；除了见母以外，济南方言文白异读字来源较多的声类还有溪母、影母，武汉方言文白异读字来源较多的声类还有来母、心母、溪母，成都、扬州方言文白异读字来源较多的声类还有匣母；西安方言文白异读字来源最多的声类是影母。

各方言点文白异读字调类来源根据字数由多到少可以概括为如下几类（">"意为多于）：

入声>平声>上声>去声，如北京方言、济南方言；
入声>平声>去声>上声，如成都方言；
平声>入声>去声>上声，如西安方言、扬州方言；
平声>去声>入声>上声，如武汉方言；
平声>上声>去声>入声，如合肥方言。

### 3.2 从音节角度看各代表点方言文白异读现象的异同

《字汇》所记录官话方言代表点的方言文白异读字文白异读体现在声、韵、调各个方面，仿照罗常培（1999：60）对厦门文白读音的归纳方法，我们将其概括为异声、异韵、异调、声韵俱异、韵调俱异、声调俱异和声韵调俱异等类型，具体情况如表5所示。表格中的"声"代表声母、"韵"代表韵母、"调"代表声调、"声韵"代表声母和韵母、"韵调"代表韵母和声调、"声调"代表声母和声调，"声韵调"代表声母、韵母和声调。表中的数字代表文白异读字数。

表5 官话方言部分代表点文白异读字在声韵调方面的表现

|   | 北京 | 济南 | 西安 | 武汉 | 成都 | 合肥 | 扬州 |
|---|---|---|---|---|---|---|---|
| 果 | 韵2 | 韵2<br>声韵1 | 韵2 | 韵1 | 韵1 | 韵1 | 韵调1 |
| 假 | — | 韵1 | 声2<br>声韵1 | 调1<br>声韵3 | 韵2<br>声韵1 | 韵2 | 声2<br>韵4<br>声韵3 |

(续表)

| | 北京 | 济南 | 西安 | 武汉 | 成都 | 合肥 | 扬州 |
|---|---|---|---|---|---|---|---|
| 遇 | 韵2 | 声1<br>韵1<br>声韵1 | 韵1 | 韵14<br>声韵5 | 韵2<br>声韵2 | — | 声韵1 |
| 蟹 | — | 声韵3 | 声韵4 | 声2<br>韵1<br>声韵2 | 声2<br>声韵3<br>韵调1<br>声韵调1 | 韵1 | 声1<br>调1<br>声韵5 |
| 止 | 韵1 | 韵1 | 声3<br>韵1<br>调1<br>声韵1<br>声韵调1 | 韵3<br>声韵3 | 声2<br>韵3<br>声韵2 | 韵1<br>韵调1 | 韵调1 |
| 效 | 声1<br>声韵1 | 声1<br>声韵1 | 声1<br>韵1 | 声2<br>声韵5<br>韵调1 | 声韵4<br>韵调1<br>声韵调1 | 声1<br>声韵1 | 声2<br>声韵4<br>声韵调1 |
| 流 | — | — | 韵1 | 韵3<br>声韵调1 | 韵1 | 韵3 | — |
| 咸 | — | — | 声3<br>韵1<br>调1<br>声韵1 | 声韵6 | 声韵2 | 韵4 | 声韵9<br>韵1 |
| 深 | 韵调1 | 声1 | — | 声2 | 韵3<br>声韵1 | 声1 | 韵1 |
| 山 | 声1<br>韵1 | 声1<br>韵3 | 声1<br>韵1<br>声韵4 | 声1<br>韵2<br>调1<br>声韵7 | 韵2<br>韵调2<br>声韵2 | 韵12<br>声韵1 | 声韵7 |
| 臻 | 声1<br>声韵调1 | 声1<br>声韵1<br>声韵调1 | 声1<br>韵2<br>声韵调1 | 声2<br>韵2<br>声韵1 | 声2<br>韵1<br>声调1 | 声1 | 声1<br>韵1<br>声韵调1 |
| 宕 | 韵12<br>调1<br>声韵1<br>韵调6 | 韵6<br>声韵1<br>韵调1 | 声2<br>韵1<br>调1<br>声韵3<br>韵调2 | 声2<br>韵2<br>调1<br>声韵1<br>韵调1<br>声韵1 | 声2<br>韵2 | 声韵2 | 声韵1 |

(续表)

| | 北京 | 济南 | 西安 | 武汉 | 成都 | 合肥 | 扬州 |
|---|---|---|---|---|---|---|---|
| 江 | 声1<br>韵2<br>声韵1<br>韵调1<br>声韵调2 | 声1<br>韵1<br>声韵1 | 声韵2 | 声2<br>声韵1 | 声1<br>声韵1 | 声韵1 | 声韵1 |
| 曾 | 韵调3<br>声韵调2 | 韵2<br>声韵2 | — | 声2<br>韵1<br>声韵调1 | 声1<br>韵5 | — | 声韵1<br>韵调1 |
| 梗 | 声1<br>韵1<br>声韵4<br>韵调2<br>声调1<br>声韵调3 | 声1<br>韵1<br>声韵2<br>韵调1<br>声调2 | 声1<br>韵1<br>声韵2<br>韵调1<br>声调2 | 声1<br>韵1<br>声韵3<br>声韵调2 | 声1<br>声韵1 | 韵14<br>声韵3<br>声韵调1 | — |
| 通 | 声韵调1 | 声韵1<br>声韵调1 | 韵1<br>声韵调1 | 声1<br>声韵调1 | 声1<br>声韵调1<br>声韵调1 | 声韵调1 | 声韵调1 |
| 其他 | — | — | — | 声韵1 | — | 韵1 | — |
| 总字数 | 57 | 45 | 56 | 91 | 77 | 35 | 52 |

根据统计结果，我们得到以下初步结论：

在《字汇》所记录的各官话方言代表点方言中，来自果摄、遇摄、止摄、流摄的文白异读字今"异"主要表现在韵母上；来自假摄、蟹摄、效摄、山摄、臻摄、江摄的文白异读字今"异"同时表现在声母和韵母上；来自咸摄的文白异读字今"异"同时表现在声母、韵母方面，合肥方言除外；来自深摄的文白异读字今"异"有的表现在声母、有的表现在韵母；来自宕摄的文白异读字在北京、济南、西安、武汉等地方言中，其"异"同时表现在声母、韵母和声调上，在成都、合肥、扬州等地方言中，其"异"主要表现在声母和韵母上；来自曾摄、梗摄、通摄的文白异读字在各方言代表点中，其"异"表现在声母、韵母、声调各方面，因地而异。

各代表点方言中的文白异读字今"异"表现在音节的声、韵、调各个方面，如表6所示，各方言点对应数字表示文白异读情况出现的次数。由该表可以看出，官话方言文白异读现象主要表现在韵母方面，可称之为"异韵"型文白异读，或同时表现在声母和韵母方面，可称之为"声韵俱异"型文白异读，其次单独表现在声母上，可称之为"异声"型文白异读。具体到各代表点情况有所不同：北京、济南、合肥等地方言的文白异读属于"异韵"型，西安、武汉、成都、扬州等地方言的文白异读属于"声韵俱异"型。

表6 各代表点方言的文白异读在声韵调方面的表现

|  | 北京 | 济南 | 西安 | 武汉 | 成都 | 合肥 | 扬州 | 合计（次数） |
| --- | --- | --- | --- | --- | --- | --- | --- | --- |
| 异声 | 5 | 7 | 14 | 17 | 11 | 3 | 6 | 63 |
| 异韵 | 21 | 18 | 13 | 28 | 34 | 25 | 7 | 148 |
| 异调 | 1 | 0 | 3 | 3 | 2 | 0 | 1 | 10 |
| 声韵俱异 | 7 | 14 | 20 | 36 | 23 | 5 | 32 | 136 |
| 韵调俱异 | 13 | 2 | 2 | 3 | 3 | 1 | 3 | 25 |
| 声调俱异 | 1 | 2 | 0 | 2 | 0 | 0 | 0 | 5 |
| 声韵调俱异 | 9 | 2 | 4 | 2 | 4 | 1 | 3 | 24 |
| 总字数 | 57 | 45 | 56 | 91 | 77 | 35 | 51 | — |

## 四 余论

根据《字汇》统计，官话方言一共有269个字有文白异读，数量少于非官话方言。我们对官话方言文白异读字在非官话方言中的表现做了初步考察，官话方言文白异读字往往在非官话方言中也有文白异读，如：北京方言的"去_离_"，文白异读的差别在于主元音是否圆唇，同该字在苏州、福州、建瓯的文白异读情况一样；官话方言"伸"字的文白异读差别主要在于声母发音部位和发音方法不同，该字在长沙、双峰、南昌、厦门、潮州等地的文白异读情况也如此。在官话方言269个文白异读字中，"阿"在所有的方言中均有文白异读，白读音的主元音开口度较文读音的主元音开口度大。

官话方言与非官话方言的文白异读异同，字数差异是表象，实际反映的是各个方言之间的接触关系。文读形式的产生是外方言、主要是权威方言影响的结果（徐通锵，2014：385）。与此同时，也有一些文白异读字为"孤立"型，即该字的文白异读现象只存在于某种方言中，如：济南方言的"窝""输"，扬州方言的"邪"，成都方言的"皆""及"，合肥方言的"战"，西安方言的"惠""迟"，武汉方言的一系列遇摄字等。赵元任（1956：16）指出"什末音有文白两读，是一个地方一个样子"，不能一概而论，这些"孤立"的文白异读字或许与方言接触关系不大，需进一步考察。

本文根据《字汇》对官话方言区各代表点方言的文白异读情况进行了初步梳理，主要探讨了文白异读字的中古来源、今音表现及异同等方面内容，尚未结合各代表点方言具体字例展开研究，未来将从这一角度切入分析，从而对官话方言的文白异读现象有更为透彻的认识。

## 参考文献

北京大学中国语言文学系语言学教研室，1989.《汉语方音字汇》（第二版）. 文字改革出版社。

丁邦新，2007.《历史层次与方言研究》. 上海教育出版社。

李荣，1957. 汉语方言里的文白异读.《中国语文》第 4 期。

林颂育，2011. 论汉语方言的文白异读. 福建师范大学博士学位论文。

罗常培，1999.《厦门音系》、《罗常培文集》（第一卷）山东教育出版社。

钱曾怡，2010.《汉语官话方言研究》. 齐鲁书社。

徐通锵，2014.《历史语言学》. 商务印书馆。

赵元任，1956.《现代吴语的研究》. 科学出版社。

张玉来，2017. 汉语方言文白异读现象的再认识.《语文研究》第 3 期。

张振兴，2013.《方言研究与社会应用》. 商务印书馆。

中国社会科学院语言研究所，2012.《中国语言地图集：汉语方言卷》（第 2 版）. 商务印书馆。

# 海南儋州话中的训读字

陈有济
海南省儋州市文化馆

儋州话属粤方言的一支（也有人认为其是一种混合型的方言），目前约有八十万人在使用，是海南岛上使用人数位居第二的汉语方言。儋州话主要分布于海南省儋州市及洋浦经济开发区。此外，琼中、白沙、昌江、东方、乐东、三亚等市县的个别地方也有儋州话的分布。"儋州话"得名于其主要分布于儋州境内，且其使用人口占儋州总人口的大多数。学界也有人称之为"儋州村话""儋州方言"。儋州话内部差异不算很大，各地操儋州话的居民都能通话。

儋州话和共同语的差异较大，加上自造字很少，造成了儋州话存在着较多的训读现象。所谓"训读"是指对某个字不读其本音，而"借读"另一个同义或近义字的读音。有本音不用而去"借读"同义或近义字读音的字称作训读字，被"借读"的同义或近义字叫作本字，被"借读"的音称为训读音，训读字本身的读音是本音。儋州话拥有完整的文白读两个音系，发生训读的主要是在白读音里，文读音里的训读极少，下文介绍的是白读音里的训读，调查点为儋州市白马井镇长塘村。

**（1）"個"训读为"颗"**

個，《广韵》去声箇韵古贺切，本音 [$kɔ^{22}$]，可当表示近指的指示代词，也可做量词。"個"字当指示代词时念本音，如"個 [$kɔ^{22}$] 鱼几多钱一斤<sub>这些鱼多少钱一斤</sub>？" "個"做量词时读 [$xuɔ^{22}$]，如"一個 [$xuɔ^{22}$] 桥<sub>一座桥</sub>"，其实是训读"颗"字。颗，《广韵》上声果韵苦果切，儋州话念为 [$xuɔ^{22}$]。

（2）"姐"训读为"姊"

"姐"字常常念[tsɔi²²]，如小姐[tɕi²² tsɔi²²]，实际上是训读"姊"字。姊，《广韵》上声旨韵将几切，《尔雅》"男子谓女子先生为姊"。《说文》"姊，女兄也"。

（3）"著"训读为"显"

"著"本音[tsi²²]，但一般都训读为"显"，如：著名[hin²² miɐŋ⁵³]、著作[hin²² tsɔʔ²]。显，《广韵》上声铣韵呼典切，"明也，著也，光也"。

（4）"室""宅""舍"训读为"屋"

"室""宅""舍"（名词，非"捨"字）三个字均训读"屋"字，如：教室[kau²² ouʔ²]、办公室[pʰan²¹ kuŋ⁵⁵ ouʔ²]、宅基地[ouʔ² kɔi⁵⁵ hɔ²¹]、宿舍[tuʔ² ouʔ²]。屋，《广韵》入声屋韵乌谷切，"舍也，具也"。

（5）"库"训读为"柜"

"库"字念[xui²¹]，如：仓库[suɔŋ⁵⁵ xui²¹]、水库[tui²² xui²¹]，其实是训读"柜"（櫃）字。柜，《广韵》去声至韵求位切，"柜簏"。

（6）"署"训读为"衙"

儋州话将20世纪曾经存在过的"海南行政专署"念[huɔi²² nam⁵³ hiɐŋ⁵³ tsiɐn²² tsun⁵⁵ ŋa⁵³]，这是"署"字训读了"衙"字。衙，《广韵》平声麻韵五加切，"县名亦衙府，又姓"。

（7）"御"训读为"拦"

"防御"一词儋州话念[pʰuɔŋ⁵³ lan⁵³]，实际上是"御"字训读了"拦"字。拦，《广韵》平声寒韵落干切。《玉篇》"拦，遮拦也"。

（8）"誉"训读为"夸"

"誉"字训读"夸"（誇）字，如：名誉[miɐŋ⁵³ xa⁵⁵]、荣誉[vɯŋ⁵³ xa⁵⁵]。夸，《广韵》平声麻韵苦瓜切，"大言"。

（9）"聚"训读为"集"

"聚"字训读"集"字，如：聚会[sɔp⁵ hoi²¹]、聚餐[sɔp⁵ san⁵⁵]。

聚，《广韵》入声缉韵秦入切，"聚也，会也"。

(10) "竖"训读为"直"

"竖"念 [sei⁵]，如：竖心旁 [seiʔ⁵ təm⁵⁵ pʰuɔŋ⁵³]、一横一竖 [ɔ²² viɐŋ⁵³ ɔ²² sei⁵]，其实是训读"直"字。直，《广韵》入声职韵除力切，"正也，又姓"。

(11) "羽""翅"训读为"翼"

"羽""翅"二字均训读"翼"字，如：羽毛球 [zeiʔ⁵ muɔ⁵³ xɔu⁵³]、鱼翅 [ŋɔi⁵³ zeiʔ⁵]。翼，《广韵》入声职韵与职切，羽翼，《说文》"翄也"。

(12) "代"训读为"替"

"代课"一词念 [hɐi²² kuɔ⁵³]，实际上是"代"字训读了"替"字。替，《广韵》去声霁韵他计切，"代也"。

(13) "最"训读为"甚"

"最"字本音 [tsui²²]，但"最后"一词常常念 [təm²¹ hɐu²¹]，实际上是"最"字训读了"甚"字。甚，《广韵》去声寝韵时鸩切，"太过"。

(14) "坏"训读为"败"

"坏"念 [pʰai²¹]，如：坏人 [pʰai²¹ ŋɔn⁵³]、坏鞋 [pʰai²¹ hai⁵³]，其实是训读"败"字。败，《广韵》去声夬韵薄迈切，"自破曰败，《说文》'毁也'"。

(15) "知""悉"训读为"识"

"知"本音 [tsi⁵⁵]，但在"知道" [teiʔ² ʔduɔu²²]、"通知" [huŋ⁵⁵ teiʔ²] 等词中，"知"字训读"识"字。"悉"字在儋州话里训读"识"字，如：熟悉 [touʔ⁵ teiʔ²]。识，《广韵》入声职韵赏职切，《说文》"常也。一曰知也"。

(16) "这""此"训读为"個"

"这""此"二字念 [kɔ²²]，其实是训读"個"字。個，《广韵》去声箇韵古贺切。"個"用作指示代词，字又写作"箇"，书面常见。

如《北齐书·徐之才传》："箇人讳底?"李白《秋浦歌》:"白发三千丈,缘愁似箇长。"

**(17)"视""观"训读为"看"**

"视""观"二字均训读"看"字,如:电视机 [ɲiɐn²¹ huɔn⁵⁵ kɔi⁵⁵]、近视 [xin²¹ huɔn⁵⁵]、观众 [huɔn⁵⁵ tsuŋ²²]、参观 [saːn⁵⁵ huɔn⁵⁵]。看,《广韵》平声寒韵苦寒切,"视也"。

**(18)"使"训读为"差"**

"使"念 [sai⁵⁵],如:大使馆 [huɔi²¹ sai⁵⁵ kuɔn²²]、使者 [sai⁵⁵ tsɛ⁵³],这实际是训读"差"字。差,《广韵》平声佳韵楚佳切。"差"有指派、派遣的意思,如《韵会》"(差,)差使也"。

**(19)"史"训读为"志"**

"史"字本音 [tsi²²],如:历史 [leiʔ⁵ tsi²²]、党史办 [ʔduoŋ²² tsi²² pʰan²¹],这其实是训读"志"字。志,《广韵》去声志韵职吏切,"记志"。

**(20)"始"训读为"初"**

"始"本音 [si²²],但在"始祖" [sɔ⁵⁵ tso²²]、"开始" [xuɔi⁵⁵ sɔ⁵⁵] 等词中,"始"字训读"初"字。初,《广韵》平声鱼韵楚居切,"舒也,始也"。

**(21)"市"训读为"墟"**

"市"字在儋州话中训读"墟"字,如:市场 [hɔi⁵⁵ suɔŋ⁵³]、市街 [hɔi⁵⁵ kai⁵⁵]。墟,《广韵》平声鱼韵去鱼切。"墟"可指集市,如《康熙字典》"商贾货物辐凑处,古谓之务,今谓之集,又谓之墟"。

**(22)"异"训读为"别"**

"异"字念 [pʰit⁵],实际上是训读了"别"字。别,《广韵》入声薛韵方别切,"分别"。

**(23)"伪"训读为"假"**

"伪"字训读"假"字,如:伪军 [ka²² kon⁵⁵]、伪造 [ka²² suɔu²¹]。假,《广韵》上声马韵古疋切,"且也,借也,非真也,又姓"。

**（24）"倒"训读为"跌"**

"倒"本音［ʔduɔu²²］，但在"打倒［ʔda²² ʔdiɐt²］"一词中，"倒"字训读"跌"字。跌，《广韵》入声帖韵丁惬切，"堕落也"。

**（25）"盗"训读为"偷"**

"盗"字念［hɐu⁵⁵］，实际上是训读了"偷"字。偷，《广韵》平声侯韵托侯切，"盗也"。

**（26）"小"训读为"细"**

"小"本音［ti²²］，但是，除了在几个带"小"字的村名使用本音外（这几个村名里的"小"字也常训读"细"字），几乎在所有含"小"字的词语里，"小"都训读"细"字，如：小汽车［tɐi²² xɔi²² siɐ⁵⁵］、小寒［tɐi²² huɔn⁵³］、小尽［tɐi²² sɔn²¹］（小建，即农历只有二十九天的月份）。细，《广韵》去声霁韵苏计切，"小也"。

**（27）"首"训读为"头"**

"首"的本音是［tou²²］，但常训读"头"字，如：首都［hɐu⁵³ ʔdo⁵⁵］、首先［hɐu⁵³ tin⁵⁵］。头，《广韵》平声侯韵度侯切，"《说文》'首也'"。

**（28）"售"训读为"卖"**

"售"的本音是［tou²¹］，但常训读"卖"字，如：销售［ti⁵⁵ mai²¹］。卖，《广韵》去声卦韵莫懈切，"出物也"。

**（29）"脸"训读为"面"**

"鬼脸"一词念［kui²² min²¹］，实际上是"脸"字训读了"面"字。面，《广韵》去声线韵弥箭切，"《说文》'颜前也'"。

**（30）"蛋"训读为"卵"**

"蛋糕"一词念［luɔn²¹ kuɔu⁵⁵］，"蛋白质"一词念［luɔn²¹ pʰeiʔ⁵ tsɔt²］，其实是"蛋"字训读"卵"字。卵，《广韵》上声缓韵卢管切，"《说文》'凡物无乳者，卵生'"。

**(31)"践"训读为"踏"**

"实践"一词念[tɔt⁵hap⁵],实际上是"践"字训读了"踏"字。踏,《广韵》入声合韵他合切,"著地"。

**(32)"很"训读为"极"**

"很"字念[xeiʔ⁵],实际上是训读了"极"字。极,《广韵》入声职韵渠力切,"穷也,高也,远也"。

**(33)"豚"训读为"猪"**

"海豚"一词念[huɔi²²tsi⁵⁵],其实是"豚"字训读了"猪"字。猪,《广韵》平声鱼韵陟鱼切,"《尔雅》'豕子'"。

**(34)"胖"训读为"肥"**

"胖"字念[pʰui⁵³],实际上是训读了"肥"字。肥,《广韵》平声微韵符非切,肥腯,"《说文》'多肉也'"。

**(35)"鲜"训读为"新"**

"鲜"本音[tinʔ⁵],但"海鲜[huɔi²²tɔn⁵⁵]"一词中,"鲜"字训读了"新"字。新,《广韵》平声真韵息邻切,"故也,亦姓"。

**(36)"食"训读为"吃(噢)"**

"食"本音[tei⁵⁵],但在"粮食[luɔŋ⁵³xiɐʔ²]"、"食物[xiɐʔ²vɔt⁵]"等词中,"食"字训读"吃(噢)"字。吃(噢),《广韵》入声锡韵苦击切,"吃(噢)食"。

**(37)"剧"训读为"戏"**

"歌剧院"一词念[kɔ⁵⁵hɔi²²vuɔn⁵⁵]、"影剧"一词念[ieŋ²²hɔi²²],这实际上是"剧"字训读了"戏"字。戏,《广韵》去声寘韵香义切。"戏"字可指"戏剧"。

**(38)"目"训读为"眼"**

"目"本音[muʔ⁵],但在"目的[ŋan²¹ʔdeiʔ²]"一词中,"眼"字训读"目"字。眼,《广韵》上声产韵五限切,"目也"。

**(39)"育"训读为"养"**

"育"本音[zuʔ⁵],但在"教育局[kau²²zuɔŋ²¹xuʔ⁵]"一词中,

"育"字训读"养"字。养,《广韵》上声养韵余两切,"育也"。

(40)"欲"训读为"爱"

"欲"的本音是[zuʔ⁵],但常念[uɔi²²],实际上是训读"爱"字。爱,《广韵》去声代韵乌代切,"怜也"。

## 参考文献

陈有济,2019.《海南儋州话研究》. 儋州市文化馆。
颜森,2006.《广集韵谱》. 江西人民出版社。
张惠英,2001.《汉语方言代词研究》. 语文出版社。
中国社会科学院语言研究所,1981.《方言调查字表》(修订本). 商务印书馆。

# 汉语方言儿化的共时面貌*

闵庆万

北京语言大学语言科学院

## 一 儿化

### 1.1 性质

儿化是一种特殊的语言形式，在汉语方言中发展出了多种多样的表现形式。儿化现象在官话方言、吴方言、赣方言、徽语以及粤方言等汉语许多方言里广泛存在①。绝大多数儿化是语尾"儿"和前面音节合音形成的一种特殊的音变现象。例如，北京话的"花儿、歌儿、本儿"等等，虽然都写成两个汉字，实际上已经读成一个音节，"儿"只表示前面音节的韵母加上卷舌作用，本身不再独立发音。

儿化是一种重要的功能性语言现象。儿化不仅是一种语音现象，而且它跟词汇、语法、语义以及语用都有密切的关系。

第一，语音方面。北京话的儿化是一个典型的卷舌元音。但是卷舌的具体进程和程度只有通过声学表现才能清楚地揭示出来。王理嘉、贺宁基（1985）观察到北京话儿化的 F3 频率大幅度下降，F3 和 F2 的距

---

\* 本成果受北京语言大学院级科研项目（中央高校基本科研业务专项资金）资助，项目编号为 20YJ140002。

① "儿化"这一概念主要是从官话方言的形式的角度来命名的，如果用"儿化"来统称汉语方言里的这类现象（"变韵""变音""小称变调""韵母鼻尾化"等），从形式上来说不是很贴切（曹志耘，2002）。严格来说，这类现象跟本文所说的典型的儿化形式并不等同，但在功能上都具有相同的特点。因此，本文将这类现象作为儿化现象的一部分。

离越近，卷舌的感觉越明显，这说明北京话的儿化，其卷舌成分并不是一个在时间序列上单独存在的音素成分，而是贯穿于整个韵母的卷舌色彩。

第二，词汇、语法方面。儿化词是具有特殊色彩的形态单位。王洪君（2008）把儿化现象理论总结为"二合一"式语音构词法，与分音词"一生二"式语音构词法相反相成，同为汉语"一音一义"结构特点的动态表现。此理论可以说明：儿化是一种有效的构词手段和变换语法作用的单位，后缀"~儿"附着在词根末字音节上，构成一个新的音节的同时改变了原有词语的词义、词性①。

第三，语义、语用方面。儿化不仅表示亲切、喜爱、蔑视等感情色彩，也是表示小称、语义轻化等重要手段。并且，儿化对丰富语言的表现力有重要作用，它可以形成语言温婉、亲切、生动、活泼的风格色彩。因此，儿化是文学作品、影视作品等借以刻画人物性格、塑造人物形象的重要手段。

### 1.2 形成②

"儿"字作为一个重要的词尾，据前人考证，汉语里的儿尾词最早偶见于六朝文献，如沈约《咏领边绣》："紫丝飞凤子，结缕坐花儿"。唐代文献已较多见，如杜甫《舟前小鹅儿》："鹅儿黄似酒，对酒爱新鹅"（向熹，2010：286）。但是因为那时的读音还不是［ɚ］③，所以一

---

① 儿化除主要具有名词性的特征以外，一些方言中的动词、形容词儿化也跟"儿"义密切相关（钱曾怡，1995）。

② 本文中"1.2 形成"和"1.3 发展"两部分主要以北京话的儿化和儿化韵为研究对象。

③ 王力（1980）认为"'儿'字音变的过程是 nʑi>nʐi>ʐi>ʐʅ，到了［ʐʅ］的阶段，突然元音和辅音对调位置，成为 ʐʅ>ɹə．［ɹ］在汉语里不能放在音节之首，所以变为［ə］，至于［ʐ］，在现代汉语里，本来就和［ɹ］是互换音位，所以［ɹ］就等于［ʐ］了"。此外，［əɹ］韵具有复韵母的性质，这里用的［ɚ］，只能看作复韵母的代号。

直是一个独立的音节。自从"儿"字的读音变成零声母的［ɚ］以后①，在北方又出现了"儿"词尾与词根语素拼合为一个音节的现象，也就是"儿"词尾不再独自成为一个音节，而是通过一系列的音变规律，使词根语素的发音带上［ɚ］音的语音成分。这种读音称为"儿化音"。在诗歌押韵上叫作"儿化韵"，或"小辙儿"（李思敬，1986：43）。

从目前的研究成果来看，尚不能确定"儿化"产生的具体时期。钱曾怡（1995）认为研究汉语儿化的产生应该对具体的方言进行个别的探讨。关于北京话儿化韵的形成年代各家的观点并不一致，但有一点一致的是北京话的儿化是近代汉语才出现的现象（张世方，2003）。周定一（1985）说："根据有关资料和近人研究，在北方话里，'儿'字演变为零声母，可能开始于金元时期；而儿化，例证从十六世纪开始，一直到红楼梦问世的十八世纪，不断出现，地区相当于现在的北京、河北、山西、山东。"李思敬通过对《金瓶梅》的考察，看到在"十六世纪中叶，北方话中的儿化音已经有了高度的发展，使用得非常普遍了"。林焘的《北京儿化韵个人读音差异问题》根据北京至今还有一些老年人仍旧把一些应该儿化的音节读成两个音节，例如"灯儿""歌儿"读成 dēnger, gē'er 而没有儿化成 dēngr, gēr 的情况，推测"北京话儿化韵儿化作用的完成，很有可能只是近一百多年的事"。薛凤生（1986）认为儿化韵的产生"不会早于明朝"，太田辰夫（1987）认为"最晚在清初就已存在"。以上都是从北方方言的范围来说的，几种说法并没有多大分歧，时间差说明儿化从产生到完成（或变化）的发展过程。

目前方言中见到的儿化韵的情况实际上只是一个长期渐进过程中的某个片段。要在某个特定的时候看到一个方言儿化韵发展的全过程，那

---

① 关于［ɚ］音的产生时期，各家有不同的主张，主要有：辽金说（唐虞）、元代说（赵荫棠）、南宋说（李格非）、明代早期说（李思敬）等。（更详细的内容，可参考李思敬的《汉语"儿"［ɚ］音史研究》）。

是不可能的。但方言中儿化韵的发展具有共同的规律，把这些片段联系起来，就有可能综合成一个完整的发展过程，让我们推想儿化韵一般都会经历哪些发展过程（王福堂，2005）。例如，王洪君（2008）在生成音系学的观点上解释北京话儿化韵的派生过程："儿化，其实就是原本自成音节的'-儿'由于弱化而失去音节身份，'-儿'原有的特征向前移动到前字音节的韵尾、韵腹的过程"，'-儿'的卷舌特征前移至前一音节的韵尾和韵腹之后，与之矛盾的特征因不能共容而必须删除，可以共容的特征则保留下来，与卷舌协同发音。因此，"-儿"合音中哪些音可能变化，如何变化，都是在普遍音理的控制之下的。王福堂（2005）指出：从合音的发音机制来看，所谓不能儿化，也可以说是不需要儿化，因为韵尾［-u］、［-ŋ］等的发音部位偏后，'儿'尾卷舌活动涉及的部位偏前，发音部位不存在矛盾，发音时不会相互排挤；而［i］、［n］等韵尾与卷舌活动发音部位都靠前，［ɚ］在互相排挤中取代了［i］、［n］，造成合音。除［u］以外的其他单元音韵母，因为没有韵尾，便于［ɚ］的进入，所以也容易合音。

综上所述，我们可以推知［u］尾和［ŋ］尾韵母儿化发展缓慢、舌尖元音［ɿʅ］和高元音［i u y］发展也稍微滞后的原因。这就是说，儿化的形成取决于儿尾的发音部位是否存在矛盾，也就是是否能够"共容"。

### 1.3 发展

书面语是口语的记录，儿化显然也是从口语先兴起来的。蒲松龄（1640—1715）的《聊斋志异》和《聊斋俚曲集》分别用两种不同的语体写成，前者是近代文言文，属于书面语形式；后者接近口语，其中不少方言词语在当地至今还被使用。把《聊斋志异》中的《商三官》跟《聊斋俚曲集》的《寒森曲》比较，可以看到这两篇同一题材的作品，前者没有一个儿化词而后者有"样儿、座儿、话儿、夜儿、险些儿"等，可以作为儿化发展中口语先于书面语的例证。

陈治文（1965）补充董少文《语音常识》所举到的第四项，即除去最重要的"儿"（花儿）、"里"（这儿）、"日"（今儿）三项以外，还有个别来源如"不知道"说快了成为"不儿道"，陈文发现有些材料，特别是[tʂ tʂʰ ʂ z]做声母的字，"在下往往会使得它前头的一个音节发生儿化现象"，"一定条件"包括"口语""轻声""说快了"。

赵元任《汉语口语语法》早已写道：老一代北京人能区分"果ㄦ"和"滚ㄦ"、"歌ㄦ"和"根ㄦ"、"街ㄦ"和"鸡ㄦ"、"样ㄦ"和"燕ㄦ"，而新一代则已经合并。一般说来，音理上可以解释的变化实现的可能性大于音理上不可解释的变化。单纯从音理上分析，北京话儿化韵应该向合并的方向发展。但很多学者都注意到，半个世纪以前在北京话中已经合并的儿化韵近年又出现了分化的趋势。对于北京话儿化这种由简趋繁的现象，王福堂（2005）指出："从语音演变的角度来 已经归并的儿化韵重新分化，这是不可想象的，因为导致分化的语音条件已经不存在了。"因此，王福堂将这一现象归结为社会语言学现象，并且认为这种分化的趋势并非方言演变的主流，只能作为方言内部分歧而存在，而儿化韵发展的主流依旧是合并、减少、由繁趋简，北京话儿化韵发展中的"逆行"现象，实际上并不存在。

语言的内部规律（结构因素）固然制约着语言的发展，起到统一、规范的作用，但同时我们也不能忽视语言外部因素（社会因素）对语言发展的影响。林焘（1982）、林焘等（1995）通过社会语言学的调查和分析讨论了北京话儿化韵读音的个体差异问题，认为"果ㄦ"和"滚ㄦ"、"歌ㄦ"和"根ㄦ"、"街ㄦ"和"鸡ㄦ"、"样ㄦ"和"燕ㄦ"、"啊ㄦ"和"安ㄦ"、"神ㄦ"和"绳ㄦ"之类的儿化韵的分合在北京话中存在着明显的个人分歧，而且性别、民族、文化程度、年龄等社会因素对每一语言成分的影响并不统一，各种社会因素制约下 儿化韵都是有分有合。孙德金（1990）通过调查也得出了这样的结论："总的趋势似乎不是进一步合并，相反，倒是比较明显地可以看出，随着年龄的减小，某些原来合并在一起的儿化韵越来越多地分开了。"

北京话儿化韵发展中出现的分与合完全逆向的分歧，实际上正是音系内部因素的制约与社会因素的制约竞争造成的，而这一竞争目前还在继续。单从北京话自身出发来讨论儿化韵合并的具体内容和方式比较困难，并且北京话儿化韵的发展方向也尚不明确。就目前的具体情况来看，从分的势力较从合的势力似乎更为强大（张世方，2003），但最终孰胜孰败前景未明。

关于北京话儿化韵今后的发展，根据上面有关儿化韵的现状及其发展趋势，我们可以进行一下假设，在社会因素影响占据优势的条件下，在一定时期内，很可能是北京话儿化韵仍将以分为主。并且普通话以北京语音为标准音，北京语音中的儿化韵自然是普通话语音系统的一个组成部分，因此，普通话规范的要求可能会使北京话的儿化韵有较长的生命[①]，不会像其他一些方言很快地踏上儿化韵衰亡的道路[②]。

## 二 儿化韵的类型及分布

儿化韵是指由儿化音变而形成的儿化韵母。儿尾和它前一音节结合在一起，使前一语素起合音作用，韵母发生音变。它的特点是"儿"和前一语素两者共存于一个音节中。汉语各地方言里随着前一音节的主要元音与韵尾的不同而发生不同的音变，形成各种儿化韵。儿化韵的各种语音形式是由"儿"尾本身的读音及其所处的方言本音系统决定的。

儿化韵生成后，具有和基本韵母不同的系统，并且在语音系统的内部关系和语言的变化方面都有不同的表现。按理说，一个基本韵母应当可以生成一个不同于其他韵母的儿化韵，如果基本韵母的主要元音各不

---

[①] 即便与20世纪50年代相比，北京话口语里的儿化词显然也少多了，但从词汇的角度说，目前数以千计儿化词的存在，仍是客观的语言事实。从语音的角度说，近百年来一直通行的26个儿化韵总体上也没有减少。所以，根据口语中儿化词使用的数量减少就认定"儿化本身有萎缩趋势"，显然并不切合语言实际（王理嘉，2005）。

[②] 目前在南方方言，特别是相连的吴方言、赣方言和徽语地区，一些方言中虽然还存在儿化韵，但不再有构成新词的能力，而且旧有的儿化词也在减少。这种儿化韵减少的现象表现在用词上，没有语音的条件（王福堂，2005）。

相同的话，比如陕西延川话共有40个基本韵母，除［ər］外，其他39个基本韵母可以生成39个儿化韵。延川话的每一个基本韵母都能生成一个儿化韵，而且所有的儿化韵都不相同，也许是方言中应有的情况。但实际上这种情况极为少见。多数方言中的情况是几个基本韵母共有一个儿化韵，儿化韵的数量要少于基本韵母。例如（不包括［ər］）：

表1　汉语方言基本韵母和儿化韵的数量举例

|  | 基本韵母 | 儿化韵 |  | 基本韵母 | 儿化韵 |
|---|---|---|---|---|---|
| 山西太原 | 35 | 29 | 陕西志丹 | 54 | 19 |
| 山东济南 | 37 | 28 | 山西大同 | 36 | 14 |
| 北京 | 39 | 26 | 山西长治 | 35 | 8 |
| 山东德州 | 36 | 22 | 四川成都 | 35 | 4 |

产生这种情况的原因，是儿化韵在生成时和生成后都要进行韵类的调整和归并（参看王福堂，2005）。

此外，也有的儿化韵实际上并不包含语素"儿"。比如北京话除了上文提到的"里"（这儿）、"日"（今儿），还有三音节连读造成的，例如"普洱茶"可以读成［pʰur²¹⁴ tsʰa³⁵］，"哈尔滨"可以读成［xar⁵⁵ pin⁵⁵］等，这些儿化韵和语尾"儿"完全无关。

儿化韵的存在是大部分北方方言的共同特点，但也有一些北方方言中不存在儿化韵，比如，中原官话秦陇片的宝鸡、兰银官话银吴片汉民汉语和甘肃境内的大部分方言、江淮官话的南京新派方言、扬州方言等（裴曾怡，2010）。总的情况是江淮官话儿化韵现象较少，西北部分地区的甘、宁、青汉民方言儿化韵不发达，西南官话和部分晋语儿化韵合并现象最突出，北京官话、冀鲁官话、胶辽官话和大部分中原官话的儿化韵现象最为丰富。除了这些北方方言以外，儿化韵还见于多数南方方言，主要分布地区有吴语、徽语、赣语、粤语等。其他地区也有零星的分布，如闽语福建大田后路话（王福堂，2005）。

虽然很多汉语方言里都存在儿化韵现象，但儿化的程度和方法不尽相同。从共时的角度，根据儿化韵尾的特点，儿化韵可以分为三大类。

## 2.1 卷舌型

### 2.1.1 "儿"读卷舌音

"儿"读卷舌音是在北方方言中最普遍的读音类型，目前以北京话最为典型。当然，"儿"读卷舌音的实际音值及具体的变化规律在不同的方言中还是有许多不同的。这种类型主要分布于北京官话、东北官话、冀鲁官话、胶辽官话、中原官话以及晋语等方言的核心分布区域。其外围区域则基本不读卷舌音。

普通话除［ər］韵母以外，其他韵母都可儿化，一律为卷舌韵。北京官话大多数方言的儿化韵非常丰富，普遍的情况是变成20多个儿化韵（钱曾怡，2010）。其中，北京话是北京官话的代表点，本节主要谈谈北京话的卷舌儿化韵。

北京话除［ər］韵母外，其余37个韵母儿化后合并成26个儿化韵，都读作卷舌韵①。

需要指出的是，由于北京话的儿化韵共时变异比较复杂，面积也很广，因此本文就按林焘、王理嘉（2013）的北京话儿化韵系统。北京儿化韵列举如下（参看张世方，2010）：

ər<i ɿ ʅ ei en ｜ iər<i in ｜ uər<ui uən ｜ yər<y yn ｜ ur<u ｜ ɤr<ɤ
iɛr<ie ｜ yɛr<ye ｜ or<o ｜ uor<uo ｜ ar<a ai an ｜ iar<ia ian ｜ uar<ua uai
uan ｜ yar<yan ｜ aur<au ｜ iaur<iau ｜ our<ou ｜ iour<iou ｜ ãr<aŋ ｜ iãr<
iaŋ ｜ uãr<uaŋ ｜ ə̃r<əŋ ｜ iə̃r<iŋ ｜ uə̃r<uəŋ ｜ ũr<oŋ ｜ yũr<ioŋ

北京话的儿化韵音变规律依照平舌韵韵尾的不同大致可以分成五类：第一，无韵尾或韵尾为"u"儿化时主要元音或韵尾发生卷舌，例如：歌儿［kɤr］、屋儿［ur］。第二，以高元音［iy］为主要元音儿化

---

① 在普通话里，有些儿化词的"儿"还可以自成音节，一种是作词根语素，如"好男儿、小女儿、体育健儿"，一种是儿尾的形式，读音比较轻，如"鱼儿游戏、蝶儿飞舞、月儿弯弯、云儿飘飘"，多出现在散文或诗歌中（黄伯荣、廖序东，2017）。

时加央元音并卷舌，例如：（小）鸡儿 [tɕiər]、（小）鱼儿 [yər]。第三，韵母为舌尖元音 [ɿ ʅ] 儿化时直接变成 [ə]，并产生卷舌作用，例如：丝儿 [sər]、枝儿 [tʂər]。第四，韵尾为 [in] 儿化时韵尾不再发音，前面的韵腹（央化）产生卷舌作用，例如：碑儿 [pər]、根儿 [kər]。第五，韵尾为 [ŋ] 儿化时和前面的韵腹合并成鼻化元音，同时卷舌，例如：缸儿 [kãr]、筐儿 [kʰuãr]；[iŋ] 儿化时 [i] 后面加 [ə̃]，并产生卷舌作用，例如：影儿 [iə̃r]、（花）瓶儿 [pʰə̃r]。

北京话大部分韵母在儿化后仍保持区别。儿化韵对应多个本韵的只有 7 个，即 [ər iər uər yər ar iar uar]。但有一些方言大部分都要合并，如重庆话韵母 [au ai ən] 等儿化后合并，都读成 [ər]；韵母 [ɑn ɑŋ] 的儿化韵合并成 [ar]。重庆西面的荣昌话更进一步，所有韵母儿化后都合并成 [ɜr]，只保留了四呼的分别（林焘、王理嘉，2013）。

北京话儿化韵近百年来经历了错综复杂的发展变化，存在着明显的地域差异和个体差异。北京周边的方言，承德市方言和北京话显得较为接近，但承德市的儿化韵与北京话也有不同的地方如表 2 所示（引自张世方，2003）：

表 2  承德市方言儿化韵的合并情况

|  | a ai an | aŋ | ɤ | ɿ ʅ ei ən | əŋ |
|---|---|---|---|---|---|
| 北京话 | ar | ãr | ɤr | ər | ə̃r |
| 承德市方言 | ɐr | | | ər | |

北京话儿化的卷舌作用影响了韵尾和韵腹的变化，并伴随着一系列的脱落、增音等现象，但对韵头和声母并没有影响。但是有些方言的儿化，韵尾和基本韵母融为一体后，不仅影响原韵母韵尾和韵腹的变化，甚至引起介音发生变化。例如，山东即墨话：鸡 tɕi²¹³ → 小鸡儿 siɔ⁵⁵ tɕiˑer²¹³、雀 tsʰyə⁵⁵ → 家雀儿 tɕiɑ²¹³ tθʰʳuər⁵⁵、点 tiã⁵⁵ → 一点儿 i⁵⁵⁻⁴² tʳɜr⁵⁵（赵日新等，1991）。

儿化韵的构成一般是"儿"音融入或取代前一音节的韵母，但也有影响到声母的例子。例如，山东即墨话的"儿"音与前面的音节融合，造成基本音节的介音和主要元音之间、声母和韵母之间增生出一个闪音［ɾ］，在有些音节中还会使介音失落。儿化进展到介音位置的方言如山西平定、山东金乡、阳谷、利津、即墨等（王洪君，2008：206）。如山西平定话（晋语大包片）的"儿"音读作［ɭ］，儿化韵主要有：ɭar ɭuar ɭɚ ɭuɚ ɭəɹ ɭuəɹ ɭɤɹ ɭuɤɹ ɭʊɹ ɭuɹ ɭɣuɹ ɭaor ɭɣɹ ɭuɣɹ ɭã ɭuãɹ。

关于儿化韵带［ɾ ɭ］并影响到介音甚至声母的原因，王洪君（2008）以平定儿化为例进行了解释：平定话"-儿"的基本音形特征组成是：[+边音]、舌前（coronal）、[+卷舌]，其儿化现象是"儿"的特征扩展到介音或声母，并删除词根音节韵尾、韵腹、介音位置上不能与舌前[+卷舌]共容的特征。

大部分方言的儿化韵只是韵母产生卷舌作用，也有一些方言儿化韵的卷舌作用不仅限于韵母。林焘、王理嘉（2013）指出山东金乡话老派读音儿化韵在韵母之前也加卷舌作用，如所在音节儿化后，［ts tsʰ s］声母变成舌尖后音［tʂ tʂʰ ʂ］，卷舌作用影响到整个音节。这些情况都反映出儿化韵的复杂性。

北京话的儿化韵已经发展得比较成熟了，除房山地区的老年人中还保留混合型儿化之外①，北京其他地区的儿化韵多为融合型，即儿尾已经融入前一音节，两音节合并于一个音节中。此外，林焘、沈炯（1995）通过社会语言学的调查分析，发现北京话的儿化韵近几十年来处在比较大的变动中，存在着相当明显的个人读音分歧，例如，有人口中［ɤ］的儿化韵同［ɿ ʅ ei ən］，读［ɚ］："歌儿"和"根儿"都读［kɚ］，毫无分别。还有的人把［ie ye］的儿化韵读成［iɚ yɚ］，"叶儿"和"印儿"都读［iɚ］，变成完全同音。

儿化后，有些基本韵母发生了合并。合并的基本条件是原韵母的主

---

① 混合型儿化的主要特点是开韵尾或［-u］、［-ŋ］韵尾后一般只能跟自成音节的"儿"而不能儿化（张世方，2003）。

要元音舌位接近。同时，原韵母是否发生合并，还跟平舌韵的发音是不是和卷舌动作相冲突有关。如果有冲突，卷舌动作就会对平舌韵作适当改造，使儿化韵的发音动作协调。钱曾怡（2010）指出发音动作是否协调，一方面有发音原理上的规律，一方面要看儿化韵尾和基本韵母的结合程度，更重要的是说这种发音的人是否"感到"不协调。当卷舌韵尾和平舌韵的结合程度不够紧密或当地人感到不协调时，儿化韵母不一定发生合并。

卷舌韵尾和平舌韵结合程度越紧，儿化韵数量就越少。不过，儿化韵主要向什么方向归并，不同方言并不一致，例如（钱曾怡，2010）：山西洪洞话（中原官话汾河片）42个基本韵母对应28个儿化韵，山西大同话（晋语大包片）37个基本韵母对应14个儿化韵，山西忻州话（晋语五台片）30个基本韵母对应11个儿化韵，山西长治话（晋语上党片）36个基本韵母对应8个儿化韵；有8个卷舌儿化韵的还有西南官话的遵义、常德（7个）等方言；卷舌儿化韵数量最少的是4个或3个，如内蒙古临河话（晋语五台片）有4个儿化韵，其他内蒙古晋语也都是4个儿化韵；兰银官话的银川回族方言，西南官话的安乡、吉首、白河、成都、汉源、自贡、重庆等方言，同样是4个卷舌儿化韵；还有四川西昌话（西南官话攀西片）只有3个儿化韵。

### 2.1.2 "儿"读边音

有些方言"儿"读作 [ɭ] 或以 [ɭ] 为声母，即卷舌边音。这种类型的儿化在汉语方言里较为少见。在下面方言中，儿化韵可能是用 [ɭ] 作韵尾。如安徽阜阳（中原官话郑曹片）"儿"音读作 [ɭ]，39个基本韵母，儿化后形成20个 [ɭ] 尾韵，除 [əl] 组外，其他儿化韵都是原韵母加上边音韵母 [ɭ] 构成。具体如下（转引自钱曾怡，2010）：

aɭ<a ｜ iaɭ<ia ｜ əɭ<ɤ ε e æ ẽ ｜ iəɭ<i ie iæ iẽ ｜ uəɭ<uε ue uæ uẽ ｜ ũ æ̃ ũ ｜ yəɭ<y ye yæ yẽ ｜ ɔɭ<ɔ ｜ iɔɭ<iɔ ｜ oɭ<o ｜ uoɭ<uo ｜ yoɭ<yɔ ｜ uɭ<u ｜ ouɭ<ou ｜ iouɭ<iou ｜ āɭ<ā ｜ iāɭ<iā ｜ uāɭ<uā ｜ ə̄ɭ<ə̄ŋ ｜ ī̄ɭ<ẽ ｜ ō̄ɭ<uŋ

四川仁寿话（西南官话西蜀片）"儿"音读作［l̩］，除［l̩］以外的 36 个韵母儿化后合并成 8 个儿化韵（转引自钱曾怡，2010）：ol̩<o oŋ｜iol̩<io ioŋ 以外的齐齿呼韵母｜ʅl̩<跟 ts、tsʰ、s 相拼的韵母｜ʅl̩<跟 tʂ、tʂʰ、ʂ、z̩ 相拼的韵母｜ul̩<合口呼韵母｜yl̩<撮口呼韵母｜əl̩<其余的开口呼韵母。8 个儿化韵，除了 4 个特殊韵母和开口呼韵母向央元音合并外，齐、合、撮三呼都是向高元音集中，在北方方言中是十分独特的。

四川南滨县李庄话"儿"音读作［əl̩］，儿化韵除齐合撮口韵的前面介音［i u y］不变外，其余无论开口韵或收［i u］尾韵及收鼻音尾韵，一律变为［əl̩］，共有 4 个：əl̩ iəl̩ uəl̩ yəl̩（转引自钱曾怡，1995）。

徐通锵（1981）在分析山西平定方言儿化时"儿"之所以不跟韵母组合时指出，［l̩］是卷舌的边音，儿化后实现单音节化，［l̩］处于韵尾的地位，显然与汉语的音节结构的格局相矛盾，"平定方言的'儿化'既要实现单音节化，又要符合汉语语音结构的传统格局，不使［l̩］处于音节的末尾，因而使'儿'在'儿化'时嵌入声、韵之间而成为一个中缀。这是汉语因'儿化'而使两个语素挤入一个语素的音节框架（单音节化）的又一重要方式"。对此，钱曾怡（2010）认为，山西平定儿化"儿"［l̩］跟声母的结合，四川仁寿、李庄［l̩］作为韵尾，是两种儿化音变方式的不同结果：一种打破了汉语通常没有复辅音的格局，另一种则打破了汉语通常没有边音韵尾的格局……汉语的儿化是汉语发展到一定历史时期之后才产生的，本身就是超出汉语原有框架的新形态，这在汉语发展史上具有至关重要的意义。

山东寿光话（冀鲁官话沧惠片）"儿"音读作［lɨ］，儿化韵既有卷舌韵、鼻化韵，又有边音尾韵。可以儿化的 36 个韵母，儿化后合并为 24 个儿化韵（张树铮，1996）：

Aɻ<A ｜ iAɻ<iA ｜ uAɻ<uA ｜ ɔr<ɔ ｜ iɔr<iɔ ｜ ər<ɛ ã ｜ iər<iɛ iã ｜ uər<uɛ uã ｜ yər<yɛ ｜ ɤr<ə əŋ ｜ iɤr<iə iŋ ｜ uɤr<uə uŋ yŋ ｜ yɤr<yə ｜ ur<u ｜ yr<y ｜ əur<əu ｜ iəur<iəu ｜ l̩<ɿ ʅ i ei ɚ̃ ｜ il̩<i ei iɚ̃ ｜ ul̩<uei uɚ̃ ｜

yl̩<yɤ̃ ｜ ãr<aŋ ｜ iãr<iaŋ ｜ uãr<uaŋ

在 24 个儿化韵中，共有 4 个［l̩］韵或［l̩］尾韵，由 2 个舌尖音韵母和 7 个平舌韵变来。儿化韵收［l̩］尾的方言不是很多。而既有卷舌韵，又有［l̩］尾韵的儿化现象，目前仅看到寿光方言的报道（钱曾怡，2010：394）。

儿化韵产生卷舌作用时，形成一些带边音的声母。比如，山东阳谷话老派的"兔儿［tʰlur］、刀儿［tlaor］、座儿［tslu˞r］、嗓儿［slɑr］"。林焘、王理嘉（2013）指出，这些儿化韵的卷舌作用从韵母之前就开始了，声母后面紧跟着一个舌位略靠后近似滚音的辅音［l］，很像是形成了复辅音；如果是齐齿呼和撮口呼韵母儿化，还可被分解成两个音节，如"碟儿［tiler］、样儿［ilar］、卷儿［tɕylɛr］"。山西平定话儿化韵的韵母本身不卷舌，只是在韵母前面加上卷舌边音［l̩］，如"豆儿［tl̩ɤu］、牌儿［pl̩ɛ］、今儿［tsl̩ɤŋ］"。

总之，"儿"读卷舌音和"儿"读边音声母，这些不同类型的卷舌形式可以看成是"儿"音逐渐前移并对基本音节形成影响的过程，即韵尾→韵母（主要元音）→介音与主要元音之间→声母和韵母之间→声母，儿化使得音节的这些部分带上卷舌色彩。

### 2.2 非卷舌型

汉语方言中，核心官话区外围有相当一部分地区"儿"是不读卷舌音的，而且音值类型非常丰富，既有舌面元音也有舌尖元音，其中舌面元音几乎每个常规位置都有（前央后、圆唇展唇、高低）。各种非卷舌音应该是在早期的"儿"脱落［ȵ］声母之后出现的变化形式；卷舌音形成之后，挟着标准语的威力成为强势读音，并逐渐向周边方言扩散。不过在核心区也还残存着非卷舌音的读法。在以往的研究中，人们对"儿"读卷舌音的现象关注较多，对"儿"读平舌元音的现象关注不够，一定程度上影响了人们对"儿化"现象的认识。

#### 2.2.1 "儿"读平舌音

兰州话（兰银官话金城片）可以算平舌儿化韵的典型。兰州话的

32个平舌韵，儿化后变成30个儿化韵，儿化韵尾就是"儿"音的[ɯ]（陈章太、李行健，1996：1187—1188）：

ɯ<ɿ ʅ ｜ iɯ<i ｜ uɯ<u ｜ yɯ<y ｜ aɯ<a ｜ iaɯ<ia ｜ uaɯ<ua ｜ ɜɯ<ɜ ｜ uɛɯ<uɛ ｜ ɣɯ<ɣ ｜ uɣɯ<uɣ ｜ ɔɯ<ɔ ｜ iɔɯ<iɔ ｜ eɯ<ei ｜ ueɯ<uei ｜ ieɯ<ie ｜ yeɯ<ye ｜ əɯ<əu ｜ iəɯ<ieu ｜ ɔ̃ɯ<ɔ̃ ｜ iɔ̃ɯ<iɔ̃ ｜ uɔ̃ɯ<uɔ̃ ｜ yɔ̃ɯ<yɔ̃ ｜ ɛ̃ɯ<ɛ̃ ｜ iɛ̃ɯ<iɛ̃ ｜ uɛ̃ɯ<uɛ̃ ｜ yɛ̃ɯ<yɛ̃ ｜ ãɯ<ã ｜ iãɯ<iã ｜ uãɯ<uã

兰州话儿化韵尾只在4个儿化韵中分别替代了原韵母的韵尾[i u]，对原韵母的影响是极其微小的。

河北宽城铧尖话（冀鲁官话保唐片）"儿"音[əɯ]，它的儿化韵也收[ɯ]尾，三十几个韵母儿化后合并成8个平舌儿化韵①：əɯ<ɿ ʅ ɚ me ei ən ｜ iɯ<i in ie ｜ uəɯ<uei uən uo ｜ yəɯ<y ye yn ｜ ɐɯ<a ai an ｜ iɐɯ<ia ian ｜ uɐɯ<ua uai uan ｜ yɐɯ<yan。另有12个以[-u][-ŋ]为韵尾的韵母和[u]韵母没有儿化形式，只能带儿尾：u+ə ｜ ou+uə ｜ əu+uə ｜ iou+uə ｜ au+uə ｜ iau+uə ｜ aŋ+ŋə ｜ iaŋ+ŋə ｜ uaŋ+ŋə ｜ əŋ+ŋə ｜ iŋ+ŋə ｜ uŋ+ŋə ｜ yŋ+ŋə。

陕西户县话（中原官话关中片）"儿"音[ɯ]，也是8个平舌儿化韵，其主要元音较低的原韵母儿化后变成以[ə]为韵腹的一组韵母。除"儿"音外，儿化韵与原韵母没有交叉。举例如下（孙立新，2001：76）：əɯ<ɿ ʅ ei ɣu ɚ ŋ ｜ iɯ<i iγu iẽ iŋ ｜ uɯ<u uei uẽn uəŋ ｜ yɯ<y yn ｜ ə<a ɣ æ au ã aŋ ｜ iə<ia iɛ iæ iau iã iaŋ ｜ uə<ua uɣ uæ uã uaŋ ｜ yə<yɣ yɛ yã。

陕西神木话（晋语五台片）"儿"音[ʌɯ]，儿化韵是4个[ɯ]尾韵。原韵母按照开齐合撮四呼与儿化韵对应（邢向东，2002：154）：ʌɯ<ɿ ʅ a ɛ ɜ ɔ ɿə ei əu ã ɣ̃ aʔ əʔ uo（老婆儿）｜ iɯ<i ia iɛ iɔ iəu iã iɣ̃ ei ɐi uei ci əi eʔ ci uə ou iɕ ɣ̃ aʔ əʔ oʔ uo

---
① 材料来源于笔者2019年12月宽城铧尖乡的田野调查。

iaʔ iəʔ ｜ uʌɯ<u ua aɯ ɜu uE uo（陀儿）uei uã uɤ uəʔ ｜ yʌɯ<y yɛ yɤ yaʔ yəʔ。

甘肃临夏话（中原官话秦陇片）汉民的儿化音变主要发生在部分韵母上。32个原韵母中，[əŋ iəŋ uəŋ yəŋ]四韵分别有[ei iei uei yei]4个儿化韵，[æ iæ uæ yæ]有[ei iei uei yei]或[ɛ iɛ uɛ yɛ]儿化韵，同时[ɛ i u y]也有零星的儿化音变，变成[ei uei yei]。这样，临夏汉民共有8个儿化韵（其中[ei uei ɛ iɛ uɛ]和本韵重合），分别来自8个鼻音韵和4个开尾韵（王森，1985）。

就目前的材料来看，大多数方言的平舌儿化韵都是比较整齐的，除了兰州以外，一般是2组8个或1组4个（钱曾怡，2010：396）。只有4个平舌儿化韵的方言还有四川南充、云南保山等。云南大理、昆明、蒙自等方言，儿化韵没有撮口呼，只有3个不卷舌的儿化韵，如蒙自话"儿"音[ɔ]，它的3个儿化韵是[ɔ iɔ uɔ]，与本韵重合（陈章太、李行建，1996：1481—1482）。王福堂（2005：174）认为西南官话区不少方言的卷舌儿化韵失去了作为语音标志的卷舌成分，变为平舌元音，而且儿化韵的卷舌韵尾失落后，有些方言甚至'儿'的读音[ɚ]也随同变化，如昆明话 ər→ə，蒙自话 ʌr→ʌ。

按照王福堂的观点，像西南官话、神木话这样儿化处于萎缩状态的方言，"儿"字读平舌韵是儿化韵失去卷舌作用的结果。钱曾怡（2010）质疑王福堂的观点，指出如果比较西宁、兰州、广县等方言，这个结论还是可以商榷的。这些方言"儿"读平舌韵是儿化韵的原因，而不是结果。

2.2.2 "儿"读鼻音

此类型是浙南吴语和皖南儿化韵的主要特色（钱曾怡，1995）。郑张尚芳（1980）指出："鼻音仍是现代浙江方言'儿'尾的主要语音形式"。吴语很多方言"儿"读作鼻音[n]或[ŋ]等，也同样可以产生儿化音变。这些鼻音"儿"附着在前一个音节的末尾，成为前一个音节的韵尾；"儿"音节融入前面音节的韵母中，自身发生变化，或者使前面音节的韵母发生变化，如吴语徽语的从儿化而来的韵尾［n］或［ŋ］与其他鼻韵尾一道发生变化，或变为鼻化元音，或脱落。

浙江义乌话"儿"单字音为［n］，儿化时［n］成为前一音节的韵尾，但前音节的主要元音拉长，如"兔儿［tʰuːn］、花儿［huaːn］"；如果前面音节原来有韵尾，则原来的韵尾失落，如"桶［doŋ］"儿化后读成"（小水）桶儿［doːn］"，"狗［kew］"儿化后读成"（小）狗儿［keːn］"。浙江平阳话和温州话"儿"读［ŋ］，作语尾时可以自成音节，也可以儿化，儿化时也是［ŋ］成为前一音节的韵尾。前音节的主要元音拉长，与义乌话相似。温州话有的儿化音节结合非常紧密，［ŋ］前面的元音并不拉长，如"（笑）话儿"［fioŋ］不读［fioːŋ］，和"红"同音，当地就经常有人把"笑话儿"写成"笑红"。浙江汤溪方言"儿"单读［ŋ¹¹］（阳平），义为儿子，小称时，［ŋ］附到基本韵母的末尾充当韵尾，基本韵母的元音有的要发生细微的变化，如：细鸡儿［sia⁵²⁻³³ tɕiŋ²⁴］小鸡儿、细刀儿［sia⁵²⁻³³ təŋ²⁴］小刀儿、柏儿［pɑŋ⁵⁵］、竹儿［tɕioŋ⁵⁵］、饭勺儿［vo³⁴¹⁻¹¹ zioŋ¹¹³］。

除了单用以外，鼻音"儿"还可以加在一些名词后面，主要功能是"指小"。这时还只是"儿尾"。浙江云和方言"儿"读作［ɲi³²⁴］（阴平），如：鸡儿［tsɿ³²⁴⁻⁴⁴ ɲi³²⁴］小鸡、鸭儿［ɑʔ⁵⁻⁴ ɲi³²⁴］小鸭。江西玉山方言"儿"读作［ɲi⁵²］，"儿"尾词表小，如：兔儿［thuə⁵²⁻³³ ɲi⁵²］、豆儿［du³¹⁻²² ɲi⁵²］，"儿"尾后面再加"儿"尾同样表小，如：刀儿儿［tɐɯ³³ ɲi⁵²⁻⁴⁵ ɲi⁵²⁻⁰］、鸭儿儿［ɐʔ⁵ ɲi⁵²⁻⁴⁵ ɲi⁵²⁻⁰］等。

鼻音韵尾合并、消失，鼻尾韵转为鼻化韵，是吴语韵母演变的大趋势。在一些方言里，由"儿"字变来的鼻尾也同样走上了鼻化的道路。金华方言"儿"字单读［ŋ³¹³］（阳平），义为儿子，儿化时（指小）一律变为鼻化韵（曹志耘，2002），如：梨儿［li-ĩ³¹³］、兔儿［tʰu-ũ⁵⁵］、盒儿［ɤ-ɤ̃¹⁴］。

徽语有些方言儿化的方式是基本音节的后面收一个［n］尾，如屯溪、休宁、黟县、寿昌（部分），徽语中心地带的这种儿化形式与吴语相同，这从一个侧面反映了徽语和吴语之间的密切关系。徽语这些方言儿化后，原音节声调大多发生变化（祁门只有少数字变同阴去调[213]），黟县还会导致部分韵母的变化（赵日新，1999），例如以高元音［i u ɯ］做韵尾的韵母，韵母变化较大。有的是韵腹丢失，有的是韵尾丢失，有的是韵腹和韵尾都丢失，有的是主要元音发生变化，然后再加上［n］尾，例如：un<au │ ən<aɯ │ in<ɛi iɛi。鼻尾韵母儿化，原鼻尾丢失，主要元音变成央元音，再加上［n］尾，例如：ən<ɑŋ │ uən<uɑŋ。

屯溪、黟县方言有些词儿化以后，带上藐视、厌恶的感情色彩。例如：屯溪话"钻［tsuːə¹¹］"是一般动词，而"钻儿［tsuːən²⁴］"则指到处钻营，无理取闹；"辩［piːe²⁴］"指辩论，"辩儿［pier²⁴］"狡辩、诡辩。黟县话"官［kuːɐ³¹］"是通称，而"官儿［kuɐn⁴⁴］"则带有明显的轻蔑意味；"主任［ʁɐ³］"是通称，而"主任儿［ʁɐn³²⁻］"就带有些嘲笑或讽刺的意味了（赵日新，1999）。

### 2.3 共存型

有些方言的儿化韵（或儿尾）有卷舌音和非卷舌音共存的现象，并且具有较多功能。红安话（江淮官话黄孝片）有 41 个本韵，除［ɿ ʅ i u ʯ ər æ ɥæ e ie ɥe ei uei ɥei］等 14 个韵母外，都有"小称变韵"（陈章太、李行健，1996：1729—1730）：

ər<o au │ iər<io iau │ ə̃r<oŋ │ iə̃r<ioŋ

æ<a │ iæ<ia │ uæ<ua │ ɥæ<ɥa │ e<ai │ ue<uai │ ɥe<ɥai │ əɻ<əɯ │ iəɻ<iəɯ │ ĩ<an ən │ ĩĩ<ian in │ uĩ<uan uən │ ʯĩ<ɥan ɥən │ æ̃<aŋ │ iæ̃<iaŋ │ uæ̃<uaŋ

在 20 个小称变韵中，有 4 个卷舌韵母［ər iər ə̃r iə̃r］。［əɻ iəɻ］两韵的舌尖也要翘起来，属于卷舌韵。有 6 个和本韵重合［æ uæ ɥæ e ɥe ər］。钱曾怡（2010）通过韵母的特点和变韵的功能来分析，认为红安的"小称变韵"就是儿化韵，不过表现形式比较复杂，功能也比大多数方言的儿化韵多样。

共存型儿化韵,还没有和词根的韵母真正"化"为一体。即作为词尾的"儿"只是简单地附着在前字的韵母上,没有发生融合,因此,它处于儿尾向儿化过渡的阶段。如晋语的平遥、交城、延川、清涧等方言,江淮官话的安徽省淮河两岸及其以南、长江以北的大片地区,南部另有一片(钱曾怡,2010)。

张崇(1990:23)指出:延川话(晋语志延片)的儿尾有两种读法。一种是儿尾自成音节,即在前字读完后紧接着读出前字韵母或韵母主要元音的卷舌音,或读出[ər]音节。例如:章儿 tʂaɤ²¹³⁻³¹ aɤ³⁵⁻⁴² ∣ 袖儿 ɕiɣu⁵³⁻⁴² ɣu³⁵ ∣ 眼儿 niɯɛ̃⁵³ ɯɛ̃³⁵⁻³¹ ∣ 花儿 xuA²¹³⁻³¹ ɐr³⁵⁻⁴² ∣ 兔儿 tʰu⁵³⁻⁴² ur³⁵ ∣ 角儿 tɕiE⁴²³⁻⁴² Er³⁵ ∣ 梨儿 li³⁵ ər³⁵⁻⁵³。

可以看出,延川话仅"儿尾"的第一种读法就有3种读音:重复前字的韵母;重复前字韵母时加卷舌;后加[ər]。同时"儿尾"还要变调。王洪君(2008)认为,延川话的这种儿尾实际上是在发出卷舌动作之前拉长了词根主要元音的发音过程,使它变成长元音。

延川话"儿尾的另一种读音是,在急读的情况下和前字读为一个音节"(张崇,1990:24)。这后一种读法就是儿化韵:阴平+儿:章儿 tʂaɤr³²⁴ ∣ 花儿 xuɐr³²⁴ ‖ 阳平+儿:梨儿 liɐr³⁴³ ∣ 房儿 faɤr³⁴³ ‖ 去声、长入+儿:兔儿 tʰur⁴²⁴ ∣ 角儿 tɕiEr⁴²⁴ ‖ 上声、短入+儿:眼儿 niɯɯ⁵³ ∣ 笛儿 tiɜr⁵³。

值得注意的是儿尾急读时的变调,"去声与长入的儿化字调相同,上声与短入儿化字调相近……除上声字,其他声调字儿化后都发生变调现象。这种儿化变调的产生,可以说是儿尾自成音节时它本身的调值和前字调值糅合的结果……可见,延川话的儿化并没有真正达到'化'的程度"(张崇,1990:24)。延川儿化韵的变调,是探求儿化变调问题的一个突破口。

陕西礼泉话(中原官话关中片)的"儿"读[ɚ²⁴],作后缀时与前一音节连接紧密,已经黏到一起,连读调也合为一体,但还未达到融合的程度,除了后鼻韵母字带"儿"时要失落鼻尾(韵腹鼻化)以外,它对前字的韵母基本没有影响。说的略微慢一点，即可听出"儿"的独立音值来。整个"儿缀词"的时长比礼泉话的单音节长，比两个音节短，属于"一个半音节"。例如：巷道儿 xaŋ³¹ tɔɚ⁵²¹｜时候儿 sʅ²⁴ xouɚ⁵²¹｜旋儿风 ɕyæɚ²⁴¹ fɤŋ³¹｜花生儿 xua²⁴ sɤ̃ɚ³¹¹。

有些方言还有"儿"尾与儿化共存的现象，这反映了基本韵母和"儿"尾合音的发展不同步。例如，河北省顺平、高碑店、定兴、满城、湖北英山、鄂城、云南大关等方言。顺平话（冀鲁官话保唐片）共 38 个基本韵母，"儿"尾的读音有两种，一类是"儿"尾自成音节（转引自钱曾怡，2010）："［-u］尾韵和［-ŋ］尾韵只能带儿尾［ər］，不能产生儿化韵（［u］韵母可以儿化，也可以带儿尾。［ɿau］韵母字少，未发现能带'儿尾'的）。儿尾自成音节，前字的韵尾是［-u］时，儿尾读作［uər］，前字的韵尾是［-ŋ］时，儿尾读作［ŋər］"。共包括［au iau ou iou aŋ iaŋ uaŋ əŋ iŋ uŋ yŋ］等 11 个韵母。例如，桃儿 tʰau²¹⁴⁻⁵³ uər｜煤球儿 mei²¹⁴⁻³⁵ tɕʰiou²¹⁴⁻⁵³ uər｜药方儿 iau⁵¹⁻⁵³ faŋ²³ ŋər｜花瓶儿 xua³³⁻⁵⁵ pʰiŋ²¹⁴⁻⁵³ ŋər｜门洞儿 men²¹⁴⁻³⁵ tuŋ⁵¹⁻²¹ ŋər。

"其余韵母（15 个）可以儿化，形成以［ə ɐ］为主要元音的两套儿化韵母（共 8 个），相当于十三辙所附的小人辰儿、小言前儿两小辙"：ər<ei ən u｜iɚr<i in｜uər<u uei uən｜yər<y yn｜ɐr<a ai an ɤ o｜iɐr<ia ian iɛ｜uɐr<ua uai uo uan｜yɐr<yan yɛ。

有些词的词尾"儿"，读"儿化"和"儿尾"均可。部分"儿"自成音节；部分"儿"已经与词根音节融合，并恰与十三辙所附的小人辰儿、小言前儿两小辙对立；有些词尾"儿"读"儿尾"和"儿化"两可，说明顺平话的"儿化"处于由"儿"自成音节向"儿化"演变的过程中。但是，这个过程又具有一定的稳定性，和前述延川话的情况不同。据王福堂（2002），它正好反映了北京话"儿化"的早期面貌，生动地证明了明清官话说唱文学中儿化押韵为什么只有小人辰儿、小言前儿两个小辙。王福堂（2005）指出："方言中'儿'尾同儿化韵的过渡是通过老年人和年轻人的世代交替来完成的。比如北京房山不少老年人还在使用自成音节的'儿'尾，'树枝儿'说成［ʂu⁵⁵tʂʅər］，年轻人则普遍使用儿化韵，'树枝儿'说成［ʂu⁵⁵tʂər］。随着人事的变化，北京房山话自成音节的'儿'尾将会很快完全由儿化韵取代。"

与顺平同类的情况还存在于高碑店、定兴、满城等方言点。高碑店（冀鲁官话保唐片定霸小片）带儿尾的韵母除了［uŋ］作韵尾的，还有［o y］两韵。值得注意的是，［uo］已经"儿化"，而［o］还是"儿尾"，［y］在"毛驴儿、小鱼儿"中为"儿尾"，在"有趣儿"中是"儿化"。定兴话除了"儿尾"自成音节外，儿化韵又可分为甲、乙两类：甲类是与顺平相同的8个儿化韵，"儿"与词根音节紧密融为一体；乙类儿化韵15个（转引自钱曾怡，2010）。陈淑静、许建中（1997）指出："'儿'虽不能自成音节，但仍保留充当儿尾用的音值，而且它同前字组合而成的音节，音高形式也与儿尾同前字的连调形式相同。"这里的乙类儿化韵共4个，列举如下：iər<ie（老爷儿 lao²¹³⁻²⁴ iɛər²¹³）｜yɛər<ye（橛儿 tɕyɛər²¹³）｜oər<o（小磨儿 ɕiao²¹³⁻³⁵ moər³¹⁴）｜uoər<uo（小桌儿 ɕiao²¹³⁻²⁴ tʂuoər³³）。

高碑店不稳定的［o uo］韵在定兴话中正是处于过渡阶段的乙类儿化韵，最能说明这几个方言的"儿尾"正在向"儿化"过渡的事实。

湖北英山话（江淮官话黄孝片）"词根+儿"是儿尾还是儿化，不但取决于韵尾，而且与韵腹有关。入声韵既不能儿化，也不带"儿尾"。阴声韵和阳声韵各有一部分可以儿化，另一部分则只能带儿尾。儿化的有9个韵母：ər<ai an｜iər<ian｜uər<uan｜ɥər<ɥan｜əɕ<ən｜iər<in｜uər<uən｜ɥər<ɥən。

除了入声韵以外，不能儿化、只能带儿尾［ɚ］的韵母，包括阳声韵的［ŋ］尾韵，阴声韵的［ɿ ʅ I u a ia ua o au iau əu iəu əi iəi］，即无尾韵、［u］尾韵及［i］尾韵中主要元音舌位较高的韵母。即使是能够儿化的［ən］组韵母，儿化后还须在央元音后加上舌位较低的［ɔ］作为过渡（陈淑梅，1989；王福堂，2005）。从发展的角度来看，英山话的儿化韵可能还处在开始形成的阶段。

从以上各方言的情况来看,方言中儿化韵开始形成时往往并不同步,然后经过一些过渡期(在内部因素和社会因素的制约下先后儿化),形成了一个系统。由于发展的不同步,根据从"儿尾"向儿化韵过渡的过程中儿化韵组数增加的情况,我们大致可以推测儿化韵形成时间的早晚。

## 三 儿尾的自成音节

汉语书面语中儿化词的一个音节是用两个汉字来表示的①。这种音节形式无法从字面上区分"儿"是作为词根被儿化了的标志还是作为独立音节的词尾。由于这个字面的原因及功能上的一致性,不少语言学家在论及儿化和儿尾时并不着意加以区分。但实际上,"儿化"和"儿尾"是不同性质的现象,尽管它们有种种联系,但是不应该混为一谈。

大家在认识中对"儿化"和"儿尾"两者的语音差别还是明确、一致的。例如,徐通锵(1981)在论到儿化音的特征时说:"单音节化是汉语'儿化'的一个重要特点,也是能否儿化的一个前提。'儿化'时,词根语素的语音变化也是由这种单音节化造成的。"关于儿尾,李荣(1957)讲到杭州的儿尾时说:"杭州'儿'字不论文白,都读成自成音节的[ɑɻ]。杭州的'儿尾'总是加'儿'字,自成音节,不影响原来的韵母。"

问题的关键是在音节的融合,由此可以对分辨"儿化"和"儿尾"在语音上确立界限:"儿"音跟前一音节融为单音节是儿化;"儿"音自成音节的为儿尾(钱曾怡,1995)。这种"儿尾"在中原官话、西北官话、西南官话、晋语、吴语等都有分布。

如山西文水方言(晋语并州片)有一部分名词带"儿",但"儿"

---

① 在普通话里,有些儿化词在书面上不一定都写出"儿"字来,如"他在那,我在这"的"那、这",要读作"那儿、这儿"(黄伯荣、廖序东,2017)。因此,在什么情况下写出"儿"字,什么情况下不写出"儿"字,目前还没有标准。

自成音节……读为舌面前元音[e]，无卷舌作用，即有儿尾但没有儿化。平、上、去声名词的字，不论元音尾或鼻音尾，带儿尾后，分别按各调加平声变调，例如：根儿 kəŋ$^{22-11}$ e$^{22-35}$｜镰儿 lien$^{22}$ e$^{22}$｜马儿 ma$^{423}$ e$^{22-21}$｜树儿 su$^{35}$ e$^{22-53}$（胡双宝，1988）。"儿"作为词尾要按照平声的变调方式变调并引发前字的变调，说明"儿"的独立性很强，还没有弱化。值得注意的是，"有文白两读的字，一般是白读音带儿尾，文读音不带"，说明其儿尾词是在方言系统内部发展起来的，而不是从其他方言借入。在文水话中，"入声字不大带儿尾，或带儿尾后音节保持原来音值，不发生变化"。

与文水话类似的有西宁话（中原官话秦陇片）。西宁儿尾读[ɛ]，一般自成音节，例如：花儿 xua$^{44}$ɛ⁰｜歌儿[kɤ$^{44}$ɛ⁰]｜枣儿[tsɔ$^{53}$ɛ⁰]｜蛋儿 tã$^{213-21}$ɛ$^{24-53}$等。从例词来看，西宁话带儿尾的词是按照重轻式语音词的连调模式变调的（张成材、朱世奎，1987）。

云南昭通话（西南官话片）也是只有儿尾而没有儿化韵，儿尾不丰富，自成音节。比较特殊的是，昭通的儿尾"分阴平儿尾和阳平儿尾两类"。限于材料，暂时看不出这两类儿尾有什么条件（陈章太、李行健，1996：1426）。例如：阴平儿尾：猫儿ꞌcaꞌɔcꞌɹe｜金鱼儿ꞌcɕinꞌciꞌɚr‖阳平儿尾：狗儿ꞌcꞌkəuꞌɚr｜小瓜儿ꞌcɕiaoꞌckuaꞌɚr。

"儿"尾自成音节的还有关中的合阳话、甘肃省敦煌方言等。

## 四　儿化和儿尾的变调

儿化韵是由词尾"儿"和词根音节合音后形成的，不少方言的儿化伴随着变调。这里先介绍一些方言名词儿化的变调。

陕西神木话（晋语五台片）的儿化变调规律是，去声和清平字儿化时不变调。变调的有三个调（邢向东，2002：133）：

第一，阳平变调[53]调（同去声）：孙伢儿 xəʔ$^4$iʌɯ$^{53}$｜七成儿 tɕʰiəʔ$^4$tʂʌɯ$^{53}$。

第二，入声字儿化大部分都变读[44]调（同阳声），有的进一步随阳平变［53］调，形成异读：各儿家 kʌɯ⁴⁴ tɕˑəʔ²¹ ｜ 赤脚儿 tʂʰəʔ²⁴tɕiʌɯ⁴⁴ ｜ 跌色儿 tiəʔ²⁴sʌɯ⁴⁴/sʌɯ⁵³。

第三，阴平上儿化单字调不变，但清上字儿化后连调值与清平相同。枣儿 tsʌɯ²¹³ ｜ 雀儿 tɕʰiʌɯ²¹³ ｜ 袄儿襟襟 ŋʌɯ²¹³⁻²⁴tɕiẽ²⁴tɕiẽ²¹。

这样，神木话儿化名词除了一部分读轻声外，就只剩阴平、去声、阳平（很少）三个平调，而且单字调和连读调统一了起来。

陕西户县话（中原官话关中片）名词儿化也要变调，双音节儿化词变调的规律是："被儿化字是平声调的，儿化后读阳平调；被儿化字是上声、去声的，儿化后读上声调"。单音节儿化时一部分阴平字仍读阴平，其余和双音词相同（孙立新，2001：83、84）。结果儿化词只有阳平、上声和少数阴平调：梨瓜儿 li³⁵ kuə³¹⁻³⁵ ｜ 醋瓶儿 tsʰɤu⁵⁵ pʰiɯ³⁵ ｜ 阳台儿 iaŋ³⁵ tʰə³⁵ ‖ 铁片儿 tʰiɛ³¹ pʰiə⁵¹ ｜ 纱盏儿 sɑ³¹ tsə⁵¹ 辣面儿 lɑ²⁵ miə⁵⁵⁻⁵¹。

有些方言的儿化变调发生在个别单字调上。如乌鲁木齐话（兰银官话塔密片），来自古清上和次浊上的阳平字儿化后读如去声［213］调（周磊，1995：6）：盖碗儿 kai²¹³⁻¹³ vɛr⁵¹⁻²¹³ ｜ 鸟儿 niɔr⁵¹⁻²¹³ ｜ 沙果儿 sa⁴⁴ kuɤr⁵¹⁻²¹³ ｜ 枣儿 tsɤr⁵¹⁻²¹³。

山西大同话（晋语大包片）舒声字儿化不变调，入声字儿化后变阳平调（马文忠、梁述中，1986）。例如：法儿 far³²⁻³¹³ ｜ 桌儿 tṣuar³²⁻³¹³ ｜ 撇儿 pʰiar³²⁻³¹³ ｜ 曲儿 tɕʰyar³²⁻³¹³。

有些方言单字调已经合流，儿化后可以区分。如山西长治话（晋语上党片）儿化变调可以区分阴阳入："入声字儿化后喉塞音［ʔ］尾脱落读舒声，有的读阴去，有的读阳去。从来历看，古全浊声母字儿化后读阳去调。古清音和次浊声母字儿化多数读阴云"（侯精一，1985：32）。说明儿化出现的时间在清入和浊入合流以前。例如：全浊入：围腔儿 uei²⁴ pɑr⁵⁴⁻⁵³ ｜ 凉席儿 liaŋ²⁴ ɕiɑr⁵⁴⁻⁵³ ｜ 牛犊儿 iəu²⁴ tuɑr⁵⁴⁻⁵³ ‖ 清、次浊入：小格儿 ɕiɔ⁵³⁵ kɑr⁵⁴⁻⁴⁴ ｜ 纸塞儿 tsʐ⁵³⁵ sɑr⁵⁴⁻⁴⁴ ｜ 小鹿儿 ɕiɔ⁵³⁵ luɑr⁵⁴⁻⁴⁴。

儿化变调是"儿"缀前音节的调值与"儿"音节的调值相互协调的结果（钱曾怡，2010）。如前文所述，关中礼泉话的"儿"缀只是和前音节紧紧黏在一起,还没有彻底"化"入该音节,所以可以通过它来观察儿化导致变调的过程。礼泉话阴平 31+儿 21=311,阳平 24+儿 21=241,上声 52+儿 21=521,去声 55+儿 21=521。儿化后去声和上声变为同调。礼泉"儿化"的今天可能就是户县话儿化的昨天,它的"儿"缀词的声调变化,对北方方言儿化变调的形成机制的解释具有重要价值。

安徽绩溪华阳镇方言以变调表示小称,多用于量词表示少,例如"你要的书我尔塔只几本儿$_{你要的书,我只有几本}$",但也用于名词。华阳镇有阴平 55、阳平 44、上声 213、阴去 35、阳去 31、入声 32 六个声调,小称变调的规律是(赵日新,1989):阴平、上声变阳平:猪 tɕy$^{55}$—细猪 sʅ$^{35}$ tɕy$^{55-44}$│阳平变阳去:牛 ŋi$^{44}$—细牛 sʅ$^{35}$ ŋi$^{44-31}$│阴去、阳去变阴平:凳 tiã$^{35}$—细板凳 sʅ$^{35}$ pɔ$^{313}$ tiã$^{35-55}$│入声变高降:鸭 ŋaʔ$^{32}$—细鸭 sʅ$^{35}$ ŋaʔ$^{32-53}$。

这样成系统的小称变调在北方方言中比较少见。例如,北京话单音节形容词重叠式的后一音节儿化,其声调不论本调一概为阴平,像"高高儿的、黄黄儿的、好好儿的、谈谈儿的"等,其中的"高儿、黄儿、好儿、谈儿"都是阴平。

有些方言"儿"尾还没有和前一语素合音,但已经发生变调,"儿"尾和变调共同表示小称。如广西桂平乐话(王福堂,2005):筛儿 ʃei$^{55-31}$ n̠i$^{31-55}$│路儿 lu$^{21}$ n̠i$^{31-55}$│竹儿 tʃuk$^{5-3}$ n̠i$^{31-55}$│蝶儿 tip$^{2}$ n̠i$^{31-55}$。

高平变调 [55] 在这里使"儿"由具有实在意义的名词转化成具有小称意义的词尾。

## 五 小结

儿化是汉语方言中普遍存在的现象,儿化的诸种类型在共时层面反映其发展的不同阶段。上文我们概括性地分析了汉语方言中的儿化,并通过儿化韵尾的特点列出了汉语方言中儿化韵的一些不同类型,如卷舌型、非卷舌型、共存型三大类。其中"卷舌型"有两种类型:"儿"读卷舌音、"儿"读边音;"非卷舌型"也有两种类型:"儿"读平舌音、

"儿"读鼻音。这三大类型基本展示出了汉语方言儿化韵的共时面貌。

一种语言有一种语言的结构规则,形成自己特有的语言系统。汉语方言儿化韵的表现形式相当复杂,其功能也是极其多样的。儿化韵作为变韵,具有和"儿"尾同样的辨义和构形功能。因此它属于语法层面,和属于语音层面的基本韵母具有不同的性质(王福堂,2005)。

汉语方言儿化韵的不同类型与"儿"的不同读音有着非常密切的关系。换言之,儿化韵的关键在于"儿"的读音与前一音节的融合。"儿"的读音类型不同,融合的程度不同,是造成汉语方言儿化形式不同的直接原因。大体上,儿化韵在北方方言中主要表现为韵母卷舌,在南方方言中主要表现为鼻音韵尾。大量文献记录了汉语方言中儿化变韵的现象,但也有跟声母结合的例子。儿化变韵还会引起声调的变化,儿化变调有变高调的明显趋向。儿化变韵和变调一般都有小称的功能。

钱曾怡(2010)指出儿化韵合并的方向,并不一定跟"儿"韵相同。这凸显了儿化韵的独立性。同时也提醒我们,在考察儿化韵的起源和演变问题时,应避免机械地把儿化韵看成是该方言共时平面的基本韵母的"儿化",而应当具有历史的眼光。

汉语儿化的产生虽仅有近几百年的历史,在汉语漫长的发展历史中非常短暂,但儿化却经历了错综复杂的发展变化,也存在着明显的地域差异和个体差异。这些差异最终会让儿化韵消亡还是进一步分化或合并?关于儿化的发展趋势,是学界较为关注的问题之一。不过,由于学者考察的材料、角度、方法不同,得到的结论很可能也有很大差别。

在音理上,北京话儿化韵的发展以合并为主要趋势。但参与合并的儿化韵具体有哪些存在有分歧,另有些学者则认为北京话儿化韵以从分不从合为主要趋势。对此,王福堂(2005)认为,这种分化的趋势并非方言演变的主流,只能作为方言内部分歧而存在,儿化韵发展的主流依旧是合并。从汉语方言儿化韵发展的综合情况来看,我们倾向于王福堂的观点。

根据陈淑静(1998)、张世方(2010)的调查材料,北京周边方言从南部的保定到北部的承德地区儿化韵基本上以合并为主，尤其是以承德市和怀柔最为显著。承德市［a］组与［ai an］组与［aŋ］组韵母的儿化韵完全合并为［ɚ］组，［ɤ ʅ ɿ ei ən］组与［əŋ］组的儿化韵也已经合并为［ər］组。平谷、唐山、昌黎合并虽然比承德市稍少，但从目前已经合并的情况来看，它们正朝着承德市的儿化韵格局发展。由于地理差异可反映出历时演变，我们通过周边方言儿化韵发展的演变情况，能更准确地把握北京话和北京周边方言儿化韵的发展方向。因此，我们认为，如果北京话儿化韵进一步合并，承德市等方言的儿化韵很可能是其主要发展方向之一。

至于儿化韵是否会消亡，由于其在音节及表意方面的一些优势，加之北京话的绝对权威性，在尚未出现有效的替代形式的前提下，我们可以推测，汉语儿化很可能仍将不断发展，并在各地方言中发展出不同的道路。

## 参考文献

曹志耘，2002.《南部吴语语音研究》. 商务印书馆。

陈淑静，1998.《平谷方言研究》. 河北大学出版社。

陈淑静、许建中，1997.《定兴方言》. 方志出版社。

陈淑梅，1989.《湖北英山方言志》. 华中师范大学出版社。

陈章太、李行健，1996.《普通话基础方言基本词汇集》. 语文出版社。

陈治文，1965. 关于北京话里儿化的来源.《中国语文》第 5 期。

董少文，1988.《语音常识》. 上海教育出版社。

侯精一，1985. 晋东南地区的子变韵母.《中国语文》第 2 期。

胡双宝，1988.《文水方言志》.《语文研究》编辑部。

黄伯荣、廖序东（主编），2017.《现代汉语》. 高等教育出版社。

李荣，1957.《汉语方言调查手册》. 科学出版社。

李思敬，1986.《"儿"［ɚ］音史研究》. 商务印书馆。

林焘，1982. 北京话儿化韵个人读音差异问题.《语文研究》第 2 期。

林焘、沈炯，1995．北京话儿化韵的语音分歧．《中国语文》第3期。

林焘、王理嘉，2013．《语音学教程》．北京大学出版社。

罗常培、王均，2009．《普通语言学纲要》．科学出版社。

马文忠、梁述中，1986．《大同方言志》．语文出版社。

钱曾怡，1995．论儿化．《中国语言学报》第5期。

钱曾怡（主编），2010．《汉语官话方言研究》．齐鲁书社。

孙德金，1990．《北京话部分儿化韵读音调查》．《北京语研究》，北京燕山出版社。

孙立新，2001．《户县方言研究》．东方出版社。

太田辰夫，1987．《汉语史通考》．江蓝生、白维国译，重庆出版社。

唐虞，1986．《"儿"[ɚ]音的演变》．《"儿"[ɚ]音史研究》，商务印书馆。

唐作藩，2018．《普通话语音史话》．商务印书馆。

托马森，2014．《语言接触导论》．世界图书出版公司北京公司。

王力，2009．《汉语史稿》．中华书局。

王森，1985．临夏方言的儿化音变．《语言研究》第1期。

王福堂，2002．北京话儿化韵的产生过程．《语言学论丛》第26辑，商务印书馆。

王福堂，2005．《汉语方言语音的演变和层次》（修订版）．语文出版社。

王洪君，2008．《汉语非线性音系学》（增订版）．北京大学出版社。

王理嘉，2005．儿化规范综论．《语言文字应用》第3期。

王理嘉、贺宁基，1985．北京话儿化韵的听辨实验和声学分析．《语言学论丛》第10辑，商务印书馆。

向熹，2010．《简明汉语史（下）》（修订本）．商务印书馆。

邢向东，2002．《神木方言研究》．中华书局。

徐通锵，1981．山西平定方言的"儿化"和晋语中的所谓"嵌l词"．《中国语文》第6期。

薛凤生，1986．《北京音系解析》．北京语言大学出版社。

张崇，1990．《延川县方言志》．语文出版社。

张成材、朱世奎，1987．《西宁方言志》．青海人民出版社。

张世方，2003. 从周边方言看北京话儿化韵的形成和发展.《语言教学与研究》第 4 期。

张世方，2010.《北京官话语音研究》. 北京语言大学出版社。

张树铮，1996. 山东寿光北部方言的儿化.《方言》第 4 期。

郑张尚芳，1980. 温州方言儿尾词的语音变化（一）.《方言》第 4 期。

赵日新，1989. 安徽绩溪方言音系特点.《方言》第 2 期。

赵日新、沈明、扈长举等，1991.《即墨方言志》. 语文出版社。

赵日新，1999. 徽语的小称音变和儿化音变.《方言》第 2 期。

赵元任，1979.《汉语口语语法》. 商务印书馆，2005。

周晨萌，2018.《北京话语音演变研究》. 北京大学出版社。

周定一，1985. 红楼梦里的"儿"和"子".《中国语言学报》第 2 期。

周磊，1995.《乌鲁木齐方言词典》. 江苏教育出版社。

朱晓农，2010.《语音学》，商务印书馆。

该文曾以《汉语方言中儿化的共时面貌》为题发表在《中国人文科学》第 74 辑，（韩国）中国人文学会 2020 年。收入本辑时略有改动。

# 关于"汉语北方话基本词汇研究"

胡士云

日本神户学院大学

本文是旧话重提,因为"汉语北方话基本词汇研究"这一课题自立项至今已34年(1985—2019),前期准备、实地调查以及资料整理等各项工作完成至今已27年,其研究成果第一种《普通话基础方言基本词汇集》(全五卷)出版至今也已经23年了。

## 一 课题情况简介

"汉语北方话基本词汇研究"是中国哲学社会科学规划第七个"五年计划"期间(1985—1990)的一个重点研究课题。课题于1985年底由语言文字应用研究所(当时由中国文字改革委员会和中国社会科学院共同领导)立项,1986年被国家语言文字工作委员会(1986年1月1日由"中国文字改革委员会"更名)和中国社会科学院确定为重点课题,而后又成为中国哲学社会科学规划的课题。在经历了准备、调查、整理和编纂等阶段的工作以后,这项历时六年多、由近百人参加的课题,于1992年底正式完成,其研究成果第一种《普通话基础方言基本词汇集》(全五卷)也由语文出版社于1996年12月出版。

调查共在北方话地区的23个省、自治区、直辖市进行,涵盖了学术界公认的北方话地区的全部区域。选点主要依据以下三个原则:一、选择政治、经济、文化中心作为调查点。二、选择方言特色较强,有一定的代表性的作为调查点。三、选择具有一定历史、地理条件的作为调查点,同时兼顾地理上的疏密适中。同时还选择了一些具有边界方言特点的调查点，如河北的阳原、平山，河南的林县，陕西的绥德、汉中，湖北的红安，湖南的吉首，江苏的南通等。

调查共获取了106个点的调查材料，但是由于各种原因，最后编进《普通话基础方言基本词汇集》的只有93个点，它们是（分区参考《中国语言地图集》）：

**东北官话10** 黑河、齐齐哈尔、佳木斯、海拉尔<sub>以上黑松片</sub>，哈尔滨、长春、白城、锦州<sub>以上哈阜片</sub>，沈阳、通化<sub>以上吉沈片</sub>

**北京官话3** 北京<sub>京师片</sub>，赤峰<sub>朝峰片</sub>，承德<sub>怀承片</sub>

**冀鲁官话7** 天津、唐山、保定<sub>以上保唐片</sub>，沧州、利津<sub>以上沧惠片</sub>，济南、石家庄<sub>以上石济片</sub>

**兰银官话5** 兰州<sub>金城片</sub>，银川<sub>银吴片</sub>，乌鲁木齐、哈密、敦煌<sub>以上北疆片</sub>

**晋语15** 集宁、呼和浩特、阳原、张家口、平山<sub>以上张呼片</sub>，大同<sub>大包片</sub>，离石<sub>吕梁片</sub>，太原<sub>并州片</sub>，长治<sub>上党片</sub>，临河、绥德、忻州<sub>以上五台片</sub>，林县、邯郸；二连浩特<sub>以上邯新片</sub>

**中原官话15** 天水<sub>陇中片</sub>，西宁、白河、汉中、宝鸡<sub>以上秦陇片</sub>，西安<sub>关中片</sub>，临汾、灵宝<sub>以上汾河片</sub>，郑州、原阳、商丘、阜阳<sub>以上郑曹片</sub>，信阳<sub>信蚌片</sub>，济宁<sub>蔡鲁片</sub>，徐州<sub>洛徐片</sub>

**胶辽官话5** 丹东、大连、烟台<sub>以上登州片</sub>，青岛、诸城<sub>以上青州片</sub>

**江淮官话10** 连云港、涟水、扬州、南京、合肥、安庆、芜湖<sub>以上洪巢片</sub>，南通<sub>泰如片</sub>，红安<sub>黄孝片</sub>，歙县<sub>徽州片</sub>

**西南官话22** 武汉、天门<sub>以上武门片</sub>，襄樊<sub>鄂北片</sub>，宜昌、达县、南充、成都、重庆<sub>以上成渝片</sub>，汉源、自贡、大理<sub>以上灌赤片</sub>，昭通、昆明、蒙自、贵阳<sub>以上昆贵片</sub>，遵义、毕节<sub>以上黔北片</sub>，黎平<sub>岑江片</sub>，柳州、桂林<sub>以上桂柳片</sub>，常德；西昌<sub>以上常鹤片</sub>

**湘语1** 吉首<sub>吉溆片</sub>

未被编入《普通话基础方言基本词汇集》的调查点共有13个，其原因主要有两个：一是是否属于北方话存在争议，二是调查资料不理想而又无法在短时间内进行补充调查。

调查内容分为两部分：一、调查当地的人文情况、方言现状，记录《方言调查字表》（中国社会科学院语言研究所编辑）并据比归纳当地方言的音韵系统，包括两字组变调、变音、儿化韵等及音韵系统；二、调查为该课题专门编写的《北方话基本词汇调查表》[1]的全部共3284条词汇。这些词汇包括名词、动词、形容词、代词、数词、量词、副词和介词，其中以名词为最多，共2550条，占调查表总数的78%。全部名词又分为23类：天文类、地理类、时间类、人品类、亲属称谓类、婚丧类、人体类、医药疾病类、用品器具类、饮食起居、房舍类、服饰类、应酬类、交通类、工业类、农业类、植物类、动物类、商业类、政法类、教育类、祭祀类、文体类。

调查工作历时两年多，而后接下来的大量工作，便是对这些材料的整理和编辑出版。

## 二 课题的目的

进行汉语北方话基本词汇的调查研究，是人们多年来的愿望。1955年，中国科学院哲学社会科学部在北京召开了"现代汉语规范问题学术会议"，确立汉语共同语普通话"以北京语音为标准音，以北方话为基础方言，以典范的白话文为语法规范"。1986年确立的新时期的语言文字工作的方针任务，也把做好现代汉语规范化工作放在了重要的位置。但是，作为规范的基础，北方话基本词汇的面貌如何，一直没有能够进行充分的研究。这样，搞清北方话基本词汇的面貌，并为国家制定语言政策提供可靠依据，便是这项调查研究的第一个目的。

汉语方言的调查研究，20世纪以来做过不少，尤其是五六十年代为了普及和推广普通话，在全国范围内进行了方言普查工作。这些工作重要意义和历史贡献毋庸多言。但是，也留下了一些遗憾，比如这些调查对东南部各方言的分歧注意的多一些，对北方话注意得不够；对语音方面注意的多一些，对词汇注意得不够；从方言调查角度进行的研究多一些，从语言规范角度进行的研究欠缺一些。这样，弥补上述遗憾便是该调查的第二个目的。

现代汉语方言分歧很大，这是众所周知的事实，因而汉语规范化的工作具有特别的意义。规范化工作主要是书面语，而在书面语中，语音不存在规范的问题，各方言间的语法差异也比较小，差异较大的就是词汇。但是，以什么来作为词汇的规范，没有具体明确的标准，需要解决的问题也很多，比如同义词问题、新词语问题、外来语问题等。词汇系统本身是开放性的，易于吸收外来成分，变化较快，比语音和语法都要复杂。如果不进行北方话基本词汇的调查工作，很难设想能把汉语规范化工作做好做实。这是调查的第三个目的。

从推广普通话的角度来说，20世纪五六十年代进行的方言普查为当时的推普工作起到了重要的作用。但是，当时的人们体会到的是各地方言之间的语音差别太大，所以调查工作的重点在语音上。随着推普工作的深入，光解决语音问题是不够的。但是由于以前工作重点的原因，词汇的基础性研究不够，资料也不足。而且北方话和普通话词汇之间到底应该是一个什么样的关系，也一直缺乏定量性的研究。这项调查的目的之四就是想解决这些问题，为推广普通话工作的深入开展提供服务。

另外，距离五六十年代的方言普查工作已经过了近30年，为了把握迅速发展的词汇现实也是此项调查的一个目的。同时，此项调查还希望为各相关的语言学科和民俗研究、地方志的编写以及公安部门的语言侦破等提供依据。

## 三 资料的整理

调查结束之后，课题组便组织力量进行调查资料的整理工作。资料整理小组除课题组负责人陈章太、李行健及课题组成员胡士云、徐幼军外，还从国内其他大专院校及科研机构借调了部分研究人员，他们是伍巍（安徽师范大学）、刘时叶（红安师范学院）、苏晓青（徐州师范学院）、邢向东（内蒙古师范大学）、罗福腾（山东大学）、蔡启宁（安徽师范大学）、裴泽仁（河南社会科学院）。

资料整理小组的工作主要有：一、逐点核对调查资料，查看调查资料是否符合课题组的要求。二、根据录音资料确认音系等语音资料，看记录是否有误。三、制作词汇表，逐条汇总各个点的资料。四、汇总资料全部为手工抄录，因此为防止笔误，整理组交互核对他人抄录的资料。五、对存在明显缺陷的资料进行电话核对，或者到当地核查。在进行这些基础性工作的同时，课题组又先后在北京和重庆召集了三次各片负责人会议，研究整理工作的方法、确认整理后的资料，并商谈调查成果的发表形式。

资料整理工作的繁杂程度远远超出了原先的设想。主要是因为参加本项调查的人员比较多，每个人的学术背景又不一样，所以就出现了不少对同一语言事实作不同处理的现象。

首先是音系。方言调查首先要搞清楚语音系统是不言而喻的。汉语方言虽然复杂，但是相对于中古音系，都有比较整齐的对应规律，所以这样的多方言点的综合调查，对于音系和语音例字作统一处理是必要的。其理由在于作为一个研究项目，内部处理方法统一更于比较，也便于说明问题；同时也容易搞清楚语音发展的脉络，有利于方言分区。但事实上，初步到手的调查材料并不如人所愿，甚至有些调查点并没有完全按照课题组的要求去做。作为单点材料，各调查人的处理或许没问题，而作为统一的研究项目，各个点的材料却对不到一起。比如对于辅音的处理，在西南官话的调查点中，有的统一到了 n 声母的下面，有的则单独列成声母，而实际音质和音位组合是一样的，统一处理时都并到了 n 的下面。如果有 n、ȵ 对立的，则分开处理。对于辅音 v 的处理也是这样。在河北省和内蒙古自治区一带，普通话零声母合口呼字前都带有比较明显的唇齿摩擦成分，大多数点都把这个音处理成声母，也有一些点仍然把它归并在零声母下。统一处理时，则依据实际情况和大多数点的处理办法，将这个 v 处理成声母。再比如单元音韵母 a 和作主要元音的 a，各点处理差别较大，要进行平衡也比较困难，所以整理时统一处理作 a，但有对立的除外。还有，在部分材料中，韵母 uo 包括了普通话中的 o 和 uo 两个韵母，遇有唇音声母时分别写作 puo、pʰuo、muo、fuo，整理时也统一处理为 po、pʰo、mo、fo。

关于词汇的整理情况，主要处理两方面的问题，第一是词义辨析，第二是音字统一或者说是据音补字、据义正字。

所谓"词义辨析"，就是对一些同名异实的情况加以辨别。比如"蚕豆"和"油菜"这两个词，北部方言和南部方言中都有，但实际所指是不一样的。西北部方言和南部方言说的"蚕豆"，普通话和东北部方言说"豌豆"，而普通话和东北部方言的"蚕豆"，西北部方言和南部方言说"佛豆"；"油菜"在南部方言中是指专门用来榨油的一种菜，不做蔬菜食用，而北部方言中的"油菜"是南部方言所说的一种叫作"黑白菜"的蔬菜。再比如亲属称谓词中的"爷"和"爹"，北部方言和南部方言所指的辈分也是不一样的：北部方言"爷"指祖父，"爹"指父亲，南部方言"爷"指父亲，"爹"指祖父，正好相反。上述情况如不加以仔细辨别，会造成混乱。另外，有些词语在词义宽窄、使用范围大小等方面，既有相同之处又有某些差异，尤其是近义词，有的相互差别较大，有的差别却很小，而这些差异又往往随方言而异。如"商店、店铺、铺子、商场、百货公司""银行、储蓄所、信用社""算命、算卦、批八字、相面、拆字""美丽、好看、漂亮、标致、清秀、秀气、精神""丢人、丢脸、现眼、出洋相""对头、冤家、仇人、敌人""骗子、走江湖的、跑码头的、卖狗皮膏药的、耍把戏的、练把式的""瞳仁、瞳孔""唾沫、口水""自己人、自家人""皮包、提包""被子、铺盖""饮食、伙食""下水、杂碎""服装、穿戴、衣服""扣子、纽扣"等。

音字统一问题大概有三点：第一，同样的意思相同或相近的发音，甚至于是相同的来源，各点所写的汉字不一样。比如在晋语区内，以［ta］来称呼父亲（各点的调类稍有差别，但以阴平调为主）。这个［ta］字其实就是"爹"的古代读音。由于一些调查者不太了解这个情况，所以就根据实际读音写了异体字"大、达、答、代"，也有的写

"爹"加白读标记,整理时都根据《现代汉语词典》统一为"大"。一条词语有不同写法的则统一为一种形式,例如"茨菰""慈菇""慈姑"等统一为"茨菰"。第二,有些点的一些词只有记音没有汉字,而周边方言都有汉字,这样,可以根据音义和音韵地位补出汉字的都尽量补出汉字。例如称呼"外祖父",汉源写汉字"家家"、标音[꜀tɕia ꜀tɕia],红安写汉字"家家"、标音[꜀ka ꜀ka],遵义没有写汉字,只有标音[꜀ka ꜀ka];同时,成都、达县等西南和江淮方言八个点记录有"家公","家"的读音有[꜀tɕia]和[꜀ka]两种,遵义也记录有"[꜀ka]公"。根据这些,可以认定遵义方言中的[꜀ka]当写汉字"家"。第三,有些地点记录某些词条时写了同音字,整理时根据音韵地位和语义归并在相应的词条下。例如亲属称谓词"婶子<sub>叔母</sub>、妗子<sub>舅母</sub>、嫂子、妻子、小叔子、小姑子、小姨子、儿子"等的"子",商丘根据语音[tɛ]全部写作"得",并注明是借用字。从语义和语法作用来说,这个"得"和"子"没什么区别,所以整理时把商丘的"婶得"等都归在了"婶子"等相应的词条中;歙县记录"内兄弟"时有"舅二",记录"孙子"时有"孙二","二"为借用字。这个"二"字和"儿子"的"儿"是相同的(歙县没有儿化韵),所以把"舅二、孙二"分别归在了"舅儿、孙儿"之下。

## 四 北方话词汇的基本面貌

随着资料整理工作的完成,并经过初步研究,课题组在工作结束之时了解到了北方话地区词汇的基本面貌。

第一,北方话词汇内部,总起来说统一大于分歧。各方言点相同或基本相同的词语在三分之二左右。其差异情况如同语音一样,大致可以分为上列的九个区域(不包括吉首)。如果上一层来看,则是东北、北京、冀鲁、胶辽几个区相对一致。再上一层来看,南方和北方的差别非常明显。

根据对全部3200多条词汇的统计,在各地区说法相同或基本相同的有 1900 多条，约占 60%。有些常用词也有较高的一致性，如"下水猪牛羊的内脏、里脊、棒槌、梭子、簪子、别针儿、衣襟、回门儿婚后第一次回娘家、门槛儿、山墙、地窖、熬夜、上供、打尖正餐以外吃东西、淘米、择菜"等。而在东北、北京、冀鲁、胶辽几个区即传统的方言分区华北次方言中，完全相同或大致相同的词语有 2700 多条，约占调查词语总数的 85%。在有一定差异的 1200 多条词语中，有近 200 条差别较大，比如"傍晚、除夕、踝子骨、膝盖、乳房、牙垢、乞丐、傻子、厕所、手纸"等以及"祖父、祖母、伯父、伯母、丈夫、妻子"等亲属称谓。

第二，北方话基本词汇内部的异同情况在各个词类中也有具体的表现，大致情况是：数词、量词、连词、表颜色的形容词，以及名词中的政法类、教育类、文体类、交通类、服饰类的一致性较大，其次是一般形容词、常用动词、介词、指代词以及名词类中的用品器具类、工业类、农业类、商业类、植物类、动物类、祭祀类、饮食起居类、应酬类、房舍类、方位类等，差别较大的是名词中的亲属称谓类、婚丧类、人体和人体动作类、医药疾病类、时间类、人品类、天文类、地理类以及副词。

在 2550 条名词中，全区相同或基本相同的有 1505 条，约占 60%，有一定差别的 906 条，约占 35%，差别较大的 139 条，约占 5%。差别较大的词语如"灶、吝啬鬼、纸钱儿、耳屎、狐臭、鸡胗肝儿、蛋羹、了吊儿、衣兜"等。

就地区来说，江淮官话和西南官话内部的词汇差异与其他地区的差异表现得明显一些，不同的说法比较多。例如："祖父"在西南官话里又称作"公、家公、爹、爹爹、老爹"，江淮官话也称作"爹、爹爹、老爹"；"把尿"西南官话称作"提尿、端尿、旋尿"；"豁嘴"西南官话称作"豁豁、缺嘴儿"，江淮官话称作"豁子、豁嘴子"；"肉末"西南官话称作"肉渣渣、剁肉"，江淮官话称作"绞肉、肉糊子、肉屑子"等。

第三，在有一定差别和差别较大的词语中，大多数是口语词。相同和基本相同的词语中，书面语占多数，也基本上是普通话使用的词语。从这个意义上来说，北方话词汇作为普通话的基础词汇是有事实根据的。

## 五 结语

"汉语北方话基本词汇研究"的第一个成果便是《普通话基础方言基本词汇集》。这套书共五卷，其中语音两卷，词汇三卷。语音卷以"××音系"的方式收录了93个调查点的语音资料，其中包括"简介、声母表、韵母表、声调表、音系说明、声韵配合关系、儿化韵表、两字组连读变调、同音字表"等内容。词汇卷共收录了2645条词语和63幅方言地图。关于方言地图，原本计划作为此课题的第二个成果编辑的，但后来限于人力、物力和出版时间，课题组修改了计划，只是将上述的包括语音、词汇在内的63幅地图作为附录放在了全书的最后。

除了上述成果外，部分研究人员还利用此项成果撰写了相关的研究论文。从现今的角度来看，"汉语北方话基本词汇研究"的再利用还有很大的空间。

在进行调查资料的整理过程中，课题组也积累了许多宝贵的经验，其中最重要的就是事先的准备工作和调查过程中的管理必须彻底、到位。"汉语北方话基本词汇研究"在当时来讲是涉及方方面面的大型语言调查项目，组织工作周密严谨则不言而喻，为此课题组编写了"北方话词汇调查工作条例"。对于调查人，课题组也有一定的要求。尽管在后来的实际工作中有些方面落实得不很到位，导致了调查材料不够统一、对同一问题的处理不尽一致、有些点调查材料不够齐全或记音前后不一，给整理和编纂工作带来了困难，但是总体来说没什么大问题。出现的相关问题也在后来的资料整理中得到了弥补。

笔者参加了课题的各项工作，从立项、前期准备到调查、整理资料及编辑出版。30多年过去了，现在回头来看，"汉语北方话基本词汇研究"尽管没有提出明确的"语言保护"的概念，但在客观上起到了语保的作用，也保存了现在不一定能调查得到的一些方言资料。比如当时有农村地区把"煤油"称作"洋油""火油"，把"菜刀"称作"石刀"，尽管"煤油""菜刀"等已经是普遍使用的名词了，这些农村的人也知道"煤油""菜刀"是什么意思，但他们仍按原来的说法称说这些事物。

**参考文献**

陈章太、李行健，1996. 普通话基础方言基本词汇集·前言. 陈章太、李行健（主编）《普通话基础方言基本词汇集》. 语文出版社。

陈章太，1994. 北方话词汇的初步考察.《中国语文》第 2 期。

胡士云，1994. 汉语北方话的亲属称谓词.《大阪外国语大学论集》第 12 号。

胡士云，1994. 说"爷"和"爹".《语言研究》第 1 期。

# 语保工程：语言方言调查史上的里程碑
## ——以浙江方言为例

徐 越  刘娇娇  林 玲

杭州师范大学人文学院

2015年"中国语言资源保护工程"（以下简称"语保工程"）项目启动，对全国1700多个汉语地点方言和少数民族语言展开抢救性的田野调查。此项目的直接参与者成千上万，数据采集过程牵动了全国各地千万人的心，唤醒了全社会民众的语保意识。不仅如此，语保工程还是语言方言调查史上的一个重要的里程碑，其里程碑的意义不仅体现在调查的内容上，还体现在调查的技术上和调查的规模上。

## 一 调查内容上的里程碑

"语保工程"在以往语音、词汇和语法等纯语言要素内容调查的基础上，首次把口彩、谚语、歇后语、谜语、歌谣、故事、戏曲曲艺等老百姓喜闻乐见的"口头文化"作为田野调查的内容之一。其中的《中国语言文化典藏》更是对全国20个地点方言展开了语言文化典藏的尝试，透过方言挖掘其背后的文化内涵。由此，方言文化开始引起学界的高度关注。事实上，方言文化全面系统的发掘将会使方言得到更加全面、更加深入的描写，而方言的深入研究又能给相应的文化以更加合理、更加科学的阐释，两者间相辅相成的关系是毋庸置疑的。

例如，各地都有内容大致相似，但表述各不相同的地方版摇篮曲"摇啊摇"，浙江吴语嘉善方言中的"摇啊摇"寥寥36字，但其间透露出的方言文化信息不可小觑：

摇啊摇，摇到外婆桥，∅iɔ$^{13}$∅a$^{33}$∅iɔ$^{31}$，∅iɔ$^{13}$tɔ$^{35}$ŋa$^{35}$bu$^{0}$dziɔ$^{31}$

外婆娘娘道伊好，ŋa$^{35}$bu$^{0}$ȵiæ$^{53}$ȵiæ$^{31}$dɔ$^{33}$∅i$^{53}$xɔ$^{55}$

买条鱼来烧，ma$^{13}$diɔ$^{31}$∅ŋ$^{31}$lɛ$^{33}$sɔ$^{0}$

烧到头弗熟来尾巴焦，sɔ$^{35}$tɔ$^{53}$dɤ$^{33}$fɤʔ$^{5}$zuoʔ$^{21}$ɛ$^{33}$ȵi$^{33}$pɔ$^{53}$tɕiɔ$^{53}$

吃到宝宝发虎跳。tɕhiɤʔ$^{5}$tɔ$^{35}$pɔ$^{35}$pɔ$^{55}$fɤʔ$^{5}$fu$^{55}$thiɔ$^{0}$

其中，"外婆桥"和"外婆娘娘"两个词都读小称连调（详见徐越，2011），是一种模式化的连调。又是背称，面称时"外婆"和"奶奶"没有区别，都叫"娘娘"；"外公"和"爷爷"也没有区别，都叫"阿爹"。由此深入调查，还会发现"伯、姑、姨"也没有区别，都叫"伯"。用"伯伯"称"伯父"，用"阿伯、大伯、小伯"称"姑妈"或"姨妈"。"阿伯"也用于泛指对女性的称呼，如"张家阿伯"。儿歌在称谓上保留的这种男女不分的语言现象，透露出来的极有可能是该方言的某种底层历史语言文化信息，是某种底层方言在今方言中的遗存。

"道伊好"中的"道"不是简单的"说"，而是指由于心里喜欢，从而在言语上好言好语，在物质上尽力给予等多层意思。

"尾巴"两个字都存在文白异读，儿歌中用的都是白读音，其中"尾"的白读音有［ȵi ȵy mi］三个，一时难以判断三种白读音共存的原因。

"发虎跳（打虎跳）"中的"虎"读［fu］，追踪可发现该方言"风"类字声母为［x］，反映出该方言非晓组混，［x f］混用等特点。

此外，各地都流传着一些用本地方言演唱的极富感染力的民歌，例如"嘉善田歌"；用本地方言讲述的脍炙人口的民间故事，例如"白蛇传"。各地都拥有很多用本地方言表演的独特的地方曲艺和地方戏，例如用杭州方言表演的"小热昏""杭州评话""杭州评词""武林调""杭州滩簧""独脚戏"等。越剧更是有"中国歌剧"之称的第二大剧种。这些具有浓郁地方特色和民间智慧的语言文学艺术现象，无疑是方言文化的重要内容。何况其间还包含各种同化、异化、脱落、弱化、合音等语流音变现象，各种方言词语和方言语法，从而成为辅助我们研究方言的自然鲜活的重要语料。

可见，口头文化内容的加入，使得我们的最终成果既具有很强的专业性，又带有一定的通俗性，显得既高大上又很接地气。文化要素的调查不仅丰富了语言调查的内容，而且还可以反过来检验我们语言要素调查的准确与否。

过去做方言的只做方言，田野调查时只关注语音、词汇和语法各语言要素；做文化的只做文化，如《浙江省民间文学集成》几乎就是用普通话的词语和语法在记录各地谚语、歌谣和故事，大大剥弱了其方言文化的特色和价值。"语保工程"开辟了方言文化调查的先河，是语言方言调查史上的一个重要的里程碑。语言方言文化方面可做的很多，深入发掘定会有意想不到的收获。从某种意义上讲，方言文化的研究是给方言在社会生活中找到了一个绝佳的落脚点，是方言研究的一个生长点。

此外，"语保工程"还有大量后续成果的开发和利用，如语宝网的展示、数据库的建设、分地点分省和全国规模的语言资源集的出版等等。各省还有一些富有地方特色的副产品，如浙江的"浙江乡音"等，调查内容将随着时间的推移而显得越来越珍贵。

## 二　调查技术上的里程碑

"语保工程"为更有效地记录和保护方言，专门开发了"北语录音"（byly）、"语保摄录机"（ybsl）、"语保标注（ybbz）"和"语保工程验收用校验工具（汉语方言）"等多个专业软件，为"语保工程"提供了全面先进的技术支撑。以上软件均可从北京语言大学中国语言资源保护研究中心网站"语宝网"免费下载。

"北语录音"（byly）是一款操作简便、易学易用，非常适用于语言方言的调查的录音软件。对调查条目逐条录音时能同步显示波形，并自动逐条保存并命名录音文件，对已录条目重新录音后能自动替换旧文件。"语保摄录机"（ybsl）是一款条目式语言调查摄录的多功能软件。可单独采集音频也可同时采集音视频，并按条目对音视频文件进行自动切分、命名和存储等功能。可根据自定义的音频参数对录音效果进行检测，对不合格的音频文件自动报错并标注在源 Excel 文件中。"语宝标注（ybbz）"是一款操作便捷的标注软件，具有自动断句、快速修改、多种格式导入和输出等特点。

这些专业软件在调查和后期处理中的有效应用，使得我们的最终成果除传统纸笔记录的形式外，还拥有高质量的音频和视频的形式。我们既可阅读文字和国际音标等书面记录，又可听辨高度清晰的真人发音，还可仔细观察发音人发音时的口形变化。在具有很强的科学性、学术性的基础上，更增添了鲜活的直观性和生动性，这在以往是不可思议的。

以《中国语言文化典藏》为例，前 8 章共收方言条目 600 条，以调查条目为纲，收录方言文化图片及其方言名称（汉字）、标出读音（国际音标），并配有简要解说。以图带文，一图一文，图文并茂。例如《中国语言文化典藏·杭州》第六章"日常活动"第 17 个词条"放鹞儿"：

放鹞儿 [faŋ³³ iɔ³³ əl³¹]

即放风筝，是市民喜爱的一项传统休闲活动。每当春暖花开，西湖上空便有各式风筝争妍斗艳，有迷你的蜜蜂风筝、巨无霸的老鹰风筝、长长的蜈蚣风筝，有时还有专业的双线或四线

风筝，与白堤、苏堤上的桃花垂柳相映生辉。杭谚以"眠床底下放鹞儿——一世不得高 [ mie³³ dzɥaŋ¹³ ti³³ ia³¹ faŋ³³ niɔ¹³ əl³¹——iɿʔ⁵ sɿ⁵³ pəʔ⁵ təʔ⁵ kɔ³⁵ ]"形象地道出人间百态。

第 9 章为"说唱表演"，包括口彩禁忌、俗语谚语、歌谣、戏剧、故事等，所有条目后均添加了二维码，可通过手机扫描后播放，是"EP 同步版"。例如，杭州评词《白蛇传》（选段）：

说一段白娘子同许仙来˚东˚断桥，[ sɥɑʔ ieʔ duo baʔ n̢iaŋ tsɿ doŋ ɕy

ɕɛ lɛ toŋ duo dziɔ]

**头一毛碰着发生的故事。**［dei ieʔ mɔ baŋ zəʔ faʔ səŋ tieʔ ku zˑ]头一毛：第一次。

**今朝清明节，**［tɕiŋ tsɔ tɕʰiŋ miŋ tɕieʔ］
**许仙上坟回来，**［ɕy ɕie zaŋ vəŋ uei lɛ］
**走到断桥个把儿里的晨光，**［tsei tɔ duo dziɔ kəʔ pa ɚ li tieʔ zəŋ kuaŋ]个把儿里：那里。晨光：时候。

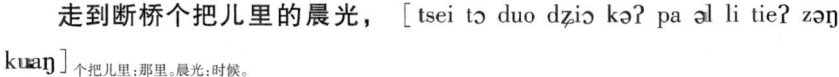

为确保"语保工程"各个环节工作的顺利完成，中心还制定了"中国语言资源保护工程管理办法""中国语言资源保护工程工作规范"等重要文件。出版了系列调查手册，如《中国语言资源调查手册·汉语方言》《中国语言资源调查手册·民族语言》（分语族）《中国方言文化典藏调查手册》等。

调查技术上这种提升，有效地解决了以往个体听感记录上的差异性给我们带来的种种困惑。同时也给后人留下了一份最真实的21世纪中国有声语言资源。

## 三　调查规模上的里程碑

中国语言保护工程调查点选点密集是前所未有的，调查人和发音人的人数之多也是史无前例的。拿浙江省来说，共调查了91个地点方言，其中77个规划点、10个地方配套点、4个濒危点。另外还有4个方言文化典藏点，直接参与人数达千人以上。

91个地点方言的调查规模，在浙江历史上是前所未有的。调查地点的确定以明清时的旧县设点。因为直到今天浙江全省地点方言的归属，均仍与旧时的州府尤其是明清时的州府建制相吻合。比如现在的杭州市临安区，原是临安、於潜、昌化三个县合并的，那里至今仍分临安话、於潜话和昌化话。有近500年历史的汤溪县在1958年并入金华，今天金华方言和汤溪方言依然殊异。

在方言复杂地区一县设两点的考虑，科学合理。如杭州吴语、杭州

339

闽语；慈溪吴语、慈溪燕话；景宁吴语、景宁畲话；建德徽语、建德九姓渔民方言；泰顺吴语、泰顺闽语等。杭州闽语、慈溪燕话、景宁畲话、建德九姓渔民方言等均属濒危方言点，发音人的寻找非常困难，调查摄录工作有时不得不因找不到较为合适的发音人而被迫暂停。由此，也让我们能有机会真实感受到语言接触中深度接触、浅度接触所引起的语言替换、语言联盟和词语借用等种种活生生的现象。同时给社会语言学语言接触的研究提供了鲜活的案例，极大地丰富语言接触的理论。这种在方言复杂地区一县设两点考虑周全，是方言调查设点上的一种创新。

据初步统计，91个方言点的调查分别由来自省内外13所高校20多名专家教授带队，分别为省内浙江师范大学、杭州师范大学、浙江科技学院、浙江财经大学、宁波大学、温州大学、浙江海洋学院、绍兴文理学院、湖州师范学院、丽水学院和省外的北京语言大学、山东大学、曲阜师范大学等，组成20多个调查团队；调查团队奋战在语保第一线采集信息的时间达1700多天。有400多名在读本硕博学生加入调查队伍，有550多名普通老百姓成为方言发音人，也就是说有至少550多个家庭对我们语保工程有了较为深入的了解，影响所波及的左邻右舍、亲戚朋友、同事同学更是不计其数。另有200多名地方政府工作人员参与协助寻找方言发音人、落实摄录场地等工作。各地新闻媒体报道达230多次，浙江语保微信公众号推送达365期。可以说语保工程唤醒了全社会人的方言保护意识，一点也不为过。语保工程影响因子的跟踪统计过程中，一定会出现很多惊人的数据。

此外，在发音人的寻找、调查的方法、摄录的技术等方面都积累了大量的经验，同时还培养一大批年轻的田野调查工作者和摄录技术人员。在此基础上凝聚了各省的方言研究力量，组建了各自的队伍，为进一步调查及后续开发奠定了坚实的基础。

**参考文献**

曹志耘，2015.《中国方言文化典藏调查手册》. 商务印书馆。

教育部语言文字信息管理司、中国语言资源保护研究中心，2015.《中国语言资源调查手册·汉语方言》. 商务印书馆。

徐越，2011. 嘉善方言的小称连调.《中国语言学集刊》第 5 卷第 2 期。

徐越，2017.《中国语言文化典藏·杭州》. 商务印书馆。

徐越，2020.《嘉善方言》. 上海文化出版社。

徐越、周汪融，2019.《浙江方言资源典藏·余杭》. 浙江大学出版社。

# 语保工程视野下的亳州方言口头文化资源及其保护*

郭 辉 郭迪迪

亳州学院中文与传媒系

## 一 引言

亳州，简称亳，古称"谯县""谯郡"等，安徽省地级市。亳州市位于安徽省西北部，东与淮北市、蚌埠市相邻，西与河南省周口市鹿邑县相接，西南和东南部分别与阜阳市、淮南市相毗，北与河南省商丘市相依。地跨东经115°53′~116°49′、北纬32°51′~35°05′。全境处于华北平原南端，总面积8374平方公里。

亳州历史悠久，人文鼎盛，素有"皖北文化名城和天下道源"之美誉。从商朝在亳立都，到秦时设谯县、东汉时又将谯县升为谯郡、唐武德四年（621）改谯郡为亳州，至今已有三千多年的历史了（亳州市地方志编纂委员会1996、2010）。截至2018年底，亳州市辖涡阳县、蒙城县、利辛县和谯城区三县一区，其中谯城区为市委、市政府机关所在地，全市共有乡镇、街道89个，其中乡镇79个，街道10个。人口656.8万人，汉族人口占98.6%以上。有29个民族，其中少数民族28个，9万余名少数民族人口，少数民族人口占全省五分之一，有17个民族村（社区），74个民族自然村。回族占全市少数民族人口97.5%以

---

\* 本研究得到安徽省高校人文社会科学研究重大项目"亳州方言文化典藏"（SK2018ZD059）、中国语言资源保护工程项目"语言方言文化调查·安徽亳州"（YB1824A013）、"安徽汉语方言调查·亳州"（YB1819A013）、教育部人文社科青年基金项目"地域文化视阈下的皖北方言语汇研究"（18YJC740111）的资助。

上，主要分布在谯城区、涡阳县，分布呈现大杂居、小聚居和围寺而居的情况。

亳州人口中占绝对优势的是汉族，因此汉语一直是全市境内的通用语言。按中国社会科学院（2012）《中国语言地图集》（第二版）的分区，亳州方言属于中原官话商阜片。

本文所研究的范围主要是亳州市政府所在地的谯城区，有的内容也会牵涉到涡阳、蒙城、利辛三县。本文所说的"亳州方言口头文化资源"，是教育部语言文字信息管理司、中国语言资源保护研究中心（2015）《中国语言资源调查手册·汉语方言》中"六、口头文化"部分包括的"歌谣、故事、口彩禁忌、隐语、骂人话、顺口溜、谚语、歇后语、谜语、曲艺、戏曲、吟诵、祭祀词"的部分内容。

行文中，我们只对和普通话差别较大而又比较难懂的部分方言词条标注国际音标，如"茅子 [mɔ⁵⁵tsʅ⁰]"；而比较好懂的成段或成句的歌谣、谚语等我们不标国际音标，只对部分方言色彩较浓的词语随文注释。

## 二 亳州方言中的口头文化资源

### 2.1 歌谣

#### 2.1.1 儿歌和童谣

童谣是在儿童之间流行的形式比较简短的歌谣。童谣一般强调格律和韵脚，通常以口头形式流传。许多童谣都是根据古代仪式中的惯用语逐渐加工流传而来，或是以较晚一些的历史事件为题材加工而成。童谣具有娱乐性、趣味性，对幼儿的早期成长及教育都有很好的作用。

亳州是一座有三千多年的历史的古城，在日常的生活和劳动中，创作了很多原汁原味民间童谣。下面简单介绍：

2.1.1.1 活动类

这类童谣多是孩子做游戏或玩耍时唱的，其朗朗上口，富有情趣。例如：

**扯箩箩**　扯箩箩，捞汤汤。谁来了？大姑娘。买哩啥？买哩杏，叫小孩撑哩撅着腚，撅着腚。

这是一首名为"扯箩箩"的儿歌，多是母亲在哄孩子时唱的。母亲和孩子面对面各坐着一只小板凳，四脚相抵，两双手互拉着，并前倾后仰，边扯边唱，给孩子带来了无穷的乐趣，母亲也从中获取了无尽的自豪与满足感。

**月老娘，八丈高**　月老娘<sub>月亮</sub>，八丈高，骑白马，带洋刀。洋刀快，切白菜；白菜老，切红袄；红袄红，切紫菱；紫菱紫，切麻子；麻子麻，切板闸；板闸板，切黑碗；黑碗黑，切粪堆；粪堆臭，切腊肉；腊肉辣，切苦瓜；苦瓜苦，切老虎；老虎一瞪眼，七个碟子八个碗，咣当咣当，进城来。

这首童谣写孩子们一边唱一边玩耍的情景。孩子们在月光融融的夜晚，看着天空中的月亮，想象着自己骑着白马，带着洋刀，便不由自主地唱了起来。那整齐谐韵、朗朗上口、诙谐有趣而又充满童真想象跨越式的歌词，给孩子带来了无尽的快乐。

2.1.1.2　生活类

这些来自民间的童谣，其内容质朴亲切，语言夸张生动，极富感染力和愉悦性。例如：

**小红豆**　小红豆，咧咧嘴，奶奶杀鸡我啃腿儿。鸡冠儿挂在盆沿<sub>边</sub>上，猫衔走，狗撑上，奶奶骂我一晚上。我把奶奶话埋<sub>堵</sub>住，奶奶叫我小乖乖，我叫奶奶扒出来。奶奶叫我小和尚，我把奶奶再埋<sub>堵</sub>上。

这首童谣反应的是奶奶哄孩子的情景，它好像让我们看到一个小孩子发狠的样子，也透出孩子天真、可爱的天性。

**小麻喳，尾巴长，娶了媳妇忘了娘**　小麻喳<sub>喜鹊</sub>，尾巴长，娶了媳妇忘了娘。把娘送到高山上，烙油馍，卷砂糖："媳妇媳妇你先尝！"我上高山看咱娘，咱娘变成屎壳郎，噗啦噗啦到南乡。

这首歌谣写儿子长大后娶了媳妇却忘了自己的母亲，以致自己的母亲不幸饿死并变成了屎壳郎。对小孩具有警示作用。

也有写人的品行的。例如：

**偷人针，摸人线** 偷人针，摸人线，长个橛眼<sub>针眼</sub>给人看。

**人有脸，树有皮** 人有脸，树有皮，电灯泡子带玻璃，没脸没皮啥东西。

也有的是纯戏谑性的，主要是让孩子自娱自乐。例如：

**小板凳，凹凹腰** 小板凳，凹凹腰，娶个媳妇没多高。搁屋里，怕老鼠。搁外头，怕鸡叨。跑到南河里去洗澡，跟癞头瘊子<sub>癞蛤蟆</sub>摔一跤。

#### 2.1.2 民歌及民谣

民歌是民间口头流传的诗歌或歌曲，是最大众化的音乐形式，是大众口头创作的、并在流传中不断丰富着的集体智慧的结晶，具有很鲜明的民族特色和地方色彩，多不知作者姓名。我国历史悠久，地域辽阔，人口和民族众多，所以民歌源远流长，浩如烟海。亳州历史悠久，文化厚实，民歌也丰富多彩。亳州民歌多数已经脱离音乐，只是纯粹的文学形式了。

##### 2.1.2.1 叙事民歌

叙事民歌古已有之，如汉乐府《孔雀东南飞》就是叙事民歌的典范代表。现代文学史上也有很多，如李季的《王贵与李香香》等。亳州的叙事民歌也很丰富，有的叙述嫁女出嫁时情形，有的述说木兰①参军的故事，有的描写灾荒之年人民悲惨的生活。例如：

**木兰** 出塞男儿面，归来女子身。尚能降北房，断不慕东邻。

**老鼠饿的啃砖头** 人吃人，狗吃狗，老鼠饿的啃砖头。针穿黑豆上街卖，河里杂草上秤称。

##### 2.1.2.2 婚礼民歌

婚礼民歌是指结婚时唱的歌，多有梳头歌、哭嫁歌、绞面歌、入房歌、撒床歌、点灯歌等。例如：

---

① 本地人认为，花木兰是亳州人。

**点灯歌**　纸媒王、绿莹莹，新人请俺来点灯。一点一龙灯，二点二凤灯；三点三彩灯，四点四季灯；五点五字白马跑船灯，六点六字银海系银灯；七点七巧灯，八点八宝灯；九点九莲灯，十点十字月牙一盏灯；星照月、月照星；灯里点、灯里红；灯里又搁红头绳，柜沿儿上又搁柜当中。点上灯、俺就走；屋里就剩小两口；一个说、一个嗯、过年领个怄人精。爹抱抱、娘揣揣；奶奶脸上乐莹莹。

2.1.2.3　哲理民歌

哲理民歌含有深刻哲理意义的民歌。其意义深邃，多通过平常的事情阐述一个的道理，让人从中获取一定的启发。例如：

**三个臭皮匠**　一个巧皮匠，没有好鞋样儿。两个笨皮匠，做事有商量。三个臭皮匠，顶个诸葛亮。

**种瓜得瓜**　种瓜得瓜，种豆得豆。谁种下仇恨，谁自己发愁。

2.1.2.4　抒情民歌

抒情民歌即抒发人们感情的民歌。大多是通过场面的描述或事物等的引发，以此来抒发人们的某种思想感情。例如：

**划龙舟歌**　五月里来五月歌，五月的龙舟渡涡河。（冬冬仓！冬冬仓！冬仓冬仓冬冬仓！）墙里开花墙外香，对对蜜蜂采花来。二人正在欢乐中，西风干天下雨来。淋得蜜蜂耷拉膀，打得花瓣落尘埃。二人要得重相会，蜜蜂重生花重开。（冬冬仓！冬冬仓！冬仓冬仓冬冬仓！）高高山上一溜缸，莺莺红娘开染坊。张生脱下兰衫染，这叫红娘哭一场。枉读诗书不知理，新缸怎染旧衣裳。

## 2.2　口彩禁忌

2.2.1　口彩

"口彩（采）"有多重含义，既有赞誉、称赞和夸奖等意思，又是曲艺的一种说唱艺术形式。这里的"口彩"是指借助谐音的吉利、吉祥话，也叫"讨口彩"。清·梁绍壬《两般秋雨盦随笔·口采》："口采，吉语也。"亳州方言中的口彩品类繁多，内涵丰蕴，地方文化色彩十分浓郁。

猜拳行令时的吉语，表示美好祝福：一心一意，俩好不错（哥/爷俩好），三星高照，四季来财，五魁首了，六六大顺，七巧升官，八匹战马，九九归一，十全十美。

用于结婚时的吉语。例如：红鸡蛋满天转，今年喝喜酒，明年吃喜面。

用于传统节日的吉语。例如：福倒（到）了、年年有鱼（余）、出门见喜。

用于祝寿的吉语。例如：六十六吃块肉，七十三吃个鲤鱼猛一蹿。①

#### 2.2.2 禁忌

在语言交际中，说出来就可能会引起听话人的不快和反感，这就是语言学上所说的"禁忌语"。亳州的禁忌语也很丰富，其分类及文化内涵如下。

##### 2.2.2.1 避讳禁忌

**老了**［$lɔ^{24}lɔ^{0}$］：特指老年人逝世了，也叫"走了［$tsɔu^{24}lɔ^{0}$］、不在了、西游了、仙逝了、归天了"等。这是对老年人"死"的一种婉称。

**丢了**［$tiou^{21}lɔ^{0}$］：特指小孩夭折，也叫"没有了"。这也是对小孩"死"的一种委婉的泛称。

**刨小孩儿**［$pɔ^{55}ɕiɔ^{24}xɤr^{54}$］：婉指妇女生孩子，多在与孩子交谈时才这样说。

**猫叫春**［$mɔ^{55}tɕiɔ^{42}tʂʰuẽ^{213}$］：猫发情。因母猫发情时发出嘶哑的叫声，到处乱跑去招引公猫，故称。

**口条**［$kʰou^{24}tʰiɔ^{54}$］：指（猪、牛、羊等）的舌头，汉字"舌"与"折"谐音，因此生意人卖舌头时将舌头说成"口条"，这和南方有的地方称舌头为"赚头"异曲同工。

---

① 亳州人认为，老人活到六十六岁时，女儿就要买六斤六两肉送去；老人活到七十三岁时，女儿就要买条鲤鱼送去，这样就能帮助他们渡过生命之坎。

#### 2.2.2.2 习俗禁忌

**红事儿** [xūŋ⁵⁵ ṣɚ⁴²]：本地称男女结婚为红事儿，也叫喜事儿。因为男女结婚时，从新人的衣服、被褥，到院门等上面贴的双喜和婚联，以至花轿、婚房、地毯等，都是以红色为主色，因为红色象征喜庆和吉祥，故称。

**白事儿** [pei⁵⁵ ṣɚ⁴²]："丧事"的婉称。办丧事时，从孝子穿的孝衣、上账的礼簿，到灵棚、灵堂等的各种装饰，其颜色以白色为主，因为白色象征着哀悼、肃穆、悲伤等，故称。

**大肉** [tA⁴² ẓou⁵⁴]、**大油** [tA⁴² iou⁵⁴]：分别为"猪肉""猪油"的委婉说法。因为亳州是回、汉两族聚居的地方，汉族尊重回族的习惯，所以忌讳说"猪"。

### 2.3 谜语

谜语指"暗射事物或文字等供人猜测的隐语"。它是中国古代劳动人民集体智慧创造的文化产物。亳州的谜语内涵丰蕴，形式多样，主要分为"物谜"和"字谜"。

#### 2.3.1 物谜

头戴一顶红缨帽，锦绣衣裳身上穿。虽说不是英雄汉，大叫一声万门开。（公鸡）

远看像个楼，文武百官在上头。亲哥弟兄不一母，再好的夫妻不到头。（戏台）

#### 2.3.2 字谜

拔掉一根毫毛，变成一座城池。（亳）

一看多一半，再看一半多。仔细看一看，还是半个多。（夕）

### 2.4 谚语和歇后语

#### 2.4.1 谚语的分类及文化内涵

谚语又叫俗语、俗话，是总结某种经验知识而创造出来的，留传于群众口语中的现成语句（张斌，2003）。谚语是人民群众丰富智慧和生活经验的总结，所以每条谚语总要说明某种道理，给人以教益。恰当地运用谚语可使语言活泼风趣,增强文章的表现力(陆侠,2015、2016、2018)。亳州的谚语种类很多,其内容涉及亳州社会生活的各个方面,体现了亳州百姓的价值观和为人处世的态度,蕴含着丰富的地方文化内涵(王文静,2018a)。

2.4.1.1 生活人文谚语

亳州历史悠久,人杰地灵。不但出现了三曹、华佗等历史名人,而且还有驰名中外的古井贡酒、万寿绸、白芍中药和花戏楼、地下道、张匠汉墓等珍品名物,因此这方面的谚语也应运而生。例如:

亳州人不亳(薄)。/曹操赏不记仇,包公罚不忌亲。亲向亲,邻向邻,姜老锅①向的是亳州人。/亳州有三宝:古井贡酒、万寿绸②,还有白芍中药草。/亳州有三绝:花戏楼③、地下道④、汉墓⑤里六去瞧瞧。

2.4.1.2 农业农事谚语

亳州地处黄河中下游,土地肥沃,气候适宜,农业非常发达。这就孕育了大量的以表现农耕文化的地域谚语。例如:

过了惊蛰节,耕地不停歇。/三月清明种在前,二月清明种在后。/稠豆子稀麦,乡里老头吃亏。/人误地一时,地误人一年。

2.4.1.3 气候气象谚语

亳州人民在长期的生活实践中,不断地了解了自然界,并尝试利用自然界的规律,来安排自己的生产和生活,因而反映气候气象的谚语便

---

① 姜桂题(1843—1922),字翰卿,又作汉清,亳州人,北洋政府高级将领,陆军上将。

② 亳州万寿绸又称贻锦绸,亳州著名工艺产品之一。明朝万历年间,曾作为贡品进贡皇帝,因名"万寿绸"。

③ 亳州大关帝庙中主体建筑,是专供演戏所用的古代建筑,雕刻玲珑剔透,彩绘富丽堂皇,对研究清代戏曲艺术有极为重要的价值。

④ 指曹操地下运兵道,是东汉末年军事家曹操所建,位于亳州老城内主要街道下,目前已发现八千余米,是迄今发现的中国历史最早、规模最大的地下军事战道,被誉为"地下长城"。

⑤ 张园汉墓,是曹氏家族墓群之一,位于亳州市区魏武大道中部,现为全国重点文物保护单位。

也不断出现。例如：

春分秋分，昼夜平均。/大雪年年有，不在三九在四九。/雨搅雪，下半月。/十雾九晴。/天上鱼麟云，明天晒死人。/缸穿裙，雨淋淋。

#### 2.4.1.4 商业贸易谚语

亳州地处涡河之滨，历来航运发达；亳州又是中国"四大药都"之一，自古以来这里商贾云集，贸易发达。因而就出现了大量丰富多彩的商业贸易谚语。

诚信为本，和气生财。/随行就市。/褒贬是买主，喝彩是闲人。/出门看天气，买卖看行情。/货比三家不吃亏。

### 2.4.2 歇后语的分类及文化内涵

歇后语是由近似于谜面、谜底的前后两部分组成的带有隐语性质的固定短语（黄伯荣、廖序东，2017）。其幽默风趣，生动活泼，富有鲜明深刻的表现力。亳州歇后语十分丰富，它是亳州地区百姓生产实践和生活经验的总结，带有浓郁的地方文化特色。在人们的交往中，只说具体形象的前半部分，留下后半部分不说，让听者自己去体味（王文静，2018b）。例如：

#### 2.4.2.1 谐音类

狗皮挂到南墙上——不像画（话）/空着棺材出殡——木（目）中无人/狗头上长角——装羊（佯）/歪嘴子吹火——斜（邪）气/门神里面卷灶神——画里有画（话里有话）

这类歇后语，是利用同音字或近音字的声音相谐，由原来的意义引申出所需要的另一个意义。往往要转几个弯，才能领悟它的意思。因而往往趣味无穷，让人过口成诵。

#### 2.4.2.2 喻事类

老鼠拉木锨——大头在后边/老驴倒拉磨——出力不讨好/木匠吊线——睁一只眼，闭一只眼/蒜薹调藕——有光棍有眼子/一个指头和面——胡搞/漫地里烤火——一面子热

这类歇后语，多是用实在的或想象的事情作比方。如果对设比事情

的特点、情状有所了解,也自然能领悟后半截的"谜底'。

#### 2.4.2.3 喻物类

张飞穿针——大眼瞪小眼/歪嘴骡子卖个驴价钱——贱就贱在一张嘴上/豆腐掉到灰窝里——吹打不的 [ti⁵²] /吃树条子屙粪筐——肚里编的/杉木条子盖鸡窝——大材小用

这类歇后语,多是用一些人或物作比。如果对设比物的性质有所了解,整个歇后语蕴含的文化内涵也就不难理解了。

#### 2.4.2.4 故事类

属曹操的——疑心大/曹操吃鸡肋——食之无味,弃之可惜/楚霸王举鼎——力大无穷/徐庶进曹营——一言不发

这类歇后语,一般是引用常见的典故、寓言和神话传说等作比方。上述几例,只要知道曹操、项羽、徐庶的故事,一般就能理解该类歇后语的意思了。

### 2.5 骂詈语

"骂詈语"就是骂人话,具有很强的贬义,往往在吵架时使用,一般具有攻击性,且包含较粗俗的内容,几近于下流话。有的骂詈语仅仅是一种口头禅,并无骂人的意思。从方言和民俗的角度看,骂詈语既反映了一种方言的某些特色,又反映了一个地区的习俗民情(张勇生、荣四华,2018)。亳州的骂詈语十分丰富,它不但反映了本地的语言习惯,更折射了本地民风民俗,具有重要的文化价值。例如:

**短命的** [tuã²⁴miɔ̃²¹ti⁰]:咒人活不长,多骂詈小孩。

**炮打的** [pʰɔ⁴²tA²⁴ti⁰]:咒人的话,诅咒人在战场上被炮打死。

**不吃粮食** [pu²¹tʂʰʅ²¹liɑ⁵⁵ʂʅ⁰]:骂别人是畜生,因为畜生多吃草料等。也是骂人违背做人的基本道理,办事说话背离了人的基本准则。

### 2.6 吆喝声

亳州是皖北著名的商贸城市,据记载,亳州有七十二条街道,三十六个巷子,还有数不清的胡同,每天一大早,各行各业的手艺、买卖人便走街串巷,用各具特色的吆喝声吸引行人,招徕顾客。那声音此起彼

伏、不绝于耳,形成一曲动人的乐章。下面仅举几例:

兔子肉啊咸又烂,咸兔子肉哦。(卖兔子肉)

稀溜、稀溜,稀溜溜溜溜的甜红芋,刚出锅的,靠边的热红芋。(卖红芋)

面藕,面藕,蜂蜜沾糖稀,红糖掺白糖,杂货店里都来着。(卖面藕)

核桃,核桃,一分钱买一个买核桃,又能吃又能玩,还能哄小孩,你买俺上上海,你不要俺上花轿,急的小孩哇哇叫。(卖核桃)

### 三　亳州方言中口头文化资源的保护

#### 3.1　地方政府的文化部门应组织专家学者调查研究

地方政府应该依托科研院所(如亳州学院的"亳文化研究中心"),组织专家学者进行系统调查研究,这样能使亳州方言文化得以充分地保护。

#### 3.2　建立亳州方言文化民俗馆

可以由市文化部门牵头,建立市、县、镇、村四级方言文化民俗馆。如"亳州市城市展览馆"中就辟设了"民俗展览区""药俗展览区""酒文化展览区"等多个体现亳州方言文化的板块,对保护地方文化具有积极意义。亳州市十河镇大周村建立了以宣传亳文化为主的"润耕天下"展览中心,里面收藏了大量的纪录民俗文化的实物及仿建物,并设置了很多文化体验区,是一处集旅游、实物展览、文化体验等内容的博物地。亳州学院已建立了"亳文化展览馆",将亳州地方文化以文字、图片、实物等形式展现在观众面前。

#### 3.3　依托地方高校申报与亳州方言文化有关的各类课题

亳州学院中文与传媒系已成功申报了教育部人文社科青年基金项目、教育部和国家语委语保专题项目、安徽省高校社科研究重大项目、安徽省社科研究项目、安徽省教育人文社科研究重点项目等10多项,有的已经结项,发表了几十篇关于亳州方言民俗文化的专业论文,有的还在有条不紊地进行调查研究并已取得了阶段性成果。

### 3.4 撰写与亳州方言口头文化有关的各类论著

目前，我们已经出版了《蒙城方言研究》（胡利华，2021）、《蒙城方言熟语研究》（陆侠，2018）等多部著作，发表与亳州方言口头文化有关的各类论文30余篇，即将出版《亳州方言俗语集释》。

### 3.5 定期开展亳州民俗文化节活动

民俗文化节活动可以弘扬亳州方言文化中具有人民性、深厚群众基础的和地方特色的口头文化艺术。例如：亳州市双沟镇每年农历三月二十八日都要开展"四关五会"①的民俗文化活动；十河镇每年五月份都要举行"芍花民俗文化节"活动；五马镇每年三月份也都举行"桃花民俗文化节"活动。

### 3.6 打制亳州方言民俗文化类旅游产品

亳州是皖北著名的旅游城市，2017年，亳州开启了"文化旅游年"活动，全年策划68项文化旅游主题活动，并推出"10元游亳州"政策。2018年，亳州继续推进"文化旅游年"项目（王文静，2018c）。在此背景下，我们可以将反映亳州语言文化资源的元素融入旅游活动中去，借以让本地方言民俗文化资源趋于活态化。

### 3.7 编辑亳州方言文化图册

目前我们正在对亳州三县一区（涡阳、蒙城、利辛县和谯城区）的方言文化现象进行调查，积累了丰富的一手资料，即将出版《中国语言文化典藏·亳州》和《亳州方言民俗图典》等著作。

### 3.8 编写亳州方言文化教材

目前我们已经编写了《亳文化概论》（王正明等，2012），现正在对亳州方言文化进行全面调查，争取尽快编著一本亳州方言文化方面的教材。

---

① 四关指东西南北四座门楼，五会指东关大班会、高跷会，西关狮子灯会，北关小车子旱船竹马灯会，南关龙灯会。

### 3.9　建立方言文化数据库

这项工作我们将参照曹志耘（2015）所设项目，从房屋建筑、日常用具、服饰、饮食、农工百艺、日常活动、婚育丧葬、节日、说唱表演等几个方面建立框架，在调查的基础上，进行亳州方言文化的数据库建设。

### 3.10　将亳州方言文化融入日常教学活动

如体育课可以开展一些传统游戏活动，音乐课可以讲授一些基本的地方曲艺，美术手工课可以尝试把传统的民间技艺融入其中。目前，亳州学院已经开设了全校公选课地方戏曲"二夹弦"和"剪纸工艺与技术"，分别由国家一级演员、国家级非物质文化遗产亳州二夹弦传承人付红伟和谯城区文化馆高级工艺美术师、中华文化促进会剪纸艺术委员会理事、安徽省美术家协会会员、亳州市剪纸学会会长王炳华担任主讲。

## 四　结语

亳州方言口头文化资源十分丰富，除了上面提到的歌谣、口彩禁忌、骂詈语、谜语、谚语、歇后语、吆喝声等形式之外，还有顺口溜、惯用语、民间故事传说以及大鼓、坠子、丝弦、琴书、莲花落等曲艺和大班会（鬼会）、二夹弦、亳州梆剧、泗州戏（拉魂腔）、清音等戏剧，其中有些文化资源在逐渐衰微甚至消亡，抢救记录、深入研究以至开发利用这些宝贵的文化财富刻不容缓。它不仅能够丰富中国语言文化资源的宝库，也能为我们的子孙留一份宝贵的亳州语言文化的资料，这无疑是功在千秋的大好事。

**参考文献**

亳州市地方志编纂委员会编，1996.《亳州市志》. 黄山书社.
亳州市地方志编纂委员会，2010.《亳州市志（2000—2009）》. 方志出版社.
曹志耘（主编），2015.《中国方言文化典藏调查手册》. 商务印书馆.

黄伯荣、廖序东，2017.《现代汉语》（增订六版）．高等教育出版社。

吉利华，2011.《蒙城方言研究》．合肥工业大学出版社。

陆侠，2015．安徽"蒙城谚语"的认知分析.《宿州学院学报》第5期。

陆侠，2016．蒙城方言歇后语探究.《宿州学院学报》第6期。

陆侠，2018.《蒙城方言熟语研究》．中国科学技术大学出版社。

教育部语言文字信息管理司、中国语言资源保护研究中心，2015.《中国语言资源调查手册·汉语方言》．商务印书馆。

王文静，2018a．亳州方言谚语研究.《淮海工学院学报》（人文社会科学版）第12期。

王文静，2018b．亳州方言歇后语研究.《赤峰学院学报》（汉文哲学社会科学版）第7期。

王文静，2018c．新媒体环境下的亳州方言熟语传播.《滁州学院学报》第3期。

王正明、魏宏灿、张立池，2012.《亳文化概论》．合肥工业大学出版社。

张斌，2003.《现代汉语》（第二版）．中央广播电视大学出版社。

张勇生、荣四华，2018．永丰方言文化特殊语汇.《语言资源》（第一辑）．商务印书馆。

中国社会科学院语言研究所等，2012.《中国语言地图集》（第二版）．商务印书馆。

# 语保歌谣戏曲类口头文化传承传播
## ——以客家山歌为例

邓永红[1]　聂晓君[2]

1. 广州大学人文学院；2. 广州银行横琴分行

## 前　言

"中国语言资源保护工程"（以下简称"语保工程"）对约1000个汉语点方言和400个少数民族语言点进行调查，每个点都有口头文化记录这一项，要求记录歌谣、故事、自选条目，自选条目中包括曲艺、戏剧等。另外还设立了语言文化调查专项共100个点。语言文化调查手册第9类有说唱表演，包括口彩禁忌，俗语谚语，歌谣，山歌，故事5小类。本文以客家山歌为例，拟对语保歌谣戏曲类口头文化传承传播和开发利用谈一些想法。

客家山歌是口头文学、民间文化。长期以来，客家山歌都是口传心授，鲜少文字记载，一是因为没有受到文人的重视；二是正如清代黄遵宪所说山歌"往往是搜索枯肠，半日不成一字，苟不谙土俗，即不知其妙；笔之于书，殊不易耳"。清末民初以后，因文人学者的重视，客家山歌的记录研究工作几度掀起高潮。随着科技的进步，客家山歌的记录也从传统的口传心授、笔之于书向数字化和网络化方向发展。然而，随着生存环境消逝和传统艺人逝世，客家山歌传承艰难。此外，受到推行普通话政策和强势经济地区方言的影响，客家方言的使用范围被压缩，越来越多的客家后裔听不懂客家方言，客家山歌的传承面临断层的困境。

为了客家山歌的传承，我们搜集了湖南桂东客家山歌和广东南雄客家山歌。2017年，我们到湖南郴州桂东县进行语保工程调查，对郴州市级非物质文化遗产项目客家采茶调传承人陈永根先生进行了两天拍摄，在外景录制了11首客家山歌、2首采茶戏。2019年初，我们主要通过田野调查，搜集到广东省韶关市南雄市客家山歌79首。下文例句如无特别说明，均为南雄市客家山歌。

## 一　客家山歌词曲特点

客家山歌词曲特点主要表现在歌词和曲调两个方面。

### 1.1　客家山歌歌词特点

句式上，客家山歌多为七言四句体；押韵方面，偶句押韵，首句一般入韵；修辞方面，多使用赋比兴手法。

#### 1.1.1　多为七言四句体

客家山歌都是比较常见的是七言四句体，但也不乏连句体和以二句体、三句体、五句体为代表的杂言体。七言四句体有四句一首式，也有多首构成一篇式。连句体不是一首首的结构，而是采用六句以上的偶句联句形式。例如：

(1) 我请山歌做媒人，只爱庄稼种田人。
　　桑树头上出绸缎，大山里头出茯苓。
　　一阵日头一阵雨，一阵狂风进竹林。
　　稻棵头上出黄金，不贪富贵不嫌贫。
　　山歌打动姐的心，我请山歌做媒人。（《我请山歌做媒人》）

杂言体既有增句减句的情况，也有增字减字的情况。

增减句形式繁多，如：

(2) 山歌唔要唱嘎那么明，唱得明来得气人。

(3) 妹咧妹咧唔要不要叫，过了年来料。料做客，玩到夸瓜茄咧丁当节。

(4) 一月跌苦是新年，亲戚朋友来拜年。没颗糯米蒸缸酒，一把空壶左台前。跌苦<sub>吃苦</sub>实在好可怜。

增减字情况亦比较复杂，规律较为难寻，减字如：

（5）奀当咧，好恶挫，食饭专食鱼头壳<sub>瘦小的人儿，却很霸道，吃饭就只吃鱼头</sub>。

恶婆咧，好顾家，食饭单食鱼尾巴<sub>凶恶的女人，却很怜顾家里，吃饭只吃鱼尾巴</sub>。

增字如：

（6）涯等<sub>我们</sub>今日来唱歌，莲花山歌唱一场。十多莲花朵朵香，圆溜溜莲花闹开放。

受客家山歌七言四句句式的影响，客家山歌的节奏主要是"四三"型，也作"二二三"型。田野山歌主要是独唱或者对唱形式，其结构比较短小，即便有篇幅较长的情况，其内容也相对独立。

1.1.2 偶句押韵，首句一般入韵

本文采用胡希张、胡耀南《客家山歌知识大全》的韵部分类，将客家方言分为二十五韵：茶花韵、波哥韵、来台韵、挃怀韵、苗条韵、由求韵、姑书韵、江阳韵、先天韵、生腾韵、寒专韵、庚南韵、春伦韵、人辰韵、心深韵、中东韵、衣妻韵、福竹韵、一滴韵、结节韵、驳角韵、八发韵、百尺韵、不出韵、刘脱韵。

客家山歌一般是第一、二、四句的末尾为同韵平声字，第三句末尾为别韵仄声字。而若是七言六句时，则偶句押韵；较长的山歌或不规则的杂体，有时会一韵到底，有时则会换韵，并无严格要求。例如：

（7）十里长街老城墙，水南水西榕成行。风调雨顺不思远，宝塔不见泪汪汪。

这首歌一、二、四句的"墙""行""汪"都是"江阳韵"，三个字都是平声。第三句的"远"是"寒专韵"，是仄声字。又如：

（8）高岭埂咧<sub>田埂</sub>一低柑<sub>低矮的柑树</sub>，年年月月打几担。哥哥有钱买一个，妹咧冇钱手弹弹<sub>发抖的样子</sub>。

这首歌一、二、四句的"柑""担""弹"都是"先天韵"，三个字都是平声。第三句的"个"是"波哥韵"，是仄声字。

当然，也有第四句末字押仄声的情况。例如：

（9）日头落西黄又黄，妹是织女哥牛郎。牛郎织女天上会，哥哥妹妹隔山望。

这首歌的一、二、四句的"黄""郎""望"都是"江阳韵",前两句是平声,末句是仄声。

客家山歌的押韵并不特别严格,如第一句末字要求是平韵,但有时受内容限制,难以找到恰当的平声押韵字,也会用仄声字,或者不押韵。例如:

(10) 出门唱歌就要唱,唔怕屋下<sub>家里</sub>有油盐,唔怕屋下有米煮,衣食风光度万年。

这首山歌二、四句末字"盐""年"是"先天韵",第一句末字"唱"是"江阳韵"仄声字,并没有遵循客家山歌常用的一、二、四押同韵平声的规则。

首句末字不押韵的如:

(11) 寻哥哪怕山崖险,寻哥哪怕溪涧深。走断双脚涯唔停,唔见情哥唔死心。

客家山歌也不乏打破常规押韵规则的山歌,反其道而行之,专押仄韵的,叫"仄韵山歌"。这种山歌的第三句平仄不论,以押平韵较为跌宕。例如:

(12) 唱歌唱到大门角,人要标致嘴要薄。哪个哥哥莲下倒<sub>到在领慕女孩的石榴裙下</sub>,好比胡椒与八角。

这首山歌一、二、四句押"驳角韵",仄声韵。仄韵字比较少,仄声山歌的创作难度较大,所以并不常见。仄声哀怨短促,擅长表现凌厉、尖刻、冷峻、凄怆、诙谐等特点。这首山歌就给人以诙谐的感觉。

有时为了押韵方便,创作者也会借助末句同字来押韵。例如:

(13) 你唱山歌涯会来,等涯去转食饱来。单单今日食老饭,软手软脚唱唔来。

你唱山歌涯会来,等涯搬凳坐下来。哥哥你唱梁山伯,妹妹涯唱祝英台。

这首山歌有点类似"尾驳尾"山歌,但"尾驳尾"山歌是首尾相连。这首山歌是"头接头",即"你唱山歌涯会来"成为每段山歌的起句，其末字押的是"来台韵"。而借助末字同字的押韵方式也常常出现在"尾驳尾"山歌里。

在有些山歌里，由于内容较长，山歌有时候会有一韵到底的情况，例（13）《你唱山歌涯会来》便是如此，但也常常出现换韵的情况。例如：

(14) 唱歌唔系贪风流，唱歌本为解忧愁。唱得忧愁随水去，唱到云开见日头。

唱歌唔系考秀才，好好歹歹唱等来。人人都有忧愁事，山歌一唱心就开。

### 1.1.3 多用赋比兴手法

客家山歌被一些学者认为是《诗经》遗韵，又吸收借鉴了唐诗律绝和竹枝词的精华，修辞手法丰富多样，从常见的赋比兴、对偶、比拟到双关、夸张、反复、顶针等应有尽有。

赋比兴是《诗经》的表现手法，所谓赋就是铺陈直叙，其特点是叙事性强；比即比喻或比拟；兴即托物起兴，先言他物以引起所咏之辞。例如：

(15)（男）门前燕子叫喳喳，卖田卖地对亲家。一心讨个有钱女，打开箱柜没布纱。

（女）门前燕子翼嘻嘻，你卖田地涯唔知。好仔唔要爷田地，好女唔要嫁连衣。

（男）门前燕子叫喳喳，有女唔嫁穷人家。为你欠下一身债，旧债新债债加债。

（女）门前燕子翼嘻嘻，父母之命苦难违。哥妹二人庚对庚①，砍柴卖木也甘心。

---

① "传庚"是客家关于婚嫁的方言词。在客家婚嫁习俗中，男女双方婚嫁要进行一系列的程序，其中一道便是男女双方要通过媒人将双方的庚书交换，主要是姓名与出生日期。

这首《新嫁娘》主要是赋和兴两种修辞手法的使用。歌曲借门前燕子的叫声、形态起兴,将男子为娶亲变卖家当、欠下债款,但娶回家的女子嫁妆却少得可怜,因而颇生嫌隙的故事一一道来。面对丈夫的不满,女子不紧不慢地讲述自己的不知情和愿共患难。整首歌平铺直叙,没有华丽语言,男女用一对一唱的形式将整个故事娓娓道来。

比即比喻,有明喻、暗喻、借喻,比喻在客家山歌中的运用非常普遍,且常与其他修辞手法结合使用。例如:

(16)牛郎石壁种辣椒,辣椒打花有几高。细细辣椒还较辣,细细老妹还较习。

南雄市是个山区小城,常常是开门见山。由于当地气候较为潮湿,所以当地人嗜辣,门前屋后,即使是石块垒垒,也要种上那么几株辣椒。这首山歌将女主角比作辣椒,通过细细小小但却辣劲十足的辣椒作比,一个个子不高但性格泼辣的女子便跃然纸上。

又如:

(17)割草爱割老草头,做屋爱砌石檐头。嫁郎爱嫁老实伯,唔会贪花到处游。

这首山歌反映的是客家女子嫁人更喜欢善良老实的男性。第一、二句的句意是割草要割草根繁茂的草,建房要用扎实的石料修呈檐,如此才能更实用、长久。整首歌借割草、建房之事起兴,也将嫁人比作这两件事物一般,只有嫁老实人日子才能长久,因为他们不会贪恋外面女子的美貌。第四句中的"贪花"也暗喻漂亮的女子。

### 1.2 客家山歌曲调特点

客家山歌曲调总的特点是:简练淳朴,高亢开阔,旋律悠扬婉转,平稳流畅,起伏不大;音区高而音域窄,级进多而跳进少;节奏自由,节拍多样,常见多种节拍混合。

#### 1.2.1 二句式单段体及四句式单段体

客家山歌常见两个乐句组成的二句式单段体和四个乐句组成的四句式单段体。二句式单段体一般是由上、下两个乐句组成,两句之间是重复型结构，乐句上、下句的小节数可以相同，也可以不同。四句式单段体可以是起承转合乐段（即 abcd），也可以是复合乐段，如 abab，还可以在四句中重复某一句，如 aabc、abbc、abcc 等，甚至可以连续地变化重复第一句，形成 $aa^1a^2a^3$ 的变奏形式。

1.2.2 五调俱全，徵调居多

客家山歌宫商角徵羽五种调式俱全，以徵调式居多，其次是羽、宫调式，角、商调式较少。沙汉昆（1990）分析了 45 首兴宁客家山歌，认为客家山歌音域比较狭小，五度音域居多，四度、八度音域为次。音阶上以四声音阶为主，其次为五声、三声音阶。结构比较短小，多为对比并置型的四句体结构。没有调式交替、转调以及乐段扩充或其他大型的结构。他认为这些是客家山歌的特点也可以说是客家山歌的局限。他在文中试着从音阶、音域结构和调式几个方面对客家山歌的发展进行了初步探讨，并认为还可以运用近现代的作曲技法如和声、复调、配器等手段进一步丰富客家山歌的表现力。

2017 年 6 月到 7 月，我们到湖南桂东县进行语保工程项目的调查，录制了 11 首客家山歌、2 首采茶戏。13 首客家山歌和采茶戏都是五声调式，曲调原始简单，节奏形式统一，除了《卖饺子》采茶戏是商调式以外，其余都是徵调式。

## 二 传承传播发展之建议

客家山歌纳入国家级非物质文化遗产名录后，得到国内乃至国际更多的关注，但是客家山歌的保护和传承仍然面临着许多问题。保护和传承客家山歌面临的问题主要来自客家山歌生态环境的改变。胡希张（2013）认为：山歌是在一定的生态环境里发生的，并在一定的生态环境里发展着、变化着；生态环境变了，客家山歌的境遇也就随之起了变化，并将山歌的生态环境分为地理生态环境、人文生态环境、劳动生态环境、文化生态环境四个方面。

地理生态环境是指客家居民聚居的地方，在客家群落形成后，一直以来客家山歌存在的地理生态环境相对稳定。目前，客家山歌传承面临的问题主要来自人文生态环境、劳动生态环境、文化生态环境的改变。

人文生态环境方面，作为客家山歌的载体，客家方言的地位日益削弱和式微。长期以来，客家山歌都是用方言俚语演唱，以口传心授的方式传承。然而，受到推行普通话政策和强势经济地区方言的影响，客家方言的使用范围被压缩，越来越多的客家后裔听不懂客家方言。

劳动生态环境方面，传统的农耕生产逐渐被工业化生产取代，客家山歌所依赖的山乡田野环境受到冲击，原始的生存环境逐渐萎缩乃至消失。失去劳动生态环境的客家山歌犹如无源之水、无本之木。

文化生态环境方面，农民的文化生活得到不断改善，文化样式日益多元。现代化生活的普及，农民拥有更加多样的选择。缺乏听山歌、唱山歌的文化环境，客家山歌失去年轻听众基础，传承艰难。

客家山歌是客家文化的灿烂一景，是世世代代的客家人在劳动生产中创造的精神财富。作为一门曲乐艺术，其特点便是"以声夺人"。因而，好听的音乐和雅俗兼具的歌词是其传承和创新过程的重要内容。客家山歌的传承和发展工作不应只依赖于政府或某一群体、个体，需要全民的共同参与。

（一）语宝征集词曲改编，出新丰富山歌词曲。

2015 年，教育部、国家语言文字工作委员会启动语保工程。语保工程的开展特推进了语言文化调查。2017 年，《中国语言文化典藏》丛书出版，典藏对各地区的方言文化现象采取抢救性调查记录和保存保护，书中部分方言文化活动和说唱表演的调查条目都添加了二维码，可通过扫描播放音频或视频，为"EP 同步版"。丛书在《中国语言文化典藏·连城》卷中记录了客家方言，采录了当地的客家山歌和客家戏曲，对客家地区而言，这个成果是非常宝贵的。

传统文化与现代科技的碰撞拓宽了文化的传播途径和影响力，数字化和网络化的传播途径则拉近传统文化与现代年轻人的距离。曹志耘（2017）提到"语言保护的主体应当是社会大众，青少年是关键人群"。

青少年人群中，高校学生是关键人群的核心，因为他们有较强的创新能力，更容易接受语保观念，而客家山歌创作活动能够满足学生情感需求，建设校园文化，服务社会，一举多得。

鉴于此，语宝微信公众号可以面向高等院校学生，征集他们对原始素材客家山歌进行再创作作品，选取优秀作品给予奖励。此举既能扩大客家山歌在青少年群体的影响力，又对客家山歌词曲进行了创新，促进传统文化在新时代的传承。

音乐方面，传统的客家山歌曲调单一，歌唱方式简单。相比于现代音乐的丰富种类和精细制作，传统的客家山歌音乐上难以和现代音乐相媲美。因而，客家山歌的传承，曲调必须有创新，在调式、调性、曲式、布局等方面出新。由无伴奏或单一伴奏改成多乐器伴奏。创新演唱形式，可由独唱、对唱发展为联唱、合唱、表演唱、山歌剧、歌舞剧等多种形式。山歌的传承与发展要与时俱进，发展群众喜闻乐见的音乐形式。但创新的同时，也应当注意，不能盲目迎合，要保留自己风格特点，越是乡土的，便越是现代的。

在客家山歌的传承创新中，我们以"鹤堂下"（客家山歌公众号）的客家山歌视频《日头落岭》和《落雨唔要落咁大》为例。《日头落岭》是在赣南崇义拍摄，该视频点击量超过10万。

(18)（女）日头落岭（就）过了河，细声细气安置哥。今晡日子冇几久（哦），约过日子到山坐。

（男）日头落岭过河背（哦），细声细气安置妹。今晡日子冇几久（哦），约过日子到转来。

歌词基本七言四句，括号内可以看成衬词，如果一句只有6字就补衬词，如"日头落岭夜了哩"，补充衬词"哩"构成七言一句。曲调主要为五声调式，但也出现了"fa"音，使曲调既没有失去传统山歌韵味，又显得委婉动听，富于变化。

《落雨唔要落咁大》也是点击量比较高的一首客家山歌。这首歌原曲赖广昌，收集整理梁汝球，改编黎林生，演唱为黎林生组建的"山人行"组合,此歌在2004年赣、粤、闽、湘四省客家山歌邀请赛中获一等奖。

(19) 落雨唔要落咁大呀,就要落得米筛筛噉。细妹唔曾戴斗篷哎,漕湿这身会渌坏哦。
落雨就要落得细呀,阿哥有心送斗篷哟。衫衣漕湿会晒燥啊,渌坏老婆有钱医哟。
落雨落到岭子前呀(摇呀摇),阿哥同涯来接肩呀(摇呀摇)。
细妹放下千斤担呀(摇呀摇),轻轻松松似神仙(摇呀摇)。
落雨落到岭子前呀,涯同细妹来接肩。
细妹放下千斤担啊,轻轻松松似神仙(摇呀摇)。
落雨唔要落咁大呀,阿哥有心送斗篷哟。
衫衣漕湿会晒燥哇,渌病老婆有钱医。

这首歌用了丰富的音乐处理方式。先让男声、女声分别慢起独唱第一段;接着男声合唱两遍第一段,速度加快,男声合唱第二遍时从降b调上移到c调,移调后显得情绪高昂。第二段女声独唱再把调移回降b,速度放慢,使音乐产生情绪色彩变化,由热烈变得抒情。第三段又速度加快,女声独唱,男生伴唱"摇呀摇"。第四段男声合唱,女声慢进伴唱。第五段女声独唱,速度放慢。最后男女合唱一句"落雨唔要落咁大呀",速度渐慢,结束全曲。

整首歌通过男声浑厚、高昂,女声抒情、细腻的声调特点进行搭配,综合运用多种演唱技巧,进行多声部演唱,富于变化,情感细腻,让人百听不厌。

(二)歌剧戏剧线下观赏,音频视频线上传播。

客家山歌剧以客家方言作为舞台语言,以客家地区的山歌、小调等民间曲乐为素材并加以改编。客家山歌剧的历史只有六十余载,1957年成立的"梅县民间艺术团"是第一个专门演出客家山歌剧的专业剧团。1993年《中国戏曲志·广东卷》将客家山歌剧正式归入戏曲范畴。与传统戏剧比较，客家山歌剧融合了传统戏曲、歌剧、舞剧和话剧的表演形式，形式多样，更具现代性和可塑性，充分体现了新剧种的特性和优势。山歌剧无疑是客家山歌传承的一种新形式，是山歌的再生形态，并在传播方式上显示出了巨大的优越性。

客家山歌向山歌剧演变，使之具有故事情节，更具欣赏性，这种发展趋势是值得肯定的。首先，歌、舞、剧三者本为一体，联系紧密，民歌向戏曲方向的发展在新中国成立后的地方戏改造中已经取得了相当的成就。再者，山歌的内容相对简单，而戏曲、话剧有一定的故事情节，更能吸引听众。因此，山歌剧可以作为未来客家山歌传承发展的一种趋势。叶惠薇（2014）提到梅州山歌剧团的剧作家为演员量身创作了《等郎妹》《山魂》《桃花雨》等一批优秀剧目，培养出杨苑玲、潘倩、廖小娴等"中、青、少"的优秀舞台艺术人才，赋予传统山歌表演艺术新形态。当代社会形态下，山歌走向戏曲舞台，观赏性增强，使传统文艺焕发出强大的生命力，这无疑是客家山歌现代化发展的一种重要传承方式。

随着我们国家对非物质文化遗产的重视，数字化记录非遗文化工作逐渐普及。在互联网发达的今天，每一个人都能成为文化发声者，人民群众的创作力量将能更加充分地实现，充分实现客家山歌的群众化，让更多的互联网使用者成为客家山歌的传承者、创作者。

2016年，中国语言资源保护研究中心联合北京语言大学、广东外语外贸大学举办了方言文化影视典藏志愿者活动，发动大学生志愿者利用假期用现代化方式采集方言山歌、拍摄纪录片等。目前已有20多家高校加入并成立方言文化影视典藏志愿者联盟，并计划在未来开展更大规模的语保志愿者行动。

当前，客家山歌的线上传播途径主要通过音乐类APP、微信公众号和网页三种途径，多样化的传播途径将更有利于客家山歌的发展与传承。如网易云音乐APP推出"云梯计划"，重点扶持基于网易云音乐平台的原创作者。原创作者可以通过云梯计划的广告分成、短视频现金激励、自助数字专辑售卖和虚拟货币云豆四项内容获得经济收益。许多音乐类APP公司开发能力强，APP功能多元、创新，版本更新速度快，用户多，营利性好，这将极大地刺激音乐人的创作，也为客家山歌培育了一定的听众基础。

客家公众号也具有一定的营利性，其收益主要来源于广告收入。目前，客家公众号大致可以分为三种：综合型、专题型和地域型。比如综合型客家公众号有印象客家人、客家人客乡情、世界客家、客家新故事、全球客家人、遇见客家、天下客家村、鹤堂下等两百多个。

相比于音乐类APP和公众号的营利性，客家音乐网是公益的。目前，客家音乐网主要分为客家流行音乐、客家山歌、汉乐汉剧、客家微电影、其他客家文艺、客家音乐人、客家音乐资讯七个板块。其他客家文艺里包括客家民谣、小品、客家大锣鼓等。这些音乐和剧目绝大多数都是用客家话演唱和表演，对客家话生动传承起了很大的作用，是年轻人喜爱的方言推广和创新方式。

遵循传统曲艺"歌舞戏"的发展规律，这是客家山歌获得群众基础所必须坚持的原则，借助现代化的传播手段，这是客家山歌要获得新生的再生之路。

（三）学校教育代际传承，文化旅游助力传播。

学校是传承和弘扬中华优秀传统文化的主要途径和阵地，学校音乐教育对于传承民族民间音乐具有独特的优势。让客家山歌走进客家山歌所在地学校的音乐课堂，可以改变客家山歌传承人老龄化的传承局面，扩大年轻的传承群体。因而，客家地区中小学在不违背教学大纲的前提下，设置客家音乐课程是十分必要的。

"非物质文化遗产传承人、梅州市山歌大师"汤明哲先生就经常在中小学、幼儿园不定期举办山歌培训班。1998年，汤明哲被海州嘉应学院聘为客座教授，并曾长期在大学授课并兼管山歌班的排练演出工作。他将山歌曲调加以压缩、简化，使其更适应中小学和幼儿园教唱。汤先生还把平时收集的山歌歌词、曲调等知识编成《客家山歌擂台斗歌基本常识》《演唱山歌的基本要领》等讲义，为学生整理出学习山歌的轮廓框架，并鼓舞许多年轻教育工作者自觉参与、主动承担客家山歌的传承。

　　客家地区经济发展受地形制约，但河谷山川又给了客家人优美的山水风光这一宝贵财富。梅州政府提出了"休闲到梅州，享受慢生活"等口号，以旅游城市为品牌形象进行宣传。客家地区是山歌的发源传承地，用客家山歌来发展本地旅游经济，以"原生形态"的客家山歌、采茶戏吸引游客。将保护山歌和满足人们对山野之音的消费需求有机结合，推动客家山歌及相关的文创产品持续开发是可行思路。在这个推崇个性的多极文化时代，越是个性的文化，越能受到青睐。人们不满足一种音乐形态，欣赏品味越来越分化与小众化。忙碌的都市生活使人们回归自然的愿望强烈，乡村游路线受到人们喜爱，人们对音乐的追求由喧嚣转向自然。结合现在旅游者不再满足于走马观花式的欣赏，客家山歌可从内容和形式上突出游客的参与性、体验性与趣味性。用客家山歌表演吸引游客观看，让游客与歌手对唱，选取大众较为熟悉的山歌作为对唱曲目，鼓励游客即兴发挥。让表演者、参与者和欣赏者融为一体，在欢快的氛围中体验山歌，体验民间文化，感受客家民俗风情。充分满足旅游者的需求，既可以提高游客对山歌的欣赏水平，又达到了传承和传播山歌的目的。

　　以南雄为例，南雄近几年正在致力于旅游城市的打造，发展项目众多，但文化品牌仍然缺乏。因而，借助文化旅游拓宽南雄市客家山歌的生态环境将是个不二选择。如在珠玑镇珠玑古巷的寻根之旅和老苏区的红色记忆主题旅游增加听唱山歌的活动，这既能改善南雄市客家山歌的生存环境，又能丰富当地文化旅游项目。文化旅游的发展常常少不了文创产品的点缀，将客家山歌与文创产品相结合，这既能让更多的游客了解客家山歌，又能为文创产品的工作者创造收益，一举两得。

## 三　结语

总之，客家山歌传承应立足于现实，遵循民歌曲艺的发展规律，通过多样化的传承方式和与时俱进的科学方法为改善山歌的生存环境而努力。用发展的眼光来看待客家山歌音乐的传承，培养出更多、更好、更年轻的歌手，定期在客家旅游地区举行山歌音乐文化节活动，请作词家、作曲家特别是客家地区的词曲家对客家山歌进行改编和再创作，创作上既保留山歌风味，又推陈出新，在编曲、配乐上下功夫，符合当代年轻人的音乐审美趣味，使客家山歌能被客家年轻人和所有年轻人喜爱传唱，真正做到代代传承。

**参考文献**

曹志耘，2017. 跨越鸿沟——寻找语保最有效的方式.《语言文字应用》第 2 期。

陈弦章，2016. 闽台客家山歌传承流变及客家语歌曲创新浅议.《龙岩学院学报》第 1 期。

胡希张，2013.《客家山歌史研究》. 广东人民出版社。

胡希张、余耀南，1993.《客家山歌知识大全》. 花城出版社。

刘晓春、王维娜、揭英丽，2010.《客家山歌的当代传播与影响》. 北京大学出版社。

刘晓春、胡希张、温萍，2015.《客家山歌》. 文化艺术出版社。

宁勤亮，2018. 湘南汝城区域客家山歌的音乐文化特色.《湖南第一师范学院学报》第 1 期。

沙汉昆，1990. 发展客家山歌的一些设想与实验.《星海音乐学院学报》第 1 期。

王莉宁，2017. 语言资源保护与影视典藏.《语言文字应用》第 2 期。

王维娜，2015.《传承与口头创作：地方知识体系中的客家山歌研究》. 中国社会科学出版社。

杨慧君，2017. 高校方言文化活动现状与思考.《贺州学院学报》第 4 期。

叶惠薇，2014. 客家山歌的当代传承方式——以梅州市为对象.《音乐创作》第 8 期。

# 浅谈中国水族语言文化及其传承
## ——以三洞水语调查与翻译为例

潘兴文

贵州省三都水族自治县水族研究所

我国是一个多民族、多语言、多文字的国家。语言与文化是各个族群的重要特征。全国水族人口约45万人，贵州省水族人口有42.4万人，三都水族自治县的水族人口为26.4万人。水族有自己的语言，简称水语。水语属汉藏语系、壮侗语族、侗水语支。水语分布在贵州省的三都水族自治县及其邻近的榕江、荔波、独山、都匀等县市。水族是我国目前17个拥有自己文字的少数民族之一。

## 一 水语语音概况

水语是一种有声调的单音节语言，音节组成跟汉语、拉萨藏语、壮语、苗语基本一致，句子的格式也和汉语相仿。水语大致有三个土语区，即三洞土语区、阳安土语区和潘洞土语区。三洞土语区声母有71个，韵母55个；潘洞土语区声母有45个，韵母77个；阳安土语区声母有51个，韵母55个。三个土语区的声调都是8个。三洞水语语音，是20世纪50年代语言学家在三都水族自治县三洞乡板南村所采集的水语语音。阳安水语语音、潘洞水语语音的名称也都是以语音采集地点来命名的。

三洞水语以三都水族自治县三洞为代表，包括三都水族自治县三洞乡、中和镇、水龙乡、塘州乡、廷牌镇大部分村寨、恒丰乡、周覃镇、九阡镇、合江镇、大河镇、拉揽乡、都江镇、坝街乡等地区及荔波县、独山县、榕江县、从江县等县的水语；阳安水语以阳安为代表，包括廷牌镇阳安片区、塘州乡的阳乐及板良村和独山县本寨乡一部分、董渺一带的水语；潘洞水语以都匀潘洞为代表，包括都匀市的基场、阳和、奉合三个水族乡和独山县的翁台一带的水语。

三洞水语声韵调如下：

声母（71个，加上w、f、v共74个。带"*"号的声母主要出现在汉语借词中）：p、ph、mb、ʔb、m̥、m、ʔm、fv、ʔw、t、th、nd、ʔd、n̥、n、ʔn、l、ts、tsh*、s、z、ʈ、ʈh、ɳ̥、ɳ、ʔɳ、ɕ、j、ʔj、k、kh、ŋ̥、ŋ、ʔŋ、ɣ、ʔɣ、q、qh、ʁ、ʔ、h、pj、phj、mbj、ʔbj、mj̥、mj、（f）、fj、（v）、vj、tj、thj、ndj、ʔdj、nj̥、nj、ʔnj、lj、tsj、tshj*、sj、（w）、tw、ndw、ʔdw、tsw*、tshw*、sw、lw、kw、khw、ŋw、ʔŋw

韵母（55个）：i、iu、im、in、iŋ、ip、it、ik、ɛ、eu、em、en、eŋ、ep、et、ek、a、aːi、aːu、aːm、aːn、aːŋ、aːp、aːt、aːk、ai、au、am、an、aŋ、ap、at、ak、o、oi、om、on、oŋ、op、ot、ok、u、ui、um、un、uŋ、up、ut、uk、ə、ən、əŋ、ət、ək、ɿ

声调一般为8个，舒声调主要有13、31、33、52、35、55，促声调主要有32、42。一般用1、2、3、4、5、6、7、8等调号上标于韵母末尾的右上角，如"pa³、ma⁴"。也有根据音调实际的高低升降采用调值进行标记，标调方法一样，如"pa³³、ma⁵²"。

三都水族自治县三洞水语使用地域广，所指的是三都水族自治县三洞乡、周覃镇、九阡镇、扬拱乡、廷牌镇、恒丰乡、塘州乡、中和镇、水龙乡、合江镇、大河镇、三合镇、拉揽乡、打鱼乡、都江镇、坝街乡、羊福乡、巫不乡；独山县、荔波县、榕江县、丹寨县、雷山县、剑河县、从江县等。

## 二 水语的调查翻译

为了做好三洞水语语点的翻译工作，我们几次到三洞乡的水根村、杨柳村、板南村、红星村，中和镇的中和村，水龙乡的水龙村、独寨村、塘州乡的枚育村、中化村，廷牌镇的新仰村等进行实地调查。此次三洞水语语点调研与翻译工作主要包括以下几个方面。

1. "三洞水语语点词汇音译"的汉字词选自《新华字典》（商务印书馆 2000 年）。此次音译的汉字是按照该工具书字头的编排顺序，选取水语能够音译的字作为"三洞水语语点词汇音译"的字表。

2. "三洞水语语点"语言系统，是 20 世纪 50 年代少数民族语言委员会的有关专家到三都水族自治县三洞乡板南村进行水语实地考调查整理出来的，俗称"三洞水语语点"，声母 71 个，韵母 55 个，声调 8 个。

3. 本次翻译是较为系统的水语翻译，是按照《新华字典》的汉字排列顺序制订汉字表，并以潘政波 2008—2009 年整理的《汉水语常用词翻译资料》的水语翻译部分为基础进行了汉字水语读音的翻译，在整理过程中进行了调整和增删，增加了对当地汉语方音部分的翻译，以三洞、中和、塘州、水龙汉语方言为音译。在本次汉水语常用词的翻译工作中删去了曾晓渝、姚福祥编著《汉水词典》中误把当地汉语方音当作水语的大量内容，并订正为三洞水语语点语音系统信息数据。

4. 《新华字典》中不少常用汉字用水语无法读出，同时，水语常用语在《新华字典》中也有无法对应的情况。在汉字不能用水语记录单音节的情况下，我们只能将这些汉字翻译为它们组成的词汇。这样，有相当一部分水语单音节词可以译成汉语词汇，不少汉字也用多音节水语翻译出来。

5. "三洞水语语点词汇音译"工作中，最大的困难或者说遗憾，是所用来记音、标音的国际音标符号对于不从事水语研究的人来说是陌生的。虽然我们用最大的努力去进行水语的记录，所记录的水语标音也不敢保证完全准确。这次汉水语常用词的翻译，也许对于水语研究者有一定的帮助，对于没有涉及国际音标符号或没有受过这种记音符号培训的人来说，还是一种新的系统工程。

此次水语调查翻译完成情况如下：按《新华字典》的单音节归类，依次将能翻译的汉语单字翻译成水语音标，共完成汉语单字 1868 个单字，计105页；比较表第一列为汉语词汇、第二列为普通话注音、第三列为当地汉语方言读音、第四列为三洞水语读音；按照汉语发音从A—Y顺序排列。由于篇幅所限，这里仅展示一页：

表1 汉语词汇的水语读音比较表·三洞水语点（整理人：潘兴文）

| 编号 | 音序 | 三洞水语点（水族地区兼用水语国际音标注音） ||||备注 |
|---|---|---|---|---|---|---|
| | | 汉语词汇 | 汉语拼音 | 当地汉语方言读音 | 水语读音 | |
| 1 | A | 哎 | āi | ʔaːi³ | ʔaːi³ | ai = aːi |
| 2 | | 哀 | āi | ŋaːi³ | ŋaːi³ | ai = aːi |
| 3 | | 埃 | āi | ŋaːi³ | vun¹ | |
| 4 | | 挨 | ái | ŋaːi⁶ | ŋaːi⁴ | ai = aːi |
| 5 | | 艾 | ài | ŋaːi¹ | ŋaːi⁵ | ai = aːi |
| 6 | | 癌 | ái | ŋai⁶ | ŋai⁴ | ei = ai |
| 7 | | 矮 | ǎi | ŋaːi⁶ | ndam⁵ | ai = aːi |
| 8 | | 爱 | ài | ŋaːi¹ | mjɯm¹ | ai = aːi |
| 9 | | 碍 | ài | ŋaːi¹ | haːŋ³ | ai = aːi |
| 10 | | 安 | ān | ŋaːn³ | ŋaːn³ | an = aːn |
| 11 | | 鞍 | ān | ŋaːn³ | ʔaːn¹ | an = aːn |
| 12 | | 鹌 | ān | ŋaːn³ | mon⁴（鹌鹑） | |
| 13 | | 岸 | àn | ŋaːn¹ | jən¹ | |
| 14 | | 按 | àn | ŋaːn¹ | ȵən⁴ | |
| 15 | | 案 | àn | ŋaːn¹ | pin⁵hi³（桌案） | |
| 16 | | 氨（胺） | ān | ŋaːn³ | maːu¹ | |
| 17 | | 暗 | àn | ŋaːn¹ | ndjəŋ⁵ | |
| 18 | | 黯 | àn | ŋaːn¹ | ndjəŋ⁵ndju⁶（黯淡） | |
| 19 | | 熬 | áo | ŋaːo⁴ | ŋaːu⁴ | ao = aːu |
| 20 | | 鳌（头） | áo | ŋaːo⁴ | to¹qam⁴（鳌头） | |

## 三 民族语言与民族文化的关系

语言是构成民族的最基本、最明显的要素。民族感情、民族意识、民族心理基本上是建立在民族语言基础上的,"在很大程度上,构成民族的也正是语言"。王鉴(2002)对汉藏双语环境下 100 名藏族学生就关于"语言在民族特征中地位的认识"进行统计,结果表明,有 81% 的人认为语言是一个民族最重要的特征。需要澄清的是,民族特征不等于民族语言特征,不能只按民族来划分语言,也不能仅靠语言来划分民族。就我国的实际情况看,有 15 个少数民族使用两种以上的语言。可见,不论从理论上还是从实践上讲,我们既不能孤立地,也不能静止地看待民族和语言之间的关系。

民族语言和民族文化又是民族语言学中关于民族与语言关系的一种递进关系。需要说明的是,在这里"民族"既可以采用广义的定义,指有着共同地域、共同经济活动以及表现于共同的民族文化特点上的共同心理素质这几个基本特征的稳定共同体,也可以指中国特殊国情下,除汉族外的其他少数民族。民族语言是民族文化产生和发展的必要条件,而民族语言又不可能脱离民族文化存在而发展。更重要的是民族语言又生动、真切地反映了一个民族产生的渊源、生存发展状态及文化性格的各个方面。早在 19 世纪中期,瑞士语言学家阿·皮克特创立了"语言古生物学",他从各种印欧语所提供的证据中去寻找原始印欧人文化的基本特征,包括实物(工具、武器、家畜)、社会生活(是游牧民族还是农业民族)、家庭制度、政治形态以及印欧人发源的摇篮和其居留地的动植物。此外,语言学家还可以从民族语言发展的某一侧面和程度观察民族的生存状态。如在爱斯基摩人的语言中,对"雪"的描述,如雪花的样子、颜色、落下的动作等比世界上任何地方都丰富得多;在阿拉伯地区,用于"骆驼"的词汇比其他地区要生动得多……这类例子举不胜举。

从我国少数民族的称谓中也可以看到语言文字与民族文化的关系。

例如水语,"祝 tsu²"指"舅舅";"祝龙 tsu²luŋ²"指舅舅家的人;"姑祝龙 ku³tsu²luŋ²"指舅舅家族的人及后人。"尼 ni⁴"不仅具有"人"的概念,而且有"女性"的含义,"尼富 ni⁴fu⁵"指富裕是由母性带来的;所有与母性有关的词汇都以"尼"开头。水族是国家认定的我国17个拥有本民族语言文字的民族之一。水书是水族特有、贵州独有的民族古籍,是只能用水族语言释读的以水族民间文化特色为传承方式的民间文化典籍,其内容博大精深,是水族传统文化的深层积淀,是水族人民的百科全书,是中华民族文化宝库的重要组成部分。水书古籍中到处都能看到以天干和地支相配以纪日的日历内容的文字符号,如水书古籍里十天干字符为:▽ ȶaːp⁷ 甲、ᒣ ʔjət⁷ 乙、ᚕ pjeŋ³ 丙、ᅮ tjeŋ¹ 丁、芊 mu⁶ 戊、ᄽ ȶi¹ 己、ᚕ qeŋ¹ 庚、ᛕ çən¹ 辛、ᚼ n̠um² 壬、ᚼ ȶui⁵ 癸。

至今水族民间的水书先生(指能释读水书,掌握水书知识,会用水书文化进行各种仪式的人)不但会读,而且能利用水书文化为民间习俗文化活动服务。莫友芝(1811—1871)字子偲,号郘亭,晚号眲叟,贵州省黔南州独山兔场人,晚清著名学者,与郑珍齐名,被称为"西南两大儒"(章士钊句);莫友芝在清咸丰庚申年(1860)在《红崖·序》中说:"吾独山土著有水家一种,其师师相传,有医、历二书,云自三代。舍弟祥芝曾录得其六十纳音一篇,甲、子、乙、丑金作,丙、寅、丁、卯火,戊、辰、己、巳木作。且云其初本皆从竹简过录。其声读迥与今异,而多合古音,核其字画,疑斯籀前最简古文也。"

资料记载如:基诺族,"基"指的是"舅舅","诺"是"后边、后人"之意,"基诺"即"舅舅家的人"或"跟在舅舅后边",引申为"尊崇舅舅的民族"。哈尼族,"哈"在哈尼语中含有"强悍、勇猛"的意思,"尼"不仅具有"人"的概念,而且有"女性"的含义,反映了哈尼族名称产生于母系氏族时代。依此取名的还有白族、普米族、哈萨克族、傣族等。源于社会生产和生活的少数民族称谓有:拉祜族,拉祜族称虎为"拉",在火边把肉烤到发出香味的程度称"祜","拉祜"意即"用火烤吃虎肉"之意,这一族称说明拉祜人曾是勇敢的猎虎民族。

羌族，羌族的"羌"字早在甲骨文中就有了，《说文解字》释："西戎牧羊人也。"反映了古代羌族人从事畜牧业的经济生产活动等（吴志荣，2004）。

上述材料说明，语言本身属于文化的范畴，是文化的符号和最基本的要素。脱离了文化，语言只是一个空壳；而如果没有语言，文化也就失去了记载、储存和流传的物质条件。语言与文化的关系说明，语言的发达和丰富也是整个文化发展的必要前提。正因为如此，所以人们通常把语言称作文化的载体，是反映民族特征的一面镜子。一个民族的思想、观念、意识、生产生活方式等，都要通过本民族的语言来提炼，一个人在掌握了母语的同时，也就意味着他认可了本民族的生产生活方式与文化，继承了本民族的认知方式，掌握了本民族认识世界的思维模式。

## 四 关于保护传承的建议

随着社会的发展与不断进步，交流语言日益趋同，多样化的生活用品渐渐取代少数民族地区家庭原有的器物，也加速了民族语言的流失。如何建立双语（汉语和民语）和谐关系，是一个深刻的课题。

中国语言种类繁多，处于弱势或濒危的语言种类也较多。我国语言学家对濒危语言问题也非常关注，但至今为止，语言濒危问题在国内所受关注的程度及所采取的保护措施都还远远不够。调查发现，有些少数民族语言大多既是新发现语言又是濒危语言，虽然使用人口不多，但这些语言以其结构形式的多样性和独特性以及系属归类上的孤立性展现了高度的研究价值，其价值不仅体现在语言学上，也体现在文学、人类学、历史学乃至自然科学上（李锦芳，2005）。学者们深感抢救、记录和保护濒危语言、维护语言生态多样性对学术研究、维护我国民族文化的多样化格局至关重要，特别是在第二轮西部大开发的今天，这一工作的迫切性更加突出。

政府虽然做了很大的努力来保护少数民族语言，但又因经济、政笺、主流文化的压力和少数民族父母的语言态度问题等因素，导致少数民族地区儿童对母语的认同感不强。少数民族更希望掌握官方语言，以便能有更好的就业、教育机会。如满族人讲的满语已基本消失，现在只有约100人能够听懂，约50位老人还可以说；再如赫哲语，目前能用本族语交际的只有十几个50岁以上的老人；塔塔尔族总人口5064人，本族语的使用人口不足1000人；仙岛语是阿昌族一个支系使用的语言，使用人数100人左右。

调查发现，水语的使用人口对语言的熟悉程度，70岁以上老人为95%，60岁以上老人为90%，50岁以上的人群为82%，40岁以上人群为68%，30岁以上人群为59%，20岁以上人群为46%，20岁以下人群为39%。从这些数据中不难发现水语流失速度惊人，语言的流失就意味着许多民族文化遗产面临失传。

语言的平等、多样化与和谐共处应成为基于人类良知的文化理念和价值目标。多语言才能多视角，多文化才能多色彩，多包容才能多理解，所以我们不仅要对已经濒危的语言进行保存与保护，而且更应该对其进行有效的传承。

1. 应该高度重视少数民族语言濒危的现象，及时制订语言保护与发展的相关法律、法规，把濒危语言保护工作纳入法制轨道，使各地政府在法律的支持下对各地区的语言进行自救。

2. 调查研究本地区、本群体的语言状况，以大众的认可为标准，鉴定各语言的活力度并做出判断；采取相应的措施将濒危语言或已经临近濒危状态的语言纳入教育计划，通过大力发展双语教育，形成高效率、高质量的传承机制。开展"双语教育"是我国少数民族语言与文化传承的有效方式，根据对我国少数民族双语教学成果的研究，笔者认为我国双语教育的目的应该是：一方面使少数民族学生能传承和弘扬本民族的语言文字和优秀传统文化遗产；另一方面使他们能顺利适应现代主流社会，以求得个人更好的生存与发展。其实，在大多数情况下双语教学不仅涉及两种不同语言，而且也是两种文化交流的媒介。在少数民族双语或多语地区，除了要在语言文字政策上对民族语加以保护，更要在教育体制上采取有力措施，通过教育手段保存和传承本民族的语言。

3. 大量记录和保存濒危语言的资料，尤其是采用现代化手段保存其语音、词汇、语法、长篇故事，编写读本，出版词典，录制濒危语言的口头文学作品，做成数字材料等。

4. 在少数民族地区，政府要保证投入一定资金，开展濒危语言的广播、出版、创作，尤其是要唤醒和支持母语使用者，采取措施做好延缓母语消亡的工作。在保证资金投入的前提下，成立专门机构，有计划、有步骤地投入人力、物力和财力以及空间，开展保护濒危语言和面临濒危语言的抢救工作。

**参考文献**

李锦芳，2005. 中国濒危语言研究及保护策略.《中央民族大学学报》（哲学社会科学版）第 3 期。

莫友芝.《红崖·序》.《黔诗纪略》卷九。

王鉴，2002.《民族教育学》. 甘肃教育出版社。

吴志荣，2004. 我国 56 个民族名称探源.《中学地理教学参考》第 7—8 期。

曾晓渝、姚福祥（编著），1996.《汉水词典》. 四川民族出版社。

# 方言文化教育背景下的语言博物馆建设的研究和实践*

曾 霖[1] 杨璧菀[2]

1. 贺州学院数学与计算机学院；2. 贺州学院文化与传媒学院

语言博物馆，是指以与语言有关的有声音像、实物等为主要收藏对象的博物馆。近年来，学术界、政府、高校、民间等各层面呼吁建设语言博物馆，推动了语言博物馆事业的发展。

## 一 语言博物馆建设研究的国内外现状

### 1.1 语言学专家学者呼吁建设语言博物馆

曹志耘（2010）指出，在汉语方言急剧衰亡的情况下，建设方言博物馆的工作已成为当务之急。文章简要介绍了中国语言文字博物馆建设的现状，提出了建设汉语方言博物馆的初步设想，指出汉语方言博物馆应包括方言和方言文化展示、方言语料保存和收集、方言研究三大板块，最后简单介绍了方言生态博物馆的概念。曹先生不但从理论上对方言保存与保护做了深入阐述，还大力呼吁方言学者要重视方言的应用研究，"让自己的研究工作'面向问题'、面向应用、面向人间烟火"。

雷虹霁（2008）指出，中国有相当丰富的语言资源。在非物质遗产逐渐受到重视的今天，这些资源已经被看作重要的文化遗产。然而，一直以来，这些语言资源/遗产情况以及相关研究的成果基本上没有在当

---

\* 本文为2018年广西高等学校千名中青年骨干教师培育计划资助项目（桂教人［2018］48号）、贺州学院2017年博士科研启动基金项目"基于结构模式挖掘的多智能体规划算法"（HZUBS201711）以及贺州学院2018年教授科研启动基金项目"基于自然口语语料库的贺州壮语语法研究"（HZUJS201805）资助成果。

代博物馆中得到反映，甚至博物馆相关的法律法规也都自觉或不自觉地忽略这些资源/遗产。在21世纪，博物馆必将承担起语言遗产研究、保护、传播、教育的职责。

徐世璇（2015）指出，语言博物馆作为一个跨学科的新事物，对于博物馆的发展和语言典藏的进步展现出广阔的学科发展情景和理论研究空间。在现代社会中博物馆面临着更大的创新机遇，随着数字化、网络化技术的进步和多媒体形式的普及，高科技手段将越来越多地运用于博物馆建设，对实体博物馆的职能将带来极大的拓展和延伸。语言成为博物馆收藏、展示对象的愿望正在逐步变为现实。

刘宗艳（2016）指出语言是一种资源，语言多样性是保证文化多样性的前提。目前，语言多样性正逐渐受到威胁，亟待采取措施进行保存和保护。建设语言博物馆将是一个有效的措施。李斌（2011）提出建立湘语文献数据库和湘语数字博物馆的设想和具体方案。

## 1.2 政府提案呼吁建设语言博物馆

2017年，全国政协十二届五次会议期间，全国政协委员、安徽省文史研究馆馆长黄德宽建议，进一步加强中国文字博物馆建设并新建国家语言博物馆。我国有130多种不同语言和丰厚的方言文化资源，我国语言文字资源极其丰富，是中华优秀传统文化的载体和津梁，也是中华文化独特的优势所在，要充分保护和利用好这一资源。近年来，多数民族语言处于濒危状态，方言文化也日趋消失。有必要建设专题性的语言博物馆，抢救、收集、保护和利用各民族的语言资源和方言文化资源。建设国家语言博物馆，对中华多民族文化的传承和保护、研究，增强民族凝聚力与和谐社会建设，对国家语言文化安全，都具有深远意义。建议尽快启动论证建立国家语言博物馆的可行性方案，将其列入中华优秀文化的传承和保护工程加以推进。

2019年，政协第十二届广西壮族自治区委员会第二次会议委员提交提案，呼吁建设广西语言博物馆，保护和传承处于濒危状态的方言。

### 1.3 民间自发保护语言，建立语言博物馆

2015年，湖南卫视知名主持人、民间语保人汪涵出资500万元启动了"響應"计划，计划用5年到10年的时间，对湖南57个调查地的方言进行搜集研究，用声像方式保存方言资料，进行数据库整理后无偿捐献给湖南省博物馆，作为湖南省博物馆永久的人文类史料保存起来。

### 1.4 建设语言博物馆

2016年4月15日，贺州学院语言博物馆建成开馆，同时还建成了本地语言研究中心、专业的录音室。这是迄今为止全国首个高校语言博物馆，是我国第一家专业的实体语言博物馆，也是语言学教学和研究的基地，有语言文化展示、语言文化传习、语言文化知识教学等多方面的功能。语言博物馆与已经建成的学校族群文化博物馆一起作为贺州市旅游参观的一个景点为社会服务，至今已经接待参观者近两万人次。

但是，由于受限于场地、资金、运营和管理经费等条件，实体博物馆难以将更加丰富的语言文化资源充分陈列展示出来。随着计算机相关技术的发展，语言文化数字博物馆将成为未来语言文化实物陈列展示的主要方式之一。

2011年10月启动的"中国方言文化典藏"项目通过音视图文等多媒体形式，将地方特色文化现象用特殊方言形式进行保存与展示，内容涵盖地方名物、民俗活动、口彩禁忌、俗语谚语和民间文艺等文化现象，以期达到"实态保存，永久使用"的目标，为保护传承中国方言文化而努力。"语宝网"面向社会大众，一方面展示本项目的调查研究成果以及其他相关资料，另一方面设立了"中国方言文化采录系统"，吸引网友互动，上传音像材料，因此具有数字博物馆的性质。

"北京语言文化数字博物馆"项目于2012年5月启动，至2017年11月完成，是国内第一个面向语言文化而研发的开放式数字博物馆。作为社会公共文化资源，内容涉及北京方言、北京口传文化、北京话土语图典、北京话诗文吟诵、北京地名文化等北京语言文化资源，不仅是人们了解认识北京语言文化的重要窗口，也是抢救、整理、保护正在迅速

变化的北京语言类非物质文化遗产的重要平台，在非遗保护、文化宣传、社会教育、学术研究等方面都具有重要作用。

## 二 语言博物馆建设研究的学术价值和应用价值

### 2.1 符合国家发展战略需要

语言文字事业事关历史文化传承和经济社会发展，在国家发展战略中具有重要地位和作用。为贯彻党的十八大和十七届六中全会大力推广和规范使用国家通用语言文字，科学保护各民族语言文字的精神，落实《国家中长期语言文字事业改革和发展规划纲要（2012—2020年）》的任务要求，教育部、国家语委自2015年起启动了中国语言资源保护工程（以下简称"语保工程"），在全国范围开展以语言资源调查、保存、展示和开发利用等为核心的各项工作。党和国家的这一系列政策和措施表明，语言文字事业在国家发展战略中具有非常重要的地位和作用。强国必须强语，强语助力强国。

语言作为一种重要的资源，自身更是一种文化的体现，是人类文化的载体。语言在环境、人类迁徙、生活方式等作用下逐渐形成呈现出多样性。通过语言的使用，独具特色的文化结晶得以世代相传，不断丰富，且方言更是中国人寄托家乡情感，维系社会和谐稳定的重要基础。方言本可以通过世代相传天然保存，但随着高速信息化时代到来，特别是移动互联网的迅猛发展，语言多样性正面临威胁，部分方言语言正在濒危的进程中。因此，当前的语言文字事业面临着两大迫切需求：一是如何科学保护各民族语言文字；二是如何让语言文字服务更好地适应经济、社会和文化发展的需求。

### 2.2 符合"互联网+"语言文字服务发展的需求

方言是人类宝贵的非物质文化遗产，其广泛传播与繁荣发展的基础是人民群众。在未来采取哪种方式的语言服务更容易被社会接受，是我们需要考虑的问题。虽然贺州学院建立了国内第一家实体性的语言博物馆，但是有必要将其进一步建设成智慧语言博物馆。另外，"语保工程"

进行了大量的田野调查，利用网上在线采录、已有资源汇聚等方式持续收集、整合语言资源数据，为科学保护各民族语言文字和弘扬传播中华优秀文化作出了重要贡献。同时我们也面临一个新的挑战：那就是有海量语言资源，但是缺乏开发、利用这些语言资源、挖掘出有用知识的技术。借助大数据、数据挖掘、人工智能及深度学习等现代前沿信息技术，将枯燥乏味的语言资源转化成生动形象的展示场景，更好地融入大众生活中。深度分析和开发潜在的语言知识，使得语言博物馆既好听、好看、好玩，又具有社会增值服务。

综上所述，语言博物馆的建设有利于语言的保护和传承，利于子孙后代，是天时、地利、人和的结果，是历史的使命所致，是目前全球化背景下刻不容缓的工作。保存和保护语言文化的工作任重而道远，需要投入大量的人力、物力、资金等，需要各界的努力和民众的支持配合。

## 三 贺州学院语言博物馆建设的研究和实践

### 3.1 背景

语言多样性是人类最重要的遗产，每一种语言都蕴藏着一种独特的文化智慧。进入21世纪，中国政府制定了系列国家语言政策，大力推广和规范使用国家通用语言文字，科学保护各民族语言文字，保护传承方言文化，开展少数民族特色文化保护工作，加强少数民族吾言文字和经典文献的保护和传播。

贺州地处桂、粤、湘三省区交界处，少数民族语言和汉吾方言资源十分丰富，为挖掘、整理、传承、保护和利用贺州语言文化遗产，在教育部语信司、中国语言资源保护研究中心的指导下，以中国语言资源保护工程广西汉语方言调查的语言资源数据为基础，贺州学院建立了我国首个实体的语言博物馆，并于2016年4月15日正式开馆，在全国语言资源保护工作中具有示范作用。为了建设语言博物馆，更好地保护和传承吾言文化，贺州学院集合了四大专业（文化与传媒学院汉语言文学专业、广播编导专业和数字媒体专业以及计算机学院计算机理论与技术专业）的力量，在贺州学院汉语方言研究团队的基础上，升级为语言资源保护与开发应用研究创新团队。

该团队依托文化与传媒学院和广西高校文科重点研究基地"广西东部族群文化研究基地"，主要在语言与文化、语言与传媒、语言与人工智能等语言资源开发应用领域展开创新研究工作。

### 3.2 研究方向

研究方向有以下5个：

（1）语言资源调查研究。汉语方言和少数民族语言本体研究，包括语音、词汇、语法、口头文化等项目的调查和整理。

（2）方言文化影视典藏研究。制作语言非遗纪录片、方言微电影、语言宣传片等。

（3）数据挖掘、人工智能与方言文化传承研究。例如提供不同语种之间自动翻译、与智能机器人进行方言的交互对话，利用知识图谱发现方言的亲疏关系等。

（4）虚拟语言技术研究。与凤凰传媒合作运用AR、VR技术打造新型语言博物馆，模拟真实的贺州风景名胜、方言文化民俗等地方风情，利用虚拟现实技术、影像智能设备等，让游客体验语言文化。

（5）语言资源的整理和研究。充分利用互联网技术和人民群体智慧，提供一个人人可参与的在线采录平台。

### 3.3 建设与发展

#### 3.3.1 团队建设

在广西教育厅语工处和语保中心指导下，按照语言资源保护工程的技术标准陆续采集广西境内的少数民族语言与汉语方言；完善广西壮族自治区语保工程展示平台；建设广西贺州学院语言博物馆展示平台（网站与微信公众号）。研发基础语言资源大数据库，在此基础上开发配套的语言博物馆展示系统；建设广西语言方言文化影视典藏库。经过三年建设，取得一批拥有自主知识产权，在区内具有先进水平的研究成果，并在语言博物馆中推广应用，期望产生良好的社会效益，建成以卓越学者为核心、中青年科研骨干为中坚力量的语言资源保护与开发应用研究创新团队。

### 3.3.2 学科发展

建设语言学及应用语言学学科，争取从校级重点学科发展为区级重点学科。以语言方言调查研究、语言资源开发应用研究为问题导向，开展理论与实践问题研究和关键技术攻关，积极申请省部级以上科研项目。

### 3.3.3 人才培养

凝聚和稳定一批语言研究、语言开发应用研究领域的高层次优秀人才队伍。

## 3.4 主要成就

（一）出版系列语言文化典藏图册。

《中国语言文化典藏·藤县》《中国语言文化典藏 怀集（标话）》《中国语言文化典藏·怀集》三本图册已由商务印书馆在2017年11月出版。这是国家"十三五"出版规划项目、"中国语言资源保护工程"标志性成果《中国语言文化典藏》丛书20卷的其中3卷。

图册均分房屋建筑、日常用具、服饰、饮食、农工百艺、日常生活、婚育丧葬、节日、说唱表演等九章，前有引言后有调查手记。引言介绍各地语言的地理分布和人口、语言概况以及音系等情况，调查手记记录材料来源与调查经历。第1至第8章每一章开头有近一千字的本章语言文化内容说明，接着以方言词为条目，以图带词，有图必有词，图文结合，以通俗的语言解释词条所蕴含的语言文化现象。全书约600幅图。第九章说唱表演介绍口头文化，包括口彩禁忌、俗语谚语（含顺口溜、俗语、歇后语、谜语）、歌谣（含童谣、民歌）、曲艺戏剧、故事等六个部分。

语言是有声的，但作为文字的语言却无法发声，如何补足这个遗憾而使方言得到更全面地反映呢？图册EP同步，以图文音像结合的方式，诠释各地语言及其文化，使语言这门深奥的学问，从学者的书斋走向民间，让普通百姓从精美的图片、直观的音像和富于本地特色的语言文字中了解丰富的本地语言文化。1—8章重要条目及第9章全部条目均附二维码，手机扫码可在线访问方言条目的录音、视频，实现音像图文四位一体的阅读体验。"中国语言文化典藏"丛书是原创性出版物，具有创新与存史并重、学术性与普及性相结合的出版定位。

（二）在核心期刊发表多篇高质量的论文。

（三）承担科研项目，取得高水平的研究成果。

### 3.5 贺州学院语言博物馆的价值

贺州学院语言博物馆将成为中国语言资源保护工程的重要成果之一，也是语保工程服务地方文化建设，实现语言文化创造性转化，创新性发展的重要举措。

2018年4月10日，教育部语言文字信息管理司司长田立新在中国语言资源保护工程2018年度工作会议上指出能够在这样一个地级市，能够在贺州学院建成全国首个实体的语言博物馆，充分体现了广西教育厅、广西语委对这项工作的重视，贺州学院，特别是邓玉荣教授的团队把这些年来语保工程积累的经验、一些成果，以数字化、实体形式呈现出来，让我们看到了语言博物馆的雏形。这是其他省可以借鉴的。它不单单是语保工程的一个重要成果，对我们整个地方的文化建设乃至整个社会文化的整体发展来讲，它都是一个正能量的亮丽的一个名片。

### 3.6 语言博物馆今后的建设任务

总体目标：在广西教育厅语工处和语保中心指导下，继续调查和采录语言方言，按照语言资源保护的技术标准陆续把广西境内的少数民族语言与汉语方言，特别是濒危语言方言收录到语言博物馆中；完善广西壮族自治区语保工程展示平台；建设广西贺州学院语言博物馆展示平台（网站与微信公众号）；研发基础语言资源大数据库，在此基础上开发配套的语言博物馆展示系统；建设广西语言方言文化影视典藏库，做好与语言相关的非物质文化遗产的音像记录与标注工作；拍摄制作多部语言方言纪录片、微电影；立足广西，开展广西汉语方言和少数民族语言文字文献整理与研究。加强与语保中心合作,把贺州学院语言博物馆建成中国语言博物馆的分馆,使之成为国内具有影响力的语言研究基地。

具体任务如下:

一是充实馆藏。为贺州市及广西一些县区建立语言方言档案,特别是做好与语言相关的非物质文化遗产的音像记录与标注,如富川瑶族蝴蝶歌、钟山两安门来歌等;编写语言文化典藏图册;拍摄贺州乃至广西各民族的语言文化纪录片。

二是改进与提升藏品展示系统,利用多种展示手段,使深奥的语言学知识与现代化展示手段相结合,为参观者提供既有文化内涵又容易接受的展品;继续建设虚拟语言博物馆。

三是继续完善广西壮族自治区语保工程展示平台,展示广西语保工程相关工作的进展信息、语言资源数据。新开发"广西贺州学院语言博物馆展示平台"。借助大数据、数据挖掘、人工智能及深度学习等现代前沿信息技术,将枯燥乏味的语言资源转化成生动形象的展示场景,更好地融入大众生活中。例如提供不同语种之间自动翻译,与智能机器人进行方言的交互对话等等。深度分析和开发潜在的语言知识,例如利用聚类分析等算法进行方言模型相似程度挖掘,利用知识图谱发现方言的亲疏关系,等等。

**参考文献**

曹志耘,2010. 关于建设汉语方言博物馆的设想.《语文研究》第 2 期。

雷虹霁,2008. 语言资源、国家认同及其在中国当代博物馆中的缺失.《国际博物馆》(中文版)第 3 期。

李斌,2011. 论湘语的保存.《湖南大学学报》第 9 期。

刘宗艳,2016. 语言资源富集地区语言博物馆建设的模式探索——以贺州学院语言博物馆为例.《贺州学院学报》第 3 期。

徐世璇,2015. 语言中的博物馆和语言博物馆——论濒危语言典藏和语言博物馆建设.《玉溪师范学院学报》第 5 期。